国家社会科学基金“十二五”规划2011年度教育学重点课题
“中小学生学科能力表现研究”（AHA110005）

学科核心素养丛书

国家出版基金项目
NATIONAL PUBLICATION FOUNDATION

丛书主编：王　磊

基于学生核心素养的物理学科能力研究

JIYU XUESHENG HEXIN SUYANG DE WULI XUEKE NENGLI YANJIU

郭玉英　姚建欣　张玉峰　等著

北京师范大学未来教育高精尖创新中心成果

素养

物理

北京师范大学出版集团
BEIJING NORMAL UNIVERSITY PUBLISHING GROUP
北京师范大学出版社

图书在版编目(CIP)数据

基于学生核心素养的物理学科能力研究/ 郭玉英等著 .—北京：北京师范大学出版社，2017.9(2025.7 重印)
(学科核心素养丛书/王磊主编)
ISBN 978-7-303-22502-6

Ⅰ.①基… Ⅱ.①郭… Ⅲ.①中学物理课－教学研究 Ⅳ.①G633.72

中国版本图书馆 CIP 数据核字(2017)第 137000 号

出版发行：北京师范大学出版社 https://www.bnupg.com
北京市西城区新街口外大街 12-3 号
邮政编码：100088
印　　刷：北京盛通印刷股份有限公司
经　　销：全国新华书店
开　　本：787 mm×1092 mm　1/16
印　　张：27.5
字　　数：416 千字
版　　次：2017 年 9 月第 1 版
印　　次：2025 年 7 月第 7 次印刷
定　　价：58.00 元

策划编辑：邓丽平　　责任编辑：邓丽平
美术编辑：王　蕊　　装帧设计：楠竹文化
责任校对：陈　民　　责任印制：孙文凯

序

学生发展核心素养在学科领域中具体化为学科核心素养，学科核心素养是指学科教育给予学生未来发展所需要的关键能力和必备品格。其实质是学生顺利完成学习理解、应用实践和迁移创新的学科认识活动和问题解决活动的稳定的心理调节机制，即学生的学科能力。由此可以看到，基于学习理解、应用实践和迁移创新的学科能力既是学生发展核心素养和学科核心素养的共同要求，也是贯通不同学科领域核心素养的关键能力要求。

国内近 20 年的基础教育课程改革，通过学科课程标准和中高考考试大纲等重要文件提出了新课程背景下的学科核心素养和关键能力培养的要求。2010 年颁布的《国家中长期教育改革和发展规划纲要(2010—2020 年)》中指出基础教育阶段要提高基础教育的质量，要求着力培养学生的学习能力、创新能力和实践能力。而国际上，以美国为例，自 20 世纪 90 年代初期出台了一系列旨在提高学生基本读写能力和科学素养的重要文件之后，这 20 年更多地聚焦在学科核心概念发展、核心学科能力表现的标准和评价方面，如《美国中小学生学科能力表现标准》(*Performance Standards*)《美国统一州核心课程标准(草案)》(*Common Core Standards*)，以及“国际数学与科学教育成就趋势调查”(The Trends in International Mathematics and Science Study，TIMSS)和“国际学生能力评估项目”(Program for International Student Assessment，PISA)等大型国际测评都对包括数学、英语和科学等核心学科领域的能力表现提出了系统的标准和要求。中小学生目前在核心学科能力，特别是学习、实践和创新导向的学科能力方面的发展状况是怎样的？存在哪些重要问题？面对这些问题应该采取什么对策？这些都迫切需要开展对于学生学科能力表现的研究。

学科教育是实现上述培养目标的基本途径，学科教育的核心宗旨是培养中小学生的人文和科学素养，而相应的学科能力则是人文和科学素养的核心构成，所以对中小学生学科能力表现进行深入系统的研究是基础教育素质教育改革的需要。国内外的正规教育体系都是基于学科课程教学的。学科课程的目标、内容、水平要求的设定，教材内容选取、组织及其呈现表达的设计，学科课堂教学的教学内容和教学过程方法的设计，以及学业水平考试评价设计等，都与我们对中小学生学科能力的构成、形成阶段、发展水平及其影响因素等的研究和认识程度密切相关。长期以来，一方面学术界比较强调学生发展，但是到底应该发展学生什么，经常与学科课程教学体系相脱节，所以无法真正转化为有效地促进学生发展的学科课程及教学实践；另一方面实践界早期比较依赖具体学科知识技能的传授，后来虽然强调培养能力，但缺少对学科能力的系统深入认识；再者，学科学业水平的考试评价近年来十分重视能力立意，但是始终缺少对学科能力的构成及其表现的系统刻画。因此，针对中小学生的学科能力表现进行系统研究有助于将以促进学生发展为核心的教育理念落实到具体课程、教学和考试评价实践中。

综上所述，学生学科能力表现的研究具有非常重要的课程论、教学论、学习论和评价理论的学术研究价值和全面实施素质教育、促进课程教材教学及评价改革实践的重要应用价值。

2011 年，我们主持申报并成功获批了国家社科基金教育科学“十二五”规划重点课题“中小学生学科能力表现研究”，组建北京师范大学的语文、数学、英语、政治、历史、地理、物理、化学、生物 9 大学科教育团队，协同首都师范大学和北京市海淀区、朝阳区、丰台区的骨干教师和教研员，开始了持续 6 年的研究与实践。

我们从学科能力的经验基础、思维机制、作用对象及其心智水平属性几个维度对各个学科能力的内涵构成、类型特征和外部表现进行了整体的研究；进而开发相应的测试工具评价不同学段、不同年级的学生在学习理解、应用实践和迁移创新等共通学科能力维度上的表现，以及在不同知识内容主题上的学科能力表现及其表现水平；并从学校（课程、管理），教学（教学取向、教学策略、教学活动），个人（性别、动机情感、认知活动、学习策略）等维度来研究影响学生学科能力表现的相关因素；进而，在以上基础理论研究和发展测评研究的成果基础之上，开展了基于人才培养模式、学校制度创新、学科课堂教学改进以及考试评价改革的促进学生学科能力发展的实践探索。

(一)基于核心素养的学科能力的系统构成和表现的理论研究

2011 年—2013 年，我们首先做的是学科能力的基础理论研究。我们试图基于学习理解、应用实践和迁移创新的学科能力活动，建立知识经验与能力表现的实质性联系，寻找可测评和可调控的能力要素，以贯通关联不同学科领域的学科能力，构建学习理解、应用实践和迁移创新导向的学科能力活动表现、内涵构成及其发展水平的多维整合模型[①](见图 1)。我们提出一系列非常重要的观点。

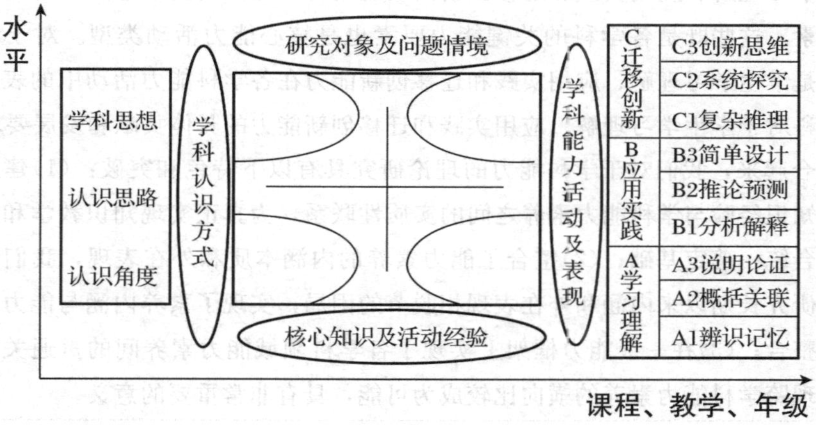

图 1　学科能力构成及其表现的理论模型(A1—C3 以化学学科二阶能力要素为例)

第一，基于能力的类化经验理论。我们提出学科能力是指个体能够顺利地完成特定的学科认识活动和问题解决任务的稳定的心理调节机制，具体包括定向调节机制和执行调节机制，明确知识经验在能力素养中的基础地位。

第二，我们提出学科认识方式是知识转化为能力素养的核心机制。我们认为光有知识和活动经验是不足以转化成能力和素养的，学科知识是学科能力素养的必要基础，但是不充分。学科知识需要经过从陈述性知识，到程序性知识，再到观念化的自觉主动认识方式，才可能变成学科核心素养的外在能力表现。

第三，我们认为学科能力活动是知识转化为能力素养的重要途径。学科素养是学生经过学科学习逐渐形成的面对陌生不确定问题情境所表现出来的关键能力

① 王磊．学科能力构成及其表现研究——基于学习理解、应用实践与迁移创新导向的多维整合模型[J]．教育研究，2016(9)：83-92.

和必备品格。对应于知识经验的迁移创新能力表现水平，学科知识经过学习和理解，应用和实践，迁移和创新等关键能力活动，才能完成从具体知识到认识方式，从外部定向到独立操作再到自觉内化的转化过程。这是我们提出来的知识与学科能力和素养的重要理论关系。

北京师范大学各学科教育团队深入分析各学科学习理解、应用实践和迁移创新能力活动的特质和要素，综合归纳国内外课程标准、重要考试评价中的能力要素，概括出各自学科的学科能力二阶要素模型，也是学科能力活动表现框架。不同学科领域的学习理解、应用实践和迁移创新活动既具有共通性的要素也具有各自的学科特质要素。这些既是各学科的关键能力要素也是核心能力活动类型。对于学生而言，这是学生学习理解、应用实践和迁移创新能力在各学科能力活动中的表现，也是各学科对于学生学习理解、应用实践和迁移创新能力的具体贡献和发展要求。

综合起来，我们对于学科能力的理论研究具有以下特色和突破：(1)建立了学科核心知识经验与学科能力素养之间的实质性联系，为真正实现知识教学和能力培养的融合统一奠定基础；(2)整合了能力素养的内涵本质和外在表现，我们试图解决能力研究长期以来内涵和外在表现相脱节的困局，实现了素养内涵与能力表现的融合和整合；(3)在一级能力框架上实现了各学科领域能力素养间的贯通关联，这使得实现跨学科能力素养的横向比较成为可能，具有非常重要的意义。

(二)学科能力表现及发展水平的测量评价研究

从 2013 年开始，我们开展了对于学科能力表现及发展水平的测量评价研究。以多维学科能力素养理论模型为基础，我们制定了各学科的基于本学科核心知识内容和特定活动经验主题的学科能力的表现指标体系。每个学科都提炼了本学科不同学段的核心的知识内容主题和特定的活动经验主题，基于学科能力 3×3 框架进行交联，确立指标体系，这样就实现了把黑箱打开，来进行测评和调控。进而，我们进行了学科能力表现测试工具的研发，采用了最先进的国际通用的科学测试工具的研发程序。经过多年的研究，我们已经形成了自己的诊断评价策略，从命题规划、试题设计、评分标准制定，都有了一套能力素养指向的非常有实用价值的可操作性的策略和方法。

我们在 76 所学校完成了 11 万多学生样本和一千多教师样本的实测，获得了各个学科不同学段的学科能力表现的大数据。基于 Rasch 测量理论进行工具质量评估和修订，形成了一套高质量的学科能力表现测量诊断工具。也为参与测试的区域和学校提供了系列的学科能力表现的测评报告。在测试以后，各学科按国际通用规则，进行水平等级划定，第一次比较系统、全面、具体地划定了我们国家基础教育九个学科的学科能力表现及其发展现状的水平模型。同时我们研究概括得到了学生能力表现的水平变量(见图 2)及其重要影响因素。

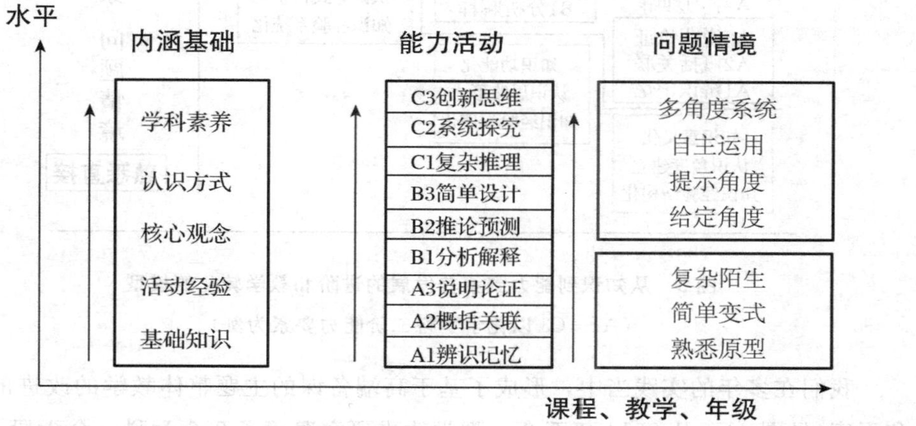

图 2　学生学科能力表现的水平变量(A1—C3 以化学学科二阶能力要素为例)

应该说在学科能力的评价研究方面，我们实现了几个重要的突破。第一，基于现代测量理论和方法，超越了传统学业成就测试经验水平；第二，凸显与学科能力素养内涵的实质性联系和精准评价，对每个得分点编得准，说得清，解释得明了，实现与能力和素养的实质性关联和精准评价；第三，形成了一套核心素养导向的学科能力表现的测量评价的具体方法和策略，具有很强的可操作性。

(三)促进学生学科能力和核心素养发展的教学改进研究

从 2014 年开始，在理论研究和评价研究了解现状的研究基础之上，我们开始协同区域和学校开展教学改进的研究。我们团队亲自到学校和课堂，与老师进行高端备课、教学改进，形成了教学改进的重要理论和方法程序，揭示了从知识到能力到素养发展的进阶和教学转化的模型(见图 3)，也找到了教学改进的核心切入点——基于主题教学打通知识到素养的通道。我们也形成了既具有通用理论意义，又具有各学科特质的教学改进的具体理论。比如，化学学科的基于学生认识方式转变的认识发展教学理论，物理学科的基于学习进阶的教学设计理论，英语学科的分级阅读教学理论，语文学科的任务纵深型的理论，政治学科的活动型的理论等。

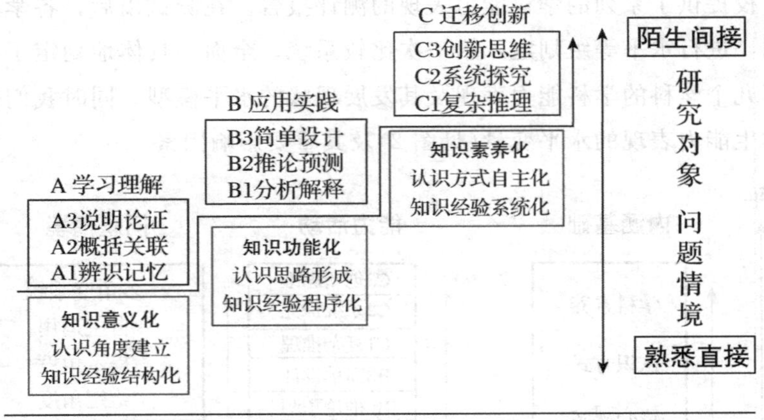

图 3　从知识到能力到素养发展的进阶和教学转化的模型

（A1—C3 以化学学科二阶能力要素为例）

我们在多年的实践当中，形成了基于高端备课的主题整体教学的改进的方法和程序(见图 4)。从 2014 年至今，教学改进研究覆盖了 9 个学科、全学段，8 个区域，上百所学校，400 多名老师，形成了 600 多课时的教学改进案例，这些案例全部都是按照下图所示的改进流程和方法来做的，所以都是非常高水准的学科能力素养培养的教学案例资源。

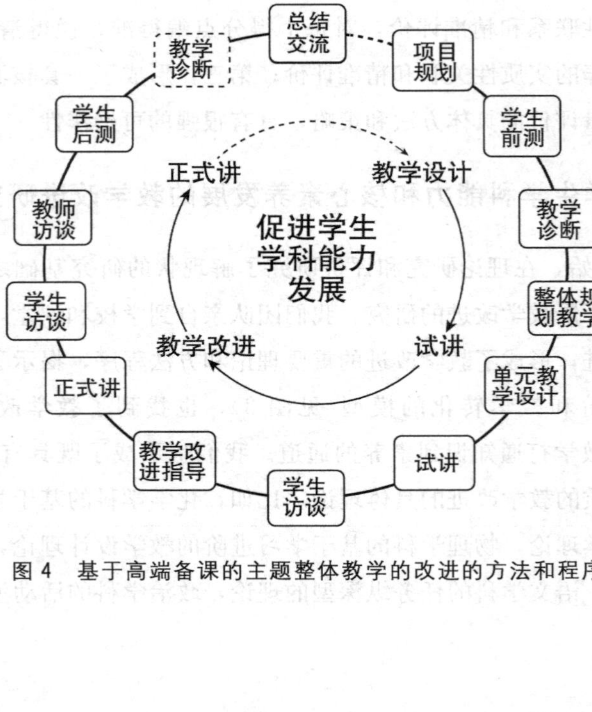

图 4　基于高端备课的主题整体教学的改进的方法和程序

总括起来，学科能力教学改进研究方面，我们一是实现了基于学生能力素养发展阶段的诊断评价作为实证，进行精准教学改进提升和突破；二是对于教师能力素养发展导向、教学设计与实施，基于高端备课模式进行全过程深入有效的指导，深受区域和学校的欢迎和好评。

在这些研究基础之上，2016 年开始，我们依托北京市教委和北京师范大学的未来教育高精尖创新中心，将整个学科能力研究成果进行了“互联网＋”的集成化和升级，促成了线下教育成果转化成“互联网＋”网络成果，全部实现系统化、集成化、精准化，这一成果的代表产品就是智慧学伴。我们在一年的时间内完成了初一、初二、初三 9 个学科的所有的智慧学伴的评、学、教的集成化建设，开发了 67 套高水准的总测，860 套微测，4 868 个体现能力素养的微教学资源。

我们也形成了与区域和学校的多样化协同创新实践模式，在基于高端备课主题整体改进的基础之上，体现学校教改特色的融合应用、区域学生学科能力素养发展水平评价、骨干教师教学能力和评价素养提升，以及“互联网＋”智慧学伴的融合应用等。从 2017 年开始，我们进一步开展了与项目教学、主题教学、翻转课堂等新型教学形式和教育技术深度整合的应用实践，努力探索实现素养融合、学科综合的评价研究和教学改革创新。

我们关于学科能力的研究成果在《教育研究》《教育学报》《课程·教材·教法》以及 Journal of Research in Science Teaching(JRST)等国内外核心期刊，以及东亚科学教育学会(EASE)、欧洲科学教育学会(ESERA)、全美理科教学研究学会(NARST)等国际和国内学术会议上相继发表，并在北京、深圳、山东等地的上百所中学开展了实证研究和应用实践，产生了积极而广泛的影响。顾明远先生在对该成果的推荐中这样写道：“该成果在理论、方法和实践上都有重要的创新和突破。”林崇德先生评价该成果：“体现了理论与实践研究、定性与定量研究、设计研究与行动研究的高度有效融合。特别难能可贵的是，改变了学科能力的理论研究与能力表现评价和能力培养的学科教学实践一直处于相脱节的状态，理论和评价研究成果有效转化为教学改进实践成果。”实验区和学校这样评价：“该项目在实验区的实践是‘顶天立地’的，在高端专家团队指导下，瞄准人的成长与发展需要，立足于课堂教学实际，立足于教师发展实际，立足于解决教育教学改革的重点和难点问题。”“对于学科能力的结构研究具有理论创新性，更可贵的是他们特别注重学科能力在课堂教学中的培养策略和方法的研究，与教师共同备课、研究学生、采集数据、评价试测，真正实现了理论与实践的结合。”

由北京师范大学出版社出版的“学科核心素养”系列丛书，系统反映了上述研究成果。丛书由国家重点课题负责人王磊教授担任总主编，包括9个学科分册，分别由各学科子课题的首席专家，语文学科郑国民教授、数学学科曹一鸣教授、英语学科王蔷教授、物理学科郭玉英教授、化学学科王磊教授、生物学科王健副教授、地理学科王民教授、历史学科郑林教授、政治学科李晓东副教授担任各分册主著，各分册的主要作者都是研究团队的核心成员。本课题的研究得到了北京师范大学未来教育高精尖创新中心、中国基础教育质量监测协同创新中心，北京市海淀区教师进修学校、北京市朝阳区教育研究中心、北京教育学院丰台分院、深圳市教育局和教育科学研究院、北京市通州区教师研修中心、北京市房山区教师进修学校、北京教育学院石景山分院等区域协同合作单位，以及山东省昌乐一中、山东省青岛市第39中学等百余所参加促进核心素养和学科能力发展的教学改进项目的学校的大力支持，在此一并表示感谢！此外，还特别感谢全国教育科学规划领导小组办公室对于此项国家重点课题自始至终的关心和支持！感谢北京师范大学出版社对于本课题成果系列丛书出版的大力支持！

丛书的各个分册，都从理论和基础研究、测量和评价研究，以及教学改进实践研究三个方面，系统展示了北京师范大学学科教育团队基于核心素养的学科能力研究成果。内容丰富，包括学科能力构成及其表现指标体系的理论成果，结合各学科核心知识内容主题的学科能力表现测评研究的成果，结合大量测评实例介绍了基于核心素养的学科能力的测评方法和策略及不同水平的典型学生表现，以及北师大学科教育团队指导专家在不同区域和学校开展教学改进实践研究的丰富案例。

丛书反映当前学科教育研究与实践改革的最新成果，兼具很强的理论、方法和实践指导价值，对于课程教学论及学科教育专业的师范生和研究生具有重要的学习价值；对于广大一线教师的学科教学改革实践和自身专业发展具有明确的指导意义；对于课程标准制定、教科书的研发、学业成就考试评价等具有积极的参考价值。

核心素养与学科能力是一个复杂系统，人们对它的认识不断发展，任何理论和研究都只是对这个复杂系统的有限探索。本丛书的内容只是我们对核心素养与学科能力研究的部分阶段性成果，对于核心素养与学科能力的研究还远未结束，我们大家将继续砥砺前行！

王　磊

2017年8月于北京师范大学

前言

2011年，学科能力研究项目正式启动。物理学科能力研究团队在系统梳理国内外相关研究的基础上，基于总课题组提出的学科能力表现框架，针对物理学科的特点，经多次研讨和反复修正，提出了物理学科能力表现框架，基于框架进行了4次大样本的测试和分析，并对影响学生物理学科能力发展的因素做了系统调研，同时开展了促进学生物理学科能力发展的教学改进工作。6年来，物理学科能力的研究与学生发展核心素养的研究并行开展，在我参与高中物理课程标准的修订工作中找到了契合点。特别是针对学科核心素养进行的水平测试工作，更使我们坚定了这一认识：学科能力表现与学科核心素养互为表里，学科能力研究为诊断和分析学生核心素养的发展状况提供了系统的测评框架。可以说，学科能力研究立足于我国中学学科教学的理论和实践，在针对学科能力测评的命题技术方面进行了探索，获取了基于大样本测试的实证数据，为基于核心素养体系的新一轮课程改革做了基础性的准备工作。

本书是研究团队对物理学科能力研究成果进行的系统梳理和总结。全书共分12章，各章的内容简介和作者分工如下。

第一章概述了物理核心素养和物理学科能力的内涵和研究基础，建构了基于物理核心素养的物理学科能力表现框架，由郭玉英、姚建欣执笔。

第二章用题目示例的方式对表现框架中的能力表现指标进行了具体说明，介绍了基于表现框架进行命题测试的过程和测评结果的统计分析方法，由张玉峰、陈颖执笔。

第三章概述了大样本测评数据的统计结果，描述了样本学生在物理学科能力的三个维度和总体上的发展现状，并结合典型试题的作答情况展示了学生表现，由陈颖执笔。

第四章基于测评结果描述了样本学生在“机械运动与力”主题上的学科能力表现，提出了教学建议，由弭乐、谢丽璇执笔。

第五章基于测评结果描述了样本学生在“电与磁”主题上的学科能力表现，提出了教学建议，由朱宁宁执笔。

第六章基于测评结果描述了样本学生在“能量”主题上的学科能力表现，提出了教学建议，由姚建欣执笔。

第七章基于物理核心活动的特征建构了学科能力表现指标体系，讨论了相关命题和测评结果，由马朝华执笔。

第八章系统论述了物理学科能力影响因素的测评框架、相关题目和研究结论，由项宇轩执笔。

第九章介绍了教学改进研究的目标、问题、改进流程和主要内容，由弭乐执笔。

第十章以教学改进中“机械运动与力”的具体课题为案例，详细介绍了研究的过程、方法和结果，由阳熠执笔。

第十一章以教学改进中“电与磁”的具体课题为案例，详细介绍了研究的过程、方法和结果，由玛丽娜、王锕执笔。

第十二章从物理核心素养的角度对研究结果进行了概括性总结，提出了进一步开展教学和研究的建议，由姚建欣、张玉峰执笔。

在本书写作过程中，姚建欣和李振文做了大量协助工作，他们阅读了全部初稿，并提出了修改建议，最后由郭玉英统一修改定稿。

除上述作者外，参与本课题研究的人员还有北京师范大学物理学系副教授罗莹，博士魏昕，研究生翟小铭、张墨雨；北京市朝阳区教研中心周岗、张京文、王君老师；北京教育学院丰台分院陈磊、曾拥军老师；北京市海淀区教师进修学校苏明义、李天印老师；北京市第八十中学何春生、刘伟力、张杰、刘亦工、刘友洪老师；北京工业大学附属中学赵春英、邓飞老师；首都师范大学附属云岗中学孔祥艳、李勇老师；北京市中关村中学刘超杰、马佳宏、王乃玲老师；北京一零一中学周革润、郭金宁老师；北京市第十二中学邹志宇、浦仕毕老师；中国人民大学附属中学朝阳学校申亮老师；北京市陈经纶中学张成、吴爱兄老师；山东省昌乐一中尚鹏鹏、高浪老师等。他们都为本课题作出了贡献。

本课题的研究得到了北京市朝阳区、海淀区、丰台区和深圳市教委(教育局)，以及参与教学改进学校的协助和大力支持。参加本课题讨论的还有北京市西城区教研室黎红老师、新疆维吾尔自治区克拉玛依市第一中学秦建云校长、北京市第八中学唐挈副校长。北京师范大学出版社邓丽平副编审和郭晨跃编辑也为本书的出版做了大量工作。本课题在研究过程中得到了2013年度教育部人文社会科学研究一般项目“基于科学概念学习进阶的教学设计模型研究”的资助(13YJA880022)，本课题中教学设计改进的理论模型来自该课题的研究成果。在此一并表示感谢!

需要说明的是，本研究基于学科能力表现框架开展的系统研究是创新性的工作，虽然历时6年，经过多次修改，完成了项目的预设目标，但还有很多问题需要持续探讨和深入研究。所选的测试样本主要来自一线城市，并未在全国范围内随机抽样，所得结论仅供读者参考借鉴。由于作者水平所限，书中定有不少疏漏和错误之处，敬请读者批评指正。

郭玉英

2017年8月于北京师范大学

目录
CONTENTS

第一章

物理核心素养与物理学科能力

从文明早期关于自然界的朴素理论，到经典物理学体系的创建，再到相对论、量子论等的不断进步与发展，物理学代表着人类智慧对自然奥秘的不懈探索和取得的辉煌成就。基于观察和实验发现并提出问题，通过不断地假设、检验过程建构和修正理论模型，运用符号、数学等工具进行科学推理和论证，物理学形成了系统的知识体系和研究方法。物理学的思想观念、知识体系和研究方法对发展学生的科学观念、科学思维、探究能力和创新精神有着巨大价值，是21世纪学生发展核心素养的重要组成部分。

基础教育阶段的物理课程用物理核心素养一词集中概括了物理学科的教育价值，并将其作为教育目标来引领课程、教材和教学的改革方向。本书基于《普通高中物理课程标准(征求意见稿)》(以下简称《高中新课标》)对物理核心素养的界定，以国内外与物理核心素养相关的物理学科能力研究为依托，论述了物理核心素养和物理学科能力的研究基础及两者的关系，建构了物理学科能力的测评模型，系统总结了本课题组基于该模型开展的大量实证研究工作。本章首先介绍物理核心素养和物理学科能力的相关研究，在此基础上论述基于物理核心素养的物理学科能力模型。

第一节　物理核心素养

物理核心素养是本次高中物理课程标准修订时提出的新概念，是物理学科育人价值的集中体现，是学生在接受物理教育过程中逐步形成的适应个人终身发展和社会发展需要的关键能力和必备品格，是学生科学素养的重要构成(中华人民共和国教育部，2017)。这一界定集中体现了物理学科在基础教育阶段的教育价值，是新课程三维目标的提炼与升华，在征求意见时得到了专家学者和一线物理教师的普遍认同。物理核心素养主要由“物理观念”“科学思维”“科学探究”“科学态度与责任”四个方面的要素构成。

一、物理观念

“物理观念”是从物理学视角形成的关于物质、运动与相互作用、能量等的基本认识；是物理概念和规律等在头脑中的提炼和升华；是从物理学视角解释自然现象和解决实际问题的基础(中华人民共和国教育部，2017)。周光召先生在给《科学教育的原则和大概念》一书作的序中写道：“科学教育不应该传授给孩子支离破碎、脱离生活的抽象理论和事实，而是应当慎重选择一些重要的科学观念，用恰当、生动的方法，帮助孩子们建立一个完整的对世界的理解。”(温·哈伦，2011)“物理观念”就是物理学中最重要的科学观念，体现了物理学科核心概念的教育价值。物理学科核心概念是组织整合物理学科知识内容的少数关键概念，是将众多的物理知识联为一致整体的物理学习的核心内容，是学生理解或探究更复杂概念的关键工具，与学生的生活实际和重大社会议题紧密相关，贯通整个基础教育阶段物理课程的学习过程。

物理学是研究物质的组成和结构、相互作用和运动规律的基础科学，物理学科的核心概念包括物质、运动与相互作用、能量等。因此，“物理观念”主要包括物质观念、运动观念、相互作用观念、能量观念及其应用等要素。《高中新课标》

之所以将物理观念放在物理核心素养的首要位置，是因为物理观念既是其他物理核心素养形成和发展的基础，又是原来三维课程目标中的第一维——知识与技能目标的提炼和升华。在初学者看来，物理学科的知识与技能往往是零散的、分离的，学生获得了大量零散的具体知识与技能，但不能在头脑中形成对物理世界的完整认识，就不能用物理学的知识和方法解释自然现象和解决实际问题，也就不能说他具备了物理核心素养。因此，物理观念的提出超越了碎片化的知识与技能，是对学生知识掌握和能力发展的更高要求。在《义务教育物理课程标准(2011年版)》(以下简称《义教课标》)中，虽然没有明确提出物理观念这个术语，但已经用物理观念作为一级主题(表 1-1)，统领课程全部的知识内容，将众多的物理知识联为一致整体。

表 1-1　义务教育物理课程标准的内容框架(中华人民共和国教育部，2012)

一级主题	二级主题
1. 物质	1.1 物质的形态和变化 1.2 物质的属性 1.3 物质的结构与物体的尺度 1.4 新材料及其应用
2. 运动和相互作用	2.1 多种多样的运动形式 2.2 机械运动和力 2.3 声和光 2.4 电和磁
3. 能量	3.1 能量、能量的转化和转移 3.2 机械能 3.3 内能 3.4 电磁能 3.5 能量守恒 3.6 能源和可持续发展

可见，《高中新课标》中提出的物理观念，是在初中物理课程基础上的进一步发展，其内涵与许多发达国家对物理学科核心概念的要求也是一致的。如美国于 2013 年发布的《新一代科学教育标准》(Next Generation Science Standards, NGSS)中的物质科学是围绕着下列 4 个学科核心概念建构的(郭玉英，2014)。

(1)物质的结构和特性：物质的宏观状态和特征性质取决于物质的类型、组合和以分子和原子为单位的粒子的运动。(2)相互作用、稳定性和变化：由相互作用产生的力构成了一切物质结构和转变的基础，这些力的平衡或不平衡性决定了稳定性和系统内部的变化。(3)能量及其转变：系统内部和系统之间的能量转换永远不会改变能的总量，但某一系统的能量往往会耗散，系统的能量决定了各过程的结果。(4)波作为能量和信息携带者：我们对波的性能的理解再加上适当的仪器，让我们能利用波，特别是电磁波和声波，来对自然进行各种规模的、远远超过我们直接感知的探测。其中前三个学科核心概念与我国新修订的高中物理课程标准提出的物理观念在内容上是一致的。物理观念是基于物理学科核心概念的学习从学生发展核心素养的角度进行的提炼和概括。

二、科学思维

“科学思维”是从物理学视角对客观事物的本质属性、内在规律及相互关系的认识方式；是基于经验事实建构理想模型的抽象概括过程；是分析综合、推理论证等方法在科学领域的具体运用；是基于事实证据和科学推理对不同观点和结论提出质疑、批判、检验和修正，进而提出创造性见解的能力与品格(中华人民共和国教育部，2017)。

如果说物理观念是从认识结果的角度对物理核心素养的描述，科学思维则是从认识方式和过程的角度对学生的关键能力做出说明。科学思维主要包括模型建构与应用、科学推理、科学论证和质疑创新等，这些都是物理学科在探索自然和建构理论体系过程中运用的典型思维方式，也是学生学习和运用物理知识和方法的过程中必备的思维能力。

建构与应用模型是物理学最重要的研究方法之一，也是物理学的核心学科特色。模型是一种对物体、事件、系统、过程、物体或事件间的关系等的表征(Gilbert et al，2000)，建模是建构或修改模型的动态过程(邱美虹，2008)。在世界范围内，学者们都充分认识到了建构与使用模型对物理及科学学习的价值，模型被大多数发达国家的物理(科学)课程纳入认知要求、实践要素，以及跨学科共通概念(张静等，2014)。

在国际科学教育研究领域，科学思维(scientific thinking)和科学推理(scientific reasoning)联系紧密，有学者认为科学推理是科学思维的核心组成部分，更有学者将两者视作同义词(Zimmerman，2007)。对科学思维和科学推理的研究起源于20世纪中叶，韦特海默(Wertheimer)、布鲁纳(Bruner)和皮亚杰(Piaget)等从不同的角度奠定了对科学思维和科学推理研究的理论基础。对科学中的情境表征、问题解决、因果思维、假设检验，以及归纳、演绎和类比等的研究长期以来一直是科学思维研究的主体内容。科拉(Klahr，2000)认为科学推理是科学活动中涉及的高级思维过程，包括在产生理论、实验设计、假设检验、数据解释和作出科学发现等过程中的思维活动。也有一些学者按推理的形式将科学推理分为归纳推理、演绎推理等若干方面(Lawson，1978)。我们用国际上通用的科学推理能力量表(Lawson Test)对我国高师物理专业的学生和中小学学生样本做过测试，研究发现学生科学推理能力的发展存在缺陷，而且发展情况与教师采用的教学模式相关(郭玉英等，2011)，需要引起物理教育界的关注。

科学论证是面向未确定的科学问题，通过社会性的协作过程，为各自的观点提供支持，并批驳相异的观点，以解决问题并获取知识的活动(e. g. Clark et al，2008；Duschl et al，2002；McNeill，2011)。随着科学哲学的发展，“作为论证的科学”(science as argument)成为诠释科学思维的一种重要观点(e. g. Kuhn，1993；Osborne et al，2013)。自20世纪90年代以来，科学论证得到了国际科学教育研究者的广泛关注。美国《新一代科学教育标准》也明确将“基于证据的论证”列为K-12科学教育中的八种实践之一。通过课标比较可以看出，绝大多数国家的课程标准都对学生的科学论证能力提出了要求(郭玉英，2014)。

质疑创新是科学发展的动力，是科学思维的重要特征，是拔尖创新人才的必备品质和能力。质疑是创新的基础，在物理学的发展历程中，任何新概念的提出和新理论的创立，都是科学家在对前人的结论提出质疑的基础上，运用创新思维综合已有的研究成果才实现的。例如，伽利略质疑亚里士多德“重物比轻物下落快”的论断，将科学推理与观察实验相结合，提出了“落体定律”；牛顿基于前辈们对“地心说”提出的理论质疑和积累的实证资料，建立万有引力学说，实现了物理学史上的第一次大综合，是物理学史上划时代的创造。创新思维在物理学中有多种表现，物理学不同分支间的概念和方法的移植、类比的思想，也是一种物理创新思维。例如，将力学中的重力势能的概念移植到电磁学中，提出电势能和电势的概念；德布罗意将爱因斯坦光的波粒二象性关系式移植到实物粒子中等。创新就是要突破已有物理知识的局限性，提出新概念或发现新规律，建构新的理论模型。例如，狭义相对论和量子论的创立，对时空概念和时空与物质的关系，提出了与经典理论完全不同的观点，而且将经典理论作为在宏观低速条件下的特例纳入新理论体系，改变了人们对时间、空间、物质的存在形式等最基本概念的认识，引发了物理观念的变革。

高中物理课程中任何概念的形成、规律的发现都蕴涵着物理创新思维的成分，对于培养学生的创新思维具有重要价值。

三、科学探究

“科学探究”是指提出物理问题、形成猜想和假设、设计实验与制订方案、获取和处理信息、基于证据得出结论并作出解释，以及对科学探究过程和结果进行交流、评估、反思的能力(中华人民共和国教育部，2017)。从这一表述可以看出，物理核心素养中的科学探究关注实验和实践。

实验与探究奠定了物理学的实证基础，也是当代物理教育的核心实践活动。早期，实验探究被视为过程技能的集合，持这种观点的研究者认为观察、分类、假设、推理、预测等是独立的技能，通过训练学生这些独立的“要素能力”，学生的科学探究能力就能得到发展。西方20世纪七八十年代的一些课程(例如《科学——一种过程取径》，Science：A Process Approach，SAPA)体现了此类探究观。随着相关研究的深化，把探究视为基本科学过程技能的集合的这类观点受到了质疑和批评，学术界普遍将科学探究视为以科学思维为核心、包含若干关键要素的问题解决过程(郭玉英，2005)。此过程包含提出物理问题，形成猜想和假设，设计探究活动，获取和处理信息，基于证据得出结论并作出解释，以及对实验探究过程和结果进行交流、评估、反思等要素，并依据问题情境的不同而具有一定的灵活性。

国际科学教育研究领域有不少研究者对上述过程做了细致的研究。以对形成假设并设计实验的研究为例，彭纳和科拉发现，低龄段的儿童往往会在没有明确假设的情况下即开始实验(Penner et al，1996)。对比儿童和成人的探究模式发现(Klahr et al，1993)：成人能设计并开展提供更多信息的实验，儿童倾向于聚焦他们感觉正确的假设，并且常常“钻进”某一个假设里，而成人则能同时考虑多个假设。儿童对已经理解得很好的变量关系仍会进行多次的实验，而成人则倾向于进一步去探索他们理解得不太好的变量关系。类似的，舒布勒也发现儿童更倾向于重复没有明确目的的实验，相对于成人，他们的实验工作提供的信息较少(Schauble，1996)。然而，无论是儿童还是成人，都是带着自己的已有信念来开展探究活动的(Zimmerman，2007)。而且，他们都倾向于从有“因果关系”的变量开始进行探究(Kanari et al，2004)。

在我国21世纪初启动的基础教育课程改革中，科学探究已经作为目标、内容和教学方式进入物理课程标准，广大教师也在实践中开展了大量探索，但仍然存在着表面化和形式化的倾向，在教学过程中需要重点关注问题、证据、解释、交流等要素对学生发展的作用。

四、科学态度与责任

“科学态度与责任”是指在认识科学本质，理解科学·技术·社会·环境关系的基础上，逐渐形成应有的科学态度和社会责任感(中华人民共和国教育部，2017)。

理解科学不只是掌握科学原理和方法，还要尝试省思科学的本质和发展。科学哲学的探讨为人们理解科学的本质提供了深邃的视角，而随着科学课程素养取向的发展，在一定程度上了解此视角，更为深刻地认识科学的本质及其发展历程成为当代科学素养的重要组成部分(AAAS，1990)。科学本质，是指对于科学知识、科学研究过程、科学方法、科学精神、科学的历史、科学的价值、科学的限度等方面最基本特点的认识，是一种对于科学本身全面的、哲学性的基础认识。

对科学本质的理解，有助于学生对科学内容的学习，增加他们对科学团体的规则和规范的了解，形成良好的科学态度，意识到科学研究和应用科学技术时所必须遵守的伦理规范和社会责任(e. g. Driver et al，1996；McComas，1998)。良好的科学态度是科学学习的重要保障，需注意保持学习和研究物理的内在动机，形成尊重事实、敢于质疑、善于反思、勇于创新的科学态度。在学习、研究和应用科学的过程中，应遵守规范准则，如应实事求是，不弄虚作假，应顾及他人的利益，不对人类和自然带来不利影响等。STSE 是“科学・技术・社会・环境”(science，technology，society and environment)的英文缩写。STSE 原本是指涉及科学和技术的哲学、历史、社会学、伦理、政策等方面综合性的研究领域。在基础教育阶段，STSE 主要涉及对于科学和技术的本质、科学技术与社会的相互关系，以及科学和技术对自然环境和可持续发展的影响等的理解和认识。

需要说明的是，物理核心素养的上述四个方面是相互联系、共同发展的，物理观念的形成过程是学生经历科学思维和科学探究的过程，同时伴随着对科学本质的认识不断深化的过程和科学态度与社会责任感的发展过程。

物理学是观察、实验与理论紧密联系、相互促进的基础自然科学，充分体现了科学的本质特征。例如，第谷的行星观测数据与开普勒定律，伽利略的斜面实验和落体定律，赫兹实验与麦克斯韦电磁场理论，都充分体现了观察、实验与科学思维之间的相互联系；在光学发展史上，牛顿和惠更斯各自用不同的模型来解释光的本质，不但体现了规律和理论的区别，也展示了科学模型的应用和不断修正过程；爱因斯坦相对论的创立，则是科学家创造力的典范。时间、空间、质量、能量等物理学中最基本的概念的发展过程，都体现了科学知识的发展特征。物理学在观察与实验研究的基础上，不断探索并力图确认物质最基本的结构、物质运动最基本的原理，并把诸多规律统一起来，体现了科学探究的本质特征。物理学与技术和社会发展的密切联系体现了科学与技术的相互作用，新知识的发现依赖于技术的运用，同时新知识又能促进新技术的发明，对由此产生的环境和社会问题的讨论，不但可以促进学生对科学・技术・社会・环境关系的理解，同时有助于增强学生的社会责任感。

第二节　物理学科能力

物理核心素养是学生通过物理学习形成的关键能力和必备品格。其中的“能力”作为当代教育研究的术语，在学缘上带有深刻的心理学印痕，欧洲大陆较广泛认可的对能力的定义源于德国著名心理学家弗朗茨·维纳特①：“个体自身具备的或通过学习掌握的、可用以成功且负责任地解决问题的知识、技巧、态度、意志和社交手段。”(Weinert，1999)在教育心理学领域，研究发现能力这种心理特质总是与具体的活动、相关的情境紧密交织在一起。故以林崇德先生为代表的我国学者对能力与各学科学习的融合——即学科能力，进行了长期的研究探索。物理核心素养中的关键能力的提出，是建立在国内外关于物理学科能力的研究基础上的。

林崇德先生指出，学科能力是教师和学生通过教学活动使得学科知识概化的能力，“是学科教育与智力发展的结晶”。学科能力的构成包括：(1)学生掌握某学科的一般能力；(2)学生在学习某学科时的智力活动及其有关的智力与能力的成分；(3)学生学习某学科的学习能力、学习策略与学习方法(林崇德，1997)。这意味着学科能力既以学科知识为载体，又要超越具体知识形成稳固的心理特质。所以学科能力具有四个特点：(1)系统性；(2)以学科知识为中介；(3)可外显化；(4)稳定性。然而，在关注学科能力的一般特性的同时，需要注意到不同学科的学科能力的思维构造存在明显的认知特殊性。这也就要求我们必须围绕各学科的本体特质，对其学科能力的内在思维构造进行具体化的建模和有针对性的探测。

本研究依托上述理论，提出物理学科能力的定义和内涵。物理学科能力是指

① 弗朗茨·维纳特(Franz E. Weinert，1930—2001)：德国著名心理学家，海德堡大学发展与教育心理学系的创始人，马克思—普朗克学会的副主席。

学生顺利进行物理学科的认识活动和问题解决活动所必需的、稳定的心理调节机制。其内涵是系统化、结构化的物理学科知识技能及核心活动经验图式对学习行为的定向调节和执行调节。对物理学科能力的结构化表征和具体表现，国内外学者共同积累了丰富的理论预设和实践经验。这些成果是本书所呈现的研究工作的重要基础，以下对这些成果进行梳理和讨论。

一、物理学科能力的相关基础研究

我国物理教育研究者长期关注在物理教学过程中培养学生能力，特别是与物理学科的思维方法、探究精神相契合的物理学科能力。通过与心理学相关理论的结合，对物理学科能力的研讨在20世纪八九十年代起逐渐系统化。例如段金梅等(1988)从知识、技能和能力三者的关系出发，结合中学物理教学的目标和特点，提出中学物理教学中需注重培养的五方面能力：观察实验能力、思维能力、分析问题解决问题的能力、自学能力和创造性思维能力。后来，续佩君(1999)从广义和狭义两个维度对物理能力给出界定：广义的物理能力指“顺利进行并完成物理学研究任务的个性心理特征”；狭义的物理能力指“物理学习中必然获得发展的、直接影响个体完成相应物理学习任务的心理特征”。

我国学者不仅关注物理学科能力体系的一般建构，还对各具体学科能力进行了详细探讨。这里对学者们集中关注的观察、思维和实验能力等的研究和讨论进行概述。

观察分为自然观察和实验观察。自然观察指对自然现象不做人为干涉而进行的观察，如对雨、雪、霜等现象的观察，实验观察要根据研究目的人为控制研究环境和控制研究对象，以创造条件观察主要因素。自然观察是许多朴素的物理观念形成的起点，而在近、当代物理学的发展中，实验观察对物理学的发展起着核心作用。从物理学史类比到物理学习过程，儿童在系统学习物理课程前就已具备了一定的自然观察经验和初步的实验观察体验，在物理教学过程中，需在此基础上引导他们强化自然观察能力，通过自然观察形成探索自然世界的兴趣和提出探究问题的能力。并且，在物理教学过程中，还需在此基础上系统培养他们的实验观察能力，在通过实验观察收集资料过程中，养成基于证据开展科学解释和科学论证的意识。

结合物理学科的特点，续佩君(1999)总结了物理观察的步骤和方法。物理观察步骤包括：(1)确定物理观察的目的、对象和具体内容；(2)选择、调整观察方法；(3)进行观察记录；(4)提出质疑或新的观察计划。物理观察方法包括：(1)整体观察法；(2)局部观察法；(3)现象观察法；(4)过程观察法；(5)特点观察法；(6)印象观察法。以上对步骤的分解和对方法的分类都为物理观察能力的评价和培养提供了参考框架。

思维是一个内涵丰富且深刻的概念，其中的物理思维能力是在学习物理的过程中逐步形成，并直接影响物理学习和物理问题解决的高级心理活动的统称(郭玉英等，1988)。物理思维具有实践性、逻辑性、精确性和模式性等特点(段金梅等，1988)。为了有针对性地对物理思维进行培养和考查，许多学者从不同的视角尝试对物理思维建模。

郭玉英和阎金铎(1988)利用因子分析等手段，通过考察解析测验结构和学生解题过程，发现了物理思维能力的三个主因素：(1)运用物理映像的能力；(2)物理概括能力；(3)联想与发散思维能力。续佩君(1999)从方法和形式两个方面分析物理思维。他提出物理思维的基本方法为分析、综合、比较、抽象和概括；物理思维的形式为物理概念、物理判断和物理推理。胡卫平和林崇德(2003)提出了青少年科学思维能力结构模型。该模型由3个维度(内容、方法和品质)构成，每个维度又包括4～5个因子。物理思维是达成科学理解的关键能力。综合比较上述学者为物理思维建构的模型，可以看到抽象概括、逻辑推理、联想类比、建模批判等是其中的核心内涵要素，而且物理思维参与了观察、实验等各类物理实践活动。

物理是以实验为基础的科学，物理实验对物理学习具有特殊的意义。物理实验可以帮助学生掌握物理概念，启发学生积极思维、训练学生的思维方法。物理实验对学生理解科学本质以及学生核心素养的发展有着重要的作用。对于物理实验能力的内涵，段金梅和武建时(1988)认为物理实验能力主要包括：(1)实验设计能力；(2)实验操作能力；(3)实验观察能力；(4)分析问题和解决问题的能力；(5)分析处理数据的能力；(6)分析总结能力。阎金铎等(1991)指出：物理实验的全过程包含着相互影响和相互交叉的三个不同意义的内涵，即思维、操作和观察。续佩君(1999)提出物理实验能力即顺利进行物理实验并完成实验目的的个性心理特征，包括操作和思维两种能力。

从上述对物理实验能力的界定中，可以发现我国学者强调物理实验中操作、思维等各要素的密切关联，重视科学实践与科学理论的紧密联系。在此基础上，还有学者对物理实验能力中的实验设计、操作等关键要素开展了更细致的探讨。例如李春密(2002)提出了物理实验操作能力的结构模型，分3个维度13个因子结构化地刻画了物理实验操作能力的内涵。

通过对我国物理学科能力研究的发展沿革的回顾，可以看到我国物理教育界长期以来重视物理学科能力在物理学习中的核心地位，并逐渐形成了对物理学科能力内涵的基本认识。在物理学科能力中，观察概括、思维理解、实验探究等能力都是不可或缺的要素。对这些能力要素，国外也积累了丰富的研究成果。

虽然聚焦于相同的研究对象——物理的教与学，但是东西方物理教育研究的话语体系存在明显差异。与我国按学科为中心划分的课程教学与相应研究体系不同，西方物理教学和研究在基础教育阶段与整合的科学教育联系紧密(郭玉英，2002)，其与我国物理学科能力相关的观察表征、思维、探究等要素也是与科学实践活动紧密相关的。

对信息的观察是科学实践活动的基础要素。对科学教育中观察能力的培养，以加拿大学者诺里斯(Norris)为代表的研究者强调科学观察与科学理论及其他科学能力的紧密联系，并从良好观察、良好报告和正确审查观察报告三个方面定义了科学观察能力(Norris，1984)。基于科学哲学的讨论，诺里斯进一步讨论了科学观察的整体性——科学观察与原有认识信念、感知测量水平和观察情境等密切关联(Norris，1985)，即观察有三大特点：目的指向、理论渗透和工具辅助。同样基于科学哲学的视角，威尔逊(Willson)则提出了科学观察存在“理论建构型”和“理论确认型”两种类型(Willson，1987)，教学中应分别进行关注。

除基于科学哲学的视角外，研究者还从心理学的视角对儿童的科学观察进行了深入研究。通过对大量文献的综述，埃伯巴赫和克罗雷指出：科学观察是一项有挑战性的活动，而其挑战性往往被低估。科学观察不是一般领域的实践能力，观察者基于自身信念而形成的观察期望影响他们能关注到什么和不能关注到什么，故在某一领域内专家和新手的科学观察能力存在显著差异(Eberbach et al, 2009)。对于学生来说，若缺乏恰当的引导和有意识的培养，会导致学生在看到现象时不能联系到科学推理和科学解释，也不能建构新知(Ford, 2005)。可见科学观察需要协调知识、理论、实践和注意习惯，故研究者建议从明确观察目标、记录观察结果和养成收获性的观察态度三个方面培养学生的观察能力。

在进行物理观察时，我们会注意到有多种表征(representation)形式存在，例如文字、图表、符号等。对这些表征的理解与应用是解决物理问题所需的重要能力之一。常见的分类一般把表征分为内部表征和外部表征两大类。其中内部表征是心理学领域的关注热点，例如佛森纳多和布鲁尔指出内部表征与心智模型(mental model)的建构与应用相关，可根据科学性等标准分为朴素表征、非科学表征和科学表征等(Vosniadou et al, 1992)。与心理隐含的内部表征相对，前文所述的文字、图表、符号等都是常见的外部表征形式。外部表征是物理教育研究领域的关注热点，例如专家、新手的表征差异研究，以及同一问题的不同表征方式会导致的学生表现差异(Meltzer, 2002)等。这些研究中发现，专家和表现好的学生更倾向于同时使用多种表征形式(Larkin et al, 1980)。这就引发了对多重表征的重视，甚至有学者提出，这种在多种表征形式间翻译转换的思维能力应被纳入物理课程目标之中。

二、教育纲领性文件中的物理学科能力

对物理学习中应注重培养哪些能力，中外物理教育与科学教育的纲领性文件中也做出了相应要求。基于董振邦(1999)对我国中小学物理课程标准、教学大纲的汇编和郭玉英(2014)对国外主要发达国家新近教育标准、课程标准的梳理，本小节探讨教育纲领性文件中对物理学科能力的相关要求。

(一) 我国教育纲领性文件中的物理学科能力

1929 年，《初级中学自然科暂行课程标准》中对学生提出“养成观察、考查及实验的能力与习惯”的要求，这是我国物理课程纲领性文件中第一次出现“能力”这一术语。在随后的文件中，对各类具体能力(如观察能力、实验能力等)的要求陆续被增添进课程标准和教学大纲中，使得物理学科学习中的能力培养目标越发清晰，物理学科能力体系也初现其形(附录 1)。历览从 1923 年到 2001 年我国中学物理课程文件对能力的要求，大体可以分出四个阶段。

1952 年颁布的《中学物理教学大纲(草案)》是第一道分界线。在此之前，我国的物理教育纲领性文件较少直接使用“能力”这一表述方式，而是采用了“手技”“方法”“技术”“才能”“技能”等术语。例如 1932 年的《高级中学物理课程标准》在目标中要求，“训练学生运用官能及手技，以培养其观察与实验之才能”。如果将上述术语也纳入能力要求的范畴，则可以看出此时期内的物理教育纲领性文件主要明确强调的能力是观察和实验。

1952 年，教育部以当时苏联的教学大纲为蓝本制定了《中学物理教学大纲》。在总说明中，物理教学大纲明确指出要“培养学生把所获得的知识应用到实际问题中去的能力”。该文件和后续的修订版本陆续提到了解决物理问题的能力、分析能力、推理能力、想象能力、物理计算能力以及“创造才能”等。特别是 1963 年的《全日制中学物理教学大纲(草案)》在物理能力体系的现代性和完整性上迈出了一大步。这份文件在之前的观察、实验和问题解决等能力之外，还强调了分析能力、推理能力和想象能力的培养，另外对物理表征、计算等能力也有比较明确的教学要求。

由于受到当时的社会环境影响，对物理能力体系的系统规划有所停滞，直到 1978 年才又重新开始逐渐恢复。从 1978 年到 20 世纪末的这一段时间内，中学物理教学大纲中对物理能力的要求逐渐恢复到了 1963 年的《全日制中学物理教学大纲(草案)》的水平。例如，在 1990 年的《全日制中学物理教学大纲》中，物理能力的要素主要包括观察能力、实验能力、思维能力、分析和解决实际问题的能力，并希望在物理教学中培养学生的自学能力。到了1996年颁布《全日制普通高级中学物理教学大纲》，物理学科能力体系已经十分系统，观察能力、实验能力、分析和解决问题能力，以及科学思维能力都被明确列入了“教学目的”，抽象概括、建构模型、推理判断等具体科学思维能力和科学语言表达能力也在“教学中应注意的问题”中得到了强调。

21世纪的课程改革用课程标准取代了教学大纲，2001年颁布的《全日制义务教育物理课程标准(实验稿)》和2003年颁布的《普通高中物理课程标准(实验)》将科学探究及其相应能力纳入物理课程，在随后的修订过程中，“做中学”“整合与发展”等新理念也在促进物理学科能力体系的进一步发展。当下，抽象概括、分析论证等科学理解能力和观察实验等科学实践能力，以及更高水平的质疑反思、批判创新能力构成了中学物理学科能力体系的核心要素。

(二)国外教育纲领性文件和测评项目中的相关要求

英美等国科学教育纲领性文件的传统话语体系与我国有所差异，以在世界范围内产生了广泛影响的美国《国家科学教育标准》(NRC，1996)为例，它们多使用内容标准(content standard)这一表述方式，而较少使用能力的话语体系。不过，在一些国际测评项目的带动下，使用能力话语体系的科学教育纲领性文件在增加。其中PISA的设计框架、《美国学科能力表现标准》、德国《联邦物理教育标准》等文件对科学能力的要求比较具有代表性，在此对这些文件中的能力要求进行分析。

由经济合作与发展组织(OECD)所统筹的PISA自2000年开展以来，对全球教育界产生了巨大影响，推动了多个国家的教育变革。该项目的目标是评价和比较学生表现，故外显的、可观测的能力表现成为其核心设计考量。在PISA的科学素养框架中，设定了三维度能力指标：科学地解释现象、评估和设计探究、科学地诠释数据(OECD，2013)。图1-1所示为其科学素养的评价框架，从中可以看到项目通过能力联结起问题情境、背景知识和态度兴趣等多个方面，并最终通过能力表现来划分学生的水平。

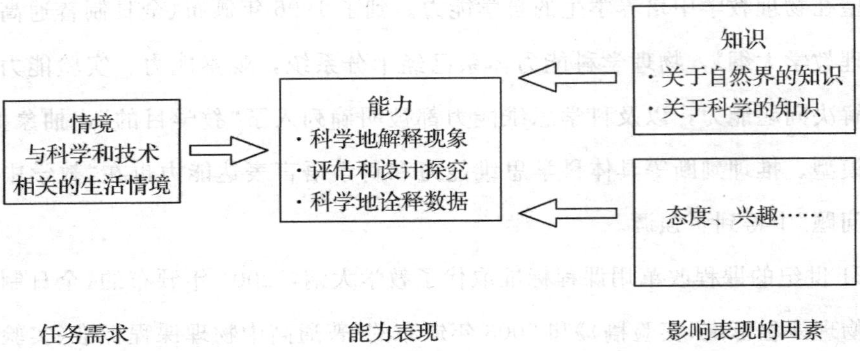

图 1-1　PISA 项目的科学素养评价框架(OECD, 2013)

与 PISA 的目标类似，为评价美国学生在学习中逐步达到全国标准的过程，美国国家教育和经济中心与匹兹堡大学学习研究发展中心于 2004 年联合制定了《美国学科能力表现标准》。其中的科学部分基于《国家科学教育标准》和《科学素养的基准》两份文件，共设计了“物质科学的概念”“生命科学的概念”“地球和空间科学的概念”“科学的联系与应用”“科学思维”“科学工具与技术”“科学交流”和“科学探究”八方面的学习要求。其中前四方面涉及科学各领域的概念理解，后四方面是在一定程度上跨学科内容的过程能力。在分别列出能力要求的同时，《美国学科能力表现标准》强调这八个方面间具有紧密联系。

德国在 21 世纪初进行了较大幅度的教育改革，2003 年颁布的《国家教育标准的开发》(*Zur Entwicklung nationaler Bildungsstandards*)界定了教育目标、能力模型与评价体系，确立了各科教育标准的设计框架。延续该国教育改革的整体设计，德国《联邦物理教育标准》把能力放在了中心位置，围绕能力来设计和组织整份标准文件(Kultusministerkonferenz, 2004)。《联邦物理教育标准》以著名心理学家弗朗茨・维纳特的能力定义为出发点，结合物理学科的特色分四个能力维度(Kompetenzbereiche)进行具体展现：学科知识(Fachwissen)、获知能力(Erkenntnisgewinnung)、交流能力(Kommunikation)和判断能力(Bewertung)。其中最有特色的是第二个目标维度“获知能力”。“获知能力”与英美话语体系中的“科学探究”有相似之处，但“获知能力”的定义更为灵活，内涵也更为丰富。它既包括实验探究这种物理学最重要的获取科学知识的方法，同时还包括知识获得的另一重要来源——思辨(姚建欣等，2016)。另外，“交流能力”和“判断能力”这两个维度提升了物理教育的人文和社会内涵，强调了对科学沟通、科学态度和科学责任的培养。

三、物理学科能力研究小结

从前面的文献回顾可以看到，物理学科能力一直是物理教育研究与实践的核心议题，中外几代学者围绕其内涵、培养和评价等问题，从不同的视角、沿袭不同的范式展开了深入的理论探讨和实证研究。虽然学者们的视角和范式不同，但综合分析后仍能发现一些比较一致的观点。

首先，物理学科能力是一种综合性的能力，包括多个方面或多个维度，其中观察概括、推论预测、解释论证、探究创新等是不同解构视角中的共性要素。这些维度有的是基础性的子能力(如观察、记忆、概括等)，有些是较高级的子能力(如迁移、整合、创新等)。

第二，物理学科能力既有一定程度的迁移性，又与学生对物理学科具体内容的认识紧密关联。故物理学科能力的培养和测评均需结合具体的物理知识和物理问题情境进行。

第三，对物理学科能力的研究可以基于对学生解决物理问题时的外在表现的描述和分析，进而对学生的内在心理特质作出合理推断。

综上，对物理学科能力的研究为学生在物理学习过程中形成的各类能力提供了兼具可操作性和科学性的分析视角，并初步实现了由外显行为对内隐认知的探查，为物理课程和评价的设计提供了参考。

第三节　基于核心素养的物理学科能力表现框架的建构

物理核心素养是学生通过物理学习内化的心理特质，此心理特质决定了学生面对物理问题时的行为表现。而物理学科能力理论为测查和分析学生的此类行为表现提供了系统且可操作的实证研究路径。故对物理核心素养的研究可依据物理学科能力框架，实证测查和分析学生在当前培养模式下的物理核心素养发展情况。本节建构物理学科能力框架，作为后续章节对学生的测查和教学改进研究的基础。

一、建构思路

纵览国内外对素养和学科能力测查的研究，在一定程度上都参考或沿袭了心理学的研究范式，先考量领域一般化(domain general)的能力，再结合学科的特点进行领域具体化(domain specific)。故本书对物理学科能力的探讨，也遵循这一学术范式，先确定领域普适的三类学生活动作为学生能力表现的载体，基于物理核心素养和学科能力的理论搭建上位框架，随后沿承国内外对物理学科能力的探索，总结出物理学科能力的共性要素，将框架具体化为体现物理学科特色的能力指标。

物理观念是在学习理解和应用实践过程中逐渐形成的，而随着理解和实践的过程，学生的科学思维和探究能力得到锻炼和发展，并形成良好的科学态度和科学责任。在此基础上，对其所学进行迁移，对不适宜的模型和观点进行批判，从而建构新的科学模型，形成新的科学观点，这就是创新的过程。故物理学科能力框架首先将学习理解、应用实践、迁移创新三种学生活动作为三个学生表现的维度，建构领域一般化的上位框架(图 1-2)。

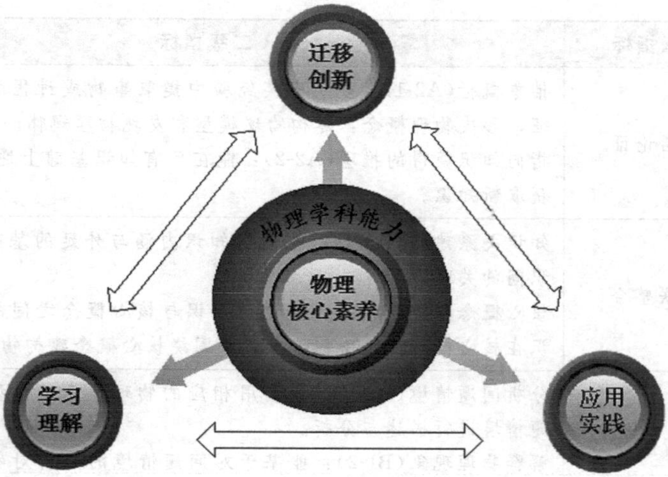

图 1-2　物理核心素养与物理学科能力框架

二、物理学科能力表现框架

物理学科能力表现框架由三个能力维度构成：学习理解、应用实践、迁移创新。这三类活动涵盖了学生当下学习生活和应对未来社会挑战的基本内容。三个维度的能力既相对独立又相互影响，其中学习理解能力和应用实践能力相对基础，迁移创新能力则对学生提出了更高要求。本研究建构的物理学科能力表现框架指向测评设计，力图涵盖学生在物理学科上的关键能力表现。经过研究团队多次测试检验和讨论修改，按照三个能力维度解构的一级和二级指标最终定稿如表 1-2所示。下面对框架中的指标逐一进行解读。

表 1-2　物理学科能力表现框架

	一级指标	二级指标
学习理解	A1 观察记忆	观察与信息提取(A1-1)：能观察物理现象，并从中提取有效信息，记忆与物理概念相关的现象和过程。 信息与知识对应(A1-2)：能将通过观察获得的信息与已有知识建立联系。

续表

	一级指标	二级指标
学习理解	A2 概括论证	抽象概括(A2-1)：能从事实经验中提取事物或过程的共同本质特征，形成物理概念，建构物理模型和发现物理规律。 指向知识获得的推理(A2-2)：能在已有知识基础上通过逻辑推理，获取新知识。
	A3 关联整合	知识关系建构(A3-1)：在理解知识内涵与外延的基础上，建立知识间的关联。 核心概念整合(A3-2)：能说明知识与核心概念之间的关系以及知识在核心概念体系中的地位，并围绕核心概念建构物理观念。
应用实践	B1 分析解释	分析问题情境(B1-1)：能调用相应的物理概念、模型和规律对问题情境进行描述与分析。 解释物理现象(B1-2)：能基于对问题情境的分析对物理现象作出合理解释。
	B2 推论预测	基于推理进行论证(B2-1)：能基于对物理问题的描述与分析，依据现有模型和规律，进行合理推理，支持其观点或反驳相异观点。 基于推理合理预测(B2-2)：能基于推论，结合具体物理问题情境，对事物或过程的发展作出合理的猜想与假设。
	B3 综合应用	多过程情境中的问题解决(B3-1)：能分析多过程的物理情境问题，基于多步推理解决情境问题。 多知识的提取与综合使用(B3-2)：能综合运用多方面知识解决较复杂情境中的物理问题。
迁移创新	C1 直觉联想	远距离联想(C1-1)：能将陌生情境问题与所学知识进行关联。 估计判断(C1-2)：能基于所学知识对陌生情境问题作出合理估计和初步判断。
	C2 迁移与质疑	新情境下的应用(C2-1)：能将已学知识和方法迁移应用至新情境，以分析解决相关问题。 基于批判性思考的评价(C2-2)：能在质疑的基础上形成批判性评价或者发现科学问题。
	C3 建构新模型	创意设计(C3-1)：能形成一定程度上可操作的、有创意的、较详尽的设计，包括对实验或部件功能的改进，以及发明创造等。 针对新情境建构模型(C3-2)：能在陌生物理问题情境中，主动合理地建构模型，有效解决问题。

(一)学习理解能力

学习理解是指学生顺利进行物理知识的输入、存储，加工、关联，以及系统化等活动的能力。具体表现为能否完成回忆和提取、辨识和确认、概括和关联、说明和论证等物理学习理解活动。因此，学习理解任务进一步具体分解为观察记忆、概括论证、关联整合三类任务，并作为学习理解表现测评的一级指标。观察记忆是进行概括论证的基础，学生通过概括论证掌握物理概念和规律，在此基础上逐步将分散的知识内容进行关联整合，实现知识的系统化和结构化。

对自然现象的观察是物理学发展的重要基础，观察记忆也是学习理解能力乃至整个物理学科能力的基础能力。物理观察包括自然观察和实验观察，其核心是在内部思维框架的调节下对外界信息的获取。观察过程中纳入长时记忆的信息将改变已有的思维图式，强化或抑制头脑中相关信息的存储状态。头脑中的思维图式决定学生面对新情境时从内部和外界提取信息，以及将两者进行对应。观察记忆下分为“观察与信息提取”和“信息与知识对应”两项任务类型。

概括论证包括“抽象概括”和“指向知识获得的推理”。在接收并记忆了各类外界信息后，学生需要根据科学的思维图式，按物理属性对同质的事物和过程将这些信息进行抽象概括。此过程实现了从形象思维到抽象思维的发展，是形成物理概念的关键。除了上述归纳思维外，对相关联的事物和过程进行类比与进行合理演绎的思维能力对物理概念和规律的理解也具有重要作用。这类过程的实质是“指向知识获得的推理”。学习理解维度中的“推理”重点在于通过归纳、演绎和类比建构概念、理解规律，是一种指向获取新知的输入型的思维过程，另一种基于已有物理概念和规律进行演绎、类比以解决问题的推理能力将在实践应用维度中重点分析。

物理学所建构的世界图景是整合且统一的，追求统一性是物理学发展的内在动力，体现着物理学科的本质特征。故学生理解物理概念和规律后，应思考它们之间的联系，逐步提炼升华，形成物理观念，建构一个完整的对物理世界的认知。因此，关联整合是学习理解中最高层次的要求，包括“知识关系建构”和“核心概念整合”。在局部内容上，知识关系的建构可以是随个体思维图式的差异而各有侧重。但是，在更大尺度上的关联整合则必须是围绕核心概念完成的。在物理教育中，这些核心概念即是物理核心素养中所提出的物理观念，这些物理观念也与本研究中的运动与相互作用、能量等核心知识主题紧密相关。围绕这些核心概念，培养学生的关联整合能力，使他们在学习物理课程后，能对所处的世界建构起整合一致的物理图景。

(二)应用实践能力

应用实践能力是指学生应用物理学科核心知识和科学思维，分析和解释物理现象、解决实际问题的能力。具体表现为学生能否完成分析和解释与物理有关的实际情境问题、进行预测与推论、选择并设计问题解决方案等应用实践活动。因此，应用实践进一步具体分解为分析解释、推论预测、综合应用三类任务，并作为测评应用实践能力表现的一级指标。

分析解释是从问题情境中提取关键信息，调用相应的物理概念、模型和规律对其进行分析，从而为物理现象建构合理解释的能力。可在两种任务类型中体现："分析问题情境"和"解释物理现象"。分析问题情境的关键在于对真实情境的抽象，并提取其中的核心变量，从而调用相应的物理概念、模型和规律进行分析。一般而言，基于科学理论对问题情境进行分析是建构科学解释的基础。科学解释的建构重在对科学理论和证据的关联协调。

推论预测是指在当前物理情境中获取信息，通过科学推理对观点进行论证，以及预测未知的物理过程或结果的能力。可以分解为两种："基于推理进行论证"和"基于推理合理预测"。两者都是科学理论的实践应用过程。前者侧重于通过科学推理为观点提供支持，后者侧重于通过科学推理对未知物理过程的发展或结果进行合理预测。

综合应用是在理解的基础上，将物理概念、模型和规律应用到较复杂情境以及与其他领域知识进行综合应用以解决问题的能力。其包含两种：一是多过程情境中的问题解决；二是多知识的提取与综合使用。其中，前者需要学生厘清复杂情境中的各个步骤、各种关系，构建出相应的物理过程，并提取相应的物理知识，分析解释复杂的情境。后者则需要学生在熟悉的情境下综合多方面知识来解决问题。综合应用实质上是前述的各项能力的融合，是应用实践维度的最高水平能力要求。

（三）迁移创新能力

迁移创新能力是学生更高层次的物理能力表现，指学生利用物理核心知识和科学方法解决陌生和不确定性问题以及探寻新知识和新方法的能力。心理学的研究表明，创造性思维具有五种主要思维形式：发散思维、聚合思维、联想思维、直觉思维和批判性思维。因此，迁移创新任务进一步具体分解为直觉联想、迁移与质疑、建构新模型三类任务，并作为迁移创新的一级指标。

直觉联想包括两个水平层次，第一个层次是远距离联想，即学生能在陌生情境中通过联想将问题情境与所学知识建立起联系。第二个层次是估计判断，即在一定程度上根据联想和经验性直觉对待解决的物理问题进行初步的估计和判断。

迁移与质疑包括两方面内容，都是建立在学生对相关物理知识充分理解吸收和融会贯通的基础上的。一方面是将所学的知识和方法合理迁移至新的问题情境，以分析解决相关问题。另一方面是对已有的模型或解决方案进行深入分析，发现问题并提出质疑，并在质疑的基础上形成具有批判性的评价。

建构新模型是最高层次的物理学科能力，是促进物理学进步和发展的不竭动力，也是学生具有创新能力的表现。在较基础水平上是创意设计能力，希望学生在联想、迁移基础上，形成一定程度上可操作的、有创意的设计，如小的科学发明、对仪器设备功能的改进等。在较高层次上，当用已有的模型无法解决问题时，希望学生在质疑、批判的基础上，针对新的问题情境，主动合理地建构新模型，通过理论创新进而有效解决问题。

第二章

物理学科能力表现的测评设计

以第一章建构的物理学科能力表现框架作为学科能力表现测评设计的理论依据，用题目示例的方式说明物理学科能力表现的具体指标，结合中学物理中的具体主题阐述测试工具的设计策略与方法，并以某区的测试为例，具体说明物理学科能力测试的组织、实施和分析方法。

第一节　物理学科能力表现的指标说明

本节针对学习理解、应用实践、迁移创新三个能力维度，以示例的方式对物理学科能力表现的二、三级指标进行具体说明。

一、学习理解能力的指标说明

学习理解能力是指学生顺利进行物理知识的输入、存储，加工、关联，以及系统化等活动的能力，具体表现为能否完成记忆和回忆、辨识和提取、概括和论证、关联和整合等学习理解活动。因此，学习理解任务可以进一步具体分解为观察记忆、概括论证、关联整合三种不同类型的任务，这三类任务分别对应着学习理解能力的不同水平。

需要指出的是，学习理解任务的情境是学生在建构知识中已经经历过的原型情境。学习理解任务的评价指向是学生是否经历了物理知识的建构过程，是否对物理观念达到了深层理解，而不只是记忆知识的结论，是以学习理解知识的过程为载体，评价学生的建模、科学推理、科学论证等能力。

(一)观察记忆

观察记忆是学习理解的基础性认识活动。观察是学生获得事物或者过程的感性认识的必要手段；从观察中提取有效信息并与已有知识建立有意义的联系是通过抽象概括、推理论证获得概念性知识的基础。基于此，把观察记忆分解为“观察与信息提取”(A1-1)、“信息与知识对应”(A1-2)两个具体指标。下面分别界定这两个具体指标的内涵，并通过示例加以说明。

1. 观察与信息提取

【界定】能观察物理现象，并从中提取有效信息，记忆与物理概念相关的现象和过程。

【示例】如图 2-1 所示。

某同学从西四(A)出发，沿西四南大街向南走到西单(B)，然后沿西长安街向东到达天安门广场(C)。他利用网络地图的测距功能测得：A、B 间的距离约为 1.9 km，B、C 间的距离约为 2.0 km，A、C 间的距离约为 2.7 km。由以上信息可知，该同学从西四到天安门广场的路程和位移大小分别为(　　)。

A. 3.9 km、2.7 km

B. 3.9 km、3.9 km

C. 2.7 km、3.9 km

D. 6.6 km、2.7 km

图 2-1　例题示例

【说明】本题以网络地图测距功能测得人移动过程中的距离为背景，以描述机械运动的重要物理量——路程和位移为知识载体。在解决问题过程中，需要提取题目中分别以文字和图形表征的信息，并把这些信息与位移和路程概念做出简单对应。本题答案为 A。

2. *信息与知识对应*

【界定】能将通过观察获得的信息与已有知识建立联系。

【示例】如图 2-2 所示。

掉在水平地面上的弹性小球会跳起，而且弹跳的高度会越来越低。下图是小球弹跳的频闪照片，小球在 1、2 位置的高度一样。下列说法正确的是(　　)。

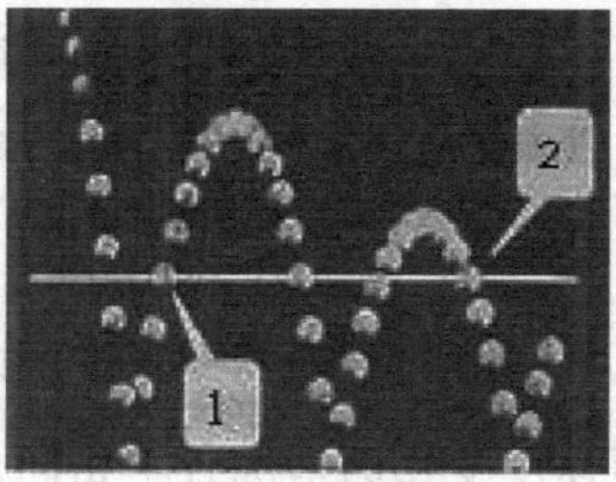

A. 1、2 位置的动能相同，2 位置的机械能较小

B. 1、2 位置的机械能相同，2 位置的动能较小

C. 1、2 位置的动能相同，机械能也相同

D. 2 位置的动能较小，机械能也较小

图 2-2　例题示例

【说明】本题以掉在地面上的弹性球被反复弹起，在弹起的过程中弹跳高度逐渐降低为问题情境，以机械能相关知识为载体。学生解决问题的基本思路是，从图形中提取小球在 1、2 位置的高度一样，这两个位置分别处于两次弹起和降落的过程中，每次经过地面弹起后，小球上升的高度逐渐减小等相关信息；与机械能损失，在空中运动过程中动能与势能之间相互转化等相关知识进行对应。影响本题作答的因素包括机械能、势能的概念。本题答案为 D。

(二)概括论证

概括论证是学生在接收并记忆了各类外界信息后，根据科学的思维图式，按物理属性对同质的事物和过程对这些信息进行抽象概括，在此基础上进行归纳、演绎、类比的认识活动。具体包括“抽象概括”(A2-1)和“指向知识获得的推理”(A2-2)。下面分别界定这两个具体指标的内涵，并通过示例加以说明。

1. 抽象概括

【界定】能从事实经验中提取事物或过程的共同本质特征，形成物理概念，建构物理模型和发现物理规律。

【示例】如图 2-3 所示。

四个质点 a、b、c、d 分别做直线运动，它们的速度 v 随时间 t 变化的规律如图所示。关于这四个质点的运动，下列说法正确的是(　　)。

A. 四个质点都做加速直线运动

B. 四个质点的速度都随时间均匀变化

C. a、d 两个质点的速度都在均匀变化

D. b、c 两个质点的速度都随时间均匀增加

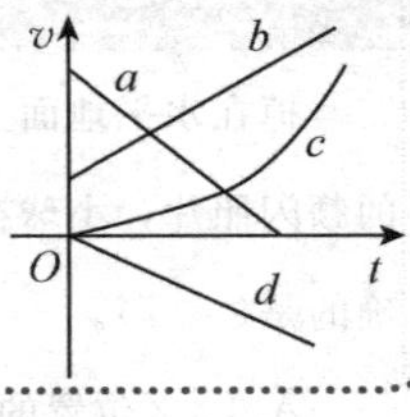

图 2-3　例题示例

【说明】本题利用速度—时间图像给出的物理情境是四个质点都做变速运动，但速度变化的情况各不相同。解答本题需要从图像中获取四个质点速度变化的信息，并对信息进行概括，从而找出质点运动的共同特征，这是形成加速度概念或

者匀变速直线运动的基础。本题答案为C。

2. 指向知识获得的推理

【界定】能在已有知识基础上通过逻辑推理，获取新知识。

【示例】如图2-4所示。

一段粗细均匀的导体长为L，横截面积为S，如图所示。导体单位体积内的自由电子数为n，电子电荷量为e，通电后，电子定向运动的速度大小为v。在垂直导体的方向上加一个空间足够大的匀强磁场，磁感应强度大小为B，试根据导体所受安培力推导出导体中某一自由电子所受的洛伦兹力大小的表达式。

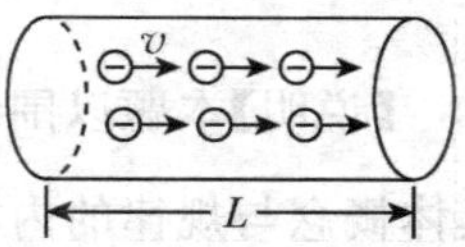

图2-4　例题示例

【说明】本题以通电导体在磁场中的受力为问题情境，以电流定义式、电流产生的微观机理、安培力、洛伦兹力相关知识为载体，要求学生从题中提取出影响电流大小因素的相关信息，推导出电流的微观表达式；将通电导体所受的安培力与所有自由电子所受的洛伦兹力联系起来，推导出一个自由电子所受的洛伦兹力大小的表达式。影响本题作答的因素是通过柱状导体模型建立宏观与微观的关系，包括电流和电流的微观表达、安培力与洛伦兹力的关系。本题答案为$F_{洛}=evB$。

(三)关联整合

关联整合是学生把输入的知识与原有知识建立联系，或者在更大尺度上围绕核心概念建立知识体系从而形成物理观念的认识活动。具体包括“知识关系建构”(A3-1)和“核心概念整合”(A3-2)。下面分别界定这两个具体指标的内涵，并通过示例加以说明。

1. 知识关系建构

【界定】在理解知识内涵与外延的基础上，建立知识间的关联。

【示例】如图 2-5 所示。

知识网络图通常由文字、方框、箭头等方法表征，可以帮助我们厘清知识之间的联系。对于“力”和“运动”这两个物理学中常常听到的物理名词，你想起了哪些相关的概念？这些概念间存在什么联系？请你尽可能详细地用知识网络图表示出来。

图 2-5　例题示例

【说明】本题以围绕核心概念建立大量具体概念间的关联为背景。需要在理解具体概念与规律的内涵和外延的基础上，建立它们之间的联系。解答本题的思路是，首先通过发散思维，围绕“运动”和“力”这两个重要的概念，以一定的线索回忆起相关概念与规律；再根据所回忆起的概念、规律间的逻辑关系，用文字、方框、箭头等表征这些概念、规律间的关系。影响本题作答的主要因素主要是缺乏对概念的深层理解，特别是对概念间的关联缺乏建构的过程，因为学习者往往更侧重具体概念内涵和外延的学习，容易形成碎片化的“知识点”，而相对缺乏知识关系建构的意识。需要注意的是，本题并没有唯一答案。特别是，不同学习阶段学生的答案可能差异比较大。

2. 核心概念整合

【界定】能说明知识与核心概念之间的关系以及知识在核心概念体系中的地位，并围绕核心概念建构物理观念。

【示例】如图 2-6 所示。

“场”是物质的存在形式之一。自然界中存在各种类型的场，如重力场、磁场、电场等。不同类型的场之间存在很多共性，很多物理现象、概念、规律等存在对应关系，如重力加速度可以与电场强度对应，请尽可能多地写出电场与重力场之间的类似对应关系。

图 2-6　例题示例

【说明】本题以举例论证各种场中物理量的对应关系为背景，以构建重力场、电场与核心概念“场”之间的关系，从而形成概念体系的方法为载体。学生解决问题的思路是，先构建地球的重力场模型，理解重力场中各个物理量的物理意义(包括重力加速度、重力势能、竖直位移、高度)；再构建点电荷的电场模型，从力和能的角度对两个场模型中的物理概念进行类比，分析电场中各个物理量与重力场中各个物理量的对应关系。影响本题作答的因素包括从力和能的角度理解电场和重力场中各物理量的物理意义，以及电场中各个物理量的建立过程。本题答案为：电场力与重力；电势能与重力势能；电势与重力势(高度)；电势差与重力势差(高度差)。

二、应用实践能力的指标说明

应用实践能力是指学生应用物理学科核心知识和科学思维，分析和解释物理现象、解决实际问题的能力。具体表现为学生能否利用所学核心知识分析和解释实际情境中的原理、进行预测与推论、选择并设计问题解决方案等应用实践活动。因此，应用实践任务可以进一步划分为分析解释、推论预测和综合应用三种任务类型。

(一)分析解释

分析解释是从问题情境中提取关键信息，调用相应的物理概念、模型和规律对其进行分析，从而为物理现象建构合理解释的能力。具体可以分解为“分析问题情境”(B1-1)和“解释物理现象”(B1-2)。下面分别界定这两个具体指标的内涵，并通过示例加以说明。

1. 分析问题情境

【界定】能调用相应的物理概念、模型和规律对问题情境进行描述与分析。

【示例】如图 2-7 所示。

倾角为 α、质量为 M 的斜面体静止在水平桌面上，质量为 m 的木块静止在斜面体上。下列结论正确的是( )。

A. 木块受到的摩擦力大小是 $mg\cos\alpha$

B. 木块对斜面体的压力大小是 $mg\sin\alpha$

C. 桌面对斜面体的摩擦力大小是 $mg\sin\alpha\cos\alpha$

D. 桌面对斜面体的支持力大小是 $(M+m)g$

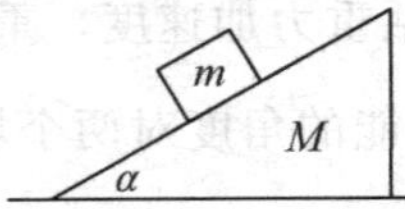

图 2-7　例题示例

【说明】本题以木块放置在静止斜面上为情境，以共点力平衡条件和受力分析为知识载体。学生解决问题的思路是，分析木块受力，根据平衡条件，对木块所受的力进行正交分解，确定木块所受的摩擦力和支撑力；分析木块与斜面体整体所受的力，确定桌面对斜面体的支持力和摩擦力。影响本题作答的因素包括学生是否会根据题目情境和设问选择受力分析对象，是否能确定物体所受摩擦力方向，是否会对力进行分解。本题答案为 D。

2. *解释物理现象*

【界定】能基于对问题情境的分析对物理现象做出合理解释。

【示例】如图 2-8 所示。

在光滑水平面上有一辆静止的小车，甲、乙两人分别站在车的两头。甲在车上向右走时，乙开始在车上向左走。此时，站在地面上的人发现车也向左运动。车之所以向左运动，是由于(　　)。

A. 甲的质量比乙大　　　　B. 甲的速度比乙大

C. 甲的动量比乙大　　　　D. 甲的动能比乙大

图 2-8　例题示例

【说明】本题以光滑水平面上小车和车上的人发生相对运动为情境，以系统动量守恒知识为载体。学生解决问题的思路是，从题中提取关键词，分析它们所反映出的物理量的特征，由此判断是否满足系统动量守恒定律的条件；选取合适的系统作为研究对象，构建动量守恒的物理模型；最后列出系统动量守恒的表达式。影响本题作答的因素包括：能够由文字描述抽象出运动模型、对动量守恒的条件要敏感、选取合适的系统。本题答案为 C。

(二)推论预测

推论预测是指在当前物理情境中获取信息，通过科学推理对观点进行论证，以及预测未知的物理过程或结果的能力。具体可以分解为“基于推理进行论证”(B2-1)和“基于推理合理预测”(B2-2)。下面分别界定这两个具体指标的内涵，并通过示例加以说明。

1. 基于推理进行论证

【界定】能基于对物理问题的描述与分析，依据现有模型和规律，进行合理推理，支持正确观点或反驳相异观点。

【示例】如图 2-9 所示。

> 某同学想用下述方法研究机械能是否守恒：在重物下落打出的纸带上选取多个计数点，测量它们到起始点 O 的距离 h，计算对应计数点的重物速度 v，描绘 v^2-h 图像，并做如下判断：若图像是一条过原点的直线，则重物下落过程中机械能守恒。请你分析论证该同学的判断依据是否正确。

图 2-9 例题示例

【说明】本题以验证机械能守恒定律为问题情境，以图像、功能关系为知识载体。学生解决问题的思路是，列出有阻力时的功能关系方程，再分析图像特点。影响本题作答的因素包括：对图像斜率和截距的理解、功能关系等。本题答案为：该同学的判断依据不正确。在重物下落 h 的过程中，若阻力 f 恒定，根据 $mgh-fh=\frac{1}{2}mv^2-0\Rightarrow v^2=2\left(g-\frac{f}{m}\right)h$ 可知，v^2-h 图像就是过原点的一条直线。要想通过 v^2-h 图像的方法验证机械能是否守恒，还必须看图像的斜率是否接近 $2g$。

2. 基于推理合理预测

【界定】能基于推论，结合具体物理问题情境，对事物或过程的发展作出合理的猜想与假设。

【示例】如图 2-10 所示。

想象你处在遥远的太空中，在你的面前有一与你相对静止的巨石，你推巨石一下。试尽可能详细地描述你和这块巨石分开后的运动情况，并解释其原因。

图 2-10　例题示例

【说明】本题以设想的在太空中人推巨石为问题情境，以牛顿第三定律、动量守恒定律等为知识载体，考查学生应用所学知识进行科学推理，并基于推理结果进行合理预测的能力。本题不仅要预测人与巨石分开后的运动情况，还要对此做出解释，因此强调了基于推理结果的预测，而不是毫无根据的猜想。影响本题作答的因素包括：混淆物体的重力与质量，误认为物体在太空中处于失重状态时质量为零；不能根据所学的知识，基于问题情境进行合理推理；不清楚动量守恒定律、牛顿第三定律的适用条件等。本题答案为：推开巨石后，人与巨石沿相反方向都做匀速运动，并且人运动的速度远大于巨石的速度；因为人推开巨石前，两者都是静止的，推开巨石的过程中，人与巨石组成的系统动量守恒，即 $m_1v_1=m_2v_2$，且人的质量肯定远小于巨石的质量。

(三)综合应用

综合应用是在理解知识的基础上，将物理概念、模型和规律应用到较复杂的情境中，或综合应用多方面的知识解决实际问题。具体可以分解为“多过程情境中的问题解决”(B3-1)和“多知识的提取与综合使用”(B3-2)。下面分别界定这两个具体指标的内涵，并通过示例加以说明。

1. 多过程情境中的问题解决

【界定】能分析多过程的物理情境问题，基于多步推理解决情境问题。

【示例】如图 2-11 所示。

如图所示，质量为 m 的小物块在粗糙水平桌面上以初速度 v_0 做直线运动，经距离 l 后飞离桌面，最终落在水平地面上。已知物块与桌面间的动摩擦因数为 μ，桌面高 h，不计空气阻力，重力加速度为 g。求小物块平抛过程中在水平方向前进的距离 s。

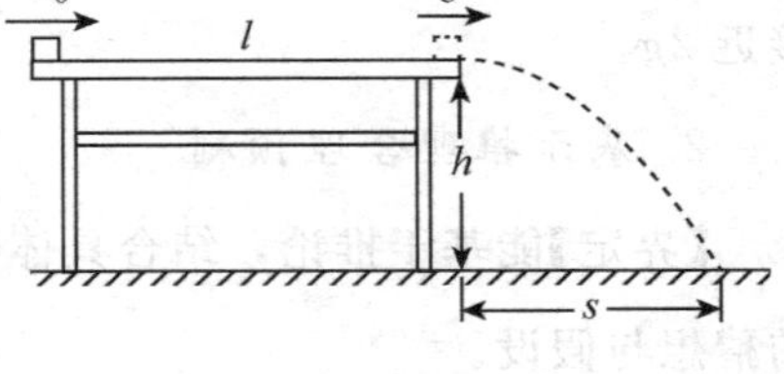

图 2-11　例题示例

【说明】本题以小物块在粗糙水平桌面上做匀减速运动为问题情境，以动能定理知识为载体。学生解决问题的思路是，先选取小物块为研究对象，选取滑行的距离 l 为研究过程，从题中提取与该段研究过程有关的物理量，并对小物块进行受力分析；然后从功能关系角度列出动能定理表达式，即可求出初速度。影响本题作答的因素包括：从题中提取有用信息、通过功能关系列出动能定理表达式。本题答案为 $s=\sqrt{\dfrac{2h(v_0^2-2\mu gl)}{g}}$。

2. 多知识的提取与综合使用

【界定】能综合运用多方面知识解决较复杂的情境中的物理问题。

【示例】如图 2-12 所示。

以往我们认识的光电效应是单光子光电效应，即一个电子在极短时间内只能吸收到一个光子而从金属表面逸出。强激光的出现丰富了人们对于光电效应的认识，用强激光照射金属，由于其光子密度极大，一个电子在极短时间内吸收多个光子成为可能，从而形成多光子光电效应，这已被实验证实。

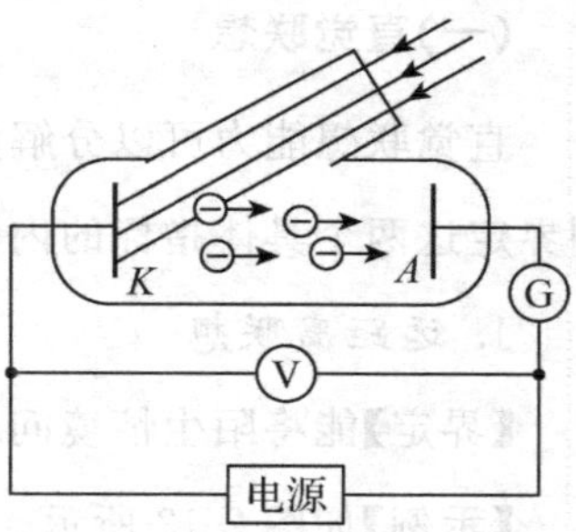

光电效应实验装置示意如图。用频率为 ν 的普通光源照射阴极 K，没有发生光电效应。换用同样频率为 ν 的强激光照射阴极 K，则发生了光电效应。此时，若加上反向电压 U，即将阴极 K 接电源正极，阳极 A 接电源负极，在 K、A 之间就形成了使光电子减速的电场，逐渐增大 U，光电流会逐渐减小；当光电流恰好减小到零时，所加反向电压 U 可能是下列的(其中 W 为逸出功，h 为普朗克常量，e 为电子电量)(　　)。

A. $U=\dfrac{h\nu}{e}-\dfrac{W}{e}$　　　　B. $U=\dfrac{2h\nu}{e}-\dfrac{W}{e}$

C. $U=2h\nu-W$　　　　D. $U=\dfrac{5h\nu}{2e}-\dfrac{W}{e}$

图 2-12　例题示例

【说明】本题以多光子光电效应问题为情境，以光电效应、动能定理的知识，以及综合运用多个知识的方法为载体。学生解决问题的思路是，先根据题意明确两个过程，即光电效应打出光电子和光电子的减速运动；然后从题中提取关键信息，利用单光子光电效应推导出多光子光电效应表达式；再列出减速运动的动能定理表达式；最后把两个过程的方程联立。影响本题作答的因素包括：运动过程的分析、多光子光电效应表达式的推导。本题答案为 B。

三、迁移创新能力的指标体系

迁移创新能力是指学生利用学科核心知识内容、学科特定活动的程序性知识等，解决陌生和高度不确定性问题，以及发现新知识和新方法的能力。具体表现为能进行远距离联想、估计判断、解决新问题、批判性思考、创意设计、建构新模型等基于学科的创造性活动。

(一)直觉联想

直觉联想能力可以分解为“远距离联想”(C1-1)和“估计判断”(C1-2)。下面分别界定这两个具体指标的内涵，并通过示例加以说明。

1. 远距离联想

【界定】能将陌生情境问题与所学知识进行关联。

【示例】如图 2-13 所示。

“约瑟夫森结”由超导体和绝缘体制成。若在结两端加恒定电压 U，则它会辐射频率为 ν 的电磁波，且 ν 与 U 成正比，即 $\nu=kU$。已知比例系数 k 仅与元电荷的 2 倍和普朗克常量 h 有关，你可能不了解此现象的机理，但仍可运用物理学中常用的方法将它们的关系推测出来。在下列选项中，推测比例系数的值可能为(　　)。

A. $\frac{h}{2e}$　　B. $\frac{2e}{h}$　　C. $2he$　　D. $\frac{1}{2he}$

图 2-13　例题示例

【说明】本题以学生陌生的“约瑟夫森结”为问题情境，以将陌生情境问题与量纲知识进行关联的方法为载体。学生解决问题的思路是，基于“任何公式两边的量纲一定相同”的理念，对于陌生的公式，尽量避免用公式推导公式，采用量纲的方法会大大降低难度。然后利用题中所给公式推导出 k 的单位为 $s^{-1}\cdot V^{-1}$，而 e 的单位为 C，h 的单位为 J·s，因此将 h 的单位 J·s 展开成基本单位的乘积 C·V·s，所以 $\frac{2e}{h}$ 的单位为 $s^{-1}\cdot V^{-1}$，与 k 相同。影响本题作答的因素包括：陌生的问题情境，建立陌生问题与量纲知识的联系，已学公式的熟练掌握，量纲的熟练推导。本题答案为 B。

2. 估计判断

【界定】能基于所学知识对陌生情境问题做出合理估算。

【示例】如图 2-14 所示。

如图所示，在水平面内有一质量分布均匀的木杆，可绕端点 O 在水平面上自由转动。一颗子弹以垂直于杆的水平速度 v_0 击中静止木杆上的 P 点，并随木杆一起转动。已知木杆质量为 M，长度为 L，子弹质量为 m，点 P 到点 O 的距离为 x。忽略木杆与水平面间的摩擦。设子弹击中木杆后绕点 O 转动的角速度为 ω。下面给出 ω 的四个表达式中只有一个是合理的。根据你的判断，ω 的合理表达式应为(　　)。

A. $\omega=\frac{3Mv_0x}{3Mx^2+mL^2}$　　B. $\omega=\frac{3mv_0x^2}{3mx^2+ML^2}$

C. $\omega=\frac{3mv_0x}{3mx^2+ML^2}$　　D. $\omega=\frac{3mv_0L}{3mL^2+Mx^2}$

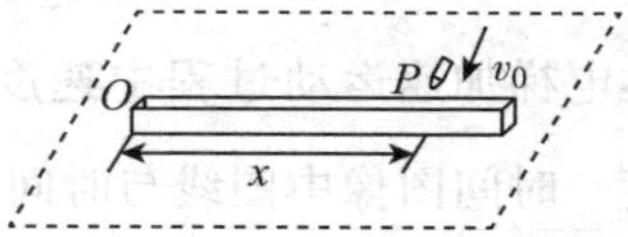

图 2-14　例题示例

【说明】本题以子弹打击可绕端点 O 在水平面上转动的杆并一起运动为问题情境，以量纲法、极值法为载体。学生解决问题的思路是，先通过量纲法排除 B 选项；然后利用极值法，当 m 趋近于 0 时，ω 也应该趋近于 0，因此排除 A 选项；当 x 趋近于 0 时，ω 也应该趋近于 0，因此排除 D 选项。影响本题作答的因素包括：陌生问题情境，量纲法和极值法在估算问题中的应用。本题答案为 C。

(二)迁移与质疑

迁移与质疑能力可以具体分解为“新情境下的应用”(C2-1)和“基于批判性思

考的评价”(C2-2)。下面分别界定这两个具体指标的内涵，并通过示例加以说明。

1. 新情境下的应用

【界定】能将已学知识和方法迁移应用至新情境，以分析解决相关问题。

【示例】如图 2-15 所示。

摩天大楼中一部直通高层的客运电梯，行程超过百米，电梯的简化模型如图(a)所示。考虑安全、舒适、省时等因素，电梯的加速度 a 是随时间 t 变化的，已知电梯在 $t=0$ 时由静止开始上升，a-t 图像如图(b)所示。求电梯在第 2 s 末的速率 v_2。

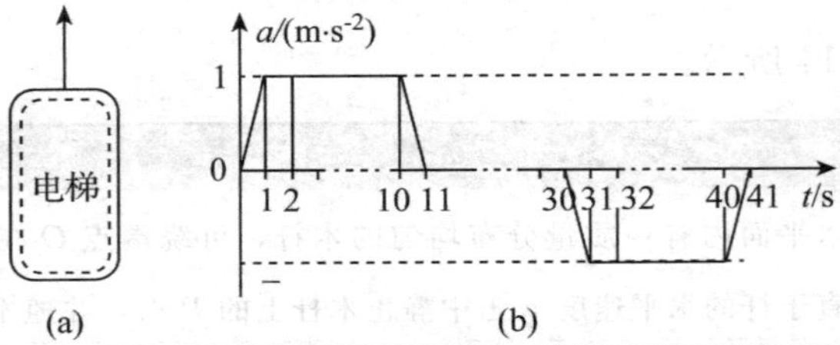

图 2-15　例题示例

【说明】本题以电梯的加速度随时间变化加速上升的过程为问题情境，以速度与加速度的关系、物理图像等知识为载体。学生解决问题的基本思路为：首先描述电梯加速运动过程中速度与加速度是如何变化的，分析加速特点；然后将速度—时间图像中图线与时间轴所围成“面积”的物理含义迁移到加速度—时间图像中，并分析得出在加速度—时间图像中，图线与时间轴所围成的“面积”表示在一段时间内的速度变化量；最后根据图像分析电梯在前 2 s 内速度的变化量，并根据初速度得出第 2 s 末的速率 v_2。影响本题作答的因素包括：对速度—时间图像中用图线与时间轴所围成“面积”表示位移的理解，对加速度概念的理解等。本题答案为 1.5 m/s。

2. 基于批判性思考的评价

【界定】能在质疑的基础上形成批判性评价或者发现新问题。

【示例】如图 2-16 所示。

某兴趣小组探究用不同方法测定干电池的电动势和内阻，他们提出的实验方案中有如下四种器材组合：

A. 一个电流表、一个电压表和一个滑动变阻器；

B. 一个电压表和多个定值电阻；

C. 一个电流表和一个电阻箱；

D. 两个电流表和一个滑动变阻器。

请分别对上述四种实验方案的可行性、测量准确性、实验操作的便捷与安全等方面作出评价。

图 2-16　例题示例

【说明】本题以某兴趣小组设计实验测定干电池的电动势和内电阻为问题背景，以电源电动势、内电阻、电阻箱、滑动变阻器和闭合电路欧姆定律等知识为载体。解决本题的基本思路是，首先分析已提出方案的可行性，主要依据闭合电路的欧姆定律；然后综合分析可行方案的误差产生原因和误差大小，是否可操作，是否安全等方面的因素，对每一个方案做出批判性评价。影响本题作答的因素包括：对滑动变阻器、电阻箱结构与特点的了解，对闭合电路欧姆定律的理解，对用图像处理实验数据的理解等。本题答案是开放的，可以分别对实验的可行性、实验可操作性、实验误差等若干方面进行比较与说明。

(三)建构新模型

建构新模型是最高层次的物理学科能力，可以分解为“创意设计”(C3-1)和“针对新情境建构模型”(C3-2)。下面分别界定这两个具体指标的内涵，并通过示例加以说明。

1. 创意设计

【界定】能形成具有一定程度上可操作性的、有创意的、较详尽的设计，包括对实验或部件功能的改进，以及发明创造等。

【示例】如图 2-17 所示。

某同学在家里测重力加速度。他找到细线和铁锁，制成一个单摆，如图所示。家里只有一根量程为 30 cm 的刻度尺和石英钟。请你帮助该同学较详尽地说明测量原理、操作步骤和需要测量的物理量。

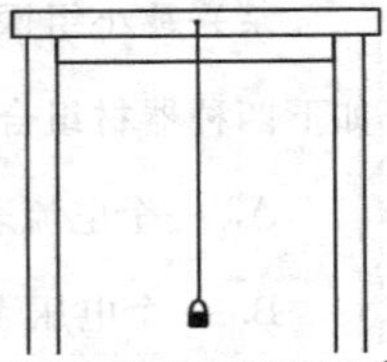

图 2-17　例题示例

【说明】本题以在家中用细线和铁锁制作的简易单摆装置测重力加速度为问题背景，以单摆模型、单摆周期公式等知识为载体进行创意设计。解决本题可以有不同的思路，一种思路是首先根据单摆周期公式 $T=2\pi\sqrt{\frac{L}{g}}$ 进行合理推导，说明测量原理，如何在不能直接测摆长的情况下，通过测摆长的变化和利用石英钟测时间解决问题；然后根据测量原理说明测量步骤和需要测量的物理量。影响本题的作答因素包括：对单摆模型的理解，单摆周期公式的理解，如何通过周期公式推理单摆摆长变化量与不同摆长的单摆周期的关系，即 $T_1^2-T_2^2=\frac{4\pi^2}{g^2}(l_1-l_2)$，如何利用石英钟测单摆周期等。本题答案可以是开放的，关键在于是否有创意，创意是否合理，能否实现准确测量。

2. 针对新情境建构模型

【界定】能在陌生物理情境问题中，主动合理地建构模型，有效解决问题。

【示例】如图 2-18 所示。

生活中我们会观察到这样的现象：当我们适当调节圆柱形水龙头的开关，可以看到水龙头流出的水柱越往下越细，再往下甚至会断裂成水滴，这是为什么？请给出解释。

图 2-18　例题示例

【说明】本题以生活中常见的圆柱形水龙头流水为问题情境，尽管这个情境是常见的，但对学生来讲却是陌生的，因为学生很少从运动学的视角来分析、解决此类问题。主要考查的知识为匀变速直线运动的位移公式、速度公式等。解决本题的基本思路是，首先提取题目的隐含信息，在任意相等时间内水龙头流出水的体积是相同的；取任意一小段时间 Δt 内流出的水柱为研究对象，其中先脱离水龙头的一小薄层水(记作甲水层)相对于后流出的一小薄层水(记作乙水层)时间间隔为 Δt，水柱下落过程可简化为重力作用下的匀变速直线运动模型，甲水层相对于乙水层的速度始终为 $g\Delta t$，也就是说两层水之间的距离始终在均匀增大，但这部分水的体积却是不变的，因此，水柱将越来越细。解决本题的关键在于建立水柱模型并分析两个水层之间的距离关系。

第二节 测试工具的设计与检验

依据物理学科能力表现的评价框架，设计有效的测试工具，是评价学生学科能力水平的前提。本节主要说明物理学科能力测试工具设计的理念与策略，并以示例的方式说明测试题编制的流程与技术等内容。

一、测试工具设计的原则与流程

学生的认知发展是学科知识的增进和学科能力提升的结合，并且学科知识的增进和学科能力的提升互相促进。学科能力的提升主要是指“学习理解—应用实践—迁移创新”的进阶，学科知识的增进是指各主题内容的学习进阶。

能力作为一种内隐的心理特质，需要通过外显的行为来进行诊断和评估。因此，基于测评标准研发科学、准确的测评工具是本研究的重点和难点。为了保证测评工具的信度和效度，在研发过程中课题组不仅从测试设计的过程方面周密规划，还采用了多种质量检测手段，修改、完善测试工具。

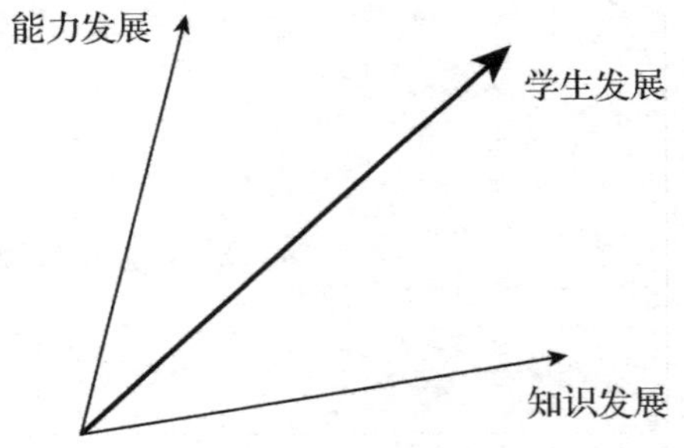

图 2-19 基于知识和能力视角促进学生认知发展

(一)测试工具设计的原则

依据物理学科能力指标体系，结合具体物理学科主题内容及其特点，遵循以下基本原则开发具体内容主题的学科能力测试工具。

1. 依据课标要求，围绕核心概念和重要概念设计试题。有限的测试题要准确地评价学生的学科能力发展现状，必须紧紧围绕核心内容，根据课标要求进行考查，并且和能力框架有良好的对应关系。

2. 以考查学生的能力为主，每道试题的设计和评标制订具有明确的能力指向。测试主要是对学生能力的监测，因此，一方面依据能力框架中的能力维度严格命题，另一方面评标的制订也以能力为基准。

3. 试题紧密联系实际，借助具体情境考查能力。大多数试题建立在真实的情境之上，即使是简化的物理模型，也能在现实中找到原型。

4. 试题的命制注重科学性、规范性、简洁性、可读性。试题经过多重检查，确保试题本身语言、逻辑、情境等方面的科学性，表述、标点符号、图表等的规范性，以及语言的简洁性、可读性。

(二)测试工具设计的流程

以严格的命题程序保证测试题的质量。科学合理的理论框架是保障试题效度的基础，学科能力框架是能力测试工具开发的理论依据。严格按照框架命制、编排试题，每一道试题都要经过课题组专家的认可和审定。在正式施测前，基于试测和访谈对样卷做出进一步的修订。测试工具设计的流程如图 2-20 所示。

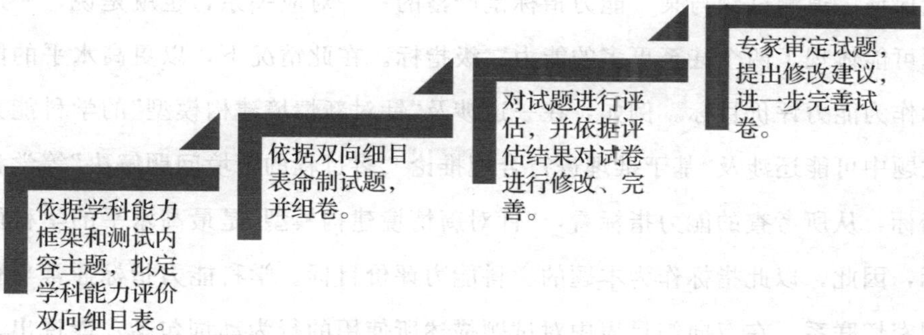
依据学科能力框架和测试内容主题，拟定学科能力评价双向细目表。
依据双向细目表命制试题，并组卷。
对试题进行评估，并依据评估结果对试卷进行修改、完善。
专家审定试题，提出修改建议，进一步完善试卷。

图 2-20 测试卷开发流程

本研究的测评工具为系列测试题，对于不同年级的样本各有其对应的一套试卷，系列试卷对各核心知识主题都进行考查。为满足测评要求，我们通过年级间的垂直链接等设计来“锚定”不同层次的学生的能力。

最后利用基于 Rasch 模型的统计分析，对测试结果的信度做出评判，为后续的统计推断和水平的划分提供依据。

二、命题双向细目表的拟定

拟定指向明确且详尽的双向细目表是编制高质量测试卷的保证。下文主要讨论学科能力表现测试卷的双向细目表所包含的主要内容和具体拟定步骤，并分别以“物质”“运动与相互作用”“能量”“电与磁”四个主题内容为例加以说明。

(一)双向细目表的内容与拟定步骤

1. 双向细目表的内容。双向细目表主要呈现的内容包括知识载体、学科能力具体指标、具体问题情境等。

知识载体是指测试题所涉及的主要知识内容，具体到主题内容下的物理现象、物理概念、规律、原理等相对具体明确的知识内容。比如“机械运动”内容下的“速度”概念。

学科能力指标具体到学科能力框架中的二级指标。一道测试题的学科能力指向尽可能是单一的，以此保证评价目标的精准。但是，在实际拟定测试题时往往不能保证一道测试题与某一能力指标是严格的一一对应关系，也就是说，一道测试题可能体现了两个甚至更多的能力二级指标。在此情况下，以更高水平的能力指标作为能力评价目标。例如，在一道涉及“针对新情境建构模型”的学科能力评价试题中可能还涉及“基于推理进行合理推论”“多过程的情境问题解决”等学科能力指标，从所考查的能力指标看，“针对新情境建构模型”是最高水平的学科能力指标，因此，以此指标作为本题的学科能力评价目标。学科能力指标通常与行为动词密切联系，在双向细目表中对试题描述所使用的行为动词包括：能说出、能说明、能解释、能对应、能建构、能设计等。

问题情境具体描述了知识在什么样的具体问题中学习或者应用，能力在什么具体问题中表现。问题情境应该是真实的，还应尽可能与学生的生活实际、社会生产实际紧密联系。

2. 双向细目表的拟定步骤

(1)确定知识载体。确定知识载体的原则有两个：一是围绕核心概念确定知识载体，所考查的知识内容应该是特定主题下与核心概念有密切联系，能较大程度促进核心概念理解的相关知识内容；二是采用随机抽样的方式从同一主题内容下的大量具体内容中抽取知识载体，之所以抽样是因为同一主题内容下的具体知识往往是非常庞杂的，在一份试卷中不可能面面俱到。

(2)确定借助某一知识载体考查的学科能力具体指标。主要依据有两个：一是知识内容的特点，即知识内容是否可以承载对学科能力具体指标的考查；二是课标要求的程度。

(3)在确定知识载体及其对应考查的学科能力具体指标基础上，依据知识内容特点与特定学科能力指标的特点设计构思问题情境。在一定的问题情境中，通过学习或者应用具体的物理知识，表现出相应的学科能力。

(4)编制双向细目表，从整体上衡量对知识内容和学科能力具体指标的考查是否合理，既要重点突出，又要全面考查。如果不够合理，应该进一步统筹并调整，使得测试题在全面考查学科能力具体指标的同时，具体知识内容的考查能紧紧围绕核心概念，并且知识分布相对均衡。

(二)双向细目表示例

基于上述物理学科能力评价的基本原则和具体策略，以及双向细目表的内容和编制的具体步骤，分别以物质、机械运动与力、电与磁、能量等主题编制双向细目表。其中初中“物质”主题的“物质的形态及其变化”的命题双向细目表如表 2-1 所示。以测试题 A1M03 为例说明试题编码的含义，其中 A1 代表能力要素，即考查的能力要素是“A1 观察记忆”，“M”代表该题考查的是物质主题，“03”代表该题为物质主题试题库的第 3 题。

表 2-1 “物质”主题命题细目表

能力维度 / 主题(内容)	A 学习理解			B 应用实践			C 迁移创新		
	A1 观察记忆	A2 概括论证	A3 关联整合	B1 分析解释	B2 推论预测	B3 综合应用	C1 直觉联想	C2 迁移与质疑	C3 建构新模型
物质(物质的形态及其变化)	能区别固、液和气三种物态的微观结构。A1M03、A1M19 知道物态变化及其吸放热。A1M01、A1M02、A1M08、A1M09、A1M10	能描述固、液和气三种物态的基本特征。A2M11、A2M12	能用语言、文字或图表描述常见物质的物理特征。A3M04、A3M05 能把蒸发这一物态变化和能量变化关联整合。A3M26	应用物态变化知识分析解释生活中的现象。B1M06、B1M07	利用物质形态的知识对氦气球上升这一现象进行推理,基于推理结果合理预测。B2M21	在煮鸡蛋这一实际的生活情境中,综合应用物态变化的相关知识解决问题。B3M14 综合应用物态变化的相关知识解决冰能使水沸腾这一较复杂的问题。B3M15	能对玻璃进行无限分割提出有根据的创意想法。C1M16	提取晶体的知识,应用在建筑设计材料的新情境中。C2M17 能把物态变化的知识应用在“鸳鸯火锅”的新情境中。C2M18	能基于物态变化的知识建构新模型,有效解决“爆米花”的问题。C3M22、C3M24

三、测试题编制策略和评分标准拟定方法

根据测试的能力要求和测试主题的具体特点，测试题所采用的题型可以是选择题(单项选择题和不定项选择题)、填空题和简答题等。测试题编写的依据除了命题的原则和策略外，主要依据则是针对特定主题拟定的学科能力测试双向细目表。

常规测试通常从知识角度对试题细化考查，对能力角度考查比较粗略。为了研究中学生物理学科能力表现，本研究在命题设计过程中采用了以下策略和方法。

(一)从能力角度出发设计测试题

基于物理学科能力表现框架命题，在同一子主题知识内容上开发多道题以考查学生不同能力维度表现情况。如表 2-2 所示，三道试题均为考查恒磁场子主题

下的电流磁效应知识，但考查的能力维度不同。

表 2-2　电流磁效应概念下考查各能力维度试题示例

试题编号	试题描述	考查能力
A2D205	某同学利用如图所示装置研究电和磁的关系，请仔细观察图中的装置、操作和现象，然后归纳得出初步结论。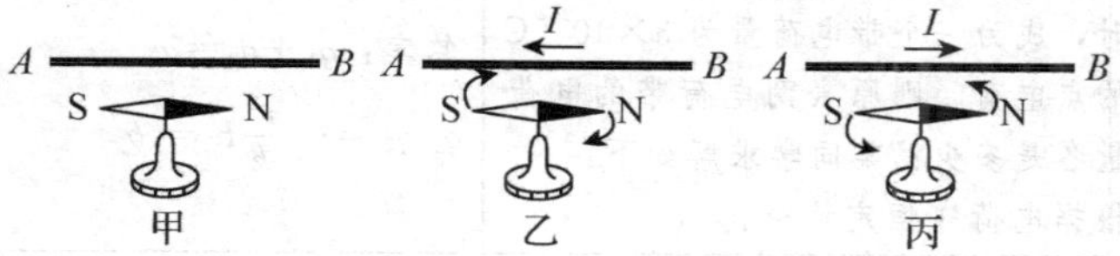(a)比较甲、乙两图可知__________；(b)比较乙、丙两图可知__________。	A2 概括论证 通过实验现象概括得到通电直导线与其产生的磁场之间的关系。
B1D227	设有两根导线水平放置，如图所示。导线 1 中的电流向左，导线 2 中的电流向右。分析导线 1 作用在导线 2 上的磁场力的方向，并写出详细过程。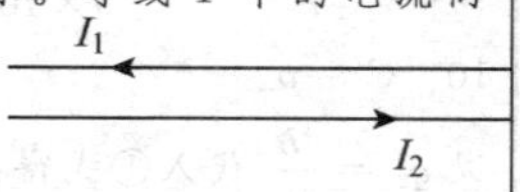	B1 分析解释 利用电与磁的相互作用解释物理问题。
C2D346	带电体表面突出的地方电荷容易密集，雷雨天当带电云层靠近高大建筑物时，由于静电感应，建筑物顶端会聚集一种电荷，避雷针将电荷通过一根竖直导线导入大地而避免雷击，你若想知道竖直导线中的电流方向，进而判断云层所带电荷，有什么安全可行的方法？	C2 迁移与质疑 将电流磁效应知识迁移应用到新的物理情境。

(二)以考查学生能力为基准，将学生答题情况按能力表现不同分档，进行多级评分

评分标准依据能力表现制订，而不仅仅是根据学生作答的正确与否。如表 2-3所示，该题考查的是学生将库仑定律知识迁移应用到新物理情境中的能力，评分标准分为 3 档，学生完全不能用已学知识解决该物理问题计 0 分；能将库仑定律的知识应用到新情境，找到错误原因计 1 分；能指出错误原因并给出正确解答过程计 2 分(不论计算出来的答案正确与否)。对评分标准进行分档，不仅能减少阅卷者判卷失误的主观性和偶然性，还能更好地分析学生的作答情况，进而研究学生在该题考查的能力维度上的表现。

表 2-3　分档评分示例

试题编码	考查能力	试题描述	评分标准
C2D126	C2 迁移与质疑	对如下题目："真空中两个点电荷相距 10 cm，它们之间相互作用力大小为9×10^{-4}N。当它们合在一起时，成为一个带电荷量为3×10^{-8}C的点电荷。则原来两电荷带的电荷量各是多少?"某同学求解如下： 根据电荷守恒定律得： $q_1+q_2=3\times10^{-8}\text{C}=a$　① 根据库仑定律： $q_1q_2=\frac{r^2}{k}F=\frac{(10\times10^{-2})^2}{9\times10^9}\times9\times10^{-4}\text{C}^2=b$　② 以$q_2=\frac{b}{q_1}$代入①式得： $q_1^2-aq_1+b=0$ $q_1=\frac{1}{2}(a\pm\sqrt{a^2-4b})=\frac{1}{2}(3\times10^{-8}\pm\sqrt{9\times10^{-16}-4\times10^{-15}})\text{C}$ 解得： 根号中的数值小于0，经检查，运算无误。试指出求解过程中的问题并给出正确的解答。	答案：$q_1+q_2=a$ $q_1\ q_2=-\frac{r^2}{k}F=b$ 代入解得 $q_1=5\times10^{-8}$ C， $q_2=-2\times10^{-8}$ C。 代码 0：完全不会分析题给物理问题。 代码 1：能指出错误地方，明白存在两电荷异号，但不能给出正确的解答过程。 代码 2：指出错误地方，并给出正确的解答方法，答案错误也归此档。
B2F310a	B2 推论预测	设想你处在遥远的太空，面前有一个与你相对静止的巨石，你轻轻地推它一下。试尽可能详细地描述你和这块巨石在推石时与推石后的运动情况，并解释其原因。	代码 0：不能运用已有知识进行合理预测或只是笼统地给出一个预测结果，没有给出进行推测的原因。 代码 1：能基于情境运用物理概念或规律进行初步的推论预测，能对部分物理过程进行描述或定性分析，但存在错误概念(答对"向相反方向运动""巨石速度远小于'我'的速度"其中一点)。 代码 2：能基于情境用物理概念或规律正确进行推论预测，能清晰描述整个物理过程(答对"相反方向运动""巨石速度远小于'我'的速度"两点)。

(三)命题和评标设计中注重学生做题的思考过程

通过“解释原因”“推导得到”等题设尽量避免学生偶然答对的情况。如表 2-4 所示，该题要求学生推导洛伦兹力表达式，仅写出洛伦兹力计算公式不计分。

表 2-4　试题 A2D228 示例

试题编码	试题描述
A2D228	一段粗细均匀的导体长为 L，横截面积为 S，如图所示，导体单位体积内的自由电子数为 n，电子电荷量为 e，通电后，电子定向运动的速度大小为 v。在垂直导体的方向上加一个空间足够大的匀强磁场，磁感应强度大小为 B，试根据导体所受安培力推导出导体中某一自由电子所受的洛伦兹力大小的表达式。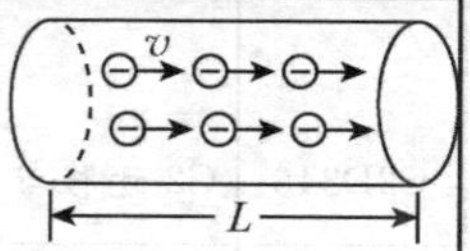

(四)评分标准的修正和完善

评分标准拟定的基本思路是：首先基于试题测评的能力指标，根据已有模型或经验拟定学生作答的预设；然后依据初步拟定的评分标准进行试判卷；再根据试判卷的情况，进一步修正和完善评分标准。

下面以测试题 C2D346 为例说明本次试题的设计及评分标准。该题给出避雷针在实际生活中应用的例子，并简单解释了避雷针的原理，要求学生用安全可行的方法判断连接避雷针和大地的竖直导线中的电流方向。本题考查学生迁移应用能力，要求学生不仅掌握电流磁效应知识，还必须能将物理知识运用在新情境中，想到安全可行的判断方法。

通过对学生答案的预测以及对部分九年级学生答题情况试判，研究小组制订了该题的评分标准，分为 3 个档次，分别用代码 0、1、2 表示。

代码 0：完全不会迁移应用已有知识作答。

代码 1：原理可行，但是方法不可行，即能将物理知识迁移到该情境，但迁移应用过程中没有考虑到合理性(例如接电流表)。

代码 2：正确作答，原理及方法可行(周围垂直放置小磁针，观察小磁针的转向；旁边平行放置通电直导线，观察导线运动等)。

本题的试题编码、考查的能力维度、试题描述，以及评分标准具体如表 2-5 所示。

表 2-5　试题 C2D346 示例

试题编码	能力指标	试题描述	评分标准
C2D346	C2 迁移与质疑	带电体表面突出的地方电荷容易密集，雷雨天当带电云层靠近高大建筑物时，由于静电感应，建筑物顶端会聚集一种电荷，避雷针将电荷通过一根竖直导线导入大地而避免雷击，你若想知道竖直导线中的电流方向，进而判断云层所带电荷，有什么安全可行的方法？	代码 0：不会运用已有知识作答。 代码 1：原理可行，但方法不可行(例如接电流表)。 代码 2：正确作答，原理及方法可行即可(周围垂直放置小磁针，观察小磁针转向；旁边平行放置通电直导线，观察导线运动等)。

四、锚题设计

为了便于研究学生对某一主题下的学科能力发展和比较不同学生群体的能力发展状况，本研究采用锚题设计。即不同年级的试卷中有至少 1/3 的试题是相同的，这些相同的试题称为锚题或链接题。学科能力测试中通常采用垂直与水平链接的方法。

图 2-21 所示为学习进阶的研究题目设置示意图，画"√"的为该年级段学生需作答的题目，其中阴影突出的题目即为链接题(Link item)。以图 2-21 中第 3 题为例，7 年级和 8 年级的学生都需完成该链接题(一般来说它对于 7 年级的学生

	第 1 题	第 2 题	第 3 题	第 4 题	第 5 题	第 6 题	……
7 年级	√	√	√				
8 年级			√	√	√		
高一年级					√	√	……
……							

图 2-21　垂直链接示意图

是难度水平中上的题目，对于 8 年级的学生则是较简单的题目）。不同年级的学生共同完成不少于总题量三分之一的链接题，再利用 Rasch 模型进行数据分析，能“锚定”学生能力，便于对各年级被试之间的能力估值进行比较，同时也便于对各题目在整个发展阶段的难度估值进行比较。

水平链接题分布于同一年级的 A、B 卷中。由于试卷容量的限制，各年级试卷均分为 A、B 两卷，依据项目反应理论，需要在 A、B 卷及各年级试卷间设计锚题，以便于进行比较分析。在进行 A、B 卷锚题设计时，主要考虑题目的分值和能力要素分布两个因素。在考虑题目分值因素时，尽可能保证题目分值占总分值的 20％以上。在考虑能力分布因素时，尽可能使锚题覆盖学习理解、应用实践和迁移创新三个能力水平。

表 2-6 为机械运动与力主题的能力测试中锚题的分布情况。

表 2-6　机械运动与力主题锚题分布

题号（试题编码）	能力要素	试题描述	分值	8 年级	9 年级 A	9 年级 B	高一年级 A	高一年级 B	高二年级 A	高二年级 B	高三年级 A	高三年级 B
A1F101	A1	根据频闪图判断两物体运动形式、速度大小。	5	26			23					
C2F310a	C2	推太空中的巨石，判断人和巨石的运动情况。	4	18	29	27	20	19			33	29
B1F310b	B1	推静止放在地面上的巨石，判断人和巨石的运动情况。	2	18	29	27	20	19			33	29
A3F311	A3	联系相关概念，写出力与运动的概念图。	4				30	31			34	30
B2F317	B2	根据雪橇运动情况描述和选择力（大小方向）。	7					26			32	27
B1F318	B1	根据小车运动情况描述和选择力—时间图像。	8				25	24				28
B3F222	B3	分别求出剪断绳、弹簧两种情况下，小球受力情况。	5				26					31

五、试题评估与调整

(一)试题评估的方法

试题评估是进一步完善试题的主要依据。试题评估的方法有多种，本研究采用了专家审读、预测试和学生访谈三种方法。下文以北京市某区的一次物理学科能力测试的试题评估为例对这三种方法分别说明。

1. 专家审读

请相关领域专家审读测试题是修改完善测试卷、提升测试卷效度的有效途径。首先，遴选本领域的相关专家，具体由教育研究与评价方面的专家、各级教研员、经验丰富的一线教师等类型的专家组成。其次，向专家说明测试题的测试目的、方式等相关内容。再次，请专家阅读试题，并批注意见。最后，根据专家批注的意见，结合本研究的测试目的、实际情况等，对试题做出修正。

2. 预测试

研究小组以某区某中档水平学校的初、高中学生作为预测试对象。在该校教师的协助下将学生按日常学业水平分为三个层次，分层随机抽取学生样本进行预测试。

预测试主要从两个方面评估测试卷：一是学生的整体作答情况；二是应用统计工具对测试结果进行分析。

预测试主要考查答题时间、试题量和作答情况。测试结果显示试题量合适：高水平的学生能略微提前完成全部试题；中水平的学生能提前完成其有能力作答的题目，且有较充裕的时间对其拿不准的题目再进行思考；低水平的学生完成其有能力作答的题目后，时间还有较多剩余。学生对试题量感觉合适，作答情况符合该学生水平的预期。

在对整体作答情况进行定性分析的基础上，基于前面锚题的设计，分析时将所有的题目和被试进行一次 Rasch 分析，这样就不再需要进行额外的等值处理。

总体情况表(表 2-7)显示被试信度为 0.92(person reliability＝0.92，separation＝3.49)；试题信度为 0.99(item reliability＝0.99，separation＝9.93)，表明

试题的难度值稳定，且对学生有良好的区分度和评判能力。题目的总体难度均值被系统默认标定为0.00，相对应的学生能力均值为0.25，表明试题的难易程度总体上适合所选的样本。

表2-7 总体情况表

	计数	平均值	标准差	区分度	信度
被试	1249	0.25	1.23	3.49	0.92
试题	120	0.00	1.72	9.93	0.99

除了总体信度、难度分布外，Rasch模型还对每道题的质量进行检测，主要通过考查每一道测试题的Infit指标，确定是否需要删除。

剔除与模型预设不符的题目后，重新运行Rasch分析，得到的结果较之前又有所改善，被试信度为0.93(person reliability＝0.93，separation＝3.58)；试题信度为0.99(item reliability＝0.99，separation＝9.95)。一般认为上述指标在0.8以上即可接受，本研究的试题指标表明本次施测的试题难度值稳定，且对学生有良好的区分度和评判能力，试题的整体信度较高。

3. 学生访谈

学生访谈主要考查学生对题意的理解情况，作答思路是否符合设计预期，有无其他因素干扰学生的题目解答过程。在访谈中发现了一些题目在表述上存在的问题，并对此做出了修改。下面对访谈中发现质量较高的题目和质量较低的题目各举一个例子。

例如，高一的测试题中有这样一道题，如图2-22所示。

关于电磁现象，下列说法中正确的是(　　)。

A. 磁场会对放入场中的轻小物体产生力的作用

B. 利用一枚小磁针可以观察磁场强弱的分布

C. 导体中的负电荷在做定向移动时会产生磁场

D. 利用撒在磁体周围的铁屑可以判断该磁体周围各点的磁场方向

图2-22 访谈测试题举例1

测试结束后，随机抽取部分学生进行了访谈，被抽取的三位同学均认为题目及问题的表述清楚，无歧义。访谈结果如下。

甲同学：所选的答案是 A、C。对于 B 选项，他认为并不是只利用一枚小磁针就可以判断磁场强弱分布，而应该用多个小磁针，即强调数量，从数量上判断此选项的正误；D 选项是要判断磁场方向，但铁屑上并没有标出 N、S 极，所以无法判断。对于选项 C，他解释说因为正电荷可以定向移动产生磁场，那么负电荷就也可以定向移动，负电荷定向移动就相当于正电荷反方向定向移动，就会产生电流，有电流就会有磁场。针对 A 选项，甲同学同样认为磁场会对放入其中的轻小物体产生力的作用，但是不知道为什么，只是觉得好像老师说过或在哪儿见过，这句话是对的。

乙同学：所选的答案是 C。认为 C 选项的负电荷定向移动也可以产生磁场；针对 A 选项，他凭借的是记忆，记得老师说过磁场对放入场中的轻小物体不一定产生力的作用，有时可以产生力的作用，但在某些特殊情况下不产生，但不知道为什么，而且具体什么情况下记不清了，访谈时追问他举个例子，但举不出来，只知道老师说过这样的话。排除 B、D 的原因是：一个应该是判断方向，一个是判断强弱。

丙同学：所选的答案是 A。他认为 B 选项中小磁针应该是可以判断磁场方向，而不是磁场强弱，而且应该只能判断磁场单个点的方向；针对 C 选项，导体中应该是正电荷做定向移动会产生磁场，不是负电荷；D 选项是判断磁场强弱，不是方向。由此选择 A。

这道题考查的物理核心知识能力维度是“应用实践”能力下的一级指标“B1 分析解释”，要求学生能够基于所学知识分析题目情境中提供的信息是否正确。通过甲、乙、丙三位同学对题目中各选项的分析，可以看出他们各自将题目信息与所学知识的对应情况，以及各自对相关知识的掌握情况。针对不同选项，有的同学能够准确地对应到所学的知识上，而且解释正确、思路清晰；而有的同学则稍有欠缺。所以这道题能很好地考查不同学生的分析解释能力的分布情况。

但是，原本预备的新高一的测试题中还有这样一道题(图 2-23)。

下图所示的四个演示实验中，能够说明电磁感应现象的是(　　)。

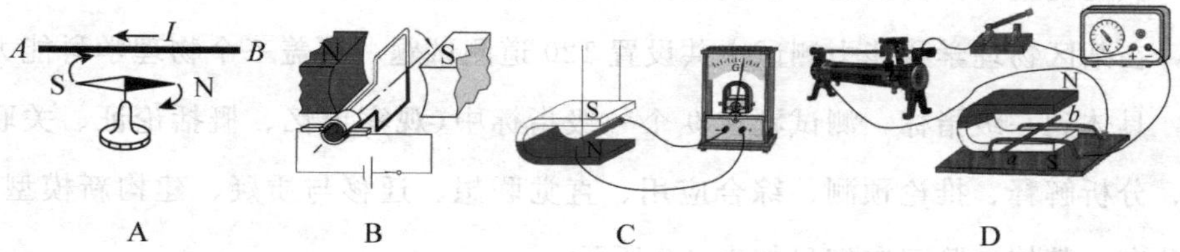

图 2-23　访谈测试题举例 2

针对试题的表述，三位同学均无异议，均能明白所要考查的是什么。但当讨论他们是如何选择自已所认为正确的答案时，三人的思路出发点则有很大不同。甲同学是通过对四幅图片进行分析解释，分析说明每一幅图所运用的物理知识后做出的选择。在随后的追问中还向大家讲解了什么是电磁感应以及电动机的原理，可以看出甲同学对这道题所涉及的知识掌握比较好。而乙同学虽然答案也是选择 C，但是他的依据是头脑记忆，在课本上见过电磁感应现象所示例的图片对应的是 C，所以得出了答案。当被问起电磁感应的知识时，回答含糊，不太理解。丙同学的答案选择同样是依据记忆，解释说他对书上的电磁感应图已记不太清，但记得应该没有电源，至于为什么要这样，解释不清，排除其他有电源的图片，所以同样选择了 C。

由此可见，虽然三位同学均选出了正确答案，但做题出发点明显不同。甲同学运用的物理能力是“B1 分析解释”，而乙和丙同学则是“A1 观察记忆”。由此通过团队的讨论，一致认为这道题对学生能力维度考查不准确，决定在实测分析中剔除此题。

(二)试题调整

基于对测试题的评估对试题进一步完善是命制高质量物理学科能力测试卷的一个重要环节。对测试题的调整，有三种情况：(1)为了更好地满足测试要求，需要增加部分测试题；(2)某些测试题不能满足测试要求，需要删除这部分测试题；(3)某些测试题只能部分满足测试要求，仍需要根据测试目的进行修改和完善。

试题调整后，需要进一步从整体上考查学科能力和知识分布的均衡程度。例如，在某区物理学科能力测试中共设置 120 道测试题，覆盖三个物理学科能力维度，具体到一级指标，测试题在 9 个一级指标中(观察记忆、概括论证、关联整合、分析解释、推论预测、综合应用、直觉联想、迁移与质疑、建构新模型)都有分布。整体一阶双向细目如表 2-8 所示。

表 2-8　各主题双向细目表

	A1 观察记忆	A2 概括论证	A3 关联整合	B1 分析解释	B2 推论预测	B3 综合应用	C1 直觉联想	C2 迁移与质疑	C3 建构新模型
机械运动与力	F01，F10，F14，F16a，F16b，F16c，F25	F09，F26，F39a	F19a，F19b，F19c，F19d，F19e，F19h，F30b	F02，F03，F05，F11，F13，F15，F27，F29a，F29b，F29c，F31a，F35	F17，F22，F23，F24，F28，F29d，F30a，F32，F33	F37a，F37b		F13，F31b	F38
能量	E01，E02，E03，E04，E05，E06，E07，E09，E15	E08	E25，E40，E41	E16，E18，E19，E26，E30，E32，E36，E42，E43，E44，E45，E49	E10，E11，E14，E17，E20，E21，E33，E34，E35，E37，E38，E39，E47	E12，E22，E31			E23，E24，E28，E29
物质	M04，M05，M08，M09(1)，M11，M12，M15，M30(1)	M27，M31	M21	M01，M02，M16，M33(1)，M34(1)	M09(2)，M09(3)，M10，M19，M20，M25，M28，M29，M30(2)	M03，M22，M34(2)		M14	M13，M24，M36
题数	24	6	11	29	31	8		3	8

第三节　测试的组织、实施和分析方法

本节对样本的选取、测试的组织与实施进行说明，并简要介绍本研究所采用的测量模型和水平划分方法。

一、测试样本选取

为取得有代表性的样本以较为全面地反映各年级学生物理学科能力的发展现状，测试采用分层抽样。分层抽样既便于对总体参数进行估计，也可以对各层的统计指标进行估计。以某区测试为例，按照学校类型(市示范校、区示范校、区普通校)，选取该区 11 所中学，并将其分为三组。其中一组校 3 个，二组校 4 个，三组校 4 个。再按年级在各样本校中抽取学生参加测试。具体样本人数及分布如表 2-9 所示。

表 2-9　某区物理学科能力被试分布表

学校类别	学校名称	学生数				
		8 年级	9 年级	高一年级	高二年级	高三年级
一组校	A 中学	40	40	35	50	50
	B 中学	40	40	35	50	50
	C 中学	40	40	35	40	40
合计		120	120	105	140	140
二组校	D 中学	30	35	20	25	20
	E 中学	30	35	20	25	20
	F 中学	30	35	20	25	20
	G 中学			20	20	20
合计		90	105	80	95	80

续表

学校类别	学校名称	学生数				
		8年级	9年级	高一年级	高二年级	高三年级
三组校	H中学	20	20	18	10	10
	I中学	20	20	16	10	10
	J中学	20	20	10	5	5
	K中学	20	20	14	10	10
合计		80	80	58	35	35
总计		290	305	243	270	255

二、测试组织与实施

参与测试的全部学校所有被试在同一时间进行测试，被试在规定时间内答卷。测试过程中，学校教师和研究团队成员监考，随时解答学生遇到的相关问题，但不对题目作答进行提示。测试完成后，测试卷全部收回，以免测试题外传。

三、阅卷评分

统一组织阅卷，评阅人包括经验丰富的一线物理教师和学科教学论研究生。为了提高评分者对主观试题评阅的一致性系数，按照如下步骤完成主观试题评分标准制订工作。

(1)由研究者和具有丰富命题经验的中学物理教师共同拟定评分标准，并进行试判，在试判的基础上，进一步修改完善评分标准。

(2)根据修改后的评分标准对全体阅卷人员进行阅卷培训。

(3)全体阅卷人员进行试阅，每位阅卷员评阅30份试卷。

(4)计算评分的一致性系数，若满足要求，则该阅卷员进行正式阅卷工作，若还不能满足要求，则需对其进行培训，直到其达到阅卷要求为止。

四、基于Rasch模型的测量分析

Rasch模型是丹麦统计学家、数学家Georg Rasch最先提出，并在应用实践中不断得到发展的一套测量分析理论(Liu，2010)。该模型针对经典测量理论的局限提供了解决方案，经过半个世纪的发展，目前已广泛运用在国内外教育研究领域(e. g. Tong et al，2007；Liu et al，2008；Bond et al，2012)。

在Rasch模型中，用得分概率来定量描述个体在试题上的作答情况，某一个体在某一试题上的得分概率完全取决于试题难度和个体能力两个因素。具体而言，Rasch模型要求数据满足两个先要条件，一是能力高的个体在各试题上答对的概率要高于能力低的学生；二是个体在难度高的试题上答对的概率要低于难度低的试题(晏子，2010)。

在基础的Rasch模型(0－1计分)中，得分概率、个体能力值以及试题难度值三者之间的数学关系如下所示，其中 $P(X=1\mid B_n, D_i)$ 表示能力值为 B_n 的个体在难度值为 D_i 的试题得1分的概率。

$$P(X=1\mid B_n, D_i)=\frac{e^{(B_n-D_i)}}{1+e^{(B_n-D_i)}}$$

Rasch模型所给出的个体能力值和试题难度值对应了传统测量中的个体得分和试题难度值，但在内涵和数值大小上都有着很大的区别。

1. 在传统测试中，个体所得的分数与试题的难度是不可比的。而在Rasch模型中，个体能力值和试题难度值共用一把标尺，同取“logit scale”为单位，这样通过直接比较个体能力值和试题难度值，即可得到个体在该试题上的作答概率。

2. 在传统测试中，个体得分的分值是不等距的，例如0分与10分的差距和90分与100分的差距是不同的，而在Rasch模型中个体能力值和试题难度值则是等距的，为后续的平均数、标准差等分析提供了确切的保障。

3. 在传统测试中，个体得分的范围是0～100，试题难度值的范围是0～1。而在Rasch模型中，个体能力值和试题难度值的范围都是－∞～＋∞，能更好地区分高分学生之间的表现差异。

4. 在传统测试中，个体得分依赖于测试试题难度，而测试试题难度又依赖于样本个体，这样就导致只能就题论得分。而在Rasch模型中，个体能力值和试题难度值是两个相互独立的参数，虽然个体能力值和试题难度值会随不同的测试有所变化，但个体能力值和试题难度值之间的差异则基本保持一定。

五、水平划分的方法

本研究重点探讨学生在总体、各任务类型以及各主题上的能力表现水平。因此，对学生实际测试结果的水平划分是研究的关键步骤。

梳理水平划分的已有研究可以看到，在研究早期，水平划分主要是基于专家的经验判断，常用的方法有 Angoff 法、Ebel 法等(Wang，2003)。其中 Angoff 法是传统水平划分的最常用的方法，根据学科专家的任务不同可以细化为“概率法”和“得分法”(陈梦竹等，2009)。“概率法”需要专家判断处于水平分界线的学生正确作答每一道试题的概率值。“得分法”要求专家判断处于水平分界线的学生在每道试题上的得分。经过三轮讨论，最后对各位专家的概率或赋分结果取平均，划定各水平的分数线。传统的水平划分方法根据专家的经验认识，能在一定程度上厘定表现水平，但是这类水平划分方法的客观性和稳定性都依赖专家对研究对象的了解，而且对试题难度判断和对水平层级划分的精确度不尽如人意。

随着教育测量研究的发展，Lewis 等研究学者在传统的水平划分基础上提出了 Bookmarking 法(Lewis et al，1996)。与传统方法的最大不同在于，Bookmarking 法是基于项目反应理论拟合出的实测指标。

Bookmarking 法的主要步骤为：(1)基于测试目的和理论探讨，确定水平的大致描述；(2)基于 Rasch 模型对实测数据分析处理得到各试题的难度值，将试题由易到难排序，装订成册；(3)学科专家各自独立判断恰好处于水平分界线处的学生答对的概率为 50% 的试题(放置“书签”)；(4)所有学科专家展示各自的“书签”放置结果，并交流讨论；(5)重复进行第二轮和第三轮；(6)对三轮过后各专家水平划分结果进行平均，得到最终的水平划分结果。

Bookmarking 法基于实测结果，对试题难度的判断更加客观，精简了专家任务并提高了时间效率，已经成为当前国际大型测试通行的水平划分方法。考虑到 Bookmarking 法的优势，加之本研究有大规模测量所获得的数据支持，因此选择 Bookmarking 法划分学科能力水平。

第三章

物理学科能力的总体表现

物理学科能力框架将物理学科能力解构为学习理解能力、应用实践能力和迁移创新能力三个维度，并在各维度上确立了相应的一级指标和二级指标。随后，基于物理学科能力框架并基于 Rasch 模型，开发测试工具，进行了大规模、跨年级的测试，运用 Winsteps 软件进行数据处理。本章首先概述测试的总体情况，包括测试质量指标以及测试结果的统计描述，接着结合试题以及学生作答，分别说明学生在以上三个维度上的具体表现情况。最后，整合学生在各子维度上的能力表现，划分学生物理学科能力表现的水平，描述学生物理学科能力的总体表现。

第一节　测试结果概述

一、测试质量指标

正如第二章第三节所述，本研究采用Rasch模型作为测量分析模型，使用基于Rasch模型的Winsteps软件进行数据处理。在对测试结果进行深入分析前，需要对测试的质量指标进行质量监控。首先是区分度信度，区分度信度是衡量测试信度的重要指标，在本研究测试中，样本信度(person reliability)为0.95，试题信度(item reliability)为0.99，整体信度均较高，表明测试较好地将学生能力和试题难度分别区分开来。

再者是维度分析，根据Winsteps所给出的“标准化残差变异数表”(table of standardized residual variance)显示，样本作答方差的52%可以被模型所解释，而不可解释的方差聚类仅有2.7%，表明无效方差不归属于其他“心理构造”，如阅读能力等，学生的作答表现主要由物理学科能力这一心理构造起作用。

最后，Rasch模型还要求数据必须符合模型的先要条件，即个体的得分概率完全取决于个体能力值和试题难度值。然而在实际测试中，个体的表现还会受到身体情况、注意力、猜测等其他无关因素的影响，数据受其他无关因素的影响越大，数据与模型的拟合程度越小，运用Rasch模型分析结果的信效度就越低。

在运行Rasch模型的Winsteps软件中，提供残差均方MNSQ表征数据与模型的拟合程度。一般情况下，MNSQ介于0.7～1.3即可接受(Bond et al, 2012)。在本研究测试中，95%的试题都处于上述范围内，测试数据符合Rasch模型。而对于拟合指标不符合要求的试题也进行了深入探讨，通过对试题、评标、学生作答等的分析，调整或舍去个别有问题的试题。整体而言，本研究测试的质量指标较好，数据处理结果合理有效。

二、测试结果的统计描述

运行 Winsteps 软件得到试题的难度值和学生的能力值，其中试题的难度均值为 0.00，各年级学生的能力均值和总体学生的能力均值如表 3-1 所示。从表 3-1 可以看到，学生总体的能力均值为－0.29，低于试题难度均值 0.00，整体而言试题难度基本适合学生水平。从 8 年级到高三年级学生的能力均值越来越高，而 8 年级到 9 年级学生能力均值的提升尤为显著。

表 3-1　各年级学生的能力均值

	8 年级	9 年级	高一年级	高二年级	高三年级	总体
能力均值	－1.13	－0.51	－0.16	0.06	0.36	－0.29

从怀特图上可以直观地看出总体学生的能力值以及所有试题的难度值分布情况。测试结果怀特图如图 3-1 所示，其中，图中左侧“＃”和“·”表示学生数，不同测试中“＃”和“·”表示的学生数不同，在本测试中“＃”表示 28 个学生，而小于 28 的学生数用“·”表示。右侧为试题题号，中间是学生能力值和试题难度值共用的标尺，从下往上，学生的能力值和试题难度值逐渐升高，例如 A1D319 的试题难度值为 0.00，A3E113 的试题难度值为 2.00，A3E113 的试题难度高于 A1D319。学生能力值与试题难度值的差值越大，或学生在怀特图上所处的位置较试题位置越高，则学生答对该题的概率就越大，例如能力值为 1.15 的学生有 75％左右的概率答对 A1D319，只有 30％左右的概率答对 A3E113，答对概率可以通过 Rasch 的数学公式推导。

```
          PERSON - MAP - ITEM
              <more>|<rare>
 3                  +
                    |
                    |T B3F119db
                  . |  B3E318
                  . |  A3D123      A3F311      B3F119bb
 2                . +  A3E113      B3F119dc    C3E416cb
                  . |  B2E231      B2M23       B3D125      B3E208      B3F119cc
              .## T|   B2E135      B3E333a     B3F216      C3F323
              .##   |S B1M24       B2D343      B3E430      C2M17       C3E323      C3E407e2b
            .####   |  A2D342      B1E310      B2F317e     B3D345a     B3E333b     B3E417      B3F222a
 1        .######   +  B1F318d     B1F318h     B2D338      B2F317b     B2F317f     B3E207e1b   B3F119bc    B3F119cb    B3F222b     C1D129      C2D126      C2D208      C2F321
         .#######   |  A1D317      A3M04       B1D336      B1F318a     B1F318e     B2D120      B2F308a     B3D341b     B3F119da    B3M22       C2D324      C2F310a     C3E216cd
        .######## S|   B1D118      B1F310b     B1F318f     B1F320b     B2D121      B3E325      B3M15       C2M18
       .#########   |  A1D204b     A1E216b     A1E307d     A2D328      A3M26       B1D337      B1E307cb    B1F206      B1F320a     B2E120      B2E234      B2M21       B3F119ca    C2D235
     .###########   |  A2D244      A2M12       B1D206b     B1D245b     B1D339      B1E107bb    B1F101c     B1F318c     B2F317a     B2F317d     B2F317g     B3E221
 0    .##########  +M  A1D319      A1E107aa    A2M11       B1D327      B1E107ba    B1E322      B1F114d     B2D122      B2F317c     B3D148      B3D330      B3D341a     B3E312      B3E326      B3F119ac    C2D346
      .######### M|    A1E316a     A3M05       B1E109      B1E114      B1F113b     B1F114b     B1F114c     B1F205b     B1F303a     B1F303c     B2F107b     B3M14
     .###########   |  A1E107ab    A2D340      B1D109      B1D332      B1E307ca    B1F215      B2E315      B2E324      B3F119ab    B3F119ba
     .###########   |  A1E104      A2D301      A2D316      B1D111      B1D147      B1D331      B1E232      B1F303b     B1F318g     B2E206      C1M16       C3M19
    .############   |  B1D334      B1E216cc
-1    .#########    +  A1F101b     A2D305a     B1D206a     B1E207e1a   B1E311      B1F114a     B1F114e     B1F205a     B1F205c     B1F205e     B1F302b     B3E119      B3F119aa    C2E429b
      .######### S|    A2D305b     B1D110      B1D333      B1F113a     B1F204e     B2F308b     C2E229a
         .#######   |S A1M01d      A2M03       B1E327      B1F112c     B2F107a
            .####   |  A1D315      A1E101      A1E105      A1F101a     A1M01e      B1F302a
             .###   |  A1D113      A1D114      A1E102      A1M01a      A1M01b      A1M01c      B1E328      B1F112b     B2M09
-2            .##   +  A1D202      A2M08       B1F204c     B1F205d     B1F309
              .# T|    A1D112      A1D307      B1F112d     B1M07
                  . |  A1D204a     B1D203      B1F204b     B1M06       B2M10
                  . |T B1E229c     B1F204d     B1F318b
                  . |  A1D204c     A1E103      B1E407e2a   B1E416ca
-3                . +  B1F112a
                  . |  A2M02       B1F204a
                    |
                    |
                  . |
-4                  +
              <less>|<frequ>
EACH "#" IS 28. EACH "." IS 1 TO 27
```

图 3-1 测试怀特图

第二节 “学习理解”能力的表现

“学习理解”能力是学生顺利进行物理知识的输入、存储和加工、关联等活动的能力，具体分解为A1观察记忆、A2概括论证、A3关联整合三类任务。下面结合试题和学生作答情况说明学生在学习理解各任务类型上的表现。

一、“观察记忆”的表现

观察记忆是学习理解的基础性认识活动，包括：A1-1观察与信息提取，即能通过观察物理现象，从中提取有效信息，记住与核心概念相关的物理现象和过程；A1-2信息与知识对应，即能将通过观察获得的信息与已有知识建立联系。

本研究的测试结果表明，在“观察记忆”上，学生的能力平均值约高于试题的平均难度值0.9左右。例如在H区和F区，“观察记忆”试题的平均难度值为−1.24，全样本学生的能力平均值为−0.29，学生的能力平均值高于试题平均难度值0.95。从整体上来看，“观察记忆”作为学习理解的基础能力，学生整体表现较好。

仍以H区和F区为例讨论各年级学生能力与“观察记忆”试题难度的对应情况。表3-2显示了H区和F区在“观察记忆”上各年级学生能力均值减去试题难度均值的情况，可以看到各年级学生的能力均值都高于试题的难度均值。随着年级的升高，学生能够记忆越来越多的物理现象和过程，能够将越来越多的现象和过程与物理概念和规律进行对应。

表3-2　H区和F区在“观察记忆”上各年级学生能力均值减去试题难度均值的情况

	8年级	9年级	高一年级	高二年级	高三年级	总体
相对差值	0.11	0.73	1.08	1.30	1.60	0.95

综合学生在所有“观察记忆”任务类型上的作答表现，发现学生存在下列较为

普遍的问题：(1)学生对于相似的物理文字、符号等记忆混乱，例如学生在回忆电势能时，就经常和电场强度混淆；(2)学生的观察记忆受已有认识或主观感觉的影响，例如学生在观察或回忆雨天旋转雨伞伞边缘水滴的飞出方向时，仍存在部分学生认为水滴飞出的方向是“弯”向雨伞的；(3)学生对于熟悉常见的物理情境和过程，以及物理概念和规律记忆比较深刻，对力与运动以及物质的记忆较深，两主题的观察记忆试题难度均值分别为－1.39和－1.61，对电磁和能量的概念记忆较差，两主题的观察记忆试题难度均值分别为－1.18和－0.95。

选取一道“观察记忆”的典型试题(图3-2)，结合学生作答，具体说明“观察记忆”的学生表现情况。

本题指向学习理解能力的A1观察记忆，要求学生提取图中所给的物态信息，回忆起已学的物态变化知识，将物态和它们之间的变化名称和吸、放热情况相对应，正确再现物态间的变化情况。正确答案为：(1)升华吸热；(2)凝华放热；(3)凝固放热；(4)熔化吸热；(5)汽化吸热。

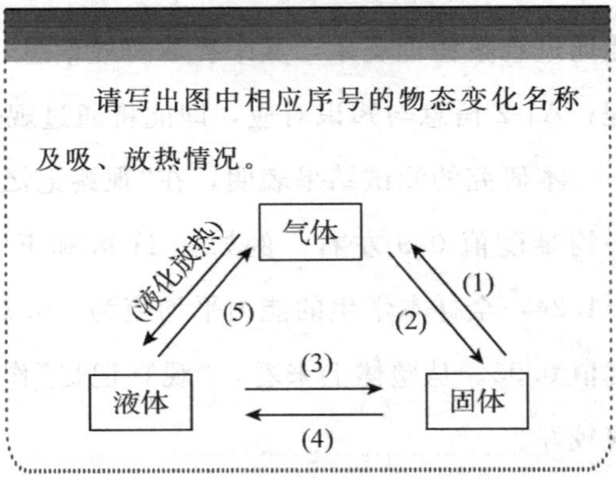

图3-2 “观察记忆”典型试题

本题考查了8年级和9年级的学生，以H区为例，各小问学生正确作答的人次百分比如表3-3所示。

表3-3 “观察记忆”典型试题H区学生作答情况

年级	(1)	(2)	(3)	(4)	(5)
8	66.9%	68.1%	66.9%	58.7%	60.8%
9	56.5%	57.1%	58.1%	51.2%	62.5%

从表3-3可以看到，两个年级的学生正确作答各小问的人次百分比均处于50%～70%，其中第(4)问学生正确作答的人次百分比最低。结合学生作答可以看到，学生错误作答主要存在三种情况：一是不能根据题目信息回忆出物态之间

变化的情况；二是对吸放热情况判断错误，例如在(1)中填写“升华放热”，在(2)中填写“凝华吸热”等；三是对概念的认识仍依赖于事实经验，例如在(4)学生填写“融化吸热”“溶化吸热”，在(5)中学生填写“气化”等。

此外，值得注意的是除第(5)问以外，8 年级学生在本题上正确作答的人次百分比都高于 9 年级学生。与参与测试的学校联系后了解到，由于 8 年级学生刚学习完物态变化的相关知识，并经过了大量的相关练习与测试，所以记忆较为深刻。而 9 年级学生学习物态变化已经相隔一段时间了，虽然曾经过大量练习和测试，但由于部分学生没有内化相关知识，所以再遇到时就不能正确再现物态变化相关知识。而在第(5)问上，9 年级学生作答正确率明显高于其他小问，这可能是由于学生受到“液化放热”示例的提示，唤起了对液体到气体的物态变化的记忆。

二、“概括论证”的表现

“概括论证”是学生在接收并记忆了各类外界信息后，根据科学的思维图式，按物理属性对同质的事物和过程对这些信息进行抽象概括，或者在此基础上进一步进行归纳、演绎、类比的认识活动。具体包括：A2-1 抽象概括，即能从事实经验中提取事物或过程的共同本质特征，形成物理概念和规律；A2-2 指向知识获得的推理，即能通过概念规律之间的逻辑推理，获取新知识。

本研究的测试结果表明，在“概括论证”上，学生的能力平均值约高于试题的平均难度值 0.3 左右。例如在 H 区和 F 区，“概括论证”试题的平均难度值为 −0.62，全样本学生的能力平均值为 −0.29，学生的能力平均值高于试题平均难度值 0.33。从整体上来看，学生在“概括论证”上表现良好。

表 3-4　H 区和 F 区在“概括论证”上各年级学生能力均值减去试题难度均值的情况

	8 年级	9 年级	高一年级	高二年级	高三年级	总体
相对差值	−0.51	0.11	0.46	0.68	0.98	0.33

仍以 H 区和 F 区为例讨论各年级试题难度与学生能力的对应情况。表 3-4 显

示了H区和F区在“概括论证”上各年级学生能力均值减去试题难度均值的情况，可以看到除8年级外，其他年级学生的能力均值都高于试题的难度均值。随着年级的升高，学生通过对事实经验的抽象概括，逐渐发展为对物理概念和规律的理解，并能在知识间进行逻辑推理。

综合学生在所有“概括论证”任务类型上的作答表现，可以看到学生所构建的物理概念与规律在内涵和外延上存在不同程度的缺陷。例如认为速度大小发生变化才具有加速度，或是认为做功是是否具有加速度的判据；再如学生普遍对动量缺乏事实经验的感性认识，对动量的认识多停留在质量和速度乘积的表层理解，缺乏对其内涵的理解。

学生在概念规律建构上的缺陷反映出了物理教学中存在的问题。例如在教学活动中仅通过汽车、自行车等做直线运动时的速度变化快慢的示例来建构加速度的概念，若教师不加补充说明，则学生从这类不全面的事实现象中抽象形成加速度概念的内涵，就只反映了速度大小变化的快慢。再如，在进行“动量”教学时，从质量和速度乘积来定义动量，这样“速战”的策略虽然可以节省下大量的时间进行习题训练，但学生既不是从大量事实中抽象得到的共同本质，也不是通过概念间的逻辑推理得出的概念，因此学生缺乏建构动量概念必备的事实经验，也无法理解引入动量的意义。

选取一道“概括论证”的典型试题(图3-3)，结合学生作答，具体说明“概括论证”的学生表现情况。

下列运动物体中具有加速度的是(　　)。

(1)A. 正在转弯的汽车；B. 竖直向上扔出的石子；C. 从高空飞机上投下的物资；D. 来回摆动的秋千；E. 匀速直线运动的汽车；F. 匀速转动的摩天轮上的座椅；G. 围绕着地球转动的月亮；H. 投出去的篮球。

(2)你是依据什么来判断这些物体是否具有加速度的？(写一条你所用的判断标准)

图3-3　“概括论证”典型试题

本题指向“学习理解”能力的“A2 概括论证”，第(1)问要求学生根据对加速度概念的理解，辨别多种情境下物体是否具有加速度，正确答案为A、B、C、D、F、G、H；第(2)问要求学生基于加速度样例和对加速度概念的理解，概括出物体的速度是否变化或所受合外力是否不为零，作为物体是否具有加速度的判据。

本题考查的是高一年级的学生。以H区为例，第(1)问学生作答情况如表3-5所示。

表3-5　“概括论证”典型试题第一问H区学生作答情况

	A	B	C	D	E	F	G	H
所占比例	57.6%	77.7%	80.5%	60.0%	5.2%	26.0%	44.2%	75.6%

表3-5显示，在第(1)问中，大部分学生能正确判断出选项B、C、H具有加速度，但对于选项F和G，多数学生则不能正确判断出其具有加速度。学生多倾向于通过速度大小变化来判断加速度，因此这方面的样例积累较多，判断也较为准确。而对于速度方向发生变化的物体也具有加速度的认识不够深刻，因此这方面的样例积累较少，判断不够准确。尤其是对于只是速度方向变化而速度大小不变的物体具有加速度，学生积累的样例非常少，判断失误率非常高，学生对于这种样例的认识更倾向于“匀速”，认为没有加速度。

第二小问共有三个评分档，各评分档学生人次百分比情况如表3-6所示。

表3-6　“概括论证”典型试题第二问H区学生作答情况

	0档	1档	2档
所占比例	34.1%	33.7%	32.2%

从表3-6可以看到，34.1%的学生处于0档，主要有三类典型错答。其中，第一类学生从速度角度解释错误：将速度和加速度的概念混为一谈，认为速度越大，加速度越大；或是用匀变速直线运动替代所有的变速运动，将是否做匀变速运动作为是否具有加速度的判据。第二类学生从力的角度解释错误：将是否受到恒力或某种力(如重力)来判断物体是否具有加速度；将受力与运动方向是否共线作为是否具有加速度的判据。第三类学生从其他错误角度作答，如认为做功是是

否具有加速度的判据。

33.7%的学生处于1档，主要有两类典型作答：一是仅将速度大小是否变化作为物体具有加速度的判据；二是仅将速度方向是否变化作为物体具有加速度的判据。

32.2%的学生处于2档，主要有两类典型作答：一是从速度的角度正确说出速度的大小或方向(物体的运动状态)发生变化是物体具有加速度的判据；二是从力的角度正确说出物体是否具有加速度的判据是物体所受合外力是否为零。

三、“关联整合”的表现

“关联整合”是学生把输入的知识与原有知识建立联系，或者在更大尺度上围绕核心概念建立概念体系的认识活动。具体包括：A3-1 知识关系建构，即能在理解知识内涵与外延的基础上，建立知识间的关联；A3-2 核心概念整合，即能说明知识与核心概念之间的关系以及知识在核心概念体系中的地位，并围绕核心概念建立概念体系。

本研究的测试结果表明，在“关联整合”上，学生的能力平均值低于试题的平均难度值0.8左右。例如在H区和F区，“关联整合”试题的平均难度值为0.59，全样本学生的能力平均值为−0.29。从整体上来看，学生在“关联整合”上表现欠佳。

表3-7　H区和F区在“关联整合”上各年级学生能力均值减去试题难度均值的情况

	8年级	9年级	高一年级	高二年级	高三年级	总体
相对差值	−1.72	−1.10	−0.75	−0.53	−0.23	−0.88

仍以H区和F区为例讨论各年级试题难度与学生能力的对应情况。表3-7显示了H区和F区在“关联整合”上各年级学生能力均值减去试题难度均值的情况，可以看到各年级学生的能力均值都低于试题的难度均值，尤其是在8年级学生的能力均值低于“关联整合”试题的难度均值1.72。随着年级的升高，虽然学生的能力均值不断提升，但对于学生而言，在理解物理知识内涵与外延的基础上，围

绕核心概念建立概念体系都是较为困难的。

综合学生在所有“关联整合”任务类型上的作答表现，可以看到学生对物理概念和规律之间所建立的关系往往存在不同程度的缺陷，例如不能理解静电场中电场、电势以及电势能等重要概念之间的关系；再者，学生缺乏对能量、相互作用、运动等物理观念的整体认识，例如当被要求构建力学重要概念关系网络，学生不能明确清晰地指出哪些是力学中重要的概念，以及它们之间的关系如何，又如被问及什么是能量时，学生不能将已学过的能量的各方面知识关联整合，而是退回到生活经验上，混淆能量和力、能量和能源等。

选取一道“关联整合”的典型试题(图 3-4)，结合学生作答，具体说明“关联整合”的学生表现情况。

“能量”是我们在物理学习和生活中都经常使用的一个词，你对“能量”有怎样的认识呢？请用一两句话写出你所认为的“能量”是什么。

图 3-4　“关联整合”典型试题

本题以开放式的提问考查学生对能量的关联整合能力表现。要求学生整合能量形式、能量转移和转化、能量守恒，以及能量耗散的相关知识，围绕能量核心概念建立能量概念体系。认识到能量有多种形式，能量是系统的特征量，功是能量转化的量度，系统内的能量有流入和流出的变化，但能量的总量是守恒的，能量的转化具有方向性，能够将能量的守恒和转化的方向性规律作为判别事件能否发生的依据。

本题考查了 9 年级、高一年级和高二年级的学生，共有四个评分档，以 H 区为例，各评分档学生人次百分比情况如表 3-8。

表 3-8　“关联整合”典型试题 H 区学生作答情况

年级	0 档	1 档	2 档	3 档
9	72.3%	21.3%	5.1%	1.3%
高一	67.9%	23.6%	6.8%	1.7%
高二	40.2%	33.5%	16.8%	9.5%

从表3-8可以看到，1.3%的9年级、1.7%的高一年级和9.5%的高二年级学生处于3档，能够整合能量形式、能量的传递与转化、能量守恒、能量耗散等相关知识，建构起较为完整的能量观。学生作答示例：

我认为能量比较抽象，是物体的一种特性，形态和存在形式有多种多样，在生活中是处处守恒的，但能量的品质降低。

5.1%的9年级、6.8%的高一年级和16.8%的高二年级学生处于2档，所构建的能量概念体系中包含能量的形式、能量的传递与转化，以及能量守恒，但缺乏对能量耗散的整合。学生作答示例：

能量是物体做功的量度，能量处处守恒。

能量就是物体的一种属性，有动能、势能等，不停转化但保持守恒。

21.3%的9年级、23.6%的高一年级和33.5%的高二年级学生处于1档，主要有两类作答：一是只能认识到能量能以多种形式存在，不能将其与其他能量知识整合；二是将能量局限于机械能。学生作答示例：

能量储存在物体内，能量分为重力势能、动能等。

能量是动能和重力势能的总称，总是守恒的。

72.3%的9年级、67.9%的高一年级和40.2%的高二年级学生处于0档，该档学生只能从生活经验的角度粗略地认识能量概念，不能从知识体系中对能量概念进行解释和理解。无法区分能量和力，将能量当做物体运动的原因；不能区分能量与物质；将能源和能量相混淆。学生作答示例：

能量是物体内部含有的内力。

能量就是力的本质。

能量会被污染，能量不可再生。

四、“学习理解”能力的总体表现

“学习理解”是学生知识和经验的输入、内化和结构化的活动，对应了核心素养中的“物理观念”的形成和发展过程，而在此过程中也涉及建构模型、抽象概括、科学推理等科学思维的过程。学生通过观察记忆物理现象和过程，从中提取共同的本质特征，形成物理概念和规律，建立概念规律之间的关联，形成关于物质、运动与相互作用、能量等的概念体系。上面描述了样本学生在“学习理解”的各任务类型上的能力表现，可以看到不仅在不同的任务类型上学生能力表现存在差异，而且在同一任务类型上学生的能力表现也有高低之分。以第二章第三节说明的水平划分方法，对学生的学习理解能力表现进行水平划分。划分结果如表 3-9 所示。

表 3-9 “学习理解”能力表现水平描述

水平等级	水平描述
水平 1	知道一些基础的物理概念和规律，能将物理概念和规律与熟悉情境建立直接联系。
水平 2	理解重要的物理概念和规律，能说明重要的物理概念和规律的内涵、适用范围和条件。
水平 3	能建立物理概念和规律之间的关联，围绕核心概念形成物质观念、运动与相互作用观念、能量观念。

以 H 区为例，初、高中学生“学习理解”能力表现的水平分布如图 3-5 所示。

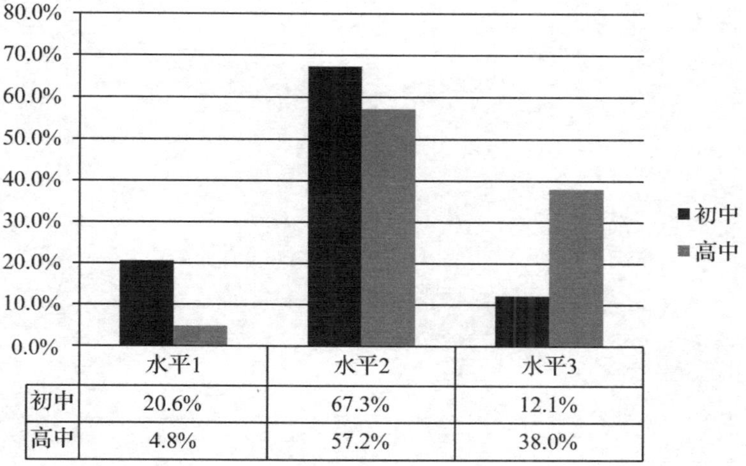

	水平1	水平2	水平3
初中	20.6%	67.3%	12.1%
高中	4.8%	57.2%	38.0%

图 3-5 H 区初高中学生“学习理解”能力表现水平分布

从图 3-5 中可以看到，20.6%的初中生处于水平 1，知道一些基础的物理概念和规律，能将物理概念和规律与熟悉情境建立直接联系。67.3％的初中生处于水平 2，理解重要的物理概念和规律，能说明重要的物理概念和规律的内涵、适用范围和条件。12.1％的初中生处于水平 3，能建立物理概念和规律之间的关联，围绕核心概念形成物质观念、运动与相互作用观念、能量观念。到了高中阶段，处于水平 1 的学生比例明显减少，仅有 4.8％，而处于水平 3 的学生比例增加至 38％。

第三节 “应用实践”能力的表现

“应用实践”能力是学生应用物理学科核心知识和科学思维分析和解释物理现象、解决实际问题的能力，具体分解为B1分析解释，B2推论预测，B3综合应用三个任务类型。下面结合试题和学生作答情况说明学生在各任务类型上的表现。

一、“分析解释”的表现

分析解释能力是从问题情境中提取关键信息，调用相应的物理概念、模型和规律对其进行分析，从而为物理现象建构合理解释的能力。具体包括：B1-1分析问题情境，即能调用相应的物理概念、模型和规律对问题情境进行描述与分析；B1-2解释物理现象，即能基于对情境问题的分析对物理现象做出合理解释。

本研究的测试结果表明，在“分析解释”上，学生的能力平均值高于试题的平均难度值0.4左右。例如在H区和F区，“分析解释”试题的平均难度值为－0.70，全样本学生的能力平均值为－0.29。从整体上来看，学生在“分析解释”上表现较好。

表3-10　H区和F区在“分析解释”上各年级学生能力均值减去试题难度均值的情况

	8年级	9年级	高一年级	高二年级	高三年级	总体
相对差值	－0.43	0.19	0.54	0.76	1.06	0.41

仍以H区和F区为例讨论各年级试题难度与学生能力的对应情况。表3-10显示了H区和F区在“分析解释”上各年级学生能力均值减去试题难度均值的情况，可以看到除8年级外，其他年级学生的能力均值都高于试题的难度均值。随着年级的升高，学生越来越能够调用相应的物理概念和规律对物理问题情境进行分析，并基于对问题情境的分析对物理现象做出合理解释。

综合学生在所有“分析解释”任务类型上的作答表现，发现学生存在下列较为普遍的问题：(1)学生无法从问题情境中抓住物理过程的关键变量，导致无法调用相关且正确的物理概念和规律，进而也无法进行有效的推理解释；(2)学生对物理概念和规律理解得不够深入，掌握得不够扎实，在遇到实际物理情境时，学生往往会根据情境的碎片信息提取相关概念和规律，容易出现概念提取混乱或错误；(3)学生不能很好地展开科学解释，表现为学生不能以知识作为依据，基于一定的逻辑关系严谨地分析整个物理过程。

选取一道“分析解释”的典型试题(图 3-6)，结合学生作答，具体说明“分析解释”的学生表现情况。

> 试分析解释为什么节日里放飞的彩色氦气球上升到一定的高度后会爆炸？

图 3-6 “分析解释”典型试题

本题通过分析解释氦气球升空后爆炸这一物理情境考查学生的分析解释能力表现。在现实情况中，氦气球上升的过程是比较复杂的，需要综合考虑大气压强的变化、大气温度的变化、风力等诸多因素的影响。但对于中学生，本题不要求学生考虑随海拔升高过程中大气温度等变量的变化，而是希望学生能简化问题情境，基于他们所学的知识给出合理的分析与解释。要完整作答此题，学生需要通过对情境的分析，发现关键变量是气球外侧大气压强，并正确调用相关概念和规律(大气压强随海拔升高而降低，受力分析等)。最后学生还需要基于上述知识，清晰地、环环相扣地阐明推理过程。

本题考查了高一年级和高二年级的学生，以 H 区为例，共有三个评分档，各评分档学生人次百分比情况如表 3-11 所示。

表 3-11 分析解释典型例题 H 区学生作答情况

年级	0 档	1 档	2 档
高一	54.6%	29.1%	16.3%
高二	34.8%	30.0%	35.2%

从表 3-11 可以看到，学生分析解释能力表现存在差异。16.3%的高一年级学生和 35.2%的高二年级学生处于 2 档，能够通过对情境的分析，发现关键变量

是气球外侧大气压强，能正确调用相关概念和规律(比如大气压强随海拔升高而降低、受力分析等)，并清晰连贯地阐明推理过程。学生作答示例：

气球内部的气体压强等于在地面上的大气压强，而随着气球高度的增加，气球外侧的大气压强不断减小，故气球内外部的压强差在不断加大，直到气球自身的弹力无法承受此压强差，气球就发生爆裂。

29.1%的高一年级学生和30.0%的高二年级学生处于1档，能够通过对情境的分析，发现气球爆炸的关键变量是大气压强，但调用的相关概念和规律存在错误，或者推理过程不清晰连贯。学生作答示例：

随着气球海拔的升高，气球内部压强增大，内部压强逐渐大于外部压强，最后气球自身弹力无法承受气球的内外压强差而爆炸。

54.6%的高一年级学生和34.8%的高二年级学生处于0档，该档学生不能正确发现情境问题的关键变量，或所调用的知识不相关或者错误，或没有推理过程。学生作答示例：

高空温度太高，会把气球点燃，所以气球爆炸。

气球在上升过程中内部越来越不稳定，所以最后爆炸。

气球在上升过程中与空气剧烈摩擦，所以气球爆炸。

二、“推论预测”的表现

推论预测能力是在当前物理情境中获取信息，通过科学推理对观点进行论证，以及预测未知的物理过程或结果的能力。具体包括：B2-1 基于推理进行论证，即能基于对物理问题的描述与分析，依据现有模型和规律，进行合理推理，支持其观点或反驳相异观点；B2-2 基于推理合理预测，即能基于推论，结合具体物理问题情境，对事物或过程的发展做出合理的猜想与假设。

本研究的测试结果表明，在“推论预测”上，学生的能力平均值低于试题的平均难度值0.5左右。例如在H区和F区，“推论预测”试题的平均难度值为0.21，全样本学生的能力平均值为−0.29。从整体上来看，学生在“推论预测”上表现一般。

表 3-12　H 区和 F 区在“推论预测”上各年级学生能力均值减去试题难度均值的情况

	8 年级	9 年级	高一年级	高二年级	高三年级	总体
相对差值	−1.34	−0.72	−0.37	−0.15	0.15	−0.50

仍以 H 区和 F 区为例讨论各年级试题难度与学生能力的对应情况。表 3-12 显示了 H 区和 F 区在“推论预测”上各年级学生能力均值减去试题难度均值的情况，可以看到只有高三年级学生的能力均值高于试题的难度均值，其他年级的学生能力均值都低于试题难度的均值。随着年级的升高，学生对于物理问题的推论预测能力在不断提高，但整体情况仍欠佳。

综合学生在所有“推论预测”任务类型上的作答表现，发现学生存在以下较为普遍的现象：(1)学生倾向于调用生活经验或已有认识，并非基于事实证据和理论依据进行科学的推论预测，例如给出物体 v-t 图像等相关数据要求学生预测空气阻力随速度的变化情况，存在一部分学生仍基于已有对空气阻力的认识，认为空气阻力不变，忽略相关的数据资料；(2)学生在进行推论预测时，容易根据部分的事实证据进行推理，例如在巨石问题中，学生仅根据“我”和巨石受力相同，就得出“我”和巨石速度相同，没有考虑到“我”和巨石的质量差异；(3)学生没有深刻理解物理概念和规律的内涵和外延，往往罗列相关的概念规律，但不能和情境问题相结合，而这在各道测试题中都较为常见；(4)学生缺乏清晰连贯阐述推理过程的意识，例如在巨石问题中，仅写出根据牛顿运动定律，所以“我”和巨石反向匀速运动。

选取一道“推论预测”的典型试题(图 3-7)，结合学生作答，具体说明“推论预测”的学生表现情况。

本题以太空中推巨石为物理情境考查学生的推论预测能力表现。事实上，遥远的太空并非理想的惯性系，需要考虑星体间的相互作用和其他的扰动等。但对于中学生，本题不要求

> 想象你处在遥远的太空中，在你的面前有一与你相对静止的巨石，你推巨石一下，试尽可能详细地描述你和这块巨石分开后的运动情况，并解释其原因。

图 3-7　“推论预测”典型试题

学生考虑超出认知范围的影响因素，而是希望学生能简化问题情境，基于已有知识和对情境问题的分析做出合理推理，并在推理基础上做出正确预测。

要正确作答本题，学生需要从中提取太空环境，即认识到此时不受重力等其他力的作用，以及巨石的质量远大于"我"的质量这两个关键性事实证据；基于事实证据建构相应的物理模型，调用对牛顿三大定律的内化认识作为理论依据，进行合理推理；最后预测出："我"和巨石分开后，两者反向做匀速直线运动，且"我"的速度比巨石的速度大(也可以结合动量守恒定律进行推论预测)。

本题考查了 9 年级、高一年级和高三年级的学生，共有三个评分档，以 H 区为例，各评分档学生人次百分比情况如表 3-13 所示。

表 3-13 "推论预测"典型例题 H 区学生作答情况

年级	0 档	1 档	2 档	3 档
9	55.6%	34.9%	8.2%	1.2%
高一	52.8%	35.2%	9.4%	2.6%
高三	45.1%	33.4%	14.1%	7.4%

从表 3-13 中可以看到，1.2%的 9 年级、2.6%的高一年级和 7.4%的高三年级学生处于 3 档，预测完整正确(二者反向、匀速直线运动、我的速度大于巨石速度)，能够基于事实证据(太空环境、我的质量小于巨石)和理论依据(牛顿三定律)清晰连贯地阐明推理过程。学生作答示例：

我和巨石向相反方向做匀速直线运动，且 $v_人 > v_石$。因为在遥远的太空中，不受引力等其他力的作用，所以根据牛顿第三定律，推石时巨石和我受到对方施加的等大反向的作用力，又因为巨石质量大于我的质量，根据牛顿第二定律，推石时我的加速度大于巨石，所以分开时我的速度大于巨石，又因为分开后，我和巨石都不受力，根据牛顿第一定律，因此两者做方向相反的匀速直线运动，且我的速度大于巨石的速度。

8.2%的 9 年级、9.4%的高一年级和 14.1%的高三年级学生处于 2 档，预测基本正确但不完整，能基于事实证据和理论依据阐明推理过程。学生作答示例：

推石后，巨石和我会沿着相反的方向一直匀速运动下去。因为力是改变物体运动状态的原因，由于在太空中不受重力，所以我推巨石时，我和巨石就会反向运动起来，而推石后不受力，因此就会一直匀速运动下去。

34.9%的9年级、35.2%的高一年级和33.3%的高三年级学生处于1档，预测存在正确部分，但不完整，且调用的相关概念和规律存在错误，或者推理过程不清晰连贯。学生作答示例：

我和巨石做反向运动，且速度相等。因为我和巨石受到了等大反向的力。

我和巨石会反向匀加速运动。因为太空中不受重力，所以我和巨石仅受到彼此给的等大反向的力，所以我们会一直做反向匀加速运动。

55.6%的9年级、52.8%的高一年级和45.1%的高三年级学生处于0档，预测错误，或所调用的知识不相关或者错误，或没有推理过程。学生作答示例：

巨石和我都不动，因为不受力。

巨石不动，我飞起来，因为巨石惯性大。

我和巨石都动了，因为有作用力。

三、“综合应用”的表现

综合应用能力是把物理知识应用到较复杂情境或者与其他领域知识进行综合应用的能力，包括：B3-1 多过程情境中的问题解决，即能分析多过程的物理情境问题，基于多步推理解决情境问题；B3-2 多知识的提取与综合使用，即能综合运用多方面知识解决较复杂的情境中的物理问题，是对相关领域知识的提取与综合使用。

本研究的测试结果表明，在“综合应用”上，学生的能力平均值低于试题的平均难度值1.2左右。例如在H区和F区，“综合应用”试题的平均难度值为0.87。全样本学生的能力平均值为−0.29，学生的能力平均值低于试题的平均难度值1.16。从整体上来看，学生在“综合应用”上的能力表现亟待提升。

表 3-14　H 区和 F 区在"综合应用"上各年级学生能力均值减去试题难度均值的情况

	8 年级	9 年级	高一年级	高二年级	高三年级	总体
相对差值	−2.00	−1.38	−1.03	−0.81	−0.51	−1.16

仍以 H 区和 F 区为例讨论各年级试题难度与学生能力的对应情况。表 3-14 显示了 H 区和 F 区在"综合应用"上各年级学生能力均值减去试题难度均值的情况，可以看到各年级学生的能力均值都低于试题的难度均值。随着年级的升高，物理学习的深入，学生习得的知识数量增加，但对于学生而言，面对复杂的物理情境，综合应用所学知识或解决多过程问题还是存在很大的挑战。

综合学生在所有"综合应用"任务类型上的作答表现，发现学生存在下列较为普遍的问题：(1)涉及多过程时，缺乏将物理过程作为一个整体的意识，当其中某一环节发生变化时，没有意识到它对其他环节的影响，例如在下述例题中，多数学生能够正确分析物体处于初始静止状态时的受力情况，但当 F 增大时，大量的学生没有意识到摩擦力的变化或者虽然考虑到摩擦力的变化但判断错误；(2)涉及多个知识点时，例如力学和电学的综合性试题，由于没有形成系统的知识体系，物理概念和规律之间的内在联系混乱不清，导致对各物理量之间的关系辨析不到位，临界条件分析缺失，不能将物理概念和规律转化为解题的依据。

选取一道"综合应用"的典型试题(图 3-8)，结合学生作答，具体说明"综合应用"的学生表现情况。

如图所示，一物体在竖直向下的力 F 作用下静止于斜面上。近似认为最大静摩擦力等于滑动摩擦力。

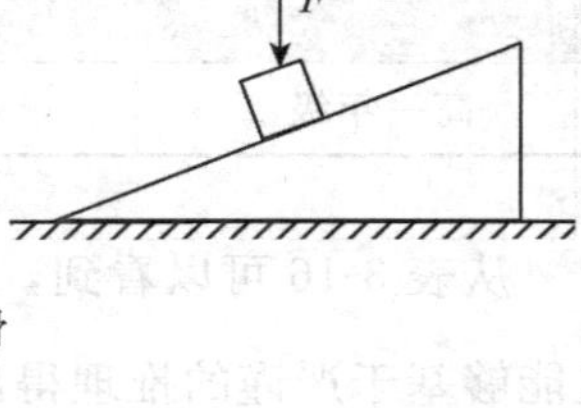

(1)若增大力 F，物体将(　　)。

A. 保持静止　　B. 匀加速下滑

C. 加速下滑，且加速度逐渐减小　　D. 先静止再下滑

(2)请说明(1)中你所选择答案的理由。

图 3-8　"综合应用"典型试题

本题考查了学生的综合应用能力表现。学生正确作答本题需要综合应用摩擦力、受力分析、静态平衡等知识，环环相扣地推理得出结论。

首先学生需要对物体的初始状态进行受力分析（如图 3-9 所示），根据初始状态时物体静止在斜面上，判断出物体此时受到静摩擦力，且方向沿斜面向上。设斜面倾角为 θ，物体与斜面间的动摩擦因数为 μ，写出物体沿斜面方向的受力情况：$\mu(mg+F)\cos\theta \geqslant (mg+F)\sin\theta$。然后，根据物体沿斜面方向的受力关系式，判断出当 F 变化时，物体仍处于平衡状态，所以物体将在斜面上保持静止状态。

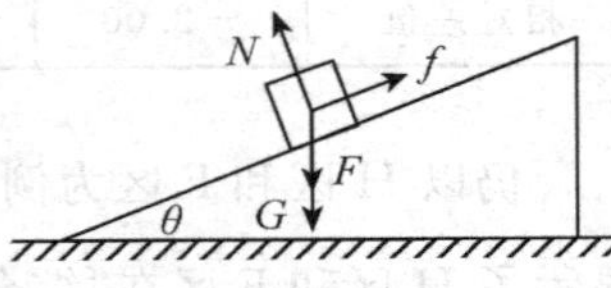

图 3-9 “综合应用”典型试题受力分析

本题考查的是高一年级学生。以 H 区为例，学生在第(1)问中的作答情况如表 3-15 所示。

表 3-15 “综合应用”典型试题第(1)问 H 区学生作答情况

	A	B	C	D
高一年级	33.7%	26.2%	15.9%	24.2%

从表 3-15 可以看到，33.7%的学生选择 A，能够正确判断出增大力 F，物体仍将保持静止状态。而有将近七成的学生选择了其他选项，其中 26.2%的学生选择 B，15.9%的学生选择 C。24.2%的学生选择 D。正确选择 A 的学生在第(2)问中的作答情况如表 3-16 所示。

表 3-16 “综合应用”典型试题第(2)问 H 区学生作答情况

	0 档	1 档	2 档
高一年级	49.5%	33.7%	16.8%

从表 3-16 可以看到，16.8%的学生处于 2 档，能够综合应用所学知识，而且能够基于严谨的推理得出结论。学生作答示例：

对物体受力分析，因为物体处于静止状态，所以 $f_{静}=(F+G)\sin\theta$

又因为 $f_{静\max}=\mu(F+G)\cos\theta$，所以 $\mu(mg+F)\cos\theta \geqslant (mg+F)\sin\theta$

而无论 F 如何变化，上述关系式都成立，所以增大 F，物体仍保持静止。

33.7%的学生处于1档，推理存在部分错误，或不完整。学生作答示例：

物体所受摩擦力与向下分力始终相等。

物体所受力 F 竖直向下，与重力方向相同，故始终保持静止。

49.5%的学生处于0档，该档学生主要有两类情况，一是推理完全错误；二是没有推理过程。学生作答示例：

压力越大，越难改变运动状态。

增大压力，会增加物体的静摩擦力，使得物体的静摩擦力大于滑动摩擦力，从而使得物体保持静止状态。

因为存在摩擦力。

汇总在第(1)问中没有正确选择A的学生在第(2)问中的回答，主要有三种情况。

(1)没有考虑到摩擦力的影响，错误地认为只有 F 增大，所以物体受力不再平衡，因此物体沿斜面向下加速运动。学生作答示例：

F 为恒力时，物体处于静止状态，如果向下的 F 增大，那么物体就不再保持静止，就会匀加速下滑。

(2)考虑到摩擦力的影响，但认为最大静摩擦力的大小不变。学生作答示例：

物体沿斜面方向受到 $(F+G)$ 在斜面方向的分力和静摩擦力，当 $(F+G)$ 的分力超过 f_{max} 时，物体受力将不再平衡，所以物体会先静止再下滑。

(3)考虑到最大静摩擦力会发生变化，但推理错误。学生作答示例：

F 增大，物体受到的沿斜面向下的分力与其最大静摩擦力都增大，但是沿斜面向下的分力增加量大于最大静摩擦力增加量，所以物体会下滑。

四、“应用实践”能力的总体表现

“应用实践”能力是学生将内化的知识应用到熟悉情境中以解决问题的能力，是核心素养中物理观念和科学思维的基本体现。学生基于对物理概念和规律的理解，对物理情境问题进行分析，运用证据和科学推理对研究的问题进行描述、解释和预测。上面描述了样本学生在“应用实践”的各任务类型上的能力表现，可以看到，不仅在不同的任务类型上学生的能力表现存在差异，而且在同一任务类型上学生的能力表现也有高低之分。以第二章第三节中说明的水平划分方法，对学生的“应用实践”能力表现进行水平划分。划分结果如表 3-17 所示。

表 3-17 “应用实践”能力表现水平描述

水平等级	水平描述
水平 1	能初步描述和分析常见的物理现象，解决熟悉情境中的问题。
水平 2	能在较复杂情境中应用物理概念和规律进行分析和推理，解释物理现象，进行推论预测。
水平 3	能综合运用多个知识点或基于多步推理，对综合性物理问题进行分析和推理，获得结论并加以解释或推论。

以 H 区为例，初、高中学生“应用实践”能力表现的水平分布如图 3-10 所示。

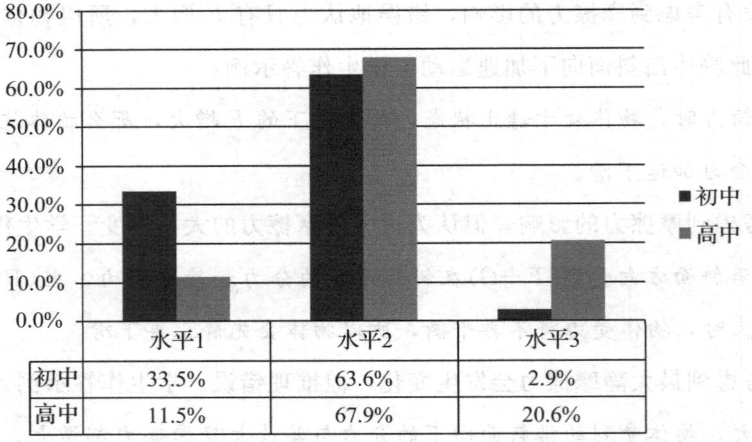

	水平1	水平2	水平3
初中	33.5%	63.6%	2.9%
高中	11.5%	67.9%	20.6%

图 3-10 H 区初高中学生“应用实践”能力表现水平分布

在“应用实践”能力上，初中处于水平 1 的学生有 33.5%，这部分学生能根据已有知识初步描述和分析常见的物理现象，解决熟悉情境中的问题，而到了高中阶段只有 11.5%处于水平 1；初中和高中学生中均约有 2/3 的学生处于水平 2，说明多数学生能在较复杂情境中应用物理概念和规律进行分析和推理，解释物理现象，进行推论预测；高中处于水平 3 的学生达到 20.6%，比初中显著增多，说明一部分学生经过一段时间的物理学习后能综合运用多个知识点或基于多步推理，对综合性物理问题进行分析和推理，获得结论并加以解释或推论。

第四节 “迁移创新”能力的表现

“迁移创新”能力是学生利用物理观念、科学思维和科学探究等方法，解决陌生和不确定性问题，以及发现新知识和新方法的能力，具体分解为C1直觉联想，C2迁移与质疑和C3建构新模型三个任务类型。下面结合试题和学生作答说明学生在各任务类型上的表现。

一、“直觉联想”的表现

“直觉联想”包括：C1-1远距离联想，即能将陌生情境问题与所学知识进行关联；C1-2估计判断，即能基于所学知识对陌生情境问题做出合理估计和初步判断。

本研究的测试结果表明，在“直觉联想”上，学生的能力平均值低于试题的平均难度值0.4左右。例如在H区和F区，“直觉联想”试题的平均难度值为0.12，全样本学生的能力平均值为−0.29，学生的能力平均值低于试题的平均难度值0.41。从整体上来看，学生在“直觉联想”上表现一般。

表3-18 H区和F区在“直觉联想”上各年级学生能力均值减去试题难度均值的情况

	8年级	9年级	高一年级	高二年级	高三年级	总体
相对差值	−1.25	−0.63	−0.28	−0.06	0.24	−0.41

仍以H区和F区为例讨论各年级试题难度与学生能力的对应情况。表3-18显示了H区和F区在“直觉联想”上各年级学生能力均值减去试题难度均值的情况，可以看到只有高三年级的学生能力均值高于直觉联想试题难度均值，其他年级学生的能力均值都低于试题的难度均值。随着年级的升高，学生物理观念和科学思维水平越来越高，面对陌生情境时，越来越能够应用内化的认识，基于证据作出合理估算判断。

综合学生在所有“直觉联想”任务类型上的作答表现，发现学生在对陌生情境给出估计判断时往往依据的是已有的生活经验或是有缺陷的或朴素的物理观念，例如在下述示例中 0 档学生的表现，这也反映出学生对物理观念的内化不足。

选取一道"直觉联想"的典型试题（图 3-11），结合学生作答，具体说明"直觉联想"的学生表现情况。

一只玻璃杯被打碎了，碎片还是玻璃，经过多次分割甚至碾成粉末，颗粒会越来越小。如果不断分割下去，有没有一个限度呢？请写出你的观点，并作出解释。

图 3-11 "直觉联想"典型试题

本题以玻璃杯的不断分割为问题情境，考查了学生的直觉联想能力表现。对于学生而言，无法对玻璃杯进行不断分割，而题干中也没有给出相关的实验数据，所以要想正确作答本题就需要学生调用已经内化的知识和方法，基于证据对能否无限分割进行合理判断。

本题考查的是 8 年级、9 年级和高一年级的学生。以 H 区为例，学生作答情况如表 3-19 所示。

表 3-19 "直觉联想"典型试题学生作答情况

年级	0 档	1 档	2 档
8	35.6%	34.8%	29.6%
9	23.8%	45.8%	30.4%
高一	15.6%	52.0%	32.4%

从表 3-19 可以看到，29.6%的 8 年级、30.4%的 9 年级和 32.4%的高一年级的学生处于 2 档，能够将问题情境与所学知识进行关联，基于科学发展史，或者能量观、相互作用观等物理观念作出判断，且推理清晰连贯。学生作答示例：

没有限度。因为人们开始的时候认为原子是最小粒子，后来又发现原子其实还可以分割成电子、质子等，后来又发现这些又可以分割成更小的粒子夸克。所以，随着今后科技的发展，夸克很有可能被继续分割，无穷无尽。

有限度。因为分割物体需要能量，物体越小，尤其到分子、原子层面，分割就需要更多的能量，就目前的技术而言，不能无限分割。

34.8%的 8 年级、45.8%的 9 年级和 52.0%的高一年级的学生处于 1 档，能够将问题情境与已有认识相对应，但判断所依据的概念规律不准确或推理不清晰连贯。学生作答示例：

有限度，因为玻璃杯分割到原子就不能再分割了。

没有限度，因为科技在发展。

35.6%的8年级、23.8%的9年级和15.6%的高一年级学生处于0档，该档学生不能将问题情境与已有认识正确对应，基于不相关或有缺陷的物理观念做出判断。学生作答示例：

有限度。因为无论如何碾压，最后都是玻璃。

有限度。因为物体不会凭空消失，只能从一种形态变为另一种形态。

没有限度，因为无论怎么分割都到不了原子程度。

二、“迁移与质疑”的表现

“迁移与质疑”包括：C2-1新情境下的应用，即能将已学知识和方法迁移应用至新情境，以分析解决相关问题；C2-2基于批判性思考的评价，即能在分析的基础上发现问题并提出质疑，并在质疑的基础上形成具有批判性的评价或者发现科学问题。

本研究的测试结果表明，在“迁移与质疑”上，学生的能力平均值低于试题的平均难度值0.7左右。例如在H区和F区，“迁移与质疑”试题的平均难度值为0.45，全样本学生的能力平均值为−0.29，学生的能力平均值低于试题的难度平均值0.74。从整体上来看，学生在“迁移与质疑”上表现欠佳。

表3-20　H区和F区在“迁移与质疑”上各年级学生能力均值减去试题难度均值的情况

	8年级	9年级	高一年级	高二年级	高三年级	总体
相对差值	−1.58	−0.96	−0.61	−0.39	−0.09	−0.74

仍以H区和F区为例讨论各年级试题难度与学生能力的对应情况。表3-20显示了H区和F区在“迁移与质疑”上各年级学生能力均值减去试题难度均值的情况，可以看到各年级学生的能力均值都低于试题的难度均值。随着年级的升

高，学生迁移与质疑的能力虽有提升，但整体表现仍欠佳。

综合学生在所有“迁移与质疑”任务类型上的作答表现，可以看到多数学生在将已有知识迁移至陌生情境中表现欠佳，在作答表现中主要体现为，一是学生的基础知识不够扎实，例如下述示例中学生认为物体既受到重力作用，又受到万有引力的作用；二是学生在迁移中往往根据弹簧、斜面、木块等事物外在的共同点进行迁移，而不是从物理概念规律(例如迁移动力学知识分析运动问题等)进行迁移。

选取一道“迁移与质疑”的典型试题(图 3-12)，结合学生作答，具体说明“迁移与质疑”的学生表现情况。

如图所示，假设通过地球南北两极打一个洞，一个物体在洞中距离地心为 r 处所受的万有引力与半径 r 的球体内地球的质量和物体自身质量的乘积成正比，与 r^2 成反比。地球半径为 R，假设地球质量分布均匀，密度为 ρ，万有引力常数为 G。从北极的洞口由静止释放一个物体，请尽可能详细地描述物体的运动情况，并说明理由。

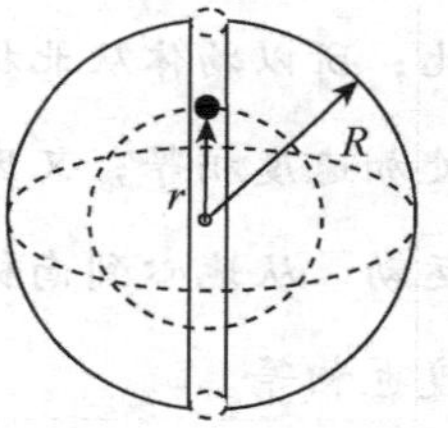

图 3-12　“迁移与质疑”典型试题

本题通过地球打洞的情境考查学生的迁移与质疑能力表现。学生要正确作答本题，需要能将已学的动力学知识和方法迁移应用至本题的新情境中。先建立坐标系，以地心为原点，地心朝向北极方向为正方向。根据题干信息，可以得到质量为 m 的物体受到的万有引力 $F=-\dfrac{G\rho\dfrac{4}{3}\pi r^3 m}{r^2}=-\dfrac{4}{3}\rho\pi Gmr=-kr$，$k=\dfrac{4}{3}\rho\pi Gm$。所以，物体以地心为原点，受到回复力 F 的作用。根据物体在洞内的受力情况可知，第一，物体从北极到地心过程中做加速度值减小的加速运动，从地心到南极的过程中做加速度值增大的减速运动。第二，物体在洞内的运动关于地心对称，即物体在地心两侧距离地心距离相等的两点具有相同的速度大小和加速度大小，从这两点运动到地心的时间相等。第三，物体关于地心做周期性反复运动。

本题考查的是高一年级的学生，以 H 区为例，学生作答情况如表 3-21 所示。

表 3-21 “迁移与质疑”典型试题 H 区学生作答情况

	0 档	1 档	2 档	3 档
高一年级	75.6%	19.6%	4.3%	0.5%

从表 3-21 可以看到，0.5%的学生处于 3 档，能够迁移所学动力学知识，从题干出发，求出物体在洞内的受力情况，再根据受力情况全面地描述出物体运动的三个特点。学生作答示例：

由题意可得，物体受力大小 $F=\dfrac{G\rho\dfrac{4}{3}\pi r^3 m}{r^2}=\dfrac{4}{3}\rho\pi Gmr$，所以 F 和 r 成正比；所以物体从北极到南极，加速度的大小先减小到 0，然后反向增加，南北极处加速度相等；又因为初速度为零，所以物体从北极到地心做加速度减小的加速运动，从地心到南极做加速度增大的减速运动，而且不断反复运动，南北极处速度也相等。

4.3%的学生处于 2 档，能够描述出物体的运动特点但不全面，推理过程基本清晰连贯。学生作答示例：

物体受到的万有引力为 $F=\dfrac{G\rho\dfrac{4}{3}\pi r^3 m}{r^2}=\dfrac{4}{3}\rho\pi Gmr$，根据牛顿第二定律，所以物体从北极到地心做加速度减小的加速运动，从地心到南极做加速度增大的减速运动。

19.6%的学生处于 1 档，能够描述出物体运动的部分特点，调用的概念和规律不全面或存在部分错误，或者推理过程不清晰连贯。学生作答示例：

物体从北极到地心过程中，引力和运动方向相同，所以做加速运动，从地心到南极过程中，引力与运动方向相反，所以做减速运动。

物体从北极到地心和地心到南极是对称的，因为 $F=\dfrac{GMm}{r^2}$，所以，物体从北极到南极，加速度先增大后减小。

75.6%的学生处于0档，该档学生不能将问题情境和所学知识相联系，或者仅罗列题干信息或概念规律。学生作答示例：

物体受到重力和万有引力的作用，所以物体从北极到南极做匀速直线运动。

对物体进行受力分析，从北极到地心：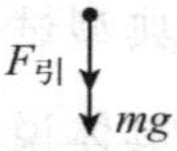

从地心到南极：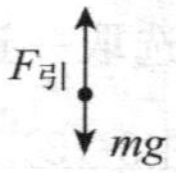

所以，物体先做加速运动后做减速运动。

三、“建构新模型”的表现

“建构新模型”包括：C3-1创意设计，即能形成具有一定程度上可操作的、有创意的、较详尽的设计，包括对实验或部件功能的改进，以及发明创造等；C3-2针对新情境建构模型，即能在陌生物理情境问题中，主动合理地建构模型，有效解决问题。

本研究的测试结果表明，在“建构新模型”上，学生的能力平均值低于试题的平均难度值1.4左右。例如在H区和F区，“建构新模型”试题的平均难度值为1.11，全样本学生的能力平均值为−0.29，学生的能力均值低于试题难度值1.40。从整体上来看，“建构新模型”作为高级能力任务类型，对于绝大多数学生而言难度很大。

表3-22 H区和F区在“建构新模型”上各年级学生能力均值减去试题难度均值的情况

	8年级	9年级	高一年级	高二年级	高三年级	总体
相对差值	−2.24	−1.62	−1.28	−1.05	−0.76	−1.40

仍以H区和F区为例讨论各年级试题难度与学生能力的对应情况。表3-22显示了H区和F区在“建构新模型”上各年级学生能力均值减去试题难度均值的情况，可以看到各年级学生的能力均值都低于试题的难度均值。随着年级的升高，学生的能力值虽有提升，但对于“建构新模型”普遍存在较大的难度。

综合学生在所有“建构新模型”任务类型上的作答表现，可以看到学生在遇到陌生的实际情境时存在一些共同的困难：(1)不能将实际情境转化为物理语言，例如在下述示例中学生不知道“水流变细”是什么意思，不能用物理语言来描述

“水流变细”这样的生活现象；(2)学生往往抓不住问题的主要影响因素，例如学生在解决水龙头问题时不能明确重力是水流变细的主要原因，把空气阻力等次要因素作为影响水流变细的原因；(3)学生在推理过程中逻辑不严谨，表达不连贯。

选取一道“建构新模型”的典型试题(图 3-13)，结合学生作答，具体说明“建构新模型”的学生表现情况。

> 生活中会观察到这样的现象：适当调节水龙头的开关，可以看到水龙头流出的水柱越往下越细。这是为什么？请给出解释。

图 3-13 “建构新模型”典型试题

本题考查学生建构新模型的能力表现。水龙头流水是学生日常生活中习以为常的情境，但很少有学生会注意到水龙头流出的水柱越往下越细的情况，对于绝大多数学生而言，这是常见的生活情境，但却是一个陌生的物理问题情境。要正确作答本题，需要学生忽略次要因素和无关因素(水流内部相互作用、水流内部压强、空气阻力、大气压强、摩擦等)，将水龙头流出水柱的向下运动近似为水柱在重力作用下做有初速度的匀加速直线运动，且水离开水龙头时初速度相同。选取一段水柱为研究对象，分析水柱上、下两个液面的运动情况。设水柱上表面为 S_1，下表面为 S_2，S_1 离开水龙头时初速度为 v_0，且此时 S_2 已经下落了时间 Δt。

经过一段时间 t 后，S_1 下落距离为 $h_1=\frac{1}{2}gt^2+v_0t$

S_2 下落距离为 $h_2=\frac{1}{2}gt^2+v'_0t, v'_0=v_0+g\Delta t$

所以，上、下表面之间的距离差 $h_2-h_1=gt\Delta t$

故一段水柱在下落过程中，上、下表面之间的距离随下落时间增大而增大，又因为水柱体积一定，所以水柱会越来越细。

本题考查的是高一年级的学生。学生作答情况如表 3-23 所示。

表 3-23 “建构新模型”典型试题 H 区学生作答情况

	0 档	1 档	2 档
高一年级	80.6%	16.5%	2.9%

从表 3-23 可以看到，2.9%的学生处于 2 档，能够忽略次要因素，明确重力是主要因素，对问题情境建模，将水龙头流出的水柱向下运动近似为水柱在重力作用下做有初速度的匀加速直线运动，把水柱越往下越细明晰为一段水柱在重力作用下上、下表面之间距离变化的问题，最后再利用所学知识环环相扣地求出水柱上、下表面之间距离是随下落时间增大而增大的。学生作答示例：

水流越往下越细是因为水龙头流出的水柱先流出的部分先受到重力的作用，后流出的部分虽然也受到重力的作用做匀加速直线运动，但与先流出的部分存在一定的时间间隔，从 v-t 图像可以看到，下落时间越大，两部分位移间隔越大，所以水流越往下越细。

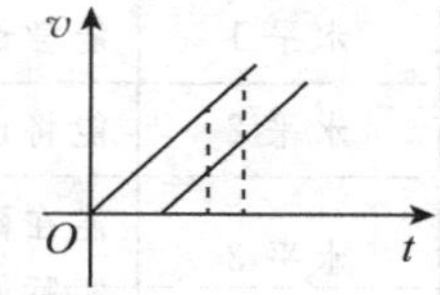

16.5%的学生处于 1 档，能够忽略次要因素，明确重力为主要因素，有建立模型解决问题的意识，但推理不严谨，解释不完整。学生作答示例：

水滴下落是匀加速运动，时间越长，水滴和水滴之间的距离越来越长，水流越来越细。

80.6%的学生处于 0 档，该档的学生不能找到影响水流变细的主要因素，或者不能将水流变细转化为研究先后离开水龙头的两部分水面之间的距离问题。学生作答示例：

水龙头流出的水柱会受到空气阻力，越往下水受到的空气阻力越大，所以水流越往下越细。

水龙头流出的水是由无数个小水滴组成，小水滴在下落过程中速度变大，所以水流越往下越细。

四、“迁移创新”能力的总体表现

“迁移创新”能力是学生将内化的知识应用到陌生的物理情境中以解决问题的能力，是核心素养中科学思维的高级体现。学生基于形成的物理观念，基于证据从定性和定量两个方面进行科学推理，解释自然现象，解决实际问题，以及对不同观点和结论提出质疑、批判，进而提出创造性见解。上面描述了样本学生在迁移与质疑的各任务类型上的能力表现，可以看到不仅不同的任务类型学生能力表现存在差异，而且在同一任务类型上学生的能力表现也有高低之分。以第二章第三节中说明的水平划分方法，对学生的迁移创新能力表现进行水平划分。划分结果如表 3-24 所示。

表 3-24 “迁移创新”能力表现水平描述

水平等级	水平描述
水平 1	能尝试将所学知识用于陌生情境，作出初步的估计判断。
水平 2	能将已学知识和方法迁移应用至陌生情境，能发现主要证据，推理基本合理。
水平 3	能在陌生情境中建构恰当的物理模型，基于合理的证据和严谨的推理，解决实际问题或进行创意设计。

以 H 区为例，初、高中学生“迁移创新”能力表现的水平分布如图 3-14 所示。

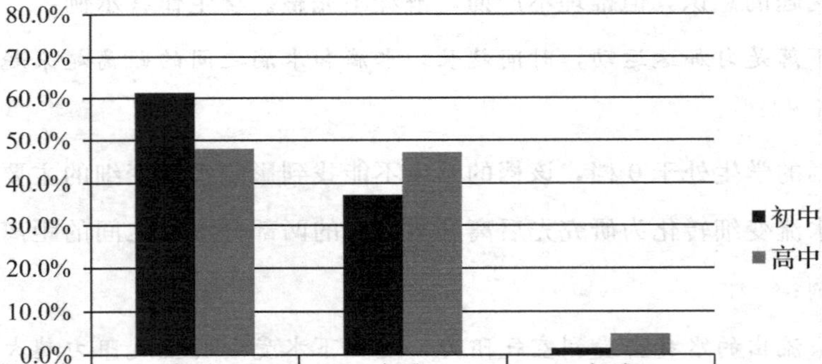

	水平1	水平2	水平3
初中	61.3%	37.2%	1.5%
高中	48.0%	47.2%	4.8%

图 3-14 H 区初高中学生迁移创新能力表现水平分布

在迁移创新能力上，高中学生较之初中有所提升，水平 1 的学生经过高中阶段的学习，更多的学生发展至水平 2，即能将已学知识和方法迁移应用至陌生情境，能发现主要证据，推理基本合理。两学段处于水平 3 的学生都不足 5%(1.5%、4.8%)，表明对于初、高中学生而言，能在陌生情境中建构恰当的物理模型，基于合理的证据和严谨的推理，解决实际问题或创意设计普遍存在较大困难。

第五节 物理学科能力总体水平划分及其表现

根据第二章第三节中所介绍的Bookmarking法，首先从理论上初步确定物理学科能力水平描述。虽然Bookmarking法倚重测量数据和拟合指标，但使用Bookmarking法时，基于理论探讨的水平描述仍是表现水平划分过程中非常重要的环节。物理学科能力表现水平划分的理论依据综合参考了物理学科能力表现框架、物理核心概念和关键能力的学习进阶研究以及国际课程纲领性文件。

物理学科能力表现框架细致地解构了学生物理学科能力维度和相应的能力表现，可以看到学生大体经过了从学习理解、应用实践，最后到迁移创新的发展过程，但这三个维度的发展存在重叠，因此在水平划分时既考虑了从学习理解到迁移创新的发展过程，又考虑了各维度内的水平情况，以“整合”思想为主线确定了物理学科能力水平的大致划分和描述。

国内外研究者对学科核心概念和关键能力的学习进阶研究也为本书中的水平划分提供了重要思路。国外的研究包括柳秀峰、诺依曼等对能量学习进阶的研究(Liu et al，2005；Neumann et al，2013)，阿隆索和斯迪朵对“力和运动”核心概念的学习进阶研究(Alonzo et al，2009)，施瓦茨等对建模能力的学习进阶的研究(Schwarz et al，2009)等。在同一时期，国内对“力和运动”“电与磁”等核心概念的进阶发展脉络也进行了系统梳理(陈佩莹，2013；刘艳芳，2013)，并对科学解释、科学论证等关键能力的学习进阶进行了实证研究(姚建欣，2016；陈颖，2016)。

学科能力水平的划分也参考了对国际课程纲领性文件的比较研究(郭玉英，2014)。例如，美国国家研究委员会(National Research Council，NRC)于2013年发布的《新一代科学教育标准》中给出的一系列核心概念和重要实践的进阶蓝图，加拿大安大略省《科学课程标准》中描述的9～12年级学生的成就水平，澳大利亚维多利亚州《物理课程标准》中对学生物理学习结果的评价说明等。

基于上述理论，初步确定物理学科能力水平描述，依照Bookmarking法的水平划分流程，通过对我国北方和南方两个城市部分地区的大规模、跨年级的抽样测试和基于Rasch模型的数据分析，计算得到试题的难度值，将试题根据难度值从低到高进行排列，并给出试题的能力任务类型以及其他试题相关参数。学科专家各自独立地划定水平分界线，经过多轮讨论，最终确定了物理学科能力的水平描述以及水平分界值，并通过怀特图检验和SPSS的水平差异性检验，表明水平划分合理有效。物理学科能力水平描述如表3-25所示。

表3-25　物理学科能力水平划分

水平等级	水平描述
水平1	知道一些与生活联系密切的物理概念；能提取简单情境中的直接信息，与相关的物理概念直接对应。
水平2	知道一些基础的物理模型、概念和规律；能将物理概念和规律与熟悉情境建立联系；能对常见的物理现象进行简单解释。
水平3	了解重要的物理模型、概念和规律；能基于对这些物理概念和规律的认识，初步描述和分析常见的物理现象，解决熟悉情境中的问题。
水平4	能说明重要的物理模型、概念和规律的内涵、适用范围和条件；能在较熟悉情境中应用物理概念和规律进行分析和推理，解释物理现象、进行推论预测；具有质疑和创新的意识。
水平5	能说明重要的物理模型、概念和规律的内涵、适用范围、条件及其相互联系；在较复杂情境中基于分析和推理进行合理解释或预测；能尝试将所学知识用于陌生情境，作出初步的估计判断，能使用证据质疑已有结论。
水平6	能关联整合物理模型、概念和规律；能通过对综合性物理问题进行分析和推理，获得结论并加以解释或推论；能将已学知识和方法迁移应用至陌生情境解决问题，能使用证据质疑和评估已有结论。
水平7	能综合应用物质观念、运动与相互作用观念和能量观念，经历系统的科学推理，解释自然现象；能在陌生情境中建构恰当的物理模型，解决实际问题或创意设计，综合使用理论和事实证据质疑和评估已有结论。

前面划分的七个能力表现水平初步描述了8年级到高三年级学生物理学科能力的进阶脉络，对应着核心素养中的关键能力的发展。综合多次测试的结果可以看出，学生能力表现的分布趋势大体上与此一致。以H区和F区学生为例，总

体学生在各水平上的人次百分比如图 3-15 所示。

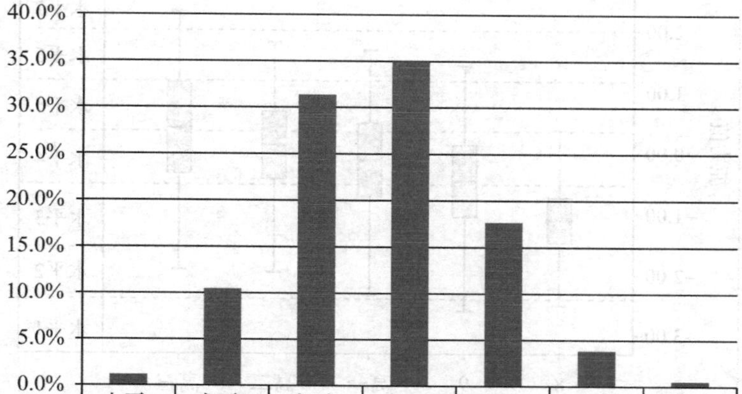

水平1	水平2	水平3	水平4	水平5	水平6	水平7
1.1%	10.5%	31.3%	35.0%	17.7%	3.8%	0.5%

图 3-15　H 区和 F 区总体学生物理学科能力水平分布

从图 3-15 可以看到，总体学生主要集中在水平 3 和水平 4，对重要的物理模型、概念和规律有一定的认识，能解决典型常见的或者较为熟悉情境中的问题。处于低水平(水平 1、水平 2、水平 3)的学生明显多于高水平(水平 5、水平 6、水平 7)的学生，1.1%的学生处于水平 1，表明只有少部分学生仅处于事实经验的程度，只有 0.5%的学生处于水平 7，能够形成系统的物理观念，解决实际问题。

不同年级学生能力在不同水平上的分布有一定差异。仍以 H 区和 F 区为例，采用箱图直观地说明各年级的物理学科能力水平分布。如图 3-16 所示，横轴表示年级，纵轴表示学生能力值，一个年级的学生能力值分布情况用一个箱线表示，其中“箱子”中间横线对应的纵坐标表示该年级学生能力值的中位数，“箱子”上边线和下边线对应的纵坐标分别表示该年级学生能力值的上四分位数和下四分位数，箱线的顶端和底端对应的纵坐标分别表示该年级学生能力值的最大值和最小值。

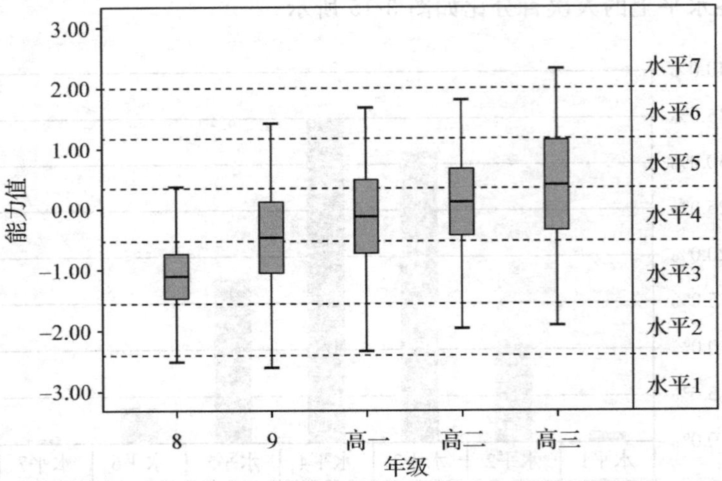

图 3-16　H 区和 F 区各年级学生物理学科能力水平分布

从图 3-16 可以看到，随着年级的升高，学生的物理学科能力水平在不断提高。在刚开始学习物理时，学生物理学科能力多处于较低水平。随着物理课程的学习，学生的表现水平分布在发生变化，处于低水平的学生比例越来越小，处于中间水平的学生比例在增加，高水平的学生的数量在高中阶段有明显增长。

第四章

“机械运动与力”主题上的学科能力表现

运动和相互作用是物理学的核心内容，也是物理核心素养中物理观念的重要组成部分。“物理观念”主要包括物质观念、运动与相互作用观念、能量观念及其应用等要素。根据我国教学实际，本研究将运动和相互作用分为“机械运动与力”“电与磁的相互作用”两部分。本章关注运动与相互作用观念在“机械运动与力”主题上的发展情况及其学科能力表现，“电与磁的相互作用”的内容将在第五章阐述。“机械运动与力”主题包括宏观物体的低速运动、日常生活中常见的力以及机械运动与力的关系。根据物理教育研究对物理学科的核心概念划分，将本主题分为“机械运动”“力”“机械运动与力的关系”三个二级主题。

第一节　表现期望的确立依据与具体内容

在制订各二级主题的表现期望时，结合物理学科能力表现框架，以我国小学科学、初中物理和普通高中物理课程标准对机械运动与力的学习要求为基准，同时参照了本课题组的实证研究成果，以及美国的《新一代科学教育标准》等在国际上较有影响力的科学教育和物理教育纲领性文件。

一、“机械运动”二级主题的表现期望

机械运动是自然界中最基本的运动形态。在物理学中，一个物体相对于另一个物体的位置，或者一个物体的某些部分相对于其他部分的位置随着时间而变化的过程叫做机械运动。依照不同的分类方式，机械运动有着多种多样的存在形式。例如按运动轨迹划分，可分为直线运动和曲线运动；按运动状态划分，可分为匀速运动和变速运动。机械运动与学生的生活密切相关，通过学习各种机械运动形式以及学会用运动学有关物理量对其进行描述，能够加深对周围各种运动现象的理解，是构建运动观的基础。

经历基础教育阶段的物理学习，学生对机械运动的认识将逐级进阶：在完成义务教育阶段的学习后，学生应能识别各种常见的机械运动形式，初步理解路程、速度等物理概念，能在简单情境中进行分析判断、推论预测，初步运用速度公式进行简单计算。在高中阶段学习后，期望学生能深刻理解位移、速度、加速度等重要概念，综合运用所学知识分析问题，进行推论预测，为深入学习机械运动与力的关系打下基础。在认识各种机械运动形式的同时，还应注重培养学生的观察、分析和概括等多种能力。“机械运动”二级主题的表现期望如表 4-1 所示。

表 4-1 “机械运动”二级主题的表现期望

学段	表现期望
小学	• 能定性地描述一个物体的位置(前后、左右、远近等)，理解物体的位置需要相对于另一个物体的位置来确定。 • 知道测量距离和时间的常用方法。 • 能测量并记录一个沿直线运动的物体在不同时刻的位置，并能用简单的图表或图形来表示距离与时间的关系。 • 知道描述物体的运动需要位置、方向和快慢。
初中	• 知道机械运动，能用参照物的概念举例说明机械运动的相对性。 • 能举例说明自然界存在多种多样的运动形式。知道世界处于不停的运动中。 • 会根据生活经验估测长度和时间。会选用适当的工具测量长度和时间。 • 知道路程和速度的概念，能用速度描述物体运动的快慢。能通过实验测量物体运动的速度。理解匀速直线运动的特点和规律。能通过观察物体的运动情况来判断物体的速度，能根据物体运动路程的变化情况(图像)分析出物体的运动速度。能依据路程和时间信息对非匀速直线运动(如加速运动)的速度变化趋势作出判断。 • 能用速度公式进行简单计算。理解平均速度，能用其估算运动路程和时间，解释生活中常见的现象。 • 能基于不同运动情境(简单、复杂、陌生)运用运动的知识比较不同物体的速度大小，且能依据证据对所判断的结果作出解释。
高中	• 知道运动的描述需要选取参考系。知道更多更复杂的运动形式，如：直线运动(匀变速直线运动、自由落体运动)、曲线运动(平抛运动、匀速圆周运动)等。 • 知道位移表示物体(质点)的位置变化，用从初位置指向末位置的有向线段表示。知道位移与路程的区别与联系。 • 知道速度是物体的位移与发生这个位移所用时间之比，用来描述物体运动的快慢。经历测量匀变速直线运动瞬时速度的实验过程，感受研究物理问题的极限方法。能够区分平均速度和瞬时速度。知道速率表示速度的大小。 • 知道加速度是速度的变化量与发生这一变化所用时间之比，用来描述物体速度变化的快慢。能够区分平均加速度和瞬时加速度。通过加速度概念的建构，感受物理学中的抽象思维。 • 理解运动的矢量性和独立性。例如：知道位移、速度和加速度都是矢量，有大小和方向，遵循平行四边形定则。 • 能根据物体的位移和时间变化信息判断并描述其速度的变化。能根据物体的速度和时间变化信息判断加速度的变化。例如：能根据位移、时间信息推断速度相等的时刻并给出解释，且能根据这些信息计算速度、加速度。能综合应用位移、速度、加速度等概念对一些复杂的运动形式(匀变速直线运动、自由落体运动、抛体运动、匀速圆周运动等)进行分析，并能用多种形式(如文字、符号、公式、图像等)进行表征。例如，能应用位移—时间图像、速度—时间图像和加速度—时间图像表征多个物理过程；在匀变速直线运动的实验研究过程中会运用列表法、图像法等处理实验数据，分析物体运动特点。 • 能在不同的运动情境中(简单、复杂、陌生)分析物体的运动情况，能针对陌生运动情境建构运动学模型解决问题。

二、“力”二级主题的表现期望

力是物体之间的相互作用，力不能脱离物体而单独存在。两个不直接接触的物体之间也可能产生力的作用。力是力学中的基本概念之一，是使物体获得加速度或形变的外因。依照不同的分类方式，力有着多种多样的存在形式。例如，根据力的性质可分为重力、弹力、摩擦力等；根据力的作用方式可分为接触力和非接触力；根据力的作用效果又可分为推力、拉力、支持力、压力、向心力等。无论对力进行何种分类都可归结为四种基本相互作用：万有引力、电磁相互作用、强相互作用、弱相互作用。因此，通过认识力的产生机制和区分不同性质的力，能够深刻理解四种基本相互作用，这些都是构建相互作用观的基础。

经历基础教育阶段的物理学习，学生对力的认识将逐级进阶：经过义务教育阶段学习后，学生认识力可以改变物体的形状，能够识别重力、弹力、摩擦力等生活中常见的力，能对物体进行简单受力分析，利用二力平衡的条件对物理问题进行分析、判断和推理。经过高中阶段学习之后，期望学生在学习了各种力的计算模型后，能够深刻理解力的矢量性，通过对研究对象进行受力分析，结合受力平衡的条件，利用矢量合成与分解的知识综合解决力学问题，为深入学习机械运动与力的关系奠定基础。在认识各种力的形式、分析物体受力和探究受力平衡条件的同时，还应注重培养学生的分析解释、推论预测等多种能力。“力”二级主题的表现期望如表 4-2 所示。

表 4-2 “力”二级主题的表现期望

学段	表现期望
小学	• 知道推、拉物体时需要外力，能定性判断力的大小和方向。 • 知道风力、水力、重力、弹力、浮力、摩擦力等一些生活中常见的力。 • 知道如何让天平和杠杆保持平衡。 • 知道利用机械可以提高工作效率，了解一些简单机械的使用，如斜面、杠杆、齿轮、滑轮等。

续表

学段	表现期望
初中	•能列举生活中常见的力(重力、弹力、摩擦力)，并理解其意义，知道重力的计算公式。认识力可以改变物体的形状，能定性判断力的大小，解释生活中的物理现象。 •会测量力的大小。知道力的三要素，能用力的示意图描述力的大小和方向。知道二力平衡的条件，并能用其解决力学问题。 •知道简单机械。了解杠杆的平衡条件。 •了解压强的含义，能说出日常生活中增大和减小压强的方法。能估测自己站立时对地面的压强。 •知道液体压强与哪些因素有关。知道大气压强及其与人类生活的关系。了解流体的压强与流速的关系及其在生活中的应用，能解释飞机的升力是怎样产生的。 •能说出浮力大小与哪些因素有关，知道阿基米德原理，能运用物体的浮沉条件说明生产、生活中的一些现象，能解释潜水艇浮沉的原理。 •能基于不同的物理情境(简单、复杂、陌生)利用力学知识进行分析和推理，且能依据证据对所判断的结果作出解释和预测。
高中	•知道不同的力对物体产生的形变不同。能用胡克定律计算弹力。 •理解牛顿第三定律，能根据牛顿第三定律分析解释一些生活现象。例如，能判断不同质量的物体以不同的速度碰撞时的作用力和反作用力之间的关系。 •能判断生活中常见的物体是否受到重力、弹力、摩擦力的作用，知道重力与万有引力的关系。能判断物体是否处于平衡状态。 •知道重力、摩擦力的计算模型，例如：能够区分滑动摩擦力和静摩擦力，能用滑动摩擦力的规律(接触面粗糙程度和压力大小)计算摩擦力。 •能将重力、弹力、摩擦力这些常见的力与四种基本相互作用中的万有引力和电磁力建立起联系。 •理解万有引力定律，能利用万有引力定律估算天体的质量。 •知道力的矢量性和独立性，理解力的合成与分解。能在不同的物理情境下(简单、复杂、陌生)分析物体的受力情况，计算物体受到的重力、弹力或摩擦力。例如：能将弹力知识正确运用到较综合的情境中(如做简谐运动的弹簧)；能将摩擦力知识正确运用到较综合的情境中(如传送带)。能针对陌生情境建构力学模型解决问题。

三、“机械运动与力的关系”二级主题的表现期望

机械运动与力的关系体现了物体受力与运动之间的规律，牛顿运动定律正是力与运动之间规律的反映。力是改变物体运动状态的原因，而不是使物体运动的原因。由物体的初始状态和受力情况可知其运动情况，或由物体的运动情况可知其受力情况。机械运动与力的关系可分为三种情况：不受力，受平衡力，受非平

衡力。物体不受力和受平衡力时效果相同，都保持原来的运动状态不变；受非平衡力时，物体将改变原来的运动状态。机械运动与力的关系是自然界中最基本的规律，它与学生的生活密切相关，学生通过学习牛顿运动定律可以加深对机械运动与力的关系的理解，能够为整个宏观物理世界的机械运动建构整体图景。认识机械运动与力的关系是整合运动观念和相互作用观念的基础。

经历基础教育阶段的物理学习，学生对机械运动与力的关系的认识将逐级进阶：经过义务教育阶段学习后，学生知道力可以改变物体运动的方向和快慢，理解牛顿第一定律的内容，能用惯性分析解释和预测生活中的常见现象；经过高中学习后，学生深刻理解牛顿运动定律，能综合运用机械运动、力学知识，以及力与运动的规律分析问题、推论预测，并在遇到新情境时能够迁移已有知识或建构新模型解决问题。“机械运动与力的关系”二级主题的表现期望如表 4-3 所示。

表 4-3 “机械运动与力的关系”二级主题的表现期望

学段	表现期望
小学	• 知道推力和拉力可以使物体的运动状态发生变化。 • 使用日常工具时，知道用力过大会损坏工具。 • 在生活中的常见例子里，知道只有施加足够大的外力，物体才会发生运动，如推桌子和搬动日常物体等。 • 知道对物体停止施力后，物体会逐渐停下来，例如滚动的足球。 • 意识到汽车等交通工具需要受到类似于外力的作用才能行驶。
初中	• 认识到力可以改变物体运动的方向和快慢。学生能感受到重力可以使向上运动的物体最终都落向地面。 • 知道牛顿第一定律的内容，能够在具体情境中运用该定律解释现象。 • 知道牛顿第一定律又叫惯性定律，能用物体的惯性解释自然界和生活中的有关现象。例如：解释当汽车突然启动、急刹车、转弯时，车内可能发生的现象。 • 能基于不同的物理情境（简单、复杂、陌生）初步根据物体的运动状态判断受力情况，以及能根据二力平衡或不平衡解释运动情况。 • 能够将新情境与惯性知识进行关联，形成具有可操作性的、有创意的、充分利用惯性或克服惯性的设计。能将惯性的知识迁移到较陌生的情境中解决问题，例如在太空中推巨石。

续表

学段	表现期望
高中	• 知道不同的力对运动的作用效果不同。能表述牛顿第一定律。知道惯性仅与质量有关，能用惯性定律对一些物理问题进行解释。例如，能分析解释汽车刹车时身体前倾、启动时身体后仰等生活现象。理解牛顿第二定律。能认识到牛顿力学是适用于宏观物体做低速机械运动的动力学理论(认识到经典力学的局限性)。能在直线运动(匀变速直线运动、自由落体运动)和曲线运动(平抛运动、圆周运动)等各种情境中运用牛顿运动定律对力与运动的关系进行分析推理。例如，根据受力情况推论预测物体的运动情况(运动轨迹、位移、速度、加速度等)；说明物体速度、加速度以及受力之间的变化关系，能依据速度、加速度大小和方向的变化预测受力情况(包括大小和方向)。 • 通过实验，认识超重和失重现象。 • 能通过概念图等表征方式建立“机械运动”和“力”之间的全面联系。能用动量守恒定律分析解释一些生活现象，对系统内物体的运动进行推论预测。

四、“机械运动与力”主题测试细目表

基于上述表现期望和物理学科能力表现框架，课题组制订的测试命题双向细目表如表 4-4 所示。

以下各节详细阐述基于细目表进行大样本命题测试所得的结果。

表 4-4 “机械运动与力”主题命题细目表

		A 学习理解			B 应用实践			C 迁移创新		
		A1 观察记忆	A2 概括论证	A3 关联整合	B1 分析解释	B2 推论预测	B3 综合应用	C1 直觉联想	C2 迁移与质疑	C3 建构新模型
机械运动	位移				分析位移与路程的区别与联系。 B1F119ab bb					
	速度	通过观察物体的运动情况判断物体的速度。 A1F101a A1F101b A1F112abcd			根据物体运动路程的变化情况(图像)分析出物体的运动速度。 B1F101c B1F119aa ac ba bc		在较综合的熟悉情境中运用速度矢量性、瞬时速度、平均速度、速度公式以及速度—时间图像解决运动问题。 B3F119ca cc da dc B3F124a			
	加速度				在匀变速直线运动的实验研究过程中运用列表法、图像法等处理实验数据,分析物体运动特点。 B1F113ab B1F114abcde		在较综合的熟悉情境中运用加速度—时间图像表征多个物理过程。 B3F124b			

续表

		A 学习理解			B 应用实践			C 迁移创新		
		A1 观察记忆	A2 概括论证	A3 关联整合	B1 分析解释	B2 推论预测	B3 综合应用	C1 直觉联想	C2 迁移与质疑	C3 建构新模型
力	重力			将重力与四种基本相互作用进行对应，对力学领域有一个整体观念。 A3F203a					利用万有引力知识估算天体的质量。 C2F221	
	弹力			将弹力与四种基本相互作用进行对应，对力学领域有一个整体观念。 A3F203b		物体有一个或多个接触面，推测某一接触面物体间是否存在弹力。 B2F204a B2F204b B2F204c B2F204d B2F204e B2F215	将弹力知识正确运用到较综合情境中（如做简谐运动的弹簧）。 B3F222a B3F222b			

续表

		A 学习理解			B 应用实践			C 迁移创新		
		A1 观察记忆	A2 概括论证	A3 关联整合	B1 分析解释	B2 推论预测	B3 综合应用	C1 直觉联想	C2 迁移与质疑	C3 建构新模型
力	摩擦力			将摩擦力与四种基本相互作用进行对应，对力学领域有一个整体观念。A3F203c			将摩擦力知识正确运用到较综合情境中（如传送带）。B3F216			
	牛顿第三定律				用牛顿第三定律分析解释一些生活现象。B1F205abcde B1F206					
机械运动与力的关系	牛顿第一定律	记住牛顿第一定律的表述。A1F107a			用牛顿第一定律分析解释一些生活现象（如汽车刹车时身体前倾、启动时身体后仰）。B2F107b					

续表

		A 学习理解			B 应用实践			C 迁移创新		
		A1 观察记忆	A2 概括论证	A3 关联整合	B1 分析解释	B2 推论预测	B3 综合应用	C1 直觉联想	C2 迁移与质疑	C3 建构新模型
机械运动与力的关系	牛顿第二定律	记住牛顿第二定律表达式。A1F318b		通过概念图等表征方式建立“机械运动”和“力”之间的全面联系。A3F311	根据物体运动情况（图像）分析出物体的受力情况，或者根据受力分析运动情况。B1F302a、B1F302b、B1F308b、B1F309 B1F318acdefgh	理解物体速度、加速度以及受力之间的变化关系，依据速度、加速度大小和方向的变化预测受力情况。B2F317abcdefg			将牛顿第二定律迁移应用到新的物理情境中。C2F321	在新颖的物理情境中根据学过的物理模型用类比法构建新模型。C3F323
	动量守恒定律				用动量守恒定律分析解释一些生活现象。B1F310b B1F320a、B1F320b	根据动量守恒定律对系统内物体的运动进行推论预测。B2F310a				

第二节　表现水平划分与学生表现描述

本节综合分析不同区域的各年级被试的表现情况，对照学生的能力分布和试题的难度分布，学生在“机械运动与力”主题上的能力表现可划分为7个水平，并对学生各个水平的能力表现进行详细描述，然后对学生的整体表现进行说明，最后分主题分析学生在具体题目上的表现。

测试题涵盖A、B、C三个不同能力维度，学生能力值也覆盖了7个不同水平。通过对典型试题测试结果进行质性分析，发现不同水平的学生在试题上的作答表现与预设各水平学生对应的能力相符合，即基于能力框架编制的试题具有较好的诊断性和区分度。下面分别展开说明。

一、表现水平划分

依据学生在“机械运动与力”主题上的能力表现以及试题的难度分布，结合“机械运动与力”主题的特征，对第三章物理学科能力总水平划分的标准稍作调整，可以得到学生在“机械运动与力”主题上的物理学科能力水平划分结果。7个水平的具体划分与水平解读如下。

【水平1】处于此水平的学生能在简单情境中提取物体的路程、时间、物体形变等信息，知道速度、力等与生活联系密切的概念，并能将路程、时间、物体形变等信息与速度、力等概念进行直接对应，判断速度和力的大小。能意识到力可以改变物体运动的方向和快慢，也可以改变物体的形状。

【水平2】处于此水平的学生知道宏观物体的速度、重力、摩擦力等概念，了解牛顿第一定律的内容。能将这些物理概念和规律与熟悉情境建立联系，简单分析常见的物理现象中力与运动的关系。

【水平3】处于此水平的学生在对力与运动关系认识的基础上，知道力是改变物体运动状态的原因，对惯性和惯性定律具有深入认识。可根据上述概念和规律对常见的物理现象进行初步的分析解释，预测一些物体速度变化的方向和快慢。

【水平 4】处于此水平的学生能说明牛顿运动定律的内涵，知道定律的适用范围和条件。能在较熟悉情境中应用牛顿运动定律进行分析和推理，解释物理现象并进行推论预测。具有对日常生活中与力和运动相关的物理现象进行质疑和分析的意识。

【水平 5】处于此水平的学生能掌握机械运动与力的常用模型，能基于牛顿运动定律理解运动、力、力和运动之间的关系。在较复杂情境中应用和运动与相互作用观念有关的概念和规律进行分析和推理，解释物理现象并进行推论预测。能尝试将运动观念和相互作用观念用于陌生情境，作出初步的估计判断，能使用证据质疑已有结论。

【水平 6】处于此水平的学生能围绕牛顿运动定律关联运动、力、力与运动的关系等子主题的内容，初步建构运动与相互作用观念。能运用运动与相互作用观念对综合性物理问题进行分析和推理，获得结论并加以解释或推论。能将运动与相互作用观念中的概念、模型、规律以及思维方法迁移应用至陌生情境解决问题，能使用证据质疑和评估已有结论。

【水平 7】处于此水平的学生能综合应用物质观念、运动与相互作用观念，经历系统的科学推理，解释自然现象。能在陌生情境中建构恰当的物理模型，从牛顿运动定律的角度结合其他物理观念和思维方法解决实际问题或进行创意设计，综合使用理论、事实和证据质疑和评估已有结论。

二、学生表现整体描述

综合分析多次测试的结果，各区域的学生在“机械运动和力”主题的整体表现具有较好的一致性，7 个能力表现水平描述了学生从 8 年级到高三年级在“机械运动与力”主题上物理学科能力的进阶状况。根据第三章划定的能力值范围，对 J 市两个区的样本数据进行统计分析，描述学生在该主题上的整体表现。总体学生在各水平上的百分比如图 4-1 所示。

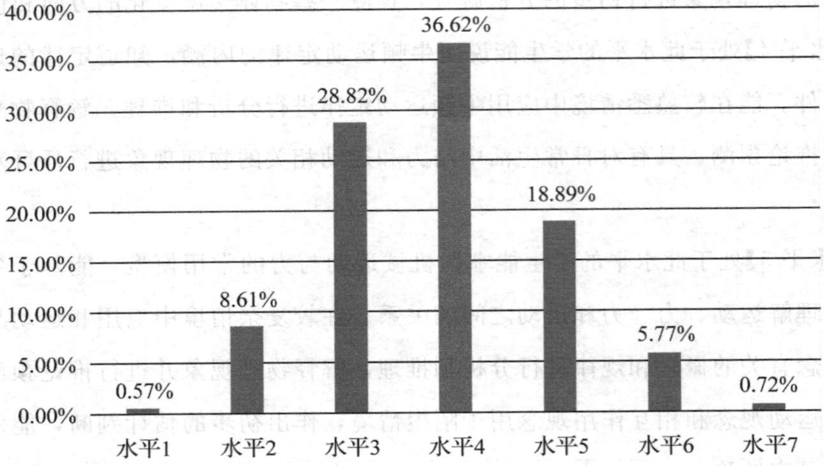

图 4-1　样本学生(J 市)物理学科能力水平分布

整体统计全体样本中有 0.57%的学生处于水平 1 或以下；有 8.61%的学生处于水平 2；有 28.82%的学生处于水平 3；有 36.62%的学生处于水平 4；有 18.89%的学生处于水平 5；有 5.77%的学生处于水平 6；有 0.72%的学生处于水平 7。总体来看，从 8 年级到高三年级学生在"机械运动与力"主题上的物理学科能力主要集中在水平 3 和水平 4，总人数占到 65.44%。

具体到各个年级的学生在"机械运动与力"主题上的能力表现及水平分布情况，统计结果如表 4-5 和表 4-6 所示。

表 4-5　各年级学生在"机械运动与力"主题各水平上的比例分布

年级	水平 1	水平 2	水平 3	水平 4	水平 5	水平 6	水平 7
8	1.53%	21.18%	47.25%	25.95%	3.19%	0.26%	0.64%
9	0.67%	9.56%	28.00%	47.22%	13.67%	0.88%	0.00
高一	0.32%	8.40%	19.86%	39.23%	25.08%	6.47%	0.64%
高二	0.32%	2.16%	16.89%	43.35%	27.81%	8.25%	1.22%
高三	0.26%	2.14%	14.33%	28.77%	30.27%	20.87%	3.36%
整体	0.57%	8.61%	28.82%	36.62%	18.89%	5.77%	0.72%

表 4-6　样本学生(J 市)在“机械运动与力”主题上的表现情况

年级	计数	平均值	标准差	中位数	主要处在的能力水平
8	783	−8.43	0.71	−0.82	水平 3
9	900	−3.14	0.81	−0.22	水平 4
高一	933	−1.69	0.95	−0.06	水平 4～水平 5
高二	924	1.92	0.75	0.11	水平 4～水平 5
高三	652	3.80	1.05	0.51	水平 4～水平 6
整体	4192	−1.50	0.94	−0.18	水平 3～水平 5

分年级分析，8 年级的学生主要处于水平 3，所占百分比为 47.25%，低于水平 3 的学生占到了 22.71%，且已有 25.95%处于水平 4，水平 5 及以上的学生仅有 4.09%。9 年级学生主要处于水平 4，所占百分比为 47.22%，有 13.67%达到水平 5。通过与 8 年级对比可以看出，处于水平 3 及以下的学生大幅度减少，其中水平 1 和水平 2 整体减少了超过半数的学生，而处于水平 5 及以上的学生提升较多。高一年级的学生主要处于水平 4 和水平 5，分别占到 39.23%和 25.08%。高二年级的学生主要处于水平 4 和水平 5，所占百分比为 43.35%和 27.81%，相较于高一年级要高一些，处于水平 3 及以下的学生相较于高一年级减少了，处于水平 6 和水平 7 的学生有所增长。高三年级的学生主要处于水平 4、水平 5 和水平 6，分别占到 28.77%，30.27%和 20.87%，与高二年级相比水平 3 及以下的学生略微减少，处于水平 4 的学生减少幅度较大，水平 5 略微增加，处于水平 6 的学生较高二年级增幅较多，而处于水平 7 的学生也从高二年级的 1.22%增加到了 3.36%。

综合来看，经过基础教育阶段的物理课程学习，学生能力的总体分布从 8 年级的水平 3 逐渐过渡到了高三年级的水平 4、水平 5 和水平 6，学生在“机械运动与力”主题上的整体能力呈上升趋势。但同时发现，样本学生在高中阶段能力水平提升较慢，处在水平 6 和水平 7 的高水平学生人数偏少。

三、学生表现的具体分析

在描述了学生在“机械运动与力”主题的能力水平等级划分和整体表现之后，接下来再进一步分析学生在本主题上的具体表现。首先对“机械运动”“力”“机械运动与力的关系”三个二级主题的表现进行概述，然后结合典型试题的作答情况，讨论学生在各二级主题上的具体表现。

(一)对各二级主题表现的整体讨论

统计学生在三个二级主题上的作答表现，学生能够胜任“机械运动”主题任务的概率接近 69.3%，胜任“力”主题任务的概率为 62.7%，胜任“机械运动与力的关系”主题任务的概率为 53.1%。整体比较学生在三个主题上的作答表现，发现“机械运动”主题和“力”主题不难被中学生掌握，而“机械运动与力的关系”二级主题难度较高。这与美国 Alonzo 和 Fulmer 团队的相关研究结果是相近的(Alonzo et al，2008；Fulmer et al，2014)。

Alonzo 等对青少年力与运动概念发展提出了假设，并通过对实证数据的分析进行验证，尝试针对“机械运动与力”主题从四个维度(受力、不受力、运动和不运动)刻画了一条概念发展路径。随后，美国 Fulmer 等融合“机械运动与力”主题相关的认知发展理论，利用 FCI 试题检验“机械运动与力”主题的学习进阶。国内外的研究在进阶起点上取得了一致：在物理课程开始之初，学生不难理解运动的形式以及各种常见的力；对牛顿第一定律的学习是机械运动与力认识深化的关键中间环节。国内外的研究也都发现，“牛顿第二定律”内容整体上来讲对学生提出了更高要求。

(二)“机械运动”二级主题的表现分析

学生在“机械运动”二级主题上表现情况整体较好。学生整体上能胜任“机械运动”二级主题的任务。具体到各年级的表现，除了 8 年级的学生存在较多困难之外，在经过物理课程学习后，其他年级的学生均在此二级主题上表现较好。

在学习理解方面，初中阶段学生能够认识到自然界存在多种多样的运动形式，知道路程、参照物和速度的概念，能用速度来表示物体运动的快慢，理解平均速度的概念。大部分学生知道匀速直线运动的特点和规律，也能够利用路程和时间等信息对非匀速直线运动的情况进行描述，包含运动轨迹（直线）和速度变化的定性分析（加速或减速）。半数学生能从不同的运动情境中找到某段时间内平均速度相同的信息。高中阶段学生知道更多更复杂的运动形式，如匀变速直线运动、自由落体运动、平抛运动、匀速圆周运动等，理解参考系的概念，能够建立位移、速度、加速度等矢量概念，能用文字、符号和公式表征概念，但在用图表表征方面表现欠佳。

在应用实践方面，初中阶段学生能够用平均速度估算运动时间、路程，解释生活中常见的现象，半数学生能够基于不同运动情境比较不同物体的速度大小，但基于证据解释所判断结果的能力非常薄弱。高中阶段学生能够用位移、速度、加速度等概念描述常见的匀变速直线运动、曲线运动，接近半数学生不能正确应用速度—时间图像和加速度—时间图像连续表征多个物理过程。当加速度不变时，部分学生存在“速度方向发生变化时图像上的直线斜率也要改变；速度大小发生变化时，加速度的大小也发生变化”等错误认识。

在迁移创新方面，大部分初中阶段学生能将运动的知识迁移到较陌生的情境中解决相关问题；部分高中阶段学生能将运动的矢量性和独立性等知识迁移到陌生情境中去分析物体的运动情况，较少的学生能基于运动情境建构运动学模型解决问题。

以下结合具体试题进行分析。试题 A1F101 是 8 年级的一道测试题，该试题用频闪图的形式给出了两物体的位置变化情况，采用梯度设计的方式，依次考查运动的描述（加速运动和匀速运动）、速度测量、平均速度三个知识点，三个小问题难度依次增加。第一问考查学生观察与信息提取的能力（A1-1），第二问考查学生将题目信息与速度概念进行联系的能力（A1-2），第三问考查学生能基于对情境问题的分析对物理现象做出合理解释的能力（B1-2）。题设及选项如图 4-2 所示。

A、B 两个物体都水平向右运动，每隔 0.2 s 记录下它们的位置，它们的位置用两行带标号的小方块来表示（A 物体在上，B 物体在下），如下图所示。请回答下列问题：

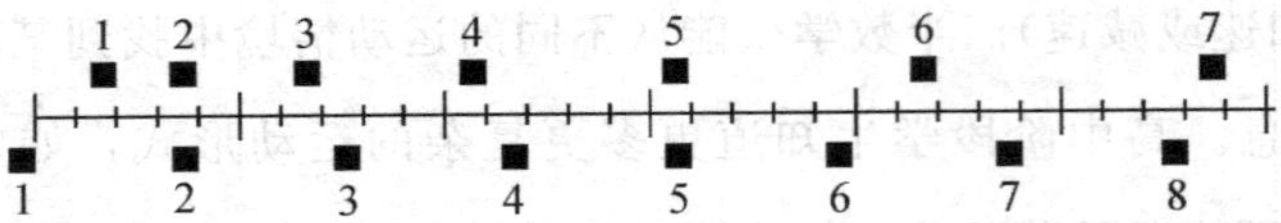

(1)A、B 两物体各自做什么运动？

(2)是否存在某个时刻两物体速度相同的情况？

A. 不存在这样的时刻

B. 存在，在 2 这一时刻

C. 存在，在 5 这一时刻

D. 存在，在 2 和 5 这两个时刻

E. 存在，在 3 和 4 之间的某个时刻

(3)为什么作出以上的选择？

图 4-2　试题 A1F101 的题设与选项

要正确作答题目(1)，需要学生先观察两物体在一定时间内的位置变化情况，从中总结出 A、B 两物体的运动特点，进而判断两者的运动形式。评分标准为：答错(0 档)；答对其中一个(1 档)；两个都对(2 档)。正确作答题目(2)要求学生能找到在时间间隔相同的情况下哪段路程相同，进而得出 A 物体(加速运动)的平均速度与 B 物体(匀速运动)的速度相同，最后判断出 A 物体与 B 物体速度相同的时刻。评分标准为：错误选项(0 档)；E(1 档)。正确作答题目(3)，要求学生对题目(2)所做的选择做出合理解释。评分标准为：答错(0 档)；仅说明在 3～4过程中，A 的路程与B 相等，没有依据时间间隔相等这一重要前提得出平均速度相同(1 档)；指出 3～4 过程中 A 的平均速度与 B 相等，或者 3 时刻 A 的速度小于 B 的速度，4 时刻 A 的速度大于 B 的速度，所以速度相同的时刻在 3～4 之间的某个时刻(2 档)。

表 4-7　试题 A1F101 的学生作答情况

	(1)			(2)		(3)		
	0 档	1 档	2 档	0 档	1 档	0 档	1 档	2 档
8 年级	17.4%	38.1%	44.4%	50.5%	49.5%	66.4%	30.3%	3.3%

作答题目(1)时，17.4%的学生得 0 档，这部分学生对 A、B 物体运动情况的描述多为直线运动，他们只描述了物体的运动轨迹，并没有意识到去描述速度大小的变化情况这一关键点。本题中 A、B 物体明显都是做直线运动，因此评标中并不把运动轨迹的描述作为一个关键得分点。38.1%的学生得到 1 档，他们多是在 A 物体运动情况的描述上不够准确，例如作答为变速直线运动，仅仅说出速度是变化的，并没有说清速度的变化趋势。44.4%的学生得 2 档，他们能够细致全面地对 A、B 物体运动情况进行描述，既包含了运动轨迹(直线)，又包含了速度的变化趋势(加速)。

作答题目(2)时，有一半的学生给出了错误的答案，主要原因是学生在将试题中物体运动的位置变化信息与路程、速度知识进行直接对应时建立了错误的因果链。得 0 分档的学生中有 64.2%的学生选择了 D 选项“存在，在 2 和 5 这两个时刻”。由于在频闪图中 2 和 5 时刻 A 物体与 B 物体的位置是相同的，学生便认为其速度相等，即学生建立了“因为末位置相等，说明路程相等，所以速度相等”的错误因果链。学生认为“末位置相等，所以路程相等”的原因在于学生没有考虑初位置，本题中 A 物体与 B 物体的初位置是不相同的，根据初末位置可以得到在 3～4 时间段两物体路程相等。因为 A 物体做加速运动，所以两物体运动的时间相等，运动的路程也相等并不能说明在这段时间内两物体的速度时刻相等，我们只能得到在这段时间内的平均速度相等。1 档的学生则建立了初末位置—路程—平均速度的正确因果链。根据初末位置得到两物体路程相等的是 3～4 时间段，在时间相同的前提下，得出 A、B 两物体在 3～4 时间段的平均速度相等，即可得到两物体速度相同的时刻在 3 和 4 之间的某个时刻。

作答题目(3)时，从表 4-7 中不难发现有半数学生在题目(2)选择了正确的答案，当要求这部分学生作进一步解释的时候，有33.6%的学生能得分，即仍有66%左右的学生虽然选对了答案，但未能给出正确的解释，且仅有3.3%的学生能给出全面正确的解释，这反映了学生基于证据进行分析解释的能力非常薄弱。评标中将得出平均速度相同设为关键得分点，多数得1档的学生只说明了A物体和B物体在3～4时间段的路程相等，并没有依据时间间隔相等这一重要前提得出平均速度相同，因此将此类作答归为1档。得2档的学生清晰合理地解释了思维过程：3～4时间段A物体与B物体路程相等，又因为两物体的时间间隔相同，所以A物体和B物体的平均速度相同，因而两物体速度相同的时刻在3和4之间的某个时刻。

纵观整组题，可以看到，水平越高的学生答对本题的比例也越高，这也证明了学生水平的高低与在具体题目上的表现具有内在一致性。水平1(第一问)的学生能通过观察两物体的位置变化情况，提取速度信息，进而描述物体的运动。水平2(第二问)的学生能将试题中物体运动的位置变化信息与路程、速度知识进行直接对应来进行定性分析。水平3(第三问)的学生则对速度概念有了较全面的理解，能基于情境分析比较不同物体运动过程中速度的大小，具备基于证据解释所判断的结果的能力。

试题B3F124是一道高一年级的测试题。该题是一道开放题，情境比较简单，但涉及两个物理过程：小球滚上斜面和小球滚下斜面，要求学生分析小球在这两个过程中的受力情况、速度变化情况，最后用速度—时间图像和加速度—时间图像进行表征。题目涉及多个物理过程、多个物理量，要求学生对“机械运动”这一核心概念要有全面的认识。该题考查了学生能综合运用多个知识点解决较复杂物理情境问题的能力(B3-2)。题设如图4-3所示。

> 假设有一个质量为m的小球沿光滑斜面(倾角为θ)以一定的速度v向上运动，达到最高点再返回出发点。请对这一过程进行分析，并分别画出这一过程中的速度—时间图像以及加速度—时间图像(请在图像上标出关键位置的速度、加速度以及时间的数值)。

图4-3　试题B3F124的题设

学生要正确作答本题，首先，要

对小球进行受力分析：小球沿着斜面向上和向下运动，均只受到重力和斜面对它的支持力，合力大小和方向均不变，因而可以得出小球在整个过程中的加速度保持不变。其次，根据小球的受力判断小球的速度变化：先沿斜面向上做匀减速直线运动，到最高点速度大小为0，接着沿斜面向下做匀加速直线运动，两个过程中速度的大小和方向都发生了变化。最后，将分析得到的结果通过图像的形式表征出来，包括规定正方向、坐标轴物理量的选取、重要坐标点的标注等。本题对学生物理概念的理解能力、对物理过程的推演能力、用图像表征物理过程的能力都提出了较高的要求。

依据本题的作答情况，评标分为3档：没有作答或完全错误(0档)；能定性画出图像，但图像存在部分错误(1档)；能进行受力分析，能得到部分关键点的坐标，并能正确画出图像(2档)。具体情况如表4-8所示。

表4-8 试题B3F124的学生作答情况

		0档	1档	2档
速度—时间图像	百分比	49.5%	33.0%	17.6%
	典型作答	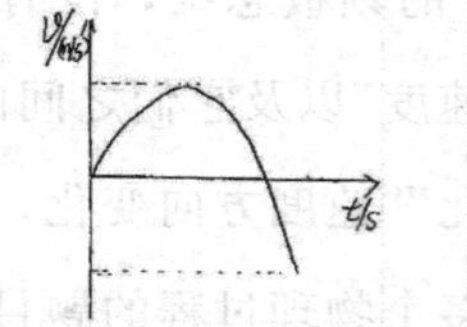	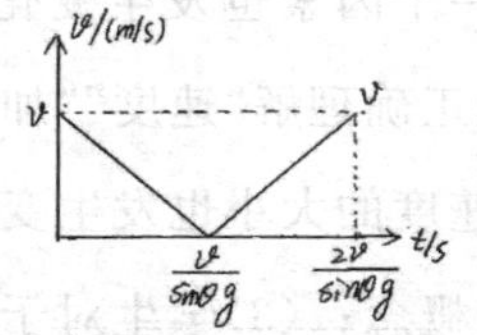	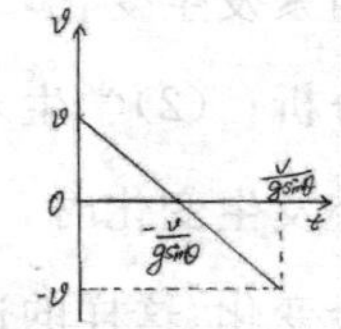
加速度—时间图像	百分比	69.1%	22.3%	8.5%
	典型作答	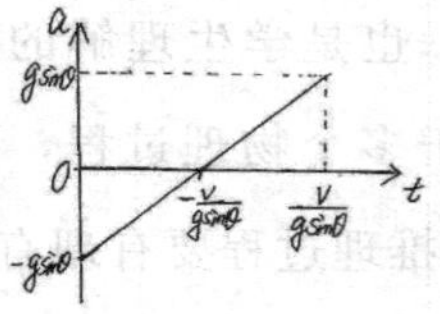	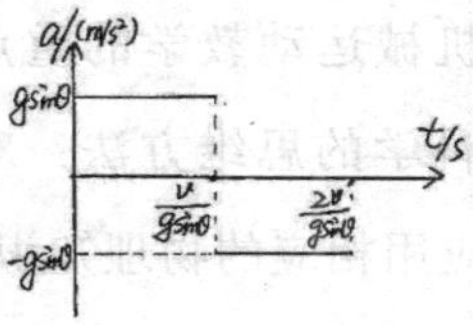	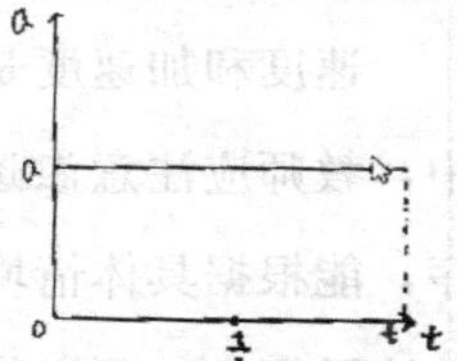

从表中可以发现，在作答速度—时间图像时，接近半数学生没有作答或完全错误，处于0档。这部分学生思维混乱，混淆两个物理过程，图像随意性较大。而1档的学生，虽然知道小球沿斜面向上时速度大小由v减小到0，小球沿斜面向下时速度大小由0增大到原始的速度v，但存在典型的错误：认为速度方向发

生变化时对应图像上的直线斜率发生改变。这部分学生不理解速度的正负代表方向的不同，即不理解速度的矢量性。仅有17.6％的学生能够正确用图像表征速度随时间的变化，不仅反映速度大小的变化，也反映速度方向的变化。

在作答加速度—时间图像时，学生表现较差，接近7成的学生处于0档。最典型的错误是将 a-t 图像与 v-t 图像混淆，认为两者的趋势一致。反映出来的迷思概念是：速度大小发生变化时，加速度的大小也发生变化。22.3％的学生处于1档，这部分学生会对小球进行受力分析，理解小球加速度的大小由其所受合力的大小决定，且合力大小为小球重力沿斜面方向向下的分力。1档学生没有混淆 a-t 图像与 v-t 图像，能够求出加速度的大小为 $g\sin\theta$，但在表征加速度方向上出现了问题：认为小球在向上运动和向下运动时，加速度的方向发生了改变。反映出另一个迷思概念：速度方向变化，其加速度方向也一定会变化，且变化趋势保持一致。仅有8.5％的学生处于2档，该部分学生能够正确理解两个物理过程，思维清晰、表征明确。

本题有半数以上的学生完全错误或空答，原因可能如下：(1)学生套用了“一个因素发生变化，另一个因素也发生变化”的刻板思维，没有从机械运动本身进行分析；(2)学生未能正确理解“速度”“加速度”以及它们之间的关系，存在“速度大小发生变化时，加速度的大小也发生变化”“速度方向变化，其加速度方向也一定会变化”这样的迷思概念；(3)学生对于多个物理过程的题目存在恐惧，自乱阵脚造成思绪混乱。

速度和加速度是机械运动教学的重点，也是学生理解的难点。在物理教学中，教师应注意渗透科学的思维方法：对于多个物理过程，要首先分清先后顺序，能根据具体情境应用相应的物理知识，推理过程要有理有据；针对学生常见的迷思概念，可以作为专题进行充分讨论，也可以通过实验举出反例来引导学生建构正确的科学概念；此外，对于经典的物理过程，鼓励学生运用多种方式(如用文字、公式、图像等)进行表征，从而深化对物理过程的理解。

(三)“力”二级主题的表现分析

学生在“力”二级主题上的表现情况尚可。整体来看学生基本上能胜任“力”二级主题的任务。具体到各年级的表现，此二级主题对于初中生而言有一定难度，相应试题的难度值大于其平均能力值。高中学生能力均值高于题目难度均值，表明这些学生中的大部分基本能答对此二级主题的相应试题。

在学习理解方面，初中生知道重力、弹力、摩擦力等常见的力，知道重力的计算公式，认识到力可以使物体发生形变；知道力的三要素，能用力的示意图表示力的大小和方向，知道二力平衡的条件；多数学生理解压强的概念，知道增大和减小压强的方法，少数学生混淆力与压强的关系；多数学生知道流体的压强与流速的关系，知道阿基米德原理，能说出浮力大小与哪些因素有关。高中生知道不同的力对物体产生的形变不同以及物体处于平衡态时的受力特征；理解力是矢量，能进行力的合成与分解，知道重力与万有引力的关系；理解牛顿第三定律的内容；知道重力，摩擦力的计算模型，但在将生活中常见的力(重力、弹力和摩擦力)与四种基本相互作用进行关联整合时表现较差。在应用实践方面，初中生能在简单情境中利用二力平衡的条件解决有关的受力问题，例如，已知某个力，推断另一个力的大小和方向；能根据物体的形变信息定性判断力的大小，解释生活中的物理现象；能应用压强的知识分析、解释和预测生活中常见的现象；多数学生能利用物体的浮沉条件解释潜水艇的原理，能用流体的压强与流速的关系解释飞机的升力是怎样产生的。高中生能基于受力分析和牛顿第三定律判断不同质量的物体以不同速度碰撞时的作用力和反作用力之间的关系；能够对简单情境中的静止物体进行正确的受力分析，结合正交分解的知识分析问题，判断物体是否受某种力，但部分学生将力学概念(如弹力)与给定的情境进行对应时出现错误，例如，认为绳子的拉力不属于弹力或拉力与弹力是两种不同的力。在迁移创新方面，初中生在将力的知识迁移到较陌生情境中解决问题的能力上表现较弱，例如，小球靠墙放置，不能基于二力平衡的知识判断受力情况。高中生能将力的矢量性和独立性等知识迁移到陌生情境中去分析物体的受力情况，但基于新情境建构力学模型解决问题的能力还有待加强。以下我们结合典型试题分析学生在此二级主题上的表现。

试题 A3F203 是一道高一年级的测试题。该题由两问构成：第一问要求回答重力、弹力、摩擦力这三种常见的力分别归属于哪种相互作用；第二问要求解释这么归属的原因。该题考查学生对已有知识的关联整合能力（A3-2）。题设如图 4-4 所示。

我们知道自然界存在四种最基本的相互作用，生活中常见的重力、弹力、摩擦力分别属于哪种相互作用？为什么？

图 4-4　试题 A3F203 的题设

要正确作答该题，学生首先需要知道四种最基本的相互作用分别是什么，各具有什么特点，再将重力、弹力、摩擦力分别与四种基本相互作用进行一一对应，最后还要将思维过程用准确的物理语言表达出来。这几个环节环环相扣，任一环节有问题都会影响答题情况。一方面要求学生理解掌握“力”的基本知识；另一方面要求学生对力学领域有一个整体观念，还需要用简洁的语言加以概括。评分标准为：空答或错答（0 档）；部分对应正确，但没有依据或依据错误（1 档）；部分对应正确，且能有一定的依据，或者归类完全正确，但没有依据（2 档）；归类完全正确，且能有一定的依据（3 档）。

本题的评分标准共分 4 档，学生的作答情况如表 4-9 所示。

表 4-9　试题 A3F203 的学生作答情况

	0 档	1 档	2 档	3 档
高一年级	82.4%	10.6%	5.3%	1.6%

从学生作答情况看，答题情况很不理想：超过 8 成处于 0 档，学生未能将重力、弹力、摩擦力与四种基本相互作用进行一一对应。学生的作答示例：

空答或直接写“不知道”。

弹力和摩擦力是作用力与反作用力。

处于该档的学生一部分是由于尚未掌握力的基本知识，存在各种迷思概念；另一部分学生则是面对这种没有情境、要求回答“是什么”“为什么”的题目感到迷茫，不知从什么角度切入，导致大部分空答。

10%左右的学生处于 1 档，学生的回答部分对应正确，但没有依据或依据错误。典型作答示例：

重力是万有引力。

弹力和摩擦力不属于电磁相互作用。

5%左右的学生处于2档，这部分学生能部分对应正确，且能有一定的依据，或者归类完全正确，但没有依据。典型作答示例：

重力属于万有引力，因为是地球的吸引而产生的。

重力属于万有引力，弹力和摩擦力属于电磁相互作用。

仅有1.6%的学生归类完全正确，且能有一定的依据，处于3档。典型作答示例：

重力属于万有引力，弹力、摩擦力属于电磁相互作用。因为重力是由于地球的吸引而产生的，弹力和摩擦力是由于分子间或原子间的斥力和引力变化引起的。

本题有八成以上的学生完全答错或空答，多数学生可能停留在识记的层面。初中开始就接触了重力，许多学生记住了“重力是由于地球吸引产生的”，但仅限于“记住”，所以未能写出依据；对于弹力和摩擦力，虽然很多学生不知道它们属于相互作用力中的哪一种，但却坚定地认为：“弹力和摩擦力不属于电磁相互作用。”究其原因，一方面，在初高中阶段，学生在学习弹力和摩擦力时，并不涉及其微观机制，大多数学生缺乏对这部分内容的认识；另一方面，由于“电磁相互作用”字面上的含义，加上教材中对电磁相互作用进行阐释时，只举例提到了电荷间和磁体间的相互作用，学生就会想当然地认为只有电荷间和磁体间的作用力才是电磁相互作用。

本题的答题情况反映了学生在物理学习中，大多数碎片化的知识缺乏关联整合，尚未形成对相互作用的整体观念。这提醒我们，在中学物理教学中，不仅要引导学生掌握好每一个知识点，还应该不断地将已有知识与新知识建立起链接，形成知识网络，进而对物理学中某一核心概念或某一领域有一个整体的、宏观的认识。知识间的关联整合，不是简单连条线，背知识网络图，而是在理解掌握每一个重要概念的基础上，以物理的核心概念为中心进行统领整合。既有整体观念，又有具体内容，才能有利于培养学生的物理核心素养。

试题B2F204是一道高一年级的测试题。该题是一道看图题，直观明了。题中给出了多种情境，每种情境都不复杂，如小球挂在绳子下、小球挂在弹簧下、小球放在弹簧上、小球放在地面、小球靠着墙壁放置等。要求学生判断小球在这些情境下是否受到弹力的作用。该题考查学生是否能基于对物理问题的描述与分析，依据已有知识进行合理推理的能力(B2-1)。题设及选项如图 4-5 所示。

下图中静止的五个小球，哪个(些)受到了弹力？(其中 E 选项判断小球是否受到了墙的弹力)

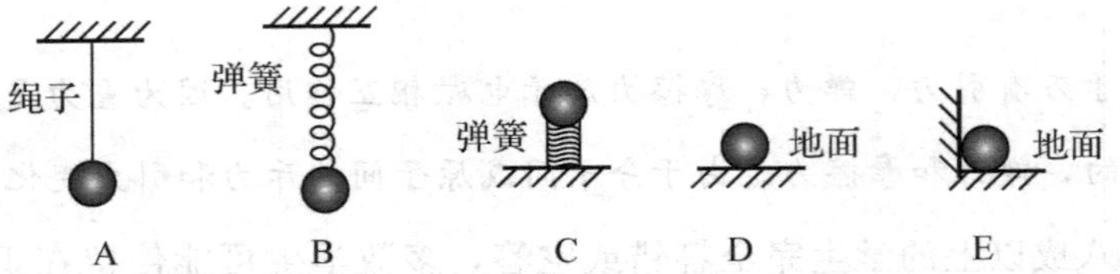

图 4-5　试题 B2F204 的题设与选项

要正确解答本题，学生需要根据小球的状态判断小球的受力情况，即对小球进行受力分析。要正确进行受力分析，学生还需要熟悉弹力、重力的概念，将科学概念与给定的情境对应起来。本道题学生的作答情况如表 4-10 所示。

表 4-10　试题 B2F204 的学生作答情况

	漏选 A	漏选 B	漏选 C	漏选 D	选 E	正确答案 ABCD
高一年级	45.5%	28.7%	15.4%	29.8%	22.6%	36.9%

仅有 36.9%的学生选对了全部选项，接近 65%的学生漏选或者错选，其中 22.6%的学生选择了 E 选项(错误选项)，漏选 A、B、C、D 选项的分别有 45.5%、28.7%、15.4%、29.8%。

E 选项中，球靠着墙壁放置，虽然与墙壁有接触，但由于球静止，只在竖直方向上受到重力和支持力，水平方向上不受墙壁对它的弹力。超过两成的学生选择该选项，主要是学生存在"只要接触就存在力"这样的迷思概念。这部分学生虽然知道弹力属于接触力，但忽视了弹力产生的必要条件——"发生弹性形变"，即产生弹力不仅仅需要接触，还需要物体间发生相互挤压。

A选项中，小球挂在一细绳下，保持静止。小球受到竖直方向的重力和绳子对它的拉力。拉力其实是绳子发生弹性形变后产生的，本质上是属于弹力，因此A选项正确。漏选A选项的学生，可能存在以下迷思概念：

认为物体静止状态下不受力；

认为绳子没有发生弹性形变；

认为绳子的拉力不属于弹力(认为拉力和弹力是两种并列的不同的力)。

B选项中，小球挂在一弹簧下，保持静止。由于弹簧明显发生了形变，且学生对弹力的最初认识就是弹簧伸长或压缩后产生的力。因此，漏选该选项的学生数量较少。漏选的学生可能存在以下迷思概念：

认为物体静止状态下不受力；

认为弹簧对小球有拉力，但拉力不属于弹力；

认为弹簧处于压缩状态才会产生弹力。

C选项中，让小球压在弹簧上，保持静止。小球压缩弹簧，弹簧要恢复原状而对小球产生向上的弹力，因此C选项正确。多数学生都选择了本选项，仅15.4%的学生漏选。

而D选项，只是将C选项中的弹簧换成了地面，但漏选的人数比C选项攀升了近1倍。本选项中，小球受到重力和支持力，而多数学生在“支持力是否就是弹力”的问题上卡壳了，在情境与概念的对应上出现困难。漏选D的学生可能存在以下迷思概念：

认为物体静止状态下不受力；

认为地面没有发生弹性形变，因而没有弹力；

认为支持力不属于弹力(认为弹力和支持力是两种并列的不同的力)。

本题考查的主要是弹力概念在具体情境中的应用，预设的难度不大。答题不理想的原因可能主要是学生在将知识与情境进行简单对应的环节上存在问题。从以上对各个选项答题情况的分析，可以总结出学生在学习弹力过程中的典型迷思概念：(1)认为物体静止状态下不受力；(2)认为只要物体间有接触就会产生弹力；(3)忽视绳子、地面等的微小形变；(4)认为拉力、支持力和弹力属于并列的分类，它们之间没有归属关系。

高中阶段是学生从直观思维向抽象思维过渡的重要阶段。学生可能会以眼睛所见作为判断标准，认为弹簧伸长和压缩才是发生形变，而由于看不到绳子或地面的微小形变，则认为它们没有发生形变。这就喻示我们：需要运用实验或多媒体让学生真实感受“微小形变”这样比较抽象的概念，让学生“眼见为实”，辅助其建立起情境与科学知识间的正确映射。另外，在阐释时适当加入微观解释，一方面让普通学生加强理解，而不是机械记忆；另一方面也可以给学有余力的学生“留白”，引导其继续探索。

(四)“机械运动与力的关系”二级主题的表现分析

在“机械运动与力的关系”二级主题上，学生的表现反映出他们仍存在较大的进步空间。初中学生和高一年级学生在解答此二级主题的相应试题时均存在一定困难，相比之下，高二年级和高三年级学生表现稍好，部分学生能完成相应任务。联系之前国外相关研究也发现学生在理解机械运动与力的关系时存在困难，可以确认机械运动与力的关系是运动与相互作用观念建构时的难点。

在学习理解方面，初中生能认识到力可以改变物体运动的方向和快慢，知道重力可以使抛出去的物体最终都落回地面；知道牛顿第一定律的内容，但部分学生对惯性概念的理解不够深刻，不知道牛顿第一定律就是惯性定律。高中生知道惯性仅与质量有关，能用惯性定律对物理现象进行解释；知道牛顿运动定律的内容，能理解牛顿运动定律间的关系，能结合变速直线运动、自由落体运动等直线运动情境理解牛顿运动定律；极少数学生不能将牛顿运动定律与平抛运动、圆周运动，以及较复杂的曲线运动建立联系；少数学生能认识到牛顿力学是适用于宏观物体在低速下机械运动的动力学理论(认识到经典力学的局限性)；大多数高中生对于“运动”与“力”的认识都是零散的、孤立的，尚未建立起彼此间的联系或者建立了错误的联系，学生在“机械运动与力的关系”二级主题上核心概念的关联整合能力存在较大的提升空间。在应用实践方面，初中生能初步根据物体的运动状态判断受力情况，能根据二力平衡或不平衡解释运动情况；大部分学生能正确应用惯性定律定性解释自然界和生活中常见的现象，例如，解释当汽车突然启动、急刹车、转弯时，车内可能发生的现象。高中生多数能够利用牛顿运动定律的知识对力与运动的关系进行分析推理，部分学生存在“运动需要力来维持、力的大小和物体的速度之间存在线性关系”等错误认识；多数学生善于依据物体的运动方向和速度大小变化准确推断受力情况，但当已知物体速度大小变化和加速度方向判断受力时，不能够变通思路从加速度入手思考，尤其高一年级学生表现较差。在迁移创新方面，初中生能够将新情境与惯性知识进行关联，形成具有可操作性的、有创意的、充分利用惯性或克服惯性的设计，部分初中生能够将惯性的知识迁移到较陌生的情境中解决问题，如在太空中推巨石。大部分高中生具备基于受力分析、牛顿第二定律的知识建构圆周运动新模型的意识和能力，例如，他们能将汽车在高速公路拐弯这一日常生活中的情境进行抽象和简化，把它与相应的圆周运动的知识联系起来，进而建构出模型；极少数学生能对经典力学进行批判性思考。以下我们结合三道典型试题来分析学生在此二级主题上的表现。

试题 B2F317 是高一年级、高三年级的链接题。该题通过对雪橇在冰上七种不同运动情况的描述，要求学生利用已学过的力与运动的知识进行分析推理，进而判断出雪橇受力的大小、方向，考查学生利用已有知识进行合理推理的能力(B2-1)，体现了物理核心素养中对科学思维能力的要求。试题的题设及选项如图 4-6所示。

以下题目是关于在冰上运动的雪橇，摩擦力很小可忽略不计。一个穿着钉鞋的人站在冰面上，给雪橇提供一个力使得雪橇在冰面上运动。请从 A～G 中选择一个选项，填在(1)～(7)的横线上。如果你认为 A～G 没有正确选项，请填 J。

A. 力的方向向右，大小逐渐增大。

B. 力的方向向右，大小恒定不变。

C. 力的方向向右，大小逐渐减小。

D. 不需要力。

E. 力的方向向左，大小逐渐减小。

F. 力的方向向左，大小恒定不变。

G. 力的方向向左，大小逐渐增大。

(1)______哪个力能使得雪橇向右做匀加速直线运动？

(2)______哪个力能使得雪橇向右做匀速直线运动？

(3)______雪橇向右运动，哪个力能使它的速度均匀减小？

(4)______哪个力能使得雪橇向左做匀加速直线运动？

(5)______雪橇静止，受推力开始向右运动，直至速度恒定。哪个力能使得雪橇以上述恒定速度运动？

(6)______雪橇做匀减速运动，并有一向右的加速度。哪个力满足这一运动状态？

(7)______雪橇向左运动，哪个力能使得它的速度均匀减小？

图 4-6 试题 B2F317 的题设与选项

学生要正确作答该题，就必须对匀速直线运动和匀变速直线运动中力与运动的关系非常了解，能够正确理解速度、加速度与受力之间的关系，能基于雪橇的运动方向、速度的变化和加速度判断受力情况。该题考查了学生利用已有知识进行推理的能力，正确选项为：(1)B；(2)D；(3)F；(4)F；(5)D；(6)B；(7)B。

表 4-11 试题 B2F317 的学生作答情况

	高一年级					高三年级				
试题编码	正确作答		典型错误			正确作答		典型错误		
B2F317a	B	27.6%	A	37.9%		B	66.4%	A	19.3%	
B2F317b	D	16.9%	B	36.4%		D	42.1%	B	20.1%	
B2F317c	F	33.1%	C	19.9%		F	72.8%	C	9.5%	
B2F317d	F	27.6%	G	30.9%		F	65.6%	G	15.9%	
B2F317e	D	19.9%	B/C	16.9%	15.8%	D	41.5%	B/C	11.4%	31.0%
B2F317f	B	15.1%	C/F	18.4%	9.6%	B	50.5%	C/F	7.9%	6.1%
B2F317g	B	25.7%	E/A	17.6%	8.8%	B	69.8%	E/F	6.9%	6.3%

根据题目所考查运动形式的不同将上面 7 个小题分为两组，分析如下。

1. 匀速直线运动

B2F317b：哪个力能使得雪橇向右做匀速直线运动？

B2F317e：雪橇静止，受推力开始向右运动，直至速度恒定。哪个力能使得雪橇以上述恒定速度运动？

这两题在整组题中的正确率较低。分析错误原因时我们发现学生对于这两道题的典型错答都包含“B. 力的方向向右，大小恒定不变”。可见，对于匀速直线运动，学生存在“运动需要力来维持”的迷思概念。但持有这种迷思概念的学生比例随着年级的增长明显下降。例如：高一年级学生作答 B2F317b 时，错选“B. 力的方向向右，大小恒定不变”的比例达 36.4%，远高于选择正确选项“D. 不需要力”的比例 16.9%；而高三年级学生选择正确选项 D 的比例占到 42.1%，错选 B 的比例下降到 20.1%。

综合分析学生错答的原因有两方面：第一，学生持有迷思概念“运动需要力来维持”，“恒定的力产生恒定的速度”；第二，对力的理解比较狭义，学生考虑到的往往只是动力，没有考虑到阻力(摩擦力)。物理中考虑物体是否受力都是指合力，物体做匀速直线运动，合力为零。学生根据生活经验认为，要让物体运动起来，必须提供动力，物体要做向右的匀速直线运动，则必须提供方向向右，大小恒定不变的动力。但学生往往忽视了物体还受到与动力大小相等、方向相反的阻力的作用，物体所受合力为零。所以症结在于学生判断物体是否受力往往不是去考虑物体所受到的合力，而是去考虑物体是否需要外界提供动力。解答此题时部分学生恰好没有注意到摩擦力忽略不计，从而造成错答。

2. 匀变速直线运动

B2F317a：哪个力能使得雪橇向右做匀加速直线运动？

B2F317d：哪个力能使得雪橇向左做匀加速直线运动？

B2F317g：雪橇向左运动，哪个力能使得它的速度均匀减小？

B2F317c：雪橇向右运动，哪个力能使得它的速度均匀减小？

以上四题分别考查左右两个方向的匀加速直线运动以及匀减速直线运动，属于同一类，此四题的正确率基本相当(高一年级 27%左右，高三年级 68%左右)，错因也一致。因此选取其中一题做典型分析：

B2F317g：雪橇向左运动，哪个力能使得它的速度均匀减小？

两个年级做错该题的学生中选择“E. 力的方向向左，大小逐渐减小”的比例最高。由此可见，学生习惯于将运动与力做直接的对应，认为施加到物体上力的大小和物体的速度之间存在线性关系：物体向左运动，是因为受到向左的力，速度减小，是因为力在减小。这样的错误认识还是归结到学生“运动需要力来维持”的迷思概念。

变式题 B2F317f：雪橇做匀减速运动，并有一向右的加速度。哪个力满足这一运动状态？

此题依旧考查匀变速直线运动，与试题 B2F317g“雪橇向左运动，哪个力能使得它的速度均匀减小?”描述的运动情况一致。但是在题目的叙述上没有直接说明物体运动的方向，而是指出“有一向右的加速度”。学生除了出现与作答 B2F317g 同样的思维错误，在力的方向的判断上也出现问题。一部分对 B2F317g 判断正确的学生很可能没有注意到 B2F317f 描述的是加速度方向而非速度方向，因此出现典型错误“F. 力的方向向左，大小恒定不变”导致答对该题的学生比例相对 B2F317g 有所下降。

由高一年级和高三年级学生在此题上的作答表现可知，学生在物理学习过程中的迷思概念是稳定、一致的，但随着年级的发展，持有迷思概念的学生的比例明显下降。

表 4-12 是两个年级不同水平的学生在该题上的整体作答情况。我们将 7 道小题共赋分 7 分，得 0～2 分的学生定为 0 档，3～4 分的学生定为 1 档，5～7 分的学生定为 2 档。

表 4-12　试题 B2F317 的学生作答情况

年级	0 档	1 档	2 档
高一	41.0%	36.9%	22.1%
高三	28.2%	18.7%	53.1%

由以上分析可知，高一年级的学生对力影响运动的实质掌握得不够好，存在“力是维持物体运动的原因”这一迷思概念的情况较多。高三年级较多的学生明确

“力是改变物体运动状态的原因”，能针对物体的运动状态，运用牛顿第二定律去推理从而得出物体的受力情况。

试题 C3F323 是一道高三年级的测试题，用高速公路的拐弯处路面外高内低的设计作为问题情境，让学生对其设计意图做一个由定性到定量的探究。该题考查学生基于受力分析、牛顿第二定律等物理知识构建圆周运动新模型的能力(C3-2)。试题的题设如图 4-7 所示。

在高速公路的拐弯处，路面造得外高内低，即当车向右转弯时，司机左侧的路面比右侧要高一些。请你说明其中的原因，并设计确定路面倾角 θ 与拐弯路段的半径 r 及车速 v 的关系。(已知当地重力加速度为 g)

图 4-7 试题 C3F323 的题设

学生要正确作答该题，需要知道在水平道路上，汽车转弯时所需的向心力全部由静摩擦力提供。道路如果造得外高内低，根据受力分析可知支持力的水平分力可以给汽车提供一部分向心力，这样可以减小轮胎的磨损，汽车的最大车速相比在水平道路上转弯时也增大了。将汽车转弯看作匀速圆周运动，设汽车质量为 m，路面倾角为 θ，转弯半径为 r，若要使汽车在转弯时的侧向静摩擦力为零(若考虑静摩擦力会过于复杂，此题在计算时不要求)，则：$mg\tan\theta=mv^2/r$，得到 $\theta=\arctan(v^2/gr)$。评分标准为：未作答或回答错误(0 档)；能说明路面倾斜是为了让支持力提供一部分转弯时的向心力(1 档)；能说明原因，作出正确的受力分析示意图或写出表达式 $mg\tan\theta=mv^2/r$(2 档)；能进一步说明路面倾斜的意图(如减小轮胎磨损，使得汽车行驶的最大速度增大)，并作出正确的受力分析示意图，通过公式 $mg\tan\theta=mv^2/r$，演算得到 $\theta=\arctan(v^2/gr)$(3 档)。

表 4-13　试题 C3F323 的学生作答情况

	0 档	1 档	2 档	3 档
高三年级	43.4%	25.8%	19.8%	11.0%
典型作答		使支持力的水平分力充当汽车拐弯的向心力，使车更易拐弯	向右转，左侧高。原因：重力和支持力的合力提供向心力。 $F_{向}=mg\tan\theta=\frac{mv^2}{R}$  $\tan\theta=\frac{v^2}{gR}$	若地是平的 则由摩擦力产生向心力 ∴对车的磨损严重 但若有倾角 则为支持力的水平分力产生向心力 ∴对车不会磨损。 $\begin{cases}\cos\theta N=mg\\F_{向}=\sin\theta N\end{cases}$ $\therefore F_{向}=\tan\theta mg=m\frac{v^2}{R}$ $\therefore \tan\theta g=\frac{v^2}{R}$ $\tan\theta=\frac{v^2}{gR}$

分析学生作答表现可以发现，有 43.4% 的学生在本题上处于 0 档。这些学生大多没有对该题进行作答，说明学生尚未具备根据题目已有情境构建物理模型解答问题的能力。

有 25.8% 的学生处于 1 档，该部分学生均能正确说明拐弯处路面倾斜是为了给汽车提供向心力，但建构了错误的模型。可见，该档的学生能将题目中汽车在高速公路拐弯这一日常生活中比较熟悉的情境进行抽象和简化，有意识地把它与相应的圆周运动的知识联系起来，进而建构模型。但大多数学生在受力分析时出现错误，得到向心力的大小为 $mg\sin\theta$。这是由于在学生常接触的斜面模型中，物体置于斜面上时重力与支持力的合力常为 $mg\sin\theta$，于是便将汽车的受力分析按照物体放置于斜面上的情境作为相似的模型处理，因而产生错误。该档的学生没有意识到要根据汽车拐弯时做圆周运动，所受合力的方向为水平方向来建立模型，这与平时接触的沿斜面下滑的物体所受合力的方向不一致，需要构建一个新的模型。

19.8% 的学生处于 2 档，该部分学生能通过建构新的模型对汽车进行正确的受力分析，结合圆周运动得到了 $mg\tan\theta=mv^2/r$ 这一表达式，但没有阐述高速公路拐弯处路面外高内低设计的原因。

有 11.0% 的学生处于 3 档，该部分学生除了建构出新模型外，还能综合比较拐弯处路面水平设计和外高内低设计的不同之处。若道路是水平设计，汽车转弯时所需的向心力全部由静摩擦力提供。若道路是外高内低设计，根据受力分析可知支持力的水平分力可以给汽车提供一部分向心力，使得所需要的静摩擦力减小，这样可以减小轮胎的磨损。在水平路面，汽车速度过大会导致所需要的向心力过大，当汽车与路面间的最大静摩擦力不足以提供如此大的向心力时，汽车便会打滑(做离心运动)。在外高内低的道路上，汽车所需的最大向心力由支持力的水平分力和最大静摩擦力(摩擦力方向近似看作水平方向)的合力提供，因此最大车速相比水平道路增大了，发生危险的可能性更小。

纵观整道题，我们发现，57%左右的学生具有建构模型的意识和能力，他们能将题目中汽车在高速公路拐弯这一日常生活中比较熟悉的情境进行抽象和简化，把它与相应的圆周运动的知识联系起来，进而建构出模型。

试题 A3F311 是一道高一年级的测试题。该题是一道开放题，要求学生围绕“运动”和“力”两个核心概念联想与其相关的其他重要概念，采用知识网络图的方式建构这些重要概念之间的关系，引导学生对其所学知识进行整合。本题没有任何物理情境，也不需要学生进行复杂的公式计算，目的是除去非本质信息或周边信息之后，考查学生核心概念的关联整合能力(A3-2)。试题的题设如图 4-8 所示。

> 知识网络图通常由文字、方框、箭头等方法表征，可以帮助我们厘清知识之间的联系。对于“运动”和“力”这两个物理学中常常听到的物理名词，你想起了哪些相关的概念？这些概念间存在什么联系？请你尽可能详细地用知识网络图表示出来。

图 4-8 试题 A3F311 的题设

本题具有较好的思维发散性，因此正确作答该题，需要学生发挥发散性思维。该题没有明确的指向性，也没有一个特定的答案，在传统的测试中很少出现，这就排除了学生因题海战术而“驾轻就熟”的影响，能更加真实地反映出学生的关联整合能力。评分标准中并不简单以学生的作答内容是否正确作为划档的标准，而是根据学生是否能将“运动”和“力”的相关重要概念建立起关联，并通过整合这些重要概念得到对“运动”和“力”这两个核心概念的整体认识。评分标准为：仅仅写出力与运动两个概念，仅注明影响、有关等笼统关系。或者只是罗列力与运动的分类，没有建立联系(0 档)；写出一些相关概念，并建立了联系，但联系比较片面或存在部分错误，如给出力的简单分类，并与相应的运动形式做对应（1 档）；能写出两个核心概念相关的重要概念，并能建立起正确且较全面的联系（2 档）。

表 4-14 试题 A3F311 的学生作答情况

	0 档	1 档	2 档
高一年级	67.0%	24.5%	8.5%

下面结合学生的实际作答情况对各个评分档作具体的解析。

有接近七成的学生处在 0 档，该部分学生在两类问题上表现比较集中：一类是仅仅写出题目给出的力与运动两个概念，仅注明影响、有关、改变等笼统关系或只进行了简单对应。其中有的学生在这两个概念的联系上出现“力是维持运动的原因”的典型错误。这类学生对“运动”和“力”两个核心概念没有详细的、发散性的认识，不能联系到其他的相关概念将两者进行关联整合。另一类典型情况是学生只是对“运动”和“力”的分类进行了简单的罗列，未能将“力”与“运动”这两个核心概念建立联系。本题重在考查学生对“运动”和“力”两者关系的认识，旨在考查学生对两者内在逻辑关系的把握。因此，凡是孤立地罗列出“运动形式的分类”或“力的分类”作答，即使学生的罗列中未出现错误，我们也将其归为 0 档。

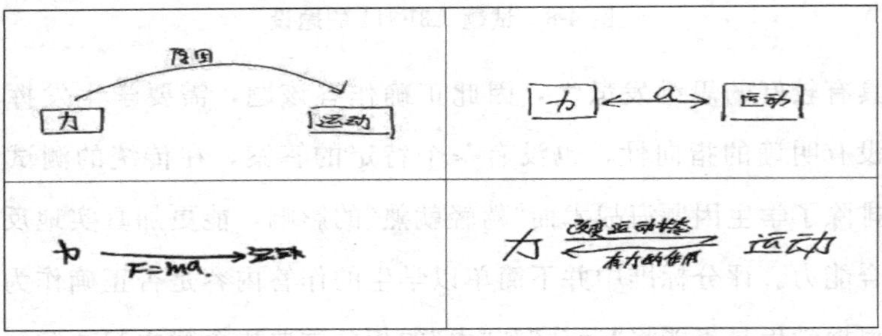

图 4-9 学生 0 档作答示例一

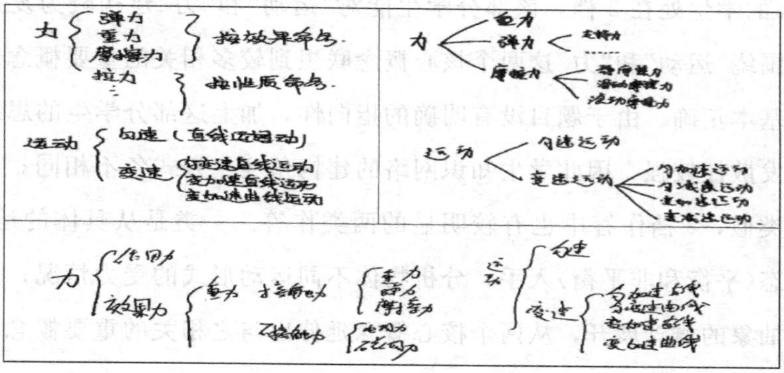

图 4-10 学生 0 档作答示例二

24.5％的学生处在 1 档，该部分学生能将“运动”和“力”建立起一个链式的、简单的联系。有两类典型的作答：一类是根据物体受力判断其运动状态，即根据合力的不同进行分类讨论，写出相应的运动形式，从而建立两者的联系。这些学生通过形象思维对力与运动进行了对应联系，较之 0 档的学生，具有一定的关联能力；另一类作答则是脱离了具体的运动形式，直接表征重要概念间的联系。即通过具体公式量化表征力、加速度、速度、位移等重要概念的联系，如 $F=ma$ 等，得出“运动”和“力”的内在逻辑联系。这些学生初步具有关联整合能力，能调用学过的物理概念建立起两个核心概念间的简单联系。

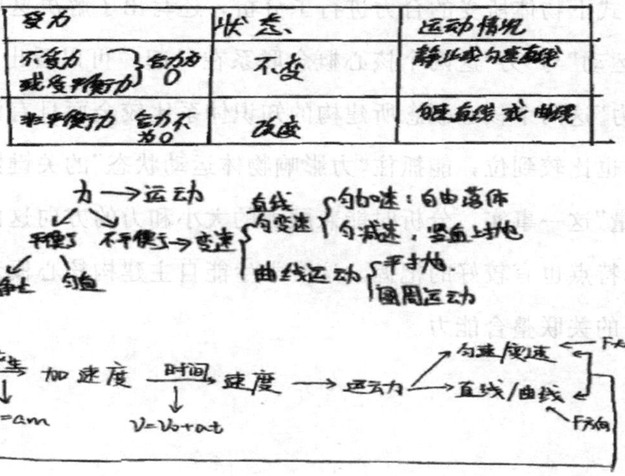

图 4-11 学生 1 档作答示例

8.5%的学生处在2档，该部分学生能对“运动”和“力”建构较为复杂的知识网络，能围绕“运动”和“力”这两个核心概念联想到较多相关的重要概念，且概念间的联系基本正确。由于题目没有明确的指向性，加上这部分学生的思维广度较大，思维发散性较强，因此学生知识网络的建构角度、方式各不相同。与1档的两类作答类似，2档作答中也有较明显的两类作答。一类是从具体的运动入手，从运动状态(平衡和非平衡)入手，分析物体不同运动形式的受力情况；另一类则是直接从抽象的概念展开，从两个核心概念延伸出与之相关的重要概念，通过公式或文字说明将两者关联起来。

在学生2档作答示例一中(图4-12)，学生指出物体做匀速圆周运动的条件是：力的方向与速度方向垂直、大小不变，并指出了圆周运动的一些常见的应用情境。在力恒定的情况中，该学生除了举出一般学生都能想到的匀变速直线运动，还想到了匀变速曲线运动，并分别对这两种运动形式进行了举例。在示例二中(图4-13)，该学生在“力”的知识梳理上，覆盖到了重力、弹力、摩擦力，以及力的合成与分解这些重要概念。而在梳理“运动”的知识时，对速度、加速度、位移的计算式罗列得也很详细，如在“速度”这一重要概念上，罗列出了加速度恒定时物体在中间时刻、中间位移以及任意时刻的速度计算式，并指出了速度与速率的区别。此外，该学生具体列举了竖直上抛运动、平抛运动和圆周运动，并对这些不同运动形式下物体所受的合力进行了分析，还写出了解决这些运动问题的方法，从而将“运动”与“力”这两个核心概念联系在一起。可以看出，2档的学生围绕“运动”与“力”这两个核心概念所建构的知识体系比较全面且有深度，对各个重要概念的理解也比较到位；能抓住“力影响物体运动状态”的关键因素，能深刻意识到“力是矢量”这一事实，分析时能兼顾力的大小和力的方向这两个方面；对各种运动形式的特点也有较好的把握。这类学生能自主建构核心概念的知识网络体系，具有较好的关联整合能力。

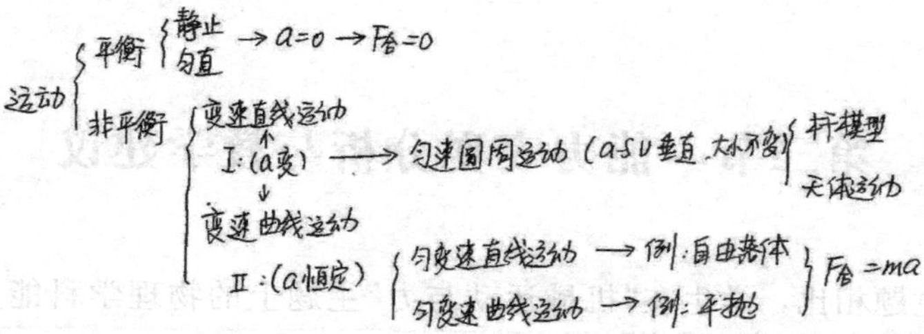

图 4-12 学生 2 档作答示例一

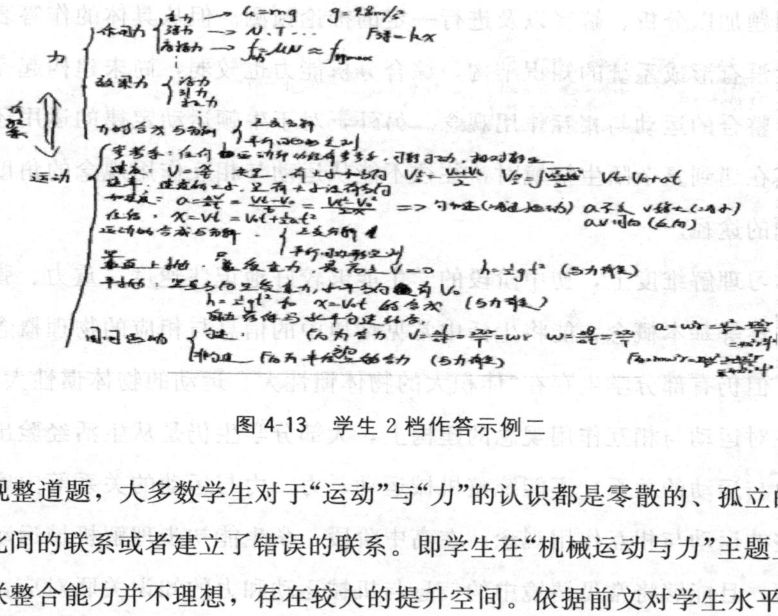

图 4-13 学生 2 档作答示例二

纵观整道题，大多数学生对于“运动”与“力”的认识都是零散的、孤立的，尚未建立彼此间的联系或者建立了错误的联系。即学生在“机械运动与力”主题上核心概念的关联整合能力并不理想，存在较大的提升空间。依据前文对学生水平的划分，可以发现不同水平的学生在本题上得分的档次也存在很大的不同，水平越高的学生在本题上的得分档次也越高。水平 1、水平 2 和水平 3 的学生尚未能够将“运动”和“力”这两个核心概念进行关联整合。水平 4 和水平 5 的学生能以形象思维，建立不同的运动形式与不同的力之间的关联，或者以抽象的思维，通过加速度、速度、位移这些相关概念，指出力与运动的内在逻辑联系，具备一定的关联与整合的能力。水平 6 和水平 7 的学生对力与运动这两个核心概念的认识清晰准确，能抓住“力影响物体运动状态”的关键因素——力的大小和方向，分析时能兼顾这两个方面，围绕核心概念进行关联整合。

第三节 能力表现分析与教学建议

与其他主题相比，学生在“机械运动与力”主题上的物理学科能力表现较好。学生具备从生活现象中发现物理问题的意识，能对物理现象和物理过程进行概括抽象，发现其内在的规律，能用文字、符号公式和图表表征概念，调用相关物理知识对问题加以分析、解释以及进行一定的推论预测。但从具体的作答表现也发现，学生没有形成系统的知识结构，综合分析能力也较弱，尚未建构起完整的知识框架、整合的运动与相互作用观念。另外，对于牛顿运动定律的运用还不够熟练，尤其在遇到复杂陌生情境时，往往不能从运动与相互作用观念的角度来思考解决问题的途径。

在学习理解维度上，初中阶段的学生能够较好地记住速度、重力、弹力、摩擦力、惯性等基本概念，能将生活中常见情境中的信息与相应的物理概念进行关联对应，但仍有部分学生存在“体积大的物体惯性大、运动的物体惯性大”等迷思概念，在对运动与相互作用观念的建构上，大部分学生仍是从生活经验出发粗略地认识力与运动的关系，不能统整机械运动、力、力与运动的关系等内容来建构系统完整的运动与相互作用观念。在高中阶段，学生能初步理解机械运动与力的计算模型，且能够将常见情境中的信息与机械运动和力的知识关联对应，学生的各类迷思概念也大大减少。然而，大部分学生仍未能以机械运动与力的关系为核心建构起对运动与相互作用观念的整体认识，他们对机械运动、力、力与运动的关系的认识仍是比较零散的。

在应用实践维度上，初中生能较为熟练地应用速度、重力、弹力、摩擦力、平衡态等概念分析问题，但仍有部分学生不能正确应用惯性概念及其大小判断因素对真实情景中的物理现象进行分析解释。许多学生在解决涉及惯性和相对运动情境中的问题时出现错误，以致对力与运动关系的分析出现偏差(典型的错误如：认为刹车时人前倾是因为人受到向前的力)。很多学生不能很好地利用力与运动的关系来分析解决问题。高中阶段，错误运用惯性概念的学生比例减少，学生能初步运用力与运动关系以及矢量的运算法则来分析解决问题。然而，高中学生尚不能熟练地基于牛顿运动定律、受力分析以及矢量的运算法则来对较复杂情境中的力与运动变化的过程进行推理，部分学生在分析解决复杂受力问题时不能正确判断摩擦力的存在以及摩擦力的方向。

在迁移创新维度上，初高中学生在遇到陌生情境时能够优先将其与所学的力与运动的知识进行关联来解决问题，但学生迁移力与运动知识分析解决新情境中问题的能力并不强。在科学研究中，许多重要发现都是从力与运动关系的视角提出建模的思想，进而利用有关规律有效地解决问题，因此这方面能力还有待提高。另外，学生基于批判性思考的评价能力不强，思维的逻辑性不严谨，且对相关理论知识的调用不熟练、不完整，只有少数高中生能基于良好的知识结构和严密的逻辑推理在分析的基础上发现问题并提出质疑，进而形成具有批判性的评价。

如何更好地引导学生建构系统的、整合的运动与相互作用观念，一直是科学教育研究的重点之一。目前中学物理教师对“机械运动与力”主题教学的讨论多基于一线教师的经历和经验，缺乏系统的实证支持。通过对国内外“机械运动与力”主题教学研究的文献综述和当前教案的文本分析，发现许多“机械运动与力”主题的教学设计没有从建构物理观念的视角出发，而有些教学设计又过于强调学生对概念规律的记忆和习题训练，对运动与相互作用观念的整体把握不够。另外，要注意学生概念发展的过程性和阶段性。过于强调学生的迷思概念，将教学中心聚焦于用科学概念强行替代学生的错误认识也是不恰当的。运动与相互作用观念的发展很大程度上是在原有认识的基础上通过同化和顺应过程逐步形成的，所以教学不应过分强调知识点，不宜进行过度的思维定式训练，而应立足于对学生已有认识的关联、拓展和整合，促进学生在原有认识基础上向物理观念发展。

以培养学生物理核心素养理念为指导，从日常经验出发，通过围绕运动与相互作用观念中的核心概念来统整与组织教学和科学实践活动，在建构运动与相互作用观念的同时促进学科能力的发展，已成为 20 世纪末以来大量西方教材的处理方式。例如，初高中教学可以围绕“机械运动”和“力”展开，同时将“机械运动与力的关系”贯穿于整个物理课程教学，引导学生在真实情景中理解物理概念和规律，从实践活动中建构整合的运动与相互作用观念，同时培养学生的科学探究能力。基于项目的教学实验能够证明上述“机械运动与力”主题教学的设计及实施能够促进学生运动与相互作用观念的形成以及水平的逐渐提升。另外，还有很多国外学者提出了其他机械运动与力教学的设计思路并开展了实证研究（Alonzo et al，2009；Kennedy et al，2007）。这些研究都将促进机械运动与力教学模式的改进，为学生建构整合的运动与相互作用观念以及培养学生的物理学科能力提供借鉴。

第五章

“电与磁”主题上的学科能力表现

“电与磁”主题是物理学的基础与核心内容，更是中学物理课程中的重点与难点：一方面，该主题的学习对发展学生的物理核心素养至关重要；另一方面，这部分内容存在很多概念及规律，这些概念并不是学生日常生活所熟悉的，它们具有较高的复杂性和抽象性，且相互之间紧密联系。该主题知识具有基础性、抽象性和综合性，基础性表现在它是学生终身学习发展必备的基础知识；抽象性表现在它含有很多抽象的物理概念和物理规律；综合性表现在电磁学不仅内部知识概念繁多，规律复杂，同时需要迁移应用力学的知识和方法，对学生的能力要求较高。

了解学生在“电与磁”主题上的学科能力表现状况，才能达到在该主题的教学中有的放矢地培养学生核心素养的目的。因此，本章聚焦“电与磁”主题，描述不同水平学生在此主题上的物理学科能力表现，并据此提出教学建议。

第一节　表现期望的确立依据与具体内容

“电与磁”主题包含了电、磁及其相互作用等一系列内容，在教学和研究中，一般会对该主题进行细致划分。刘艳芳(2013)在分析与综述国际上关于电磁学内容的细致划分的基础上，将其划分为恒定电流、静电场、恒磁场、电和磁(包括电磁感应、电磁现象、电磁场、电磁波等)四条主线。本章“电与磁”主题侧重电场、磁场及内部的相互作用，暂不包含恒定电流部分，故该主题细致划分为静电场、恒磁场、电磁相互作用(包括电磁感应、电磁现象、电磁场、电磁波等)三个二级主题。

在制订各二级主题的表现期望时，结合物理学科能力表现框架，以我国小学、初中、高中课程标准对“电与磁”主题的学习要求为基准，同时参照了刘艳芳(2013)、朱宁宁(2015)、张玉峰(2016)等的实证研究，以及美国的《新一代科学教育标准》等在国际上较有影响力的科学教育纲领性文件。

一、“静电场”二级主题的表现期望

“静电场”二级主题是电磁学知识的基础，也是光学等其他物理学知识的基础。该二级主题的核心内容是电场的概念及描述电场特性的物理量。在小学阶段，学生对电场产生的作用进行观察，了解与静电相关的自然现象，初步感知“电场”的存在。初中阶段初步了解生活中的静电现象、电荷种类及其相互作用，了解静电现象的微观本质；进入高中阶段，学生先认识电荷、电荷间的相互作用规律，再认识描述电场的性质的相关物理量，在此基础上，通过静电现象和电容器等核心内容的拓展和应用，提高学生综合运用物理知识的能力。

在对“静电场”二级主题逐步深入学习的过程中，学生逐渐形成电场背景下的物质观和运动观，并能用这些观念解决电场中的问题；能正确建构匀强电场模型，并能够使用证据对电场中的物理现象进行分析、推理与论证，从而培养推理、论证、质疑等多种科学思维。“静电场”二级主题的表现期望如表 5-1 所示。

表 5-1　“静电场”二级主题的表现期望

学段	表现期望
小学	•知道雷电、高压电等具有巨大能量，知道生活中电的用途，会连接简单电路。会探究影响电磁铁磁力大小的因素，了解电磁铁在生活和生产中的一些应用。
初中	•了解摩擦起电现象是指摩擦过的物体具有吸引轻小物体的能力，知道摩擦可以使物体带上电荷，能列举生活中的静电现象。 •知道自然界有正负两种电荷，了解同种电荷相互排斥，异种电荷相互吸引。 •物质由原子组成，原子由原子核和电子组成，原子核带正电，电子带负电。知道电荷的多少叫电荷量，知道元电荷。能够初步用原子模型解释摩擦起电现象。
高中	•知道不同物体之间的电荷可以转移，会用原子结构和电荷守恒分析电荷的转移与分布问题，以及解释静电现象。 •知道点电荷是一种理想化的物理模型，能说出建立点电荷模型的条件。 •理解两个点电荷间的相互作用规律。会用库仑定律计算电荷间力的大小和方向。 •知道电荷周围存在电场，了解场是物质存在的形式之一。 •会描述点电荷周围的电场和匀强电场的特点。 •了解电荷的相互作用通过“电场”发生，电荷在电场中会受到力的作用。 •理解电场强度是从力的角度描述电场性质的物理量，理解电场强度和电场力的概念及物理意义。能分析带电粒子在电场中的受力与运动情况。 •会用电场线及电场强度描述电场，根据电场线的分布分析电场强度的变化。 •会利用矢量运算法则求场强的叠加。 •理解电势是从能的角度描述电场性质的物理量，理解电势能和电势的概念及物理意义，会判断电势的高低，以及电荷在电场中不同位置具有的电势能的大小。能基于电势分析静电场中带电粒子在运动过程中电场力做功情况。 •会根据电场线和等势面的分布判断电场强度，会根据电场线的分布分析电势大小。 •理解电场力做功的特点，理解电场力做功与电势能变化的关系。 •了解电势差与电场强度的关系，了解电势差与电场力做功的关系。 •了解电容器的构造、用途及在技术中的应用，了解电容器的电容。

二、“恒磁场”二级主题的表现期望

磁场也是电磁学的核心内容，学生对磁场内容的学习遵循由浅入深、从形象到抽象、循序渐进的过程。小学阶段主要强调学生对磁铁及其特点有基本的了解与接触；初中阶段侧重对磁场物质性的表观认识，包括磁性、磁场的存在、磁场方向、用磁感线描述磁场、电磁铁的应用等，符合初中生形象思维发展阶段的特点；高中阶段，侧重更全面了解磁场的性质以及对磁场性质的定量描述，形成磁场中的运动观念，涉及从宏观层面到微观层面，包括电流的磁场和运动电荷产生的磁场。这些是以后学习电磁学知识(比如电磁感应、电磁场)的基础，甚至在工农业生产及高新科技发展中都有着广泛的应用。教学中，磁场部分一般会与电场类比进行教学，比如磁感应强度与电场强度类比，安培力与电场力类比等。像这样恰当地运用类比方法既有利于学生理解知识，又有利于培养和发展其思维能力，这也会为更深入地学习与理解电磁场奠定基础。所以“电与磁”主题的各个二级主题的教学是紧密相连、前后呼应的。

在对“恒磁场”二级主题逐步深入学习的过程中，伴随着学科能力的提高，学生物理核心素养进一步提升：学生进一步完善场背景下的物质观和运动观，体会场的统一性与多样性；正确建构匀强磁场模型，了解物理模型、比值定义和数学等方法在物理研究中的应用，在研究安培力、洛伦兹力的实验中体会实验对物理研究的作用；能够使用证据对磁场中的物理现象进行分析、推理与论证，从而培养推理、论证、批判等多种科学思维；同时了解我国古代在磁现象方面的研究成果及其对人类文明的影响。“恒磁场”二级主题的表现期望如表 5-2 所示。

表 5-2 “恒磁场”二级主题的表现期望

学段	表现期望
小学	• 知道磁铁能够吸引铁、镍等材料。 • 知道磁铁总同时存在着两个不同的磁极，同名磁极相斥，异名磁极相吸。
初中	• 知道一些物体通过磁化能够获得磁性。 • 了解磁体周围存在一种看不见、摸不着的物质——“磁场”，磁场能够使放入其中的磁针发生偏转。 • 知道可以用小磁针在磁场中静止时的指向判断磁场方向，了解规定小磁针北极的指向为该点的磁场方向。 • 知道可以用磁感线(带箭头的曲线)形象地描述磁场，会用磁感线展示条形磁铁、蹄形磁铁等的磁场分布。 • 会画地磁场的磁感线，知道地理两极和地磁两极不重合。 • 了解电流(通电导体)周围存在磁场，了解电流的磁效应。 • 会用安培定则(右手定则)判断通电螺线管外部磁场的方向。 • 了解电磁铁的组成，知道电磁铁的磁场大小与电流大小、线圈匝数的多少有关；能举例说出生活中电磁铁的实际用途。

续表

学段	表现期望
初中	• 知道通电导线在磁场中会受到力的作用，了解力的方向与哪些因素有关。 • 了解电动机的基本构造与工作原理。
高中	• 知道磁体与磁体之间、磁体与通电导线之间、通电导线与通电导线之间的相互作用是通过磁场发生的。 • 了解地磁场的分布和变化，以及对人类生活的影响。 • 理解磁感应强度是定量描述磁场的强弱和方向的物理量，理解磁感应强度是矢量，仅由磁场本身决定。能用磁感应强度分析磁场。 • 知道很短的导线中的电流 I 与导线长度 L 的乘积叫做电流元。 • 会用磁感线定性描述磁场，会根据磁感线的分布分析磁场的大小、方向。并了解几种常见磁场的磁感线分布。 • 会用安培定则判断直线电流和环形电流的磁场方向，会分析通电导线周围磁场的特点。 • 能用安培分子电流假说对磁场进行微观解释。 • 会建立匀强磁场模型。 • 知道磁通量，知道磁感应强度表示磁场中穿过单位面积的磁通量。 • 理解安培力，会用左手定则判断安培力的方向，会计算匀强磁场中安培力的大小。能运用安培力分析通电导线在磁场中受力及运动情况。 • 了解安培力在生产生活中的应用：了解磁悬浮列车的磁悬浮原理，了解电磁继电器的应用。 • 理解洛伦兹力。会用左手定则判断洛伦兹力的方向，会计算洛伦兹力的大小。会根据洛伦兹力分析带电粒子在磁场中的受力与运动情况。 • 了解电子束的磁偏转原理及其在科学技术中的应用。 • 了解回旋加速器的工作原理，了解洛伦兹力的应用，特别是在现代高新科技中的应用。 • 综合认识重力场、电场、磁场，知道场是一种物质，体会场的统一性与多样性，了解电磁场在生产、生活中的应用。

三、“电磁相互作用”二级主题的表现期望

电磁相互作用包括电磁感应、电磁场和电磁波等几部分内容。其中电磁感应现象揭示了电与磁的内在联系，推动了电磁学理论的发展，电磁感应现象的发现在科学和技术上都具有划时代的意义，是“电磁相互作用”二级主题的主要内容；电磁波的学习主要侧重在生产、生活中的应用。

小学阶段主要学习电磁铁，初步建立了电和磁之间有联系的观念。进入中学

阶段后，对于电磁感应，从初中阶段的了解水平发展到高中阶段的理解水平；对于产生感应电流的条件，从初中阶段“闭合电路中的一部分导体切割磁感线”发展到高中阶段“穿过闭合导体回路的磁通量发生变化”；对于电磁感应的应用，从初中阶段了解发电机中电磁感应的应用，到高中阶段了解动圈式扬声器、电磁流量计、电子感应加速器、电动机、发电机等；另外，高中阶段要求能够用楞次定律与法拉第电磁感应定律来进行判断和分析计算，同时还引入了自感现象、涡流现象等，让学生了解电磁感应更加广泛的应用。对于电磁波，初中阶段了解其在生产、生活中的应用，高中阶段要求了解电磁波的产生、发射、传播和接收的相关知识和电磁波的应用，了解电磁波具有能量，是一种物质。这些都体现着该二级主题的学习随着学段的提升而逐渐深入与具体，在学习过程中学生逐步完善场的物质观和运动观，同时能够利用知识分析问题，进行科学论证、质疑创新。“电磁相互作用”二级主题的表现期望如表 5-3 所示。

表 5-3 “电磁相互作用”二级主题的表现期望

学段	表现期望
小学	• 知道电能产生磁，了解影响电磁铁磁性大小的因素，了解电磁铁的应用。 • 知道电磁铁能将电能转化成其他形式的能。
初中	• 了解闭合电路的一部分导体在磁场中运动时会产生感应电流，这种现象叫做电磁感应。 • 知道发电机的工作原理，能列举电磁感应在生产、生活中的应用。 • 知道电磁波，知道电磁波能够传播信息，知道电磁波在真空中的传播速度大小。 • 了解无线电波的发射与接收过程，了解电磁波在生产、生活中的应用及其对人类生活和社会发展的影响。
高中	• 了解法拉第发现电磁感应现象的过程，体会人类探索自然规律的科学态度和科学精神。 • 能识记磁场中运动线圈产生感应电流的条件。 • 会探究感应电流方向的影响因素，理解感应电流的磁场总要阻碍引起感应电流的磁通量的变化。 • 会用楞次定律和右手定则判断感应电流的方向。 • 了解感应电动势大小的影响因素。 • 会用法拉第电磁感应定律推导导体切割磁感线时感应电动势的大小。能用楞次定律、法拉第电磁感应定律分析磁体运动情况。 • 了解反电动势及在电动机工作中的作用。

续表

学段	表现期望
高中	• 知道产生感应电动势的两种非静电力：感生电场力与洛伦兹力。知道磁场变化时在空间激发的电场称为感生电场。 • 了解两种具体的电磁感应现象：自感和互感。能举例说明自感现象的特点和应用。 • 了解涡流现象，即导体块中的感应电流，能列举涡流现象在生活和生产中的应用。 • 初步了解麦克斯韦电磁场理论的基本思想及其在物理学发展史上的意义。 • 知道电磁波是如何产生的，进一步理解电磁场的物质性。 • 知道电磁波的发射、传播与接收。 • 认识电磁波谱，知道光是电磁波。 • 举例说明电磁波的应用和在科技、经济、社会发展中的作用。

四、“电与磁”主题测试细目表

基于表现期望和物理学科能力表现框架，课题组制订的双向细目表如表 5-4 所示。

以下各节详细阐述基于细目表进行大样本命题测试所得的结果。

表 5-4 “电与磁”主题命题细目表

		A 学习理解			B 应用实践			C 迁移创新		
		A1 观察记忆	A2 概括论证	A3 关联整合	B1 分析解释	B2 推论预测	B3 综合应用	C1 直觉联想	C2 迁移与质疑	C3 建构新模型
静电场	库仑定律	记忆库仑定律表达式。A1D112～114							将库仑定律的知识应用到新的物理情境中。C2D126	
静电场	电场强度				基于电场强度知识分析带电粒子在静电场中的受力情况。B1D110、B1D111、B1D118、B1D122、B1D147、B1D148	基于电场强度知识合理推论粒子的运动情况。B2D120、B2D121	综合运用电场强度、电势等知识解决物理问题。B3D125			
静电场	电势			整合电势、电势能、电势差等知识之间的关联。A3D123	基于电势知识分析静电场中带电粒子在运动过程中电场力做功情况。B1D109		综合运用电场强度、电势等知识解决物理问题。B3D125	基于电势、电势差等知识在物理情境中想象创新。C1D129		

续表

		A 学习理解			B 应用实践			C 迁移创新		
		A1 观察记忆	A2 概括论证	A3 关联整合	B1 分析解释	B2 推论预测	B3 综合应用	C1 直觉联想	C2 迁移与质疑	C3 建构新模型
恒磁场	磁感应强度	记住磁感应强度大小和方向的判断方法。 A1D202 A1D204	抽象概括磁场特点。 A2D244		用磁感应强度及磁感线描述磁场。 B1D206 B1D245b				将磁感应强度知识运用到新的物理情境中。 C2D208	
	电流磁效应	记住通电螺线管周围磁场的性质和特点。 A1D203 A1D207	抽象概括通电导线周围的磁场特点及其影响因素。 A2D205		基于电流磁效应的知识分析通电导线周围的磁场。 B1D227				将电流磁效应的知识迁移应用到新的物理情境中。 C2D246	
	安培力		概括出安培力方向与其影响因素的关系。 A2D216 A2D201		分析通电直导线在磁场中受到的安培力。 B1D227		正确分解磁场，并运用安培力知识分析受力并判断导体运动情况。 B3D245a、 B3D230			

续表

		A 学习理解			B 应用实践			C 迁移创新		
		A1 观察记忆	A2 概括论证	A3 关联整合	B1 分析解释	B2 推论预测	B3 综合应用	C1 直觉联想	C2 迁移与质疑	C3 建构新模型
恒磁场	洛伦兹力		推导得到洛伦兹力表达式。A2D228		分析带电粒子受到的洛伦兹力。B1D219 B1D232	根据电荷和磁场的特点预测电荷运动情况或根据电荷运动情况推论磁场特点。B2D217			学生能将洛伦兹力知识应用到新的物理情境中。C2D224	
电磁相互作用	电磁感应	记住磁场中运动线圈产生感应电流的条件。A1D315	概括得出磁场中带电体产生的感应电动势的计算式。A2D340		运用电磁感应的知识分析电与磁的相互作用过程。B1D331、B1D333 B1D334、B1D337 B1D339	运用楞次定律、法拉第电磁感应定律预测磁体运动情况。B2D338、B2D343 B2D336	综合运用法拉第电磁感应定律、欧姆定律等知识解决物理问题。B3D341、B3D342		学生能将电磁感应的知识迁移应用到新的物理情境中。C2D335	

第二节 表现水平划分与学生表现描述

根据测试结果，分析被试在“电与磁”主题上的能力表现情况，采用与第四章相同的划分方式对学生在该主题上的能力表现进行了水平划分，并据此对学生表现情况进行整体描述。

一、表现水平划分

综合分析不同区域各年级被试的表现情况，对照学生在“电与磁”主题的能力表现分布和试题的难度分布，学生在该主题上的能力表现可划分为7个水平。具体划分与水平解读如下。

【水平1】处于此水平的学生知道生活中的一些电磁现象，如静电现象、磁铁吸引铁、钴、镍等，能将这些现象与物理概念直接对应，如磁铁能吸引铁等物体与磁性概念相对应。

【水平2】处于此水平的学生知道电荷和磁极之间的相互作用等一些基础的概念和规律，且能将这些基础概念和规律与熟悉的情境建立联系；了解生活中存在的摩擦起电现象，如塑料梳子梳头发时头发随梳子飘起、衣服吸附灰尘、塑料用品摩擦后吸引碎纸屑等，并能用物体带正负电荷的物理知识对其进行简单解释。

【水平3】处于此水平的学生了解静电场、磁场、电磁感应等重要的物理概念和规律，能基于这些基础概念和规律初步分析常见的摩擦起电等物理现象，解决熟悉的电磁情境中可能遇到的简单问题。

【水平4】处于此水平的学生能认识诸如原子结构模型等一些重要的物理模型，诸如电荷、磁场、电流的磁效应、电磁感应等重要的电磁概念和规律，并能说明这些模型、概念和规律的内涵和适用条件。能在较熟悉的电场或磁场情境中应用这些概念和规律进行分析和推理，解释基本的电磁现象及进行推论预测；对电场和磁场的产生与相互间的关系具有质疑和创新意识。

【水平 5】处于此水平的学生能力在水平 4 的基础上进一步发展，能说明磁场、磁感线、电流的磁效应、电磁感应等电磁学中重要的概念和规律的内涵、适用条件及其相互联系；能在较复杂的磁场情境中基于分析和推理进行合理解释或预测；能尝试将所学知识用于陌生的电磁场情境，做出初步的估计判断，能使用证据质疑已有结论。

【水平 6】处于此水平的学生理解匀强电场、匀强磁场等重要的电与磁模型，理解电场强度、电势、电势能、磁感应强度、安培力、洛伦兹力等描述电场与磁场的重要物理概念及相关规律，能关联整合这些模型、概念及规律，并能利用这些重要模型、概念和规律对电场、磁场的综合性问题进行分析和推理，获得结论并加以解释或推论；能将这些知识及方法迁移应用至陌生的电场或磁场情境中解决问题，能使用合适的证据质疑和评估已有的结论。

【水平 7】处于此水平的学生能综合应用运动与相互作用、能量等多种观念及不同方法分析与解决电磁场问题，能经历系统的科学推理分析问题，能在陌生的电磁场情境中建构恰当的物理模型，解决实际问题或创意设计，能综合使用所掌握的电磁学理论和事实证据质疑和评估已有结论。

二、学生表现的整体描述

在本研究的取样范围内，各区域的学生在“电与磁”主题的整体表现具有一致性，这里仍以在 J 市的测试结果为例，对学生学科能力表现进行整体描述。根据第三章划定的能力值范围，对 J 市两个区中学阶段的样本数据进行统计分析。样本整体中几乎没有学生处于水平 1，有约 4.7%的学生处于水平 2，有 26.5%的学生处于水平 3，有 41.9%的学生处于水平 4，有 21.2%的学生处于水平 5，有 5.1%的学生处于水平 6，有 0.6%的学生处于水平 7，如图 5-1 所示。

具体到各个年级的学生在“电与磁”主题上的能力表现及水平分布情况，统计结果如表 5-5 和表 5-6 所示。

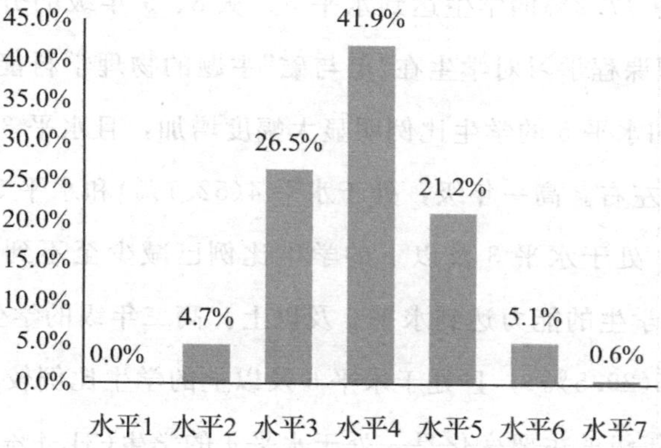

图 5-1 J 市样本学生在“电与磁”主题上的整体表现分布

表 5-5 各年级学生在“电与磁”主题各水平上的比例分布

年级	水平 1	水平 2	水平 3	水平 4	水平 5	水平 6	水平 7
8	0.1%	12.1%	58.4%	27.3%	1.3%	0.1%	0.7%
9	0.0%	7.0%	24.1%	50.8%	17.2%	0.9%	0.0%
高一	0.1%	1.0%	18.2%	52.1%	26.1%	2.4%	0.1%
高二	0.0%	1.8%	17.8%	42.6%	29.5%	8.2%	0.1%
高三	0.0%	2.3%	15.5%	31.4%	31.8%	16.4%	2.6%

表 5-6 J 市样本学生在“电与磁”主题上的各年级表现情况

年级	计数	平均值	标准差	中位数	主要处在的能力水平
8	783	−0.77	0.53	−0.77	水平 3
9	900	−0.16	0.78	−0.10	水平 4
高一	933	0.08	0.73	0.09	水平 4～水平 5
高二	924	0.24	0.85	0.28	水平 4～水平 5
高三	652	0.45	1.01	0.51	水平 4～水平 6
整体	4192	−0.05	0.82	−0.09	水平 3～水平 5

分年级来看，8 年级的学生主要处于水平 3(58.4%)，且已有 27.3%的学生处于水平 4，处于水平 5 及以上的学生仅达 2.1%。9 年级的学生主要处于水平 4

(50.8%)，且已有17.2%的学生达到水平5。从8、9年级的分布比例差异可以看到，1年的物理课程学习对学生在“电与磁”主题的物理学科能力表现有较大影响，达到水平4和水平5的学生比例明显大幅度增加，且水平3及以下的比例从约70%降至30%左右。高一年级，处于水平4(52.1%)和水平5(26.1%)的学生比例进一步增加，处于水平3及以下的学生比例已减少至不到20%，且已有约2.5%的少数比例学生的能力达到水平6及以上。高二年级的学生主要处于水平4(42.6%)和水平5(29.5%)，且处于水平6及以上的学生比例较之前又明显增加，接近10%。高三年级的主要变化是，处于水平4的学生(31.4%)较高二年级降低了一成，处于水平5及以上的学生明显增多，特别是有16.4%的学生达到水平6，约3%的学生达到了水平7。总体而言，从8年级到高三年级，学生在“电与磁”主题的能力表现水平逐渐上升。

三、学生表现的具体分析

在描述了学生在“电与磁”主题的整体表现之后，进一步分析学生在该主题上的具体表现。首先分别对“静电场”“恒磁场”和“电磁相互作用”三个二级主题的学生能力表现进行简要的整体分析，随后分别选择典型例题，从学生的具体作答中探寻能力培养需关注的要点。

(一)“静电场”二级主题的表现分析

统计学生在“静电场”二级主题上的能力表现，约65%的学生能够胜任该二级主题的任务，说明学生在该主题上的整体表现较好。同时在分析学生的作答情况时，发现了一些学习困难点与能力提高的障碍。

在学习理解维度，学生基本可以识记库仑定律的内容及公式，了解电场线、电场强度、电势等描述电场的基本物理量，但也暴露出一些迷思概念与困难点。例如：对电势和电场强度的概念理解不深入，导致在对某个电场中两点的场强和电势大小同时进行判断时，学生会表现出知识的应用混乱，出现得出相反答案的情况；对各概念之间的关系理解不到位，表现为在用电场线描述的电场中，同时判断电场强度与电场力，或电势与电势能的大小时，有很多学生出错。在应用实践维度，学生基本能分别分析推论带电粒子在简单电场中的受力情况、运动情况或做功情况，但运用多个概念或同时涉及多个过程的分析能力有待提高。例如：学生容易混淆根据电场线与等势面分析场强大小和方向的方式，常见的错误是仿照用电场线判断电场大小和方向的方法分析等势面；在电场情境中，对牛顿第二定律等力学知识的应用比较生疏。在迁移创新维度，学生将静电场知识应用在不熟悉的情境中，或者在基于静电场知识对事物进行批判性思考评价的试题上表现不佳。下面结合具体试题进行分析。

试题 B1D109 问题情境为疏密不同的等势线描述的三种电场，要求学生判断不同电场内电荷运动过程中对应的电场力做功的大小。考查学生直接调用知识对简单问题进行分析判断的能力，对应“应用实践”能力中的 B1-1：分析问题情境。要求学生能够从情境中分析与提取信息，能够理解与应用电场力做功与电势差的关系。问题描述如图 5-2 所示。

下图中，虚线表示电场的等势面，一个物体从 A 点向 B 点移动，该物体所带电量为 $+1\ \mu$C。比较三种情况下电荷运动所做的功（　　）。

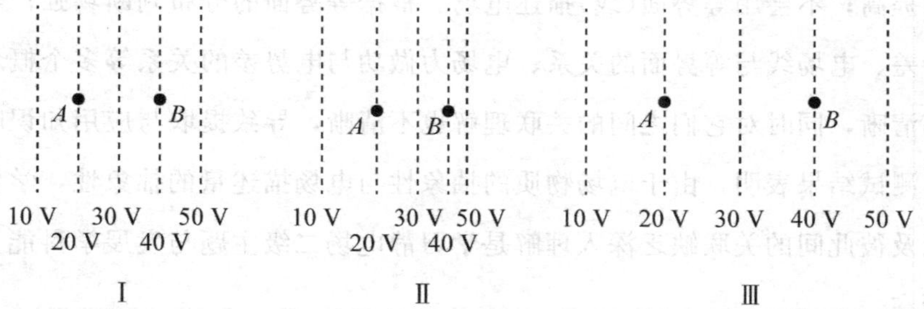

A. 第Ⅰ种情况做功最多　　B. 第Ⅱ种情况做功最多

C. 第Ⅲ种情况做功最多　　D. 第Ⅰ种和第Ⅱ种情况下做功相同，但第Ⅲ种情况下做功最多

E. 所有三种情况做了同样的功

图 5-2　试题 B1D109 的问题描述

这道题同时涉及对电场物质性的理解、描述及电荷在电场中运动时克服电场力做功与能量变化等内容。学生要完全正确作答该题，首先需要了解等势面的特

点、了解等势面如何描述电场，然后需要理解电场中运动电荷所受电场力做功与电势差的关系。在这些分析的基础上，由三种电场中电荷运动起点与终点间的电势差相等，得出三种情况下做功相等。本题答案为E。

表 5-7　试题 B1D109 的学生作答情况

选项	A	B	C	D	E
所占比例	3.8%	4.3%	15%	11.9%	65%

J市样本学生的作答情况如表5-7所示。分析发现65%的学生能够选出正确答案，其余约27%的学生认同C、D选项，认为第Ⅲ种情况做功最多，说明不理解电荷运动克服电场力做功与电势能变化的关系，仅仅从运动的远近上判断做功大小，这也反映出一部分学生没有了解等势面如何描述电场，不会根据等势面的分布判断电场中相关量的变化；另有不到10%的学生认为第Ⅰ种或第Ⅱ种情况电荷运动做功最多，即认为等势面越密电荷在其中运动做功越多，说明一部分学生不清楚等势面分布与电势高低的关系，或者从情境中审题与提取信息的能力比较差。综合分析学生的错误，表现为以下几种可能：审题与提取信息的能力有待训练与提高；不会用等势面(线)描述电场、根据等势面的分布判断场强；等势面与电势差、电场线与等势面的关系、电场力做功与电势差的关系等多个概念本身理解不清晰，同时对它们之间的关联理解也不清晰，导致提取与应用知识时出现混淆。测试结果表明，由于电场物质的抽象性与电场描述量的抽象性，学生对各概念以及彼此间的关联缺乏深入理解是学习静电场二级主题与发展学科能力的困难点所在。

试题B3D125考查学生综合运用电势差与场强的关系、牛顿第二定律、运动学等知识分析问题的能力，考查了“应用实践”能力中的B3-2：多知识的提取与综合使用。试题给出静电除尘的模型示意图，期望学生基于对题干中信息的提取，确定问题情境为带电微粒在匀强电场中的运动，能够分析判断微粒的运动形式，能够调用电场强度、电势差等相关电场知识，同时结合力与运动的知识进行推理，并基于这些知识的分析得出结论。问题描述如图5-3所示。

为研究静电除尘，有人设计了一个盒状容器，容器侧面是绝缘的透明有机玻璃，它的上下底面是面积 $A=0.04\ m^2$ 的金属板，间距 $L=0.05\ m$，当连接到高压电源正负两极时，能在两金属板间产生一个匀强电场，如图所示。现把一定量均匀分布的烟尘颗粒密闭在容器内，每立方米有烟尘颗粒 10^{13} 个，假设这些颗粒都处于静止状态，每个颗粒带电量为 $q=+1.0\times10^{-17}\ C$，质量为 $m=2.0\times10^{-15}\ kg$，不考虑烟尘颗粒之间的相互作用和空气阻力，并忽略烟尘颗粒所受重力。求合上开关后，要使烟尘颗粒在 0.02 s 内被全部吸附，电压 U 至少要多大？

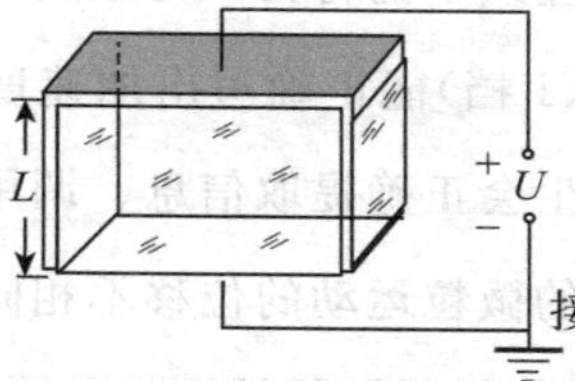

图 5-3 试题 B3D125 的问题描述

这道题考查静电场背景下的物质观和运动观，主要考查三个知识点：匀强电场中电势差与场强的关系、牛顿第二定律和匀变速直线运动。同时考查学生在这道题中能否建构匀变速直线运动模型，利用以上知识点通过分析、综合、演绎的方法对微粒在电场中的运动过程进行推理，提取与调用事实证据阐释观点、解决问题的科学思维。

正确解答这道题，学生需要：(1)分析微粒在匀强电场中的受力情况，从而判断出微粒在匀强电场中的运动形式为匀变速直线运动；(2)根据微粒带正电，结合匀变速直线运动模型推理得出，空间中均匀分布的所有微粒向负极板运动，所用的最大时间等于集中在正极板处的微粒的运动时间，根据 $L=\frac{1}{2}at^2$ 表示出加速度 a；(3)调用牛顿第二定律 $F=ma$，匀强电场中电势差与场强的关系 $U=Ed$，场强与电场力的关系 $F=Eq$ 写出加速度 a 的表达式 $a=\frac{Uq}{mL}$；(4)得出两极板间的电压 $U=\frac{2mL^2}{qt^2}$，代入数据计算得出正确答案。

表 5-8　试题 B3D125 的学生作答情况

	2 档	1 档	0 档
所占比例	3.6%	18.3%	78.1%

学生在该题的作答情况分为三档，各档对应的能力表现情况在以下分析中说明。以 J 市样本学生的作答情况为例，统计各档的人数百分比如表 5-8 所示。78.1%的学生(0 档)面对这一情境不知如何作答，这部分学生首先缺乏从题干中提取信息的能力，不会审题，其次没有分析运动形式建构模型的意识，此外通过他们零散地、无逻辑地罗列一些式子的行为，可以发现这些学生综合应用知识的能力亟待提高；18.3%的学生(1 档)能正确写出加速度的表达式，即能完成以上的(1)(3)过程，说明这部分学生会正确提取信息、调用所需知识、合理地分析与推理，但没有意识到不同位置的微粒运动的位移不相同而需要确定微粒运动的最大时间的问题；只有 3.6%的学生(2 档)能够完全正确作答该题。

这道题的考查对象为高二年级学生，可见多数学生面对稍复杂的物理情境时不敢挑战，对合理分析情境、建构合适的模型、调用相关知识推理和质疑等掌握不到位。

(二)“恒磁场”二级主题的表现分析

整体来看学生基本上能胜任“恒磁场”二级主题的任务，该二级主题上的试题平均难度小于学生的平均能力。在学习理解维度，学生基本能总结磁场的特点，记住典型磁场的磁感线分布，能识记磁感应强度、安培力与洛伦兹力的意义与公式等。但也暴露出对一些知识的掌握比较浅显，例如 9 年级学生能够根据磁感线的分布分析磁场，但却很难反过来根据磁场情况画出对应的磁感线分布，说明对磁场与磁感线的关系理解不深入，不会举一反三；例如高中学生能记住洛伦兹力的表达式 $F=qvB$，但在要求从安培力公式推导洛伦兹力的表达式时表现出很大困难，不知从何下手，说明并没有深入理解二者的关系。在应用实践维度，学生基本能根据磁感线和磁感应强度的分布分析磁场，但在分析导体、带电粒子在磁场中受力与运动情况时会出现一些错误，例如混淆电场中电场力与磁场中安培力及洛伦兹力方向的判断，以及会错误认为电荷在磁场中一定会受到洛伦兹力作用等，从而导致对问题的分析与推理、预测出现错误。在迁移创新维度，学生很难在新情境中迁移应用熟悉的恒磁场知识分析问题，更难以运用这些知识对一些问题进行质疑批判。以下结合具体试题对学生在本二级主题上的表现进行分析。

试题 B1D232 以磁场为问题情境，要求学生根据电子的运动轨迹判断磁场的方向，主要考查学生在恒磁场中的分析解释能力表现。题设及选项如图 5-4 所示。

一带电量为 $-e$ 的电子以一定的速度进入磁场，其运动轨迹如图所示。已知该区域中没有别的电荷，且除了图中灰色区域外其他地方的磁场强度为零。该灰色区域内磁场的方向（ ）。

A. 指向页面上方　　　　B. 指向页面下方

C. 指向页面内部　　　　D. 指向页面外部

E. 沿着弯曲的电子运动轨迹

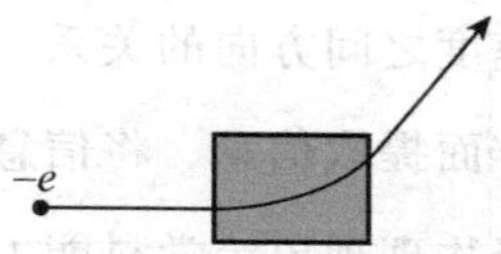

图 5-4 试题 B1D232 的问题描述

该题要求学生能用磁场背景下的运动观分析与解释曲线运动问题，通过对运动过程特点的分析推理从而得出自己的观点。正确作答该题，学生需要从试题中提取关键信息——电子经过磁场前后的运动轨迹方向变化，从而根据曲线运动物体所受合外力与速度方向的特点判断出所受洛伦兹力的方向为指向曲线内侧，进而调用运动电子在恒磁场中所受洛伦兹力与磁感应强度、速度的方向关系为彼此相互垂直的知识，推理出磁场的方向为指向页面外部，选出答案 D。

表 5-9 试题 B1D232 的学生作答情况

选项	A	B	C	D	E
所占比例	10.3%	11.5%	11.8%	60.4%	6%

该题的难度并不大，在考查 B1 分析解释能力的同时，也涉及信息的提取与观察、将信息与相关知识直接对应的能力。J 市样本学生的作答情况如表 5-9 所

示，约60%的学生能够正确分析作答，说明大部分学生能在类似简单的磁场背景下对运动问题或现象进行合理地分析与推理。同时发现约22%的学生认同选项A或B，这些学生错误地认为电荷在磁场中受力方向与磁场方向平行，后经讨论分析发现，他们分析问题时将判断电场和磁场方向的知识相混淆，认为洛伦兹力与静电力类似，其方向平行于磁场方向。分析这些学生错选的原因可能有以下两种：一是磁场知识本身比较抽象，难度比较大；二是磁场的学习位于电场后，学生容易类比学习电场的思维进行磁场知识的学习与问题的处理。另有约12%的学生认同选项C，这部分学生具有该题所需的分析推理及调用正确知识的能力，但提取关键信息的能力稍弱，忽略了研究对象是带负电的电子，对应的洛伦兹力方向应与正电荷所受力方向相反。同时约6%的学生选择E选项，认为磁场方向沿着弯曲的电子运动轨迹方向，可见这部分学生，一方面对曲线运动中力与速度之间方向的关系、运动电荷在磁场中受力方向的特点等知识没有理解，另一方面提取信息、将信息与知识直接对应、对物理问题进行分析判断、合理推理解释物理现象等学科能力都有待提高。在教学中，将磁场与电场的相似知识类比教学是常采用的教学方法，但要防止学生盲目地将磁场与电场类比，在循序渐进逐渐理解各概念的含义基础上，正确迁移原有知识以综合分析磁场问题。

试题B2D217同样以恒磁场为情境，要求学生分析并预测静止电荷放入磁场后的受力与运动情况，主要考查学生在恒磁场中的推论预测能力的表现，对应“应用实践”能力中的B2-2：基于推理合理预测。题设及选项如图5-5所示。

静止放置于匀强磁场里的正电荷会发生怎样的运动（　　）。

A. 由于作用力大小恒定，所以它会以不变的速度运动

B. 由于作用力大小恒定，所以它会以不变的加速度运动

C. 由于作用力方向一直垂直于速度方向，所以它会以不变的速率做圆周运动

D. 由于作用力方向一直垂直于速度方向，所以它会以不变的加速度做圆周运动

E. 由于作用力和初速度均为零，所以它会保持静止

图5-5　试题B2D217的问题描述

该试题要求学生能用简单的匀强磁场背景下的相互作用观与运动观解释与推论电荷在磁场中的可能运动情况，通过对关键信息的提取与基于知识证据的推论，得出正确的预测。学生正确作答该题，需要从题设中提取到“磁场中静止的正电荷”这一关键信息，然后调用洛伦兹力产生的因素分析静止电荷在磁场中将不会受到磁场的作用力，最后再利用力与运动的关系推断出电荷的运动状态不会发生变化，从而正确预测到之后将保持静止状态，得出正确答案为选项E。

表 5-10 试题 B2D217 的学生作答情况

选项	A	B	C	D	E
所占比例	7.5%	17.8%	36%	8.6%	30.1%

J市样本学生作答情况统计如表5-10所示。仅有30.1%的学生能够选出正确答案，将近70%的学生(选择A、B、C、D选项之一)均错误认为点电荷静止在磁场中会受到力的作用，对洛伦兹力的使用条件与影响因素并不了解。进一步访谈发现，认同选项A与B的学生认为磁场与电场对电荷的作用一样，认为与电荷在电场中受到电场力类似，电荷在磁场中一定会受到磁场的作用力。可见这部分学生将电荷在恒磁场中与在静电场中的受力情况再一次混淆了，甚至是将这两个二级主题中相似的知识混为一谈，同时说明将信息与相关知识直接对应的能力需要提高。约45%的学生(选C或D选项)知道电荷在磁场中运动时，所受洛伦兹力的方向与电荷速度方向垂直，电荷会在磁场中做圆周运动，其中36%的学生(认同C选项)知道电荷在磁场中做圆周运动时速率不变。说明这部分学生记住了电荷在磁场中如何运动的结论，但没有提取到题目情境的关键信息(电荷静止)，所以这部分学生信息的提取与观察能力有待提高。约16%的学生(选A或D选项)错误判断了力、速度、加速度之间的关系，说明基于力与运动关系的推理与预测能力亟待提高。

两道典型例题的分析反映出，高中阶段学生学完静电场和恒磁场的知识后，缺乏对这两个二级主题中相应知识的总结与异同对比，在不同的情境中错误调用知识信息；部分学生对磁场中的物理概念理解不到位，只记住了片面的知识与结论，不会利用这些知识对问题或现象进行分析、推理、预测；缺乏与其他主题知识体系间的关联与整合，难以在同一情境中进行多知识的提取与综合应用。这些困难点会直接影响对磁场情境中相关概念的理解与正确运用，影响在“恒磁场”二级主题中学科能力的发展。

(三)“电磁相互作用”二级主题的表现分析

从试题平均难度与学生平均能力对比情况来看，学生在电磁相互作用二级主题上的能力表现不佳。初中阶段，学生在该二级主题上的试题平均难度接近学生的平均能力，即学生一般能完成相应任务；但到高中阶段，各年级试题难度均略大于学生的平均能力表现。

在学习理解维度，学生基本能识记产生感应电流的条件，知道电磁感应现象，能识记感应电流、感应电动势的影响因素及相应公式，知道电磁场的物质性，了解电磁波等；但也暴露出对概念学而不精的问题，例如能记住法拉第电磁感应定律公式与导体切割磁感线产生的感应电动势公式，但却不了解二者的联系，导致不会推导导体切割磁感线时产生的感应电动势大小。在应用实践维度，学生已具备基于已有物理概念分析简单电磁场问题的能力，例如基本能正确运用楞次定律分析判断感应电流的变化，及根据电流变化分析出磁场的变化；但处理稍复杂的电磁问题的能力有待提高，例如综合运用楞次定律、法拉第电磁感应定律等分析、推理与预测磁体的运动情况等能力表现比较弱。在迁移创新维度，学生很难在新情境中迁移应用电磁感应的知识分析问题，更难以运用这些知识对一些问题或现象提出自己的观点或解决方案，例如一道试题中要求给出雷电环境下(已知将避雷针通过一根竖直导线通过大地而避免建筑物被雷击)检验云层所带电荷的种类的方案，学生就表现出束手无策，而不会将熟悉的电流磁效应知识迁移至此情境下分析该问题。以下结合具体试题对学生在本二级主题上的表现进行分析。

试题 A2D340 要求学生推导导体切割磁感线时产生的感应电动势表达式，主要考查学生在电磁感应现象中的推理与论证能力表现，对应“学习理解”能力中的

A2：概括论证。该题的问题描述如图 5-6 所示。

试推导导线切割磁感线时感应电动势的表达式 $E=BLv$。

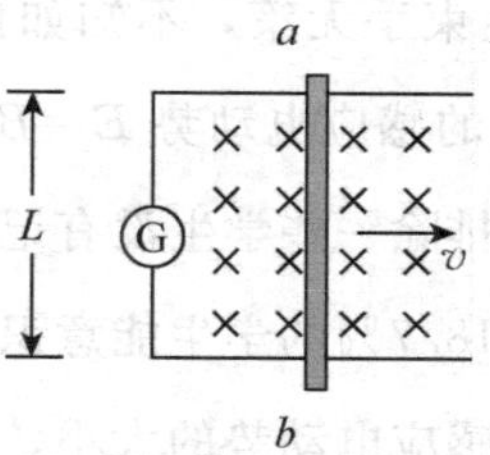

图 5-6 试题 A2D340 的问题描述

该题考查学生对电磁运动背景下运动导体与磁场间的相互作用的认识。正确作答该题，学生首先需要建构导体在磁场中做切割磁感线运动的背景模型(图 5-7)，即将一矩形线框垂直放入匀强磁场中。然后进行推理：产生感应电动势的本质原因是由于穿过闭合电路的磁通量发生变化，而闭合电路的一部分导体切割磁感线运动是引起磁通量发生变化的原因之一，所以需要从法拉第电磁感应定律出发，利用 $E=n\dfrac{\Delta\Phi}{\Delta t}$ 来研究导体切割磁感线运动；接下来对运动过程进行分析与推导，导体在磁场中以速度 v 运动，则 Δt 时间内矩形导体框的面积变化量是 $\Delta S=Lv\Delta t$，从而进一步演绎得出穿过闭合回路的磁通量的变化量是 $\Delta\Phi=B\Delta S=BLv\Delta t$；最后带入法拉第电磁感应定律公式得出导线切割磁感线时感应电动势的表达式 $E=BLv$。在这一过程中，既考查了学生关于 $E=n\dfrac{\Delta\Phi}{\Delta t}$ 与 $E=BLv$ 两个公式的理解与概括论证，又考查了分析、演绎的科学推理思维。

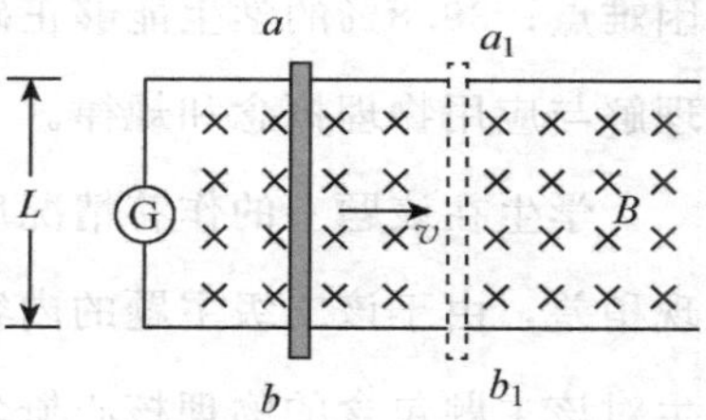

图 5-7 试题 A2D340 的模型图

表 5-11 试题 A2D340 的学生作答情况

	2 档	1 档	0 档
所占比例	39.8%	18.7%	41.5%

将学生在该题上的作答情况分为三档，0 档代表学生完全不会推导；1 档代表能想到从法拉第电磁感应定律出发进行推导，但模型没有正确建构，导致不会寻找磁通量的变化；2 档表示能正确完成推导过程。F 区样本学生作答情况统计如表 5-11 所示。41.5%的学生束手无策，不知如何下手，说明对法拉第电磁感应定律和导体切割磁感线产生的感应电动势 $E=BLv$ 这两个概念的含义不理解，更不了解二者的关系，同时不排除一些学生没有记住这两个概念的表达公式，同时没有建构物理模型的意识；18.7%的学生能意识到从分析磁通量变化的角度出发研究导体切割磁感线产生的感应电动势的大小，说明基本理解法拉第电磁感应定律的内容与意义，但不能正确建构物理模型，使分析磁通量的变化成为推导的困难点；39.8%的学生能够正确建构物理模型，正确对运动过程进行推理，正确理解与应用物理概念和规律。

学生在该题上的作答情况反映出学生在“电磁相互作用”二级主题上的能力表现稍差，由于该二级主题的内容更加抽象与复杂，需要特别关注与进一步培养学生对该主题包含的物理核心概念的理解、对重要概念间的概括论证与关联整合等的相关能力。

试题 B2D336 要求学生通过左侧回路中电流的变化分析原磁场的变化，进而分析右侧线圈中感应电动势的产生与变化，考查学生对电磁感应现象中概念、规律的理解与应用能力，考查的知识内容是电磁感应定律与楞次定律，对应的能力类型为“应用实践”能力中的 B2：推论预测。题设和选项如图 5-8 所示。

该题考查学生对磁场和电场间的相互作用的初步认识：变化的磁场在周围空间产生感生电场，置于感生电场中的闭合导体产生感应电动势及感应电流(由于磁通量发生了变化)，感应电流产生的磁场阻碍原磁场的变化。该题可以帮助学生逐步培养在电磁背景下的物质观与相互作用观，并尝试用这些观念分析与解决电磁问题，以及在分析与解释问题的过程中提升学生的科学思维水平。

一个可变的电源和线圈、电流表组成回路，在这个回路中电流随时间的变化如图所示，旁边的一个线圈连着电压表，若规定副线圈中电流方向与原线圈中电流方向相同时，感应电流为正，电压表示数为正。请问下面哪个图正确地显示了电压随时间的变化情况（　　）。

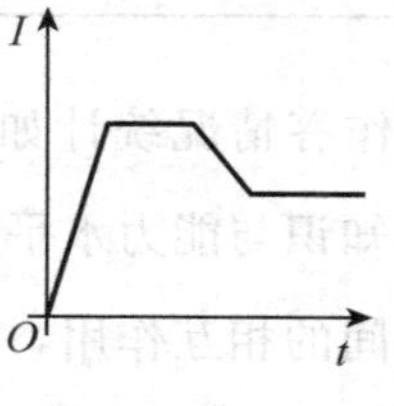

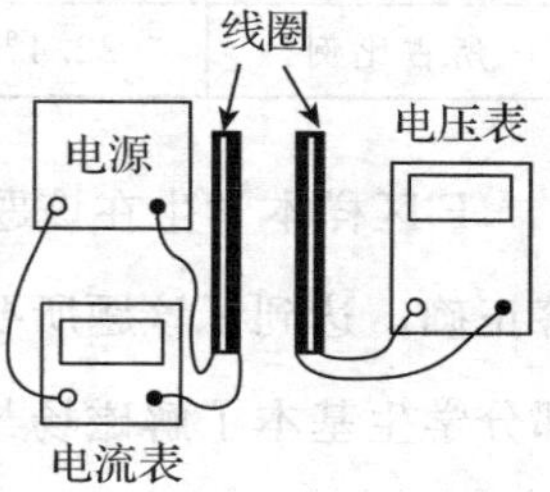

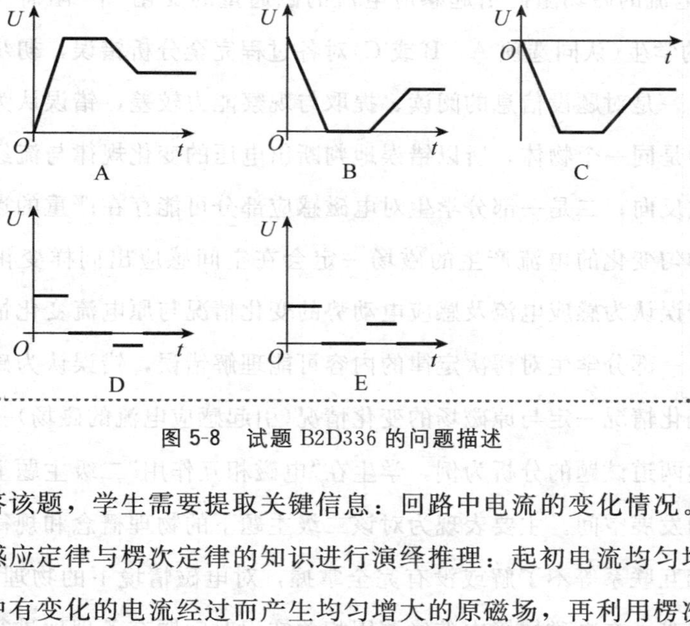

图 5-8　试题 B2D336 的问题描述

正确作答该题，学生需要提取关键信息：回路中电流的变化情况。之后调用对应的电磁感应定律与楞次定律的知识进行演绎推理：起初电流均匀增大，可推断左侧线圈中有变化的电流经过而产生均匀增大的原磁场，再利用楞次定律分析右侧线圈中感应电流将产生阻碍原磁场增大的恒定新磁场，所以可推理出感应电流的方向与左侧原电流的方向相同，所以电压大小恒定，方向为正；当原电流不变时，原磁场恒定，所以不产生感应电流和感应电动势，即图中电压为零；当原电流均匀减小时，原磁场均匀减小，感应电流产生的恒定磁场阻碍原磁场的减小，所以感应电流的方向与原电流方向反向，即电压大小恒定，方向为负。基于以上的推论预测，可得出该题正确答案为 D。

表 5-12　试题 B2D336 的学生作答情况

选项	A	B	C	D	E
所占比例	22.4%	18%	9.6%	31%	19%

F 区样本学生在该题上的作答情况统计如表 5-12 所示。仅有 31%的学生作答正确，达到了该题所要求的知识与能力水平。19%的学生选择 E 选项，表明这部分学生基本了解磁场与电场间的相互作用，了解电磁感应现象及能调用楞次定律对该问题进行推理，但在判断感应电流的方向时出错，可能没有完全理解楞次定律“感应电流的磁场阻碍引起感应电流的磁通量的变化”中“阻碍”一词的内涵。另有 50%的学生(认同选项 A、B 或 C)对各过程完全分析错误，初步分析可能有以下原因：一是对题设信息的阅读、提取与观察能力较差，错误认为电压表与电流表针对的是同一个物体，所以错误地判断出电压的变化规律与流经的电流变化规律一致或反向；二是一部分学生对电磁感应部分可能存在严重的迷思概念，错误地认为均匀变化的电流产生的磁场一定会在空间感应出同样变化的电场或磁场，从而错误认为感应电流及感应电动势的变化情况与原电流变化情况一致或反向；另外，一部分学生对楞次定律的内容可能理解错误，错误认为感应电流产生的磁场的变化情况一定与原磁场的变化情况(引起感应电流的磁场)一致或反向。

以上述两道试题的分析为例，学生在“电磁相互作用”二级主题上的能力表现存在很大的发展空间。主要表现为对该二级主题下的物理概念和规律的内涵、使用条件和相互联系等不了解或没有完全掌握，对电磁情境下的物理模型不熟悉、模型建构困难，在电磁情境中准确调用相关知识对问题有条理地进行推理、推论等的科学思维活动难以进行。

基于上述各二级主题的典型试题分析，总的来看学生在“电与磁”主题上的物理学科能力表现尚存在一定的发展空间。在对知识间的关联与整合，电磁运动背景下的物质观、运动观和相互作用观的理解，及利用这些观点分析解释电磁运动问题，包括对运动过程的推理论证、对电磁现象的解释预测，以及模型的建构，迁移相关知识处理新情境中的电磁问题等方面的能力均有待加强。

第三节 能力表现分析与教学建议

学生在“电与磁”主题上的能力表现起点高，之后的发展比较缓慢：初中阶段就表现出有极少数学生处于水平 2，大部分能力已达到水平 3 和水平 4，即了解一些重要的物理概念、规律及简单模型，能基于所掌握的知识初步分析与解释常见的物理现象、解决熟悉的电磁情境问题；但高中阶段仅有很少一部分学生达到水平 7，且达到水平 5 及以上的比重不到 50%。高中经过对电磁场的系统学习后，多数学生掌握的知识是碎片化的，甚至不理解一些重要概念的含义及概念间的关联，且综合运用知识处理问题的能力比较弱，遇到复杂或陌生情境时更显得束手无策，不知如何建构模型或调用知识进行推理论证等。总之，学生关于电磁运动背景下的物质运动观还未建构完善，用场的物质观、运动观及相互作用观等观念解释电磁现象、解决电磁问题及与其他主题综合的问题的能力有待进一步加强。

在学习理解维度上，学生能了解一些描述电磁场的基本物理量的概念及公式，基本了解场的物质性及电场与电荷、磁场与导体间、电磁场间的相互作用形式；但对各个二级主题下各概念内涵及意义的认识、概念的辨析及概念间的关联等方面表现较差。多数学生一是对概念本身的理解不深入，二是掌握的电磁知识比较零散，缺乏系统化的整合，导致对某个具体概念（如电势）或者相关概念间（如安培力和洛伦兹力间）持有较多迷思概念或错误认识。

在应用实践维度上，学生基本能利用各二级主题下的概念、规律对场的大小、物体在场中受力及运动情况进行直接判断，或者利用知识进行直接地推理解释；但处理需要同时运用多个概念或综合多个过程的复杂电磁情境时会表现出应用知识混乱、推理逻辑不清、支撑证据不足的情况，表现为不会准确地提取关键信息、不会有顺序地拆分过程、不善于总结与简化物理模型、不清楚需要提取哪些电磁学知识等，从而影响完整的科学推理及科学论证等活动的进行。

在迁移创新维度上，学生在遇到陌生情境或生活场景中的电磁学情境时，不知应该调用哪些或者联想不到需要调用哪些电磁学知识分析与解决问题，对问题情境描述的解读及新情境中理想模型的建构能力均不强，更不善于对所描述的电磁学问题进行质疑及批判性的思考。

如何更好地引导学生建构场的物质观念、电磁场背景下的运动与相互作用观念，锻炼用这些观念分析与解决电磁学问题，甚至是与其他主题结合在一起的综合性问题，如何在建构与应用观念的过程中培养与发展科学思维及创新能力等，都是在了解学生“电与磁”主题上的能力表现现状后，在今后的教学中值得思考与研究的问题。相比于其他主题，“电与磁”主题的各部分知识内容更具有抽象与综合的特点。电场强度、电势、洛伦兹力、感应电流的磁场等抽象概念的理解，匀强电场等抽象模型的建构，都是影响能力发展、导致学习困难的原因。所以在各二级主题的教学中，一方面要特别重视通过精心的活动设计，帮助学生达到对这些抽象的概念、规律和模型的理解与准确运用，关注整合各概念、规律之间的联系，逐渐建构场的观念；另一方面要帮助学生辨析相互关联的概念的不同特点，清晰理解每个概念的物理意义、内涵与外延，不混淆、不乱用；此外，电场与磁场的类比教学可以帮助学生理解概念和规律，但要注意适时类比、对比与整合，逐渐形成关于场的知识体系。

教学中，通过围绕“电与磁”主题中的核心概念、按照学生学习思维的进阶顺序开展与组织教学活动，可以帮助学生完整地建构场的物质运动观念，逐渐掌握描述场的各概念及规律，同时促进学科能力的发展。当前以这种理念为指导开展的课堂教学实践研究可以为培养学生的物理学科能力提供一定的参考。

第六章

“能量”主题上的学科能力表现

能量是贯穿于所有自然科学和技术工程领域的物理量，是自然科学各分支学科的核心概念，是所有科学概念中最基本、涉及面最广的概念之一。同时，能量也是物理核心素养中物理观念的重要组成部分，被包括我国《普通高中物理课程标准(实验)》在内的众多科学教育纲领性文件纳入核心内容体系(郭玉英，2014)。能量概念反映着科学中各学科领域的相互联系和统一，而且与技术、社会和环境等各方面的理论与实践密切相关。认识和理解能量概念一方面有助于学习者建构对科学的整体理解，另一方面也能使学生更好地理解能源危机等社会热点问题的本质，更好地了解和适应社会。本章聚焦“能量”主题，呈现基于已有研究和课程文件确立的对不同学段学生的能力表现期望，描述不同水平学生在此主题上的物理学科能力表现，据此提出教学建议。

第一节　表现期望的确立依据与具体内容

能量是一个物理学大概念，在进行测评和教学时，需按此大概念的关键方面对其丰富的内容进行分组统筹。国际上对能量概念的二级主题划分进行了长期的研讨，当前，按“能量的形式”“能量的转化和转移”“能量守恒”和“能量耗散”将其分为四个方面是国内外研究者常用的划分方式(e. g. Chen et al，2014；Neumann et al，2013；Liu et al，2005)。故本节依据此分类方式，对四个二级主题的学生表现进行具体描述。

在制订各二级主题的表现期望时，本研究结合物理学科能力表现框架，以我国小学科学课程标准、义务教育物理课程标准和普通高中物理课程标准对能量的学习要求为基准，同时参照了谭晓(2010)、诺依曼(Neumann et al，2013)、姚建欣(2016)等的实证研究，以及美国的《新一代科学教育标准》、加拿大安大略省《科学课程》、德国《文理中学物理教育标准》等在国际上较有影响力的科学、物理教育纲领性文件。

一、“能量的形式”二级主题的表现期望

认识各种能量形式是建构能量观念的基础。依照不同的分类方式，能量有着多种多样的存在形式。这些形式中，有学生在日常生活中有着充分感知的动能、热能、电能和光能等，也有势能、核能等学生比较陌生的能量形式。经历基础教育阶段的物理学习，学生应能识别各种能量形式，并知道动能、弹性势能、电势能等的影响因素，进而理解其计算模型，为能量转化、能量转移、耗散和守恒等的学习打下基础。在认识各种能量形式的同时，还应注重培养学生的观察、概括和分析等多种能力。“能量的形式”二级主题的表现期望如表 6-1 所示。

表 6-1 "能量的形式"二级主题的表现期望

学段	表现期望
小学	• 知道运动的物体具有能量，了解物体运动得越快，具有的能量越多。 • 知道高处的物体具有能量，在下落时会产生一些效果。下落的高度/物体的轻重不同，效果不一样。 • 知道被压缩的弹簧等发生形变的物体储存着一种能量。 • 知道在声、光、热、电和磁现象中，都有能量存在。能用"声能""光能""电能""磁能"等术语描述这些现象中的能量。
初中	• 能定性描述物体的动能与物体的质量/运动速度的关系。 • 能定性描述物体的重力势能和物体质量/高度的关系。 • 知道弹性物体在一定范围内形变越大，其具有的弹性势能就越大。 • 知道常见物体普遍具有内能：一个物体的温度越高，其内能越大；温度不变的情况下，物质的量增多内能增加。 • 了解物质的微观结构，知道在微观的层面上，组成物质的分子在运动，其具有的动能可称为分子动能。通过与弹性势能的类比，了解分子之间由于存在相互作用而具有能量，这种能量称为分子势能。物体的内能是物体内所有分子的分子动能和分子势能的总和。 • 通过响度的大小初步判断声能的大小。 • 通过亮度初步判断光能的大小。 • 初步了解太阳能、核能等能量形式及其应用。
高中	• 用动能概念来定义物体由于运动具有的能量，并用定量模型来描述动能：一个物体所具有的动能数值正比于物体的质量，正比于速度的平方。 • 用重力势能定义受到重力的物体由于被举高而具有的能量，并用定量模型来描述重力势能：物体的重力势能和所选择的零势能面相关，和其质量、高度成正比，比例系数为当地的重力加速度。用弹性势能定义具有弹性的物体由于发生形变而具有的能量，并探究其定量模型。 • 用机械能的概念来概括物体的动能与势能(重力势能和弹性势能)。 • 知道静电场中的电荷具有电势能，知道电势反映了电场能的特性。 • 理解物体的内能由物体的温度、体积等决定，即内能是物体所处状态的描述，与如何达到这一状态的过程无关。 • 用定量模型来描述系统的能量(达到此标准，学生应能理解物体所具有的动能取决于其所处的参照系；势能是物体系统中的各物体之间由于某些相互作用而共有的能量，由各物体间的相对位置决定)。 • 通过分析由分子组成的系统中的相互作用力和位置的关系理解分子势能，进而从微观上理解内能。 • 通过对氢原子光谱的分析，了解原子的能级结构，知道原子在不同状态的能量及不同状态间的变化。了解原子核的结合能，核裂变和核聚变。

二、“能量的转化和转移”二级主题的表现期望

各种能量形式间的转化以及能量在不同系统间的转移无时无刻不在发生。通过分析能量的转化和转移，学生能够对系统间的相互作用有着更深刻的认识。同时，分析能量的转化和转移也是理解能量耗散和能量守恒的重要基础。因此，国内外许多学者都建议通过能量转化来组织对能量的教学。能量转化和转移的学习对形成能量观念至关重要。

经历基础教育阶段的物理学习，学生对能量转化和转移的认识将逐级进阶：经历义务教育阶段的学习后，学生应了解热量、功和功率等与能量转化和转移相关的基本术语，能说明常见物理现象中的主要能量转化和转移过程。在高中阶段学习了各能量形式的计算模型后，能从能量转化和转移的角度定量分析热、电、磁、光等物理现象，为能量守恒和能量耗散的学习打下基础。“能量的转化和转移”二级主题涉及几乎全部的能力维度，表现期望如表 6-2 所示。

表 6-2　“能量的转化和转移”二级主题的表现期望

学段	表现期望
小学	• 知道任何物体工作时都需要能量，能说出一些常见物体工作时需要什么形式的能量，输出什么形式的能量。 • 知道相比之下，有些工作做起来很辛苦(抬一个大行李箱上楼)，有些事情做起来较容易(拿一本书上楼)。知道同样的工作，完成的时间不同，辛苦程度不一样。 • 能用温度描述物体的冷热程度。 • 能恰当地使用“热量”这个术语(指当两个物体或系统处于不同的温度时转移的能量)。
初中	• 知道“机械能”包含动能和势能(重力势能和弹性势能)，根据其中某种能量形式的变化来分析整个物体机械能的变化(限于单一形式的变化或同向的变化)。 • 了解“做功”的多少和作用(力)的大小及作用的距离相关。作用(力)越大，“做功”越大；作用的距离越大，“做功”越大。做同样多的功，用的时间越短，“功率”越大(知道功率是单位时间内完成的功的多少，用来描述做功的快慢)。 • 初步了解功与能量的转化相关，知道功和能是两个不同的概念。 • 了解温度是分子做无规则热运动的剧烈程度的标志。能通过温度的变化识别能量的转移或转化。知道物态变化过程中能量的转移和转化。 • 了解简单电路的电能，能对电功和电功率等进行基本的定量计算。知道焦耳定律，了解焦耳定律的应用。能识别电能和其他形式的能量(动能、声能、光能和热能等)的转化。能从能量转化的角度说明常见的发电方式、电源和用电器的作用。 • 知道声、光等将能量从一个地方传到另一个地方。

续表

学段	表现期望
高中	• 定量分析物体的动能和势能的相互转化，进而分析其机械能的转化以及机械能与其他形式能量的相互转化。 • 能通过定量分析理解做功是改变物体能量的方式之一，功是能量转化的量度：合外力做功和动能的关系(动能定理)；弹力做功和弹性势能的关系；重力做功与重力势能变化的关系。 • 通过功理解力和能的关系：知道功等于作用在物体上的力与物体沿力的方向通过的距离的乘积(力对物体做的功等于力的大小、位移的大小、力和位移夹角的余弦三者的乘积)。 • 了解物质的温度是其分子热运动的平均动能的标志。知道焦耳定律，了解焦耳定律的应用。能描述内能的传递以及内能与其他形式能量的转化。 • 定量分析带电粒子在电场中运动时的能量转化。理解电场力做功、电势差和电势能的关系。 • 认识波是能量传播的形式之一，通过类比认识机械波和电磁波传递能量的作用。 • 用定量模型来描述物体在某一瞬时的机械能，分析系统内机械能的转化及机械能与其他形式的能之间的转化或系统之间机械能的转移。 • 通过功(正功、负功)来定性/定量地判断或描述系统内或系统间的能量转化过程。 • 了解光电效应中的能量转化。

三、"能量守恒"二级主题的表现期望

能量之所以在当代科学中具有核心概念的地位，与能量是一个守恒量是分不开的。能量守恒定律的发现是多个自然科学领域共同进步的成果，它揭示了物理、化学和生物学等各领域的联系性和物质世界的统一性。在能量守恒定律确立后，科学研究者在进行理论预测、现象解释、问题解决时都充分利用了能量的守恒性质，时至今日，仍在推动着理论和实践的新进展。

经历基础教育阶段的物理学习，学生对能量守恒的认识将逐级进阶：经历义务教育阶段的学习后，期望学生能应用机械能守恒定律在简单情境中进行分析判断、推论预测，并初步了解能量守恒定律。经历高中阶段的学习后，期望学生能围绕能量守恒定律整合能量主题的知识内容，综合运用所学知识分析问题，进行推论预测，并在遇到新情境时能够迁移已有知识或建构新模型解决问题。"能量守恒"二级主题的表现期望如表 6-3 所示。

表 6-3 “能量守恒”二级主题的表现期望

学段	表现期望
小学	• 有意识思考、探寻能量的来源和去向。
初中	• 知道在只有重力或弹力做功的物体系统内，动能和势能相互转化过程中总量保持不变(机械能守恒定律)，并可根据此定律作出定性的预测和解释。
高中	• 知道在只有重力或弹力做功的物体系统内，动能和势能相互转化过程中总量保持不变(机械能守恒定律)，并可根据此定律作出定量分析、解释和预测。 • 知道在没有能量耗散的理想情况下能量守恒，并可据此作出判断及预测。 • 理解能量守恒定律及其普适性，能基于热力学第一定律更深刻地认识能量概念，建构模型分析系统能量转化限度来解决问题。 • 初步了解质能关系，基于守恒的视角体会物质与能量的关系。

四、“能量耗散”二级主题的表现期望

能量在转化和转移过程中不仅遵循着“能量守恒”这个重要原理，还遵循着另一个重要原理——热力学第二定律。热力学第二定律是对能量耗散现象的总结和抽象，对能量自发转化时的方向性问题给予了解答。对能量耗散认识的深化，不仅大幅度提高了生产生活中能量的利用效率，还为宇宙的发展、生命的意义等终极问题的回答提供了深刻的思考角度。

经历基础教育阶段的物理学习，学生对能量耗散的认识将逐级进阶：经历义务教育阶段的学习后，期望学生能对简单情境中的能量利用率进行计算，建立对能量耗散的基本认识。在高中阶段学习过程中，除了所涉及的知识内容更为丰富和问题情境更为复杂外，还期望学生能以能量作为判据，综合运用对能量转化、守恒和耗散的理解，分析问题、推论预测，并在遇到新情境时能够迁移已有知识或建构新模型解决问题。“能量耗散”二级主题的表现期望如表 6-4 所示。

表 6-4 “能量耗散”二级主题的表现期望

学段	表现期望
小学	• 意识到在许多过程中物体会发热。 • 意识到许多过程需要借助外界的作用来维持。

续表

学段	表现期望
初中	• 意识到在能量转化的过程中有热量放出。 • 了解机械效率，知道任何机械都不省功。 • 了解能量的利用率，能用能量的利用率衡量产品的效率。 • 了解在实际生产生活中，往往有一部分能量没有被以我们期望的形式利用。
高中	• 能通过对其他形式能量的定量追踪，识别能量的耗散，即了解在实际的能量转化过程中，往往有一部分能量转化为内能，或以声、光的形式转移到环境中。 • 了解转化到环境中的内能、声能、光能一般很难再利用。 • 通过对其他形式能量的定量追踪，理解在能量转化过程中，系统的能量总在发生耗散。 • 基于热力学第二定律更深刻地认识能量概念，建构模型分析系统能量转化的方向。理解能量释放到环境中后不能再自动聚集起来供人类重新利用，据此理解能源问题。

五、“能量”主题测试细目表

基于表现期望和物理学科能力表现框架，课题组制订的双向细目表如表 6-5 所示。

以下各节详细阐述基于细目表进行大样本命题测试所得的结果。

表 6-5 “能量”主题命题细目表

	A 学习理解			B 应用实践			C 迁移创新		
	A1 观察记忆	A2 概括论证	A3 关联整合	B1 分析解释	B2 推论预测	B3 综合应用	C1 直觉联想	C2 迁移与质疑	C3 建构新模型
能量的形式	能识别生活现象中具有各类能量的表现。了解动能、重力势能等的定义及其影响因素。 A1E101；A1E102；A1E103；A1E105；A1E107aa；A1E107ab；A1E119；A1E116a			基于对动能、重力势能等能量形式的理解分析解释问题。 B1E104；B1E107ba；B1E107bb；B1E109；B1E114		综合使用分子动能、温度、内能、势能关联知识，解决复杂情境中的物理问题。 B3E135			
能量的转化和转移				分析物理现象中的能量转化过程，据此对问题作出解释。 B1E311；B1E312；B1E315；B1E316b；B1E322；B1E324；B1E327；B1E328	基于能量转化的知识，对简单情境中各能量的转化作出推理与预测。 B2E310；B2E320	综合功能关系等知识对较复杂情境中的能量转化过程加以分析，作出判断。 B3E325；B3E333a；B3E333b；B3E330；B3E417		迁移对能量转化的理解来认识常见的发电方式、电源和用电器。 C2E318	运用对能量转化的理解来对用电器的机制作出批判性的思考与评价。 C3E323

续表

	A 学习理解			B 应用实践			C 迁移创新		
	A1 观察记忆	A2 概括论证	A3 关联整合	B1 分析解释	B2 推论预测	B3 综合应用	C1 直觉联想	C2 迁移与质疑	C3 建构新模型
能量守恒	了解机械能守恒的条件，知道能量守恒定律。 A1E229c		能将能量的形式、能量的转移与转化与能量守恒知识整合，进一步理解能量守恒定律。 A3E113	能用机械能守恒定律、能量守恒定律分析简单情境下物理过程。 B1E206； B1E207e1a； B1E216cc； B1E232	能用能量守恒定律作出推论和预测。 B2E221； B2E234			尝试使用能量守恒定律定性分析新情境下电势能、重力势能转化过程。 C2E231	尝试从能量守恒定律角度，对生活、社会问题作出判断性的批判性的思考与评价。 C3E216cd
能量耗散				初步了解现实生活中能量的转移和转化有一定方向性，并可用于分析解释简单情境下物理过程与生活现象。 B1E407e2a； B1E416ca		综合使用能量耗散、能量转移与转化等知识对能量守恒作进一步解释。 B3E207e1b； B3E208； B3E226			综合应用能量观念，特别是能量耗散来解释用电器的工作原理，并对能效进行评价。 C3E407e2b； C3E416cb

第二节　表现水平划分与学生表现描述

“能量”主题在本研究的历次测试中均是重要的考查内容(测试的基本情况详见第二章)。基于测试结果，采用与第四章相同的划分方式对学生在“能量”主题上的能力表现进行了水平划分，并据此对学生表现进行整体描述。

一、表现水平划分

综合分析不同区域的各年级被试学生的表现情况，对照学生的能力分布和试题的难度分布，学生在“能量”主题上的能力表现可分为 7 个水平。

【水平 1】处于此水平的学生能在简单情境中提取物体的速度、质量等信息，知道动能、光能、电能等与生活联系密切的概念，并能将速度、质量、光照强弱等信息与动能、光能等概念进行直接对应，判断能量的有无。

【水平 2】处于此水平的学生知道宏观物体的动能、地球表面物体的重力势能等的影响因素，以及功等概念的计算模型。能在熟悉情境中应用这些模型，分析常见物理现象中的能量转化与能量转移，了解功和能量转化、转移的关系。

【水平 3】处于此水平的学生在认识机械能的基础上，能意识到在能量转化过程中有热量放出，知道在只有重力或弹力做功的物体系统内，动能和势能相互转化过程中总量保持不变。可根据上述模型和规律对常见的物理现象进行初步的分析解释，预测一些物理变化的方向和限度。

【水平 4】处于此水平的学生能说明能量耗散等的内涵，能说明机械能守恒等规律的适用范围和条件。能在较熟悉情境中应用能量观念下的概念和规律进行分析和推理，解释物理现象、进行推论预测。具有对社会生活中与能量相关的议题进行评估、分析的意识。

【水平 5】处于此水平的学生能从系统的角度掌握动能、势能等的计算模型，能基于热力学定律理解能量的转化、转移、耗散和守恒之间的辩证关系。在较复杂情境中应用能量观念下的概念和规律进行分析和推理，解释物理现象、进行推论预测。还能尝试在陌生情境中应用能量观念，作出初步的估计判断，使用证据质疑已有结论。

【水平 6】处于此水平的学生能围绕能量守恒定律关联能量形式、能量转化和转移、能量耗散等子主题的内容，初步建构能量观念。能运用能量观念对综合性物理问题进行分析和推理，获得结论并加以解释或推论。能将能量观念中的概念、模型和守恒思想等思维方法迁移应用至陌生情境解决问题，能使用证据质疑和评估已有结论。

【水平 7】处于此水平的学生能综合应用能量观念和物质观念、运动与相互作用观念，经历系统的科学推理，解释自然现象。能在陌生情境中建构恰当的物理模型，从能量变化与守恒的分析角度结合其他物理观念和思维方法解决实际问题或进行创意设计，综合使用理论和事实证据质疑和评估已有结论。

二、学生表现的整体描述

各区域的学生在“能量”主题上的整体表现具有一致性，这里以在J市的测试结果为例，对学生表现进行整体描述。J市各年级样本学生的统计数据如表 6-6 所示，根据第三章划定的能力值范围，对J市两个区的样本表现进行分级(图 6-1)。J市两个区的样本整体中有 0.5%的学生处于水平 1；有 13.7%的学生处于水平 2；有 30.2%的学生处于水平 3；有 33.5%的学生处于水平 4；有 17.2%的样本处于水平 5；有 4.4%的样本处于水平 6；有 0.4%的样本处于水平 7。

表 6-6 J市样本学生在“能量”主题上的表现情况

年级	计数	平均值	标准差	中位数	主要处在的能力水平
8	783	−1.25	0.60	−1.31	水平 2～水平 3
9	900	−0.43	0.83	−0.44	水平 3～水平 4
高一	933	−0.17	0.77	−0.14	水平 4
高二	924	0.07	0.85	0.14	水平 4
高三	652	0.30	0.98	0.35	水平 4～水平 5
整体	4192	−0.30	0.95	−0.33	水平 3～水平 4

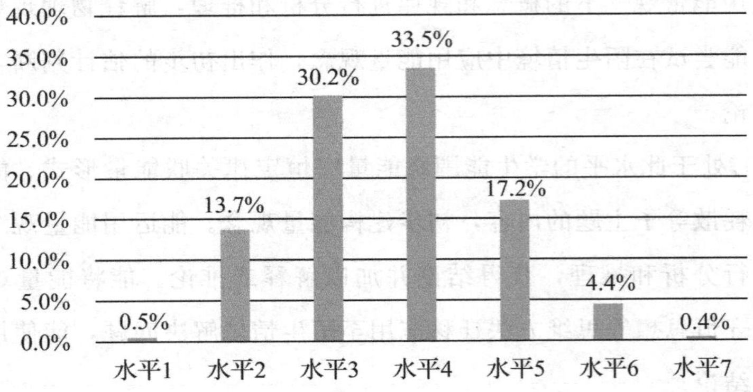

图 6-1 "能量"主题上的物理学科能力表现水平分布

分年级来分析，如表 6-7 所示，8 年级的学生主要处于水平 2(42.9%)①和水平 3(45.9%)，水平 3 以上的学生不足 10%。9 年级的学生主要处于水平 3(34.7%)和水平 4(36.8%)。从 8、9 年级的分布比例差异可以看到，1 年的物理课程学习对学生在本主题的物理学科能力表现有较大影响。高一年级的学生主要处于水平 4(45.3%)，处于水平 3 及以下的学生比例较 9 年级有所减少，同时处于水平 5 及以上的学生比例较 9 年级有所增加。高二年级的学生主要处于水平 4(40.5%)，处于水平 3 及以下的学生比例较高一年级又有所减少，处于水平 5 的学生从相比高一年级的 17.3%增加到 27.0%。高三年级的学生主要变化是处于水平 4 的学生(32.2%)比例较高二年级有所降低，处于水平 5 及以上的学生明显增多，特别是有 2.5%的学生达到了水平 7。总体而言，从 8 年级到高三年级，学生在"能量"主题的能力表现水平逐渐上升。

表 6-7 各年级学生在"能量"主题各水平上的比例分布

年级	水平 1	水平 2	水平 3	水平 4	水平 5	水平 6	水平 7
8	1.7%	42.9%	45.9%	8.6%	0.8%	0.1%	0.0%
9	0.7%	12.8%	34.7%	36.8%	13.4%	1.6%	0.0%

① 括号内的百分数为处于某水平的学生占该样本群体的人数百分比，下同。例如 8 年级处于水平 2 的学生有 336 人，占 8 年级样本的 42.9%。

续表

年级	水平1	水平2	水平3	水平4	水平5	水平6	水平7
高一	0.1%	5.0%	29.7%	45.3%	17.3%	2.5%	0.1%
高二	0.1%	5.3%	20.9%	40.5%	27.0%	6.1%	0.1%
高三	0.1%	4.0%	19.0%	32.2%	28.1%	14.1%	2.5%

三、学生表现的具体分析

在描述了学生在“能量”主题的整体表现之后，进一步分析学生在本主题上的具体表现。首先对“能量的形式”“能量的转化和转移”“能量守恒”和“能量耗散”四个二级主题的表现进行整体讨论，随后结合典型例题，讨论各二级主题的学生具体表现。

(一)对各二级主题表现的整体讨论

统计学生在四个二级主题上的作答表现，学生能够胜任“能量的形式”二级主题任务的概率接近 69.8%，胜任“能量的转化和转移”二级主题任务的概率为 49.5%，胜任“能量守恒”二级主题任务的概率为 38.2%，胜任“能量耗散”二级主题任务的概率为 41.8%。上述数据意味着，整体比较学生在四个二级主题上的作答表现，可发现“能量的形式”二级主题不难被中学生掌握，而“能量守恒”“能量耗散”二级主题难度较高。这与美国柳秀峰团队和德国诺依曼团队的相关研究结果是相近的(Liu et al，2005；Neumann et al，2013)。

柳秀峰和麦考夫于 2005 年对青少年能量概念发展提出了假设，并通过对大规模测试(TIMSS)数据的分析进行验证，尝试刻画了一条沿能量各二级主题的概念发展路径(Liu et al，2005)。随后，德国学者诺伊曼等融合与能量学习相关的认知发展理论，检验沿四个方面的能量学习进阶：“能量的形式和来源”“能量转化和转移”“能量守恒”和“能量耗散”(Neumann et al，2013)。国内外的研究在进阶起点上取得了一致：在物理课程开始之初，学生不难理解能量的形式和能量的来源。此外，对能量转化和转移的学习是能量认识深化的关键中间环节。国内外的研究也都发现，“能量守恒”和“能量耗散”内容从整体上来讲对学生提出了更高的要求。

(二)“能量的形式”二级主题的表现分析

学生在“能量的形式”二级主题上表现情况整体较好。学生整体上能胜任“能量的形式”二级主题的任务。具体到各年级的表现，除了 8 年级的学生存在较多困难之外，在经过物理课程学习后，其他年级的学生均在此二级主题上表现较好。

在学习理解维度，学生基本可以识记各类能量形式，并且，随着课程学习的深入，学生对各种能量形式有了更完整的理解。但学生的作答也暴露出他们在建构能量观念时的一些迷思概念和困难点。例如望文生义地认为“机械能”是机械所具有的能量，混淆重力和重力势能等。另外，学生对重力势能、内能等概念的理解也有困难。例如在同一情境中判断动能、弹性势能和重力势能的有无时，学生对动能和弹性势能是否存在的判断都较准确，但意识到重力势能存在的学生比例却不高。在应用实践维度，学生在真实问题情境中自主提取和对应相关科学概念的能力有待加强。例如在讨论山地中的一高、一低两辆小车的情境中，大多数学生能通过小车在运动意识到动能的存在，而对情境中是否存在重力势能、内能等其他形式能量的认识不足。而且学生运用对各能量形式的认识进行分析和推理时的逻辑过程不严密、不完备。在迁移创新维度，学生在迁移“能量的形式”二级主题的知识进行批判性论证时也存在一定困难。以下，我们将结合具体试题进行分析。

试题 B2E12 是 9 年级和高一年级在“能量的形式”二级主题下的链接题，通过大人和小孩进行登楼比赛的情境考查学生的知识掌握和能力水平。该试题考查能量观念中重力势能和重力做功两个知识内容，考查推论预测能力中的 B2-1：基于推理进行论证。试题期望学生基于题设对问题情境的描述与分析，依据重力势能和重力做功的知识，进行合理推理，并得出结论。题设及选项如图 6-2 所示。

一个重为 600 N 的大人和一个重为 300 N 的小孩进行登楼比赛，他们同时从底层出发，最后到达六楼，小孩比大人先到，那么(　　)。

A. 小孩重力势能的变化一定大

B. 大人重力势能的变化一定大

C. 小孩重力势能做功的功率一定更大

D. 大人重力势能做功的功率一定更大

图 6-2　试题 B2E12 的题设与选项

这道题在一个情境下同时考查能量观念中的两个知识点：重力势能的变化和克服重力做功的功率问题。因为大人比小孩的体重要大，所以爬升同样高度时大人的重力势能变化较大。但是因为没有给出小孩比大人先到的时间，所以计算功率涉及的两个变量都是大人的比较大，从已知信息中是无法确定谁克服重力做功的功率更大的。综合上述分析可得，B 选项是正确答案。

正确作答本题要调用两方面知识内容，据此进行推理。首先是物体的重力势能与物体质量、上升高度的关系。虽然初中生不要求掌握 $W=mgh$，但在机械能相关章节学生已经知道，同一物体距地面高度越高，重力势能越大，距离地面高度相同的物体，质量大的重力势能大。如果掌握了上述知识，学生不难从 A、B 中作出正确选择。其次，本题同时还考查克服重力做功的功率估计问题。学生在简单机械一章已经初步学习了功率的计算。功率和两个因素有关——做功的大小和做功时间，在相同时间内做功越多功率越大，做相同的功做功的时间越短功率越大。从题设可以看到，大人做功较大但做功的时间较长，小孩做功较少但做功的时间较短。可见题设条件不足以对两者功率的大小做出比较。设置选项 C 和选项 D 作为干扰选择，还希望测查样本学生的科学推理能力。皮亚杰使用“平衡秤”等任务测查发现，学生在面对有多个变量的科学推理任务时，往往会使用“主导因素决定”的推理方式。“主导因素决定”的推理方式即学生将多个变量中的某一个作为主导因素，依据其变化判断总结果的变化而忽略其他因素对结果的影响。如果学生在解答此题时采用这种不恰当的推理，则很有可能选择选项 C 或选项 D。

9 年级和高一年级的学生实际作答情况如表 6-8 所示，这道题在两个年级的正确率均不足 50%。在 9 年级，有约 42%的学生选择了干扰项 D，选择正确答案的学生刚刚超过 1/3；高一年级虽然正确率比 9 年级略高，但不足 40%，仍有近四成的学生选择了 D。

表 6-8　试题 B2E12 的学生作答情况

年级	A	B	C	D
9	7.5%	36.5%	14.1%	41.9%
高一	7.1%	39.3%	16.9%	36.7%

作为一道单选题，选项 A 和选项 B 的推理难度要低于选项 C 和选项 D，而且选项 A 和选项 B 在前。如果学生对重力势能的概念及其影响因素掌握得比较扎实的话，则能直接选出正确选项。但两个年级中选择 C 或 D 的学生都在 55%左右，说明学生对重力势能的概念及其影响因素掌握并不扎实，还是倾向于用较为熟悉的功的知识来尝试解决问题。但用功的知识来进行推理时，有相当高比例的学生使用“主导因素决定”这种对这道题来说并不适宜的推理方式进行了推理，进而选择了错误的选项。

试题 B2E34 是高一、高二两个年级的链接题，是同一情境下三道连续问题中的第一问。该试题考查学生对水平桌面上的弹簧振子的能量变化规律的理解。试题借助弹簧振子这一重要的物理模型，考查学生对能量观念中的动能、弹性势能和机械能的内涵及其相互转化关系的理解。解答此试题，学生需具备较好的推理思维能力或者系统思维能力，此外，学生的“概念—图像”表征转换能力也对解题有重要影响。试题 B2E34 的题设如图 6-3 所示。

图示为一个由物体和弹簧组成的不计阻力的理想弹簧振子。弹簧在振动中的最小和最大长度记为 $x_{\min}$ 和 $x_{\max}$。

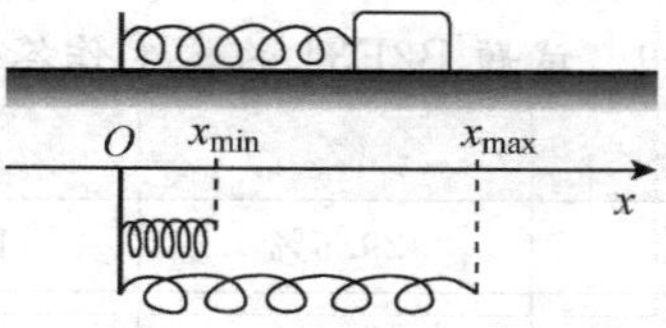

下面有四幅能量随 x 变化的图像，将图像与含义对应起来(在横线上填上对应图的序号)。

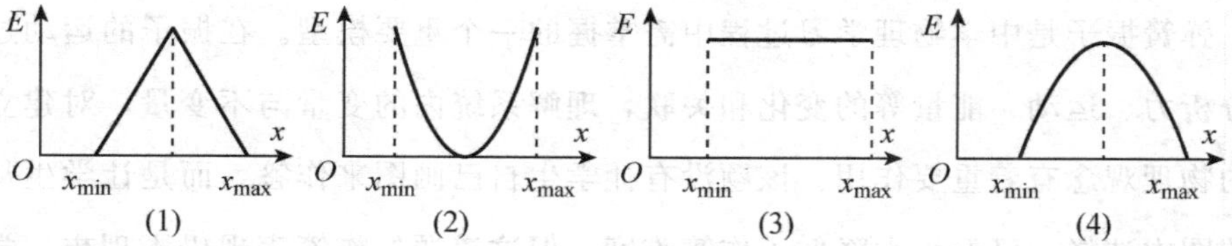

表示物块的动能随 x 变化的是________。

图 6-3　试题 B2E34 的题设与选项

在题目设定的情境中，一个理想弹簧振子在 $x_{\min}$ 到 $x_{\max}$ 之间运动。从 $x_{\min}$ 到 $x_{\max}$，物块的速度先增大后减小，所以动能也是先增大后减小，由此可排除选项(2)和选项(3)。而要选对选项(4)则对学生提出了较高要求。有的学生可以结合物体的运动情况以及动能与速度的关系式 $E_k=\frac{1}{2}mv^2$，判断动能的变化可能不是一条直线，所以排除选项(1)而选出正确答案。但设计这道题时更希望学生能从系统的角度思考这个问题合理地推出正确选项。对于本测试中读完高一年级的学生，在学习“机械能守恒定律”时曾探究过弹性势能的表达式。题目情境中的理想弹簧振子机械能守恒，其能量在动能和弹性势能之间来回转化，学生不难知道在弹簧最大伸长(最大压缩)时其弹性势能最大，如果学生还能记得弹性势能和弹簧的伸长量成二次函数的关系，由以上两条则不难推出动能大小的变化规律。

从学生的作答情况(如表 6-9 所示)来看，选择选项(3)的学生对弹簧振子情境比较陌生，但经过 1 年的高中物理学习，这种情况基本消失。从能正确判断动能变化趋势的学生比例上也能看出学生对弹簧振子模型越来越熟悉，在高一年级能正确判断动能变化趋势的学生约占60%，而在高二年级将近80%。但在趋势判断正确的学生中，多于1/3的高一年级学生没能推理出二次曲线关系。在高二年级情况有所好转，有近70%的学生能选出正确的选项。

表6-9 试题B2E34的学生作答情况

年级	(1)	(2)	(3)	(4)
高一	18.3%	29.5%	11.2%	41.0%
高二	10.5%	19.4%	1.3%	68.8%

弹簧振子是中学物理学习过程中需掌握的一个重要模型。在振子的运动过程中分析力、运动、能量等的变化和关联，理解系统内的变量与不变量，对建立完整的物理观念有着重要作用。该题没有让学生自己画图来作答，而是让学生从已有的图中选择，已经大大降低了作答难度，但这道题的作答表现仍不理想。学生一方面表现出对弹簧振子模型中的能量变化不熟悉，难以利用所学知识进行有效的科学推断；另一方面，学生对进行多重表征的转换表现出不适应。这两方面都是教学过程中需要关注的地方。

(三)“能量的转化和转移”二级主题的表现分析

学生在“能量的转化和转移”二级主题上的表现情况尚可。整体来看学生基本上能胜任“能量的转化和转移”二级主题的任务。具体到各年级的表现，此二级主题对于初中生而言还是有一定难度的，相应试题的难度值大于其平均能力值。在高年级，学生能力均值高于题目均值，表明这些学生中的大部分基本能答对此二级主题的相应试题。

在学习理解维度上，学生能较好地理解能量可以转化和转移这一特性，但学生对功是能量转化的量度的认识还不够深刻，对书本上由功定义能的语句理解得比较刻板。在应用实践维度上，学生在根据能量转化和转移进行分析解释、推理预测过程中会出现一些错误。例如，有的学生往往根据经验来判断能量转化或转移的方向，而没有依据高度、速度等指标量，还有的学生对内能等概念尚未真正理解，往往在分析能量转化过程时忽视转化到内能的那部分能量。在迁移创新维度，学生较难在新情境中追寻能量转化或转移的轨迹。以下，我们将结合具体试题对学生在本二级主题上的表现进行分析。

试题 A1E13 是 8、9、高一、高二年级的链接题，通过日常生活中的烧水情境来考查学生对能量观念中内能、机械能等概念及能量转化的认识，主要考查学生将信息与相关知识进行对应的能力。题设及选项如图 6-4 所示。

假设你正在用煤气灶烧一壶水，思考一下在这个过程中能量的传递和变化情况。下面描述最符合你的想法的一组是（　　）。

①烧开水的过程中，天然气燃烧释放的热量传递给水壶和水，从而增加水的内能。

②水沸腾后持续加热，由于沸腾时的温度保持不变，所以水及汽化形成的水蒸气总的内能仍保持不变。

③水沸腾后可能会把壶盖顶起来，这是水蒸气对壶盖做功，内能转化为机械能的过程。

A. ①②　　B. ②③　　C. ①③　　D. ①②③

图 6-4　试题 A1E13 的题设与选项

煤气灶烧水主要是燃料的化学能转化为水的内能的过程，除此之外，此过程中还存在着能量耗散、对壶盖做功等其他形式的能量转化。①考查最主要的能量转化过程：燃料燃烧将热量传递给水壶和水，使水的内能增加、温度上升。①对此过程的描述是正确的，正是有此能量传递水才被烧开。②仍是考查这一能量转化过程，但是情境有所变化——从升温过程换成了沸腾过程，作为干扰选项考查学生的理解。学生应该知道温度不是衡量物体内能的唯一量度，同温但处于不同的凝聚状态的物体其内能是不一样的：同温度的水蒸气的内能比水高。所以持续加热使得水及汽化形成的水蒸气总内能增加，②是错误的。③描述的是烧水过程中无用功的一种，水沸腾后将壶盖顶起，水蒸气的内能转化为壶盖的机械能，③是正确的。综上，①和③是正确的，C 是正确答案。

这道题本身难度并不大，考查的能力维度——根据信息提取相关知识——也处于较低的能力水平。该题的区分度主要在于②。②除涉及能量转化过程外，还主要考查学生对内能的理解。对于中学生来说内能是一个比较复杂的概念，由于涉及微观机制，所以内能一直是学生较难掌握的能量形式之一，学生存在大量关于此概念的迷思观点。②就对应学生理解内能的一个主要错误观点“温度是衡量物体内能的唯一量度”，即认为“温度越高、内能越大”。从答题情况来看(如表 6-10 所示)，②一直是学生的最主要错因(错选 D)。而且值得注意的是，学生通过后续的学习，其答题表现却并没有发生明显改观。这可能意味着后续教学并没有注意到学生的迷思观点进行针对性的纠正。

表 6-10　试题 A1E13 的学生作答情况

年级	选项 A	选项 B	选项 C	选项 D
8	16.3%	11.4%	46.4%	25.9%
9	5.5%	6.7%	60.1%	27.7%
高一	3.7%	5.9%	68.8%	21.6%
高二	3.2%	5.6%	64.8%	26.4%

这里还有另外一个较小的概念发展点需要注意。通过访谈我们发现，对于年龄较小的学生，他们头脑中的“机械能”和物理中所指的“机械能”是不一样的。香港学者孙爱玲和郑美红指出汉字的词素影响科学概念的学习(孙爱玲等，2008)。一些学生认为机械能是机械具有的能量，“壶不是机械，不具有机械能”。这也是 8 年级的学生中有较高比例的(16.3%)学生选择 A 的原因。而且这种错误观点并不会随着机械能的学习自发消除，一些高中生在访谈时仍会有类似的表述，这也提醒我们在机械能概念引入时应有意识地纠正学生的类似观点。

试题 B2E31 是高一、高二、高三年级的一道链接题，在单摆情境中考查学生对其能量转化的判断。该题以单摆模型中的动能和势能的转化关系为考点，考查学生基于系统思维进行合理推论的能力和“概念—图像”表征的转化能力。该题的题设及选项如图 6-5 所示。

如图所示，一个摆在来回摆动。不考虑摩擦和阻力，选项中的哪一幅图展示了势能和动能随着摆动的变化？（ ）

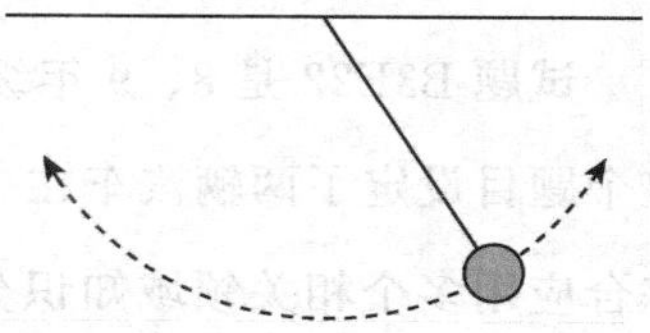

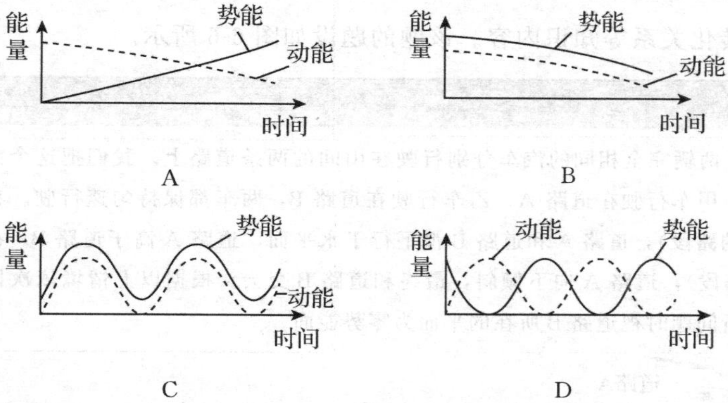

图 6-5 试题 B2E31 的题设与选项

在不考虑摩擦和阻力的情况下，单摆中摆的动能与重力势能相互转化，且整个系统的能量守恒。在最高点时小球的重力势能最大、动能最小，在从最高处到最低处的过程中小球的动能增大、重力势能减小，到最低点时小球动能最大、重力势能最小，如此往复，所以D选项正确。利用已有知识不难作出正确推理，选出正确答案。这道题的正确率也较高，大部分学生都能正确作答。

表 6-11 试题 B2E31 的学生作答情况

年级	选项 A	选项 B	选项 C	选项 D
高一	4.4%	4.0%	6.6%	85.0%
高二	2.4%	1.6%	4.5%	91.5%
高三	0.9%	2.8%	4.6%	91.7%

在高一年级和高二年级，还有少量学生选择选项A或B，可见学生对单摆的周期性的认识还不到位。此外，还有一些学生选择C选项，这部分学生可能没有理解能量守恒这一重要物理观念，单摆摆动过程中动能和势能在相互转化，这样系统的

总能量才是一个不变量。在教学中，从机械能守恒的角度适时引导学生思考最高点时能量从哪来，学生不难明白两者应该是“此消彼长”，而不应是同增同减的。

试题 B3E22 是 8、9 年级的链接题，是同一情境下一系列问题的第四小题。整个题目设定了两辆汽车在一高一低的山道上行驶的情境，在此情境中考查学生综合应用多个相关领域知识分析问题的能力，涉及能量观念中重力势能、动能、内能及其之间的转化关系等知识内容。该题的题设如图 6-6 所示。

如图 a 所示，两辆完全相同的汽车分别行驶在山间的两条道路上。我们把这个情境简化成图 b 所示，甲车行驶在道路 A，乙车行驶在道路 B，两车都保持匀速行驶。在路段 1(即 YZ 之间的路段)，道路 A 和道路 B 都平行于水平面，道路 A 高于道路 B。在路段 2(XY 之间的路段)，道路 A 向下倾斜，最终和道路 B 交会。根据以上情境依次回答下列问题，在分析问题时视道路 B 所在的平面为零势能面。

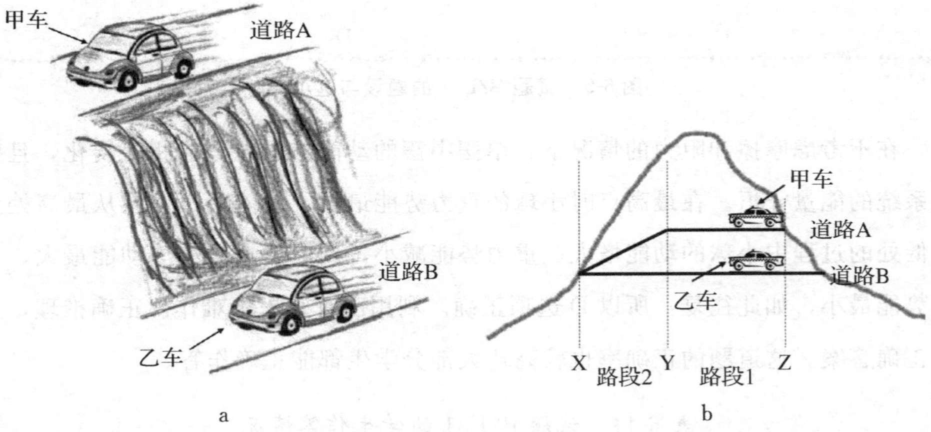

请分析，在整个过程中，是否发生了能量转化？如果有，请列举所发生的能量转化的过程，并分析能量是从什么形式转化成了什么形式。如果没有，请解释原因。

答：我认为在整个过程中________(选填“发生”或“没发生”)能量转化，____________

____

____。

图 6-6　试题 B3E22 的题设与选项

对于高年级的学生来说，这道题目本身并不难，对应所学的几种能量形式，并结合情境中的转化关系即可作答。然而对于 8、9 年级的学生，解答此题的学生刚刚掌握了有限的几种能量形式，也只分析过几种比较简单的能量转化过程，所以这道题对于他们而言还是比较有挑战性的。而且这道题要求学生用语言来表述此过程，这又对学生的语言表达能力提出了要求。

解答这道题首先需要学生判断是否发生了能量转化，再按要求写出是由何种形式的能量转化为何种形式的能量。整个过程是有能量转化的：由于甲车所在道路 A 高于道路 B，其重力势能会随着其下坡而下降，动能和内能增加，所以是重力势能转化为内能和动能；在行驶中由于存在摩擦会使动能转化为内能；车的内燃机使得燃料的化学能转化为机械能。考虑到学生刚学习能量不久，能正确答出其中一种及以上我们就视其为回答正确。

具体分析学生的作答表现（如表 6-12 所示），在第一问中让学生判断是否发生能量转化，两个年级中都有近 20%的学生回答没发生。这些学生的理由大同小异，几乎都认为“两车都在匀速行驶，过程中只存在动能，动能没有发生变化，所以没有能量转化”，这些学生回答错误的原因是忽视了重力势能的变化。下坡过程中重力势能在减少，减少的重力势能必然转化成了其他形式的能量。而一些初中生对重力势能以及能量转化与守恒的认识还不深刻，所以没能正确作答。

表 6-12　试题 B3E22 的学生作答情况

年级	发生	没发生	能答出至少一项
8	80.6%	19.4%	7.4%
9	80.0%	20.0%	52.4%

虽然第一问答对的同学达到 80%，然而第二问作答情况却不理想。学习过初中物理课程能量单元的学生中仍有近一半的同学不能正确描述出一种能量转化。一些学生作答反映出他们对各个概念的认识仍不明确，例如有学生回答“油能转化为机械能、转化为动能”，说明他没能区分机械能、重力势能、动能三者间的关系；还有不少学生回答“动能转化为重力势能”，认为下坡过程中重力势能增加，可见这部分学生对重力势能大小的判断指标理解不扎实；还有学生回答“动力转化为能量”“冲力转化为能量”等，未能区分“力”和“能量”两个概念。在答

对至少一项的学生中大部分都写出了“重力势能转化为动能”和“动能转化为内能”，能写出“燃料的化学能转化为机械能”和“重力势能转化为内能”的学生很少。

上述结果表明初中生尚未能形成整合的能量观念，在问题情境中综合调用所学知识的能力不足，学生只能提取出题干提示过的或是比较熟悉的能量形式(动能)，对重力势能、内能等概念的调用存在困难。而且学生对各能量概念的理解存在偏差。此外，学生的表述能力有待提高，比较发现与此题相仿的选择题的正确率明显高于此题的正确率。但是我们期望学生不只是能“勾勾选选”，而是能综合运用所学的知识进行科学判断、作出科学解释，这也是核心素养培养中交流能力的重要方面。

(四)“能量守恒”二级主题的表现分析

在“能量守恒”二级主题上，学生表现反映出他们仍存在较大进步空间。初中学生和高一学生在解答此二级主题的相应试题时均存在一定困难，相比之下，高二年级和高三年级学生表现稍好，部分学生能完成相应任务。联系之前国外相关研究也发现学生在理解能量守恒时存在困难，可以确认能量守恒的相关内容是建构能量观念的难点。

在学习理解维度上，经过较系统的物理课程学习后，学生能理解机械能守恒，了解能量守恒定律，但学生对能量守恒的认识也还不够深刻，对机械能守恒定律与能量守恒定律的关系认识不到位，大部分学生尚不能从守恒这一特性入手关联整合对能量概念的理解，建构整合的能量观念。在应用实践维度上，高中生能较好地运用机械能守恒定律分析问题。但拓展到应用能量守恒定律进行分析解释和推论预测时，往往不能从系统的角度选取分析对象，且分析时易受其他干扰变量的影响。在迁移创新维度，学生很难像科学家一样从能量守恒的视角出发来研究新情境或是复杂现象中的本质规律。以下，我们将结合具体试题对学生在本二级主题上的表现进行分析。

试题 B2E11 是一道覆盖了全部五个年级的链接题，通过小球在光滑轨道上滑行的情境考查学生对能量观念中能量守恒的认识水平，以及基于推理结果合理预测的能力。此试题的题设及选项如图 6-7 所示。

请看下面一幅图，小球在一个光滑没有摩擦的轨道上从 A 点由静止自由释放，小球始终没有离开轨道，你认为小球最远可以滚到哪一点？（　）

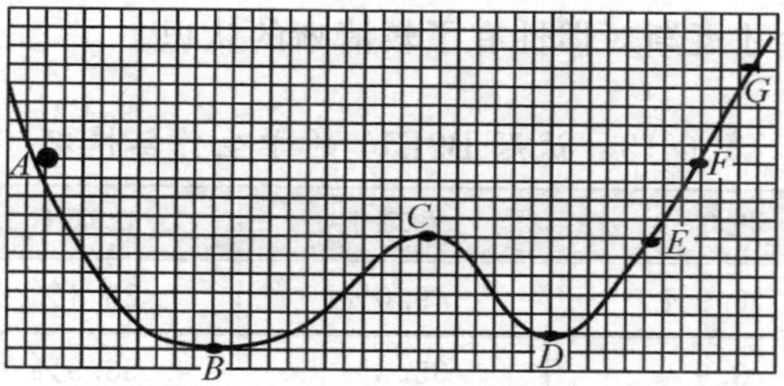

A. 到 C 点，因为小球到了 C 点就过不去了，会返回去

B. 到 E 点，因为 E 点和 C 点一样高，小球从 C 点滚过去，能量守恒，还能到达 E 点的高度

C. 到 F 点，因为 F 点与 A 点一样高，能量守恒，还能到达 F 点的高度

D. 到 G 点或者更远，因为轨道没有摩擦，由于惯性，小球可以一直滑过去，到达 G 点并继续往前滑

图 6-7　试题 B2E11 的题设与选项

在试题情境中，小球由 A 点静止自由释放后滚动，期间没有离开轨道且不考虑阻力。在此情况下，小球机械能守恒，故可知小球最远能到达与 A 点同样高度的地方。即小球最远可以滚到 F 点，C 选项是正确答案。正确回答这道题需要学生运用能量守恒定律分析小球的整个运动过程，由此做出预测。不能恰当调用相关原理或进行局部推理都会导致错选。例如选择 D 选项的学生错误地调用了惯性来解答，而且他们对惯性的理解也有偏差，所以认为小球会到 G 点甚至更远；选择 A 的学生通过其经验做出判断，却忽视了其经验情境与题目情境并不相同。这两类学生都没能调用恰当的知识进行推理。选择 B 选项的学生多是由于局部推理，他们对小球的整个运动过程感到迷茫，故只对比较确信的部分过程采用局部推理，认为小球最远只能到达与 C 点等高的 E 点。

表 6-13 列出了 8 年级到高三年级学生作答的具体情况。从中可以看到，选

择D选项的学生在8年级到高一年级逐年递增，在学完高一年级的课程后明显减少。这反映出初中阶段对惯性的教学没有达到理想的效果，一些学生理解的惯性和物理课程中学习的惯性并不一致，稍加误导学生就会采用对惯性的错误认识来进行分析判断，以至于作出错误的预测。直到在高中比较系统地学完牛顿第一定律之后，这部分学生才逐渐对惯性有了较清晰的认识。

表6-13 试题B2E11的学生作答情况

年级	选项A	选项B	选项C	选项D
8	6.9%	49.0%	23.4%	20.7%
9	3.9%	35.3%	33.9%	26.9%
高一	3.0%	26.5%	41.5%	29.0%
高二	1.3%	14.1%	73.3%	11.3%
高三	3.7%	11.6%	73.1%	11.6%

另外，综合选择B选项或C选项的学生比例来看，学生在知识选取能力上是在逐渐发展的。例如在8、9年级，能正确调用能量守恒概念解决问题的学生占70%左右，到了高二、高三年级已经超过80%。此外，比较能正确调用能量守恒概念解决问题的学生，8年级和9年级学生中选择最多的选项是B选项(分别占49.0%和35.3%)，但上高中后选正确选项C的学生逐渐占了多数，学生在整体的推理能力上有较明显的发展，反映了从局部推理到整体推理的进阶。

试题A3E14是一道开放性论述题，让学生自由发挥，谈对能量的理解和认识。试题的题设和问题如图6-8所示。题设虽然简单，但从知识整合视角设定的四档评分标准区分了学生能量观念的不同关联整合水平。最低水平(0档)的学生只能笼统地说能量的意义，例如“能量很重要”“我们要节约能源”，没有涉及能量概念的科学实质。1档的学生能回答出一些具体的能量形式，以各类表观的能量形式指代了能量。2档的学生能说明能量在各种形式间转化和转移这一特性，指出能量可以用做功的本领来度量。3档的学生能认识到守恒这一能量的核心特征，并整合理解能量形式以及能量的转移与转化。

“能量”是我们在物理学习和生活中都经常使用的一个词，你对“能量”有怎样的认识呢？请用一两句话写出你所认为的“能量”是什么。

答：______________________________

____

图 6-8 试题 A3E14 的题设

从学生的作答情况来看(如表 6-14 所示)，此题对 9 年级和高一年级的学生而言有较高的难度。仅有极少数的学生能从能量守恒的高度来建构能量观念。高二年级表现情况有所改观，但仍不理想。

表 6-14 试题 A3E14 的学生作答情况

年级	0 档	1 档	2 档	3 档
9	72.3%	21.3%	5.1%	1.3%
高一	67.9%	23.6%	6.8%	1.7%
高二	40.2%	33.5%	16.8%	9.5%

许多学生只能笼统地指出每个物体都有能量，能量普遍存在。还有的学生认为能量是产生和维持物体运动的条件，将能量与运动挂钩。甚至部分学生认为能量就是一种力，混淆了力和能量的概念。这些作答都被归为 0 档，表明学生对能量的认识处于比较模糊的水平。1 档的学生能认识到能量可以有多种存在形式，然而处于此档的学生不能将其与其他能量知识整合。较高水平的学生能初步整合能量的形式、能量的转移和转化、能量守恒以及能量耗散的相关知识，围绕能量守恒建构整合的能量观念。此题的一些具体作答示例详见第三章。

(五)“能量耗散”二级主题的表现分析

在“能量耗散”二级主题上，学生表现反映出他们仍存在进步空间。初高中学生在解答涉及此二级主题的问题时表现不佳，特别是当题设设置于真实情境中时。联系之前国外相关研究也发现学生在理解能量耗散时存在困难，可以确认能量耗散的相关内容是建构能量观念时的另一难点。

在学习理解维度上，经过物理课程学习后，学生可以较好地理解能量利用率的概念，也知道在能量转化和转移过程中会有能量耗散，但部分学生对能量耗散和能量守恒之间的辩证关系理解不到位，尚不能整合热力学三大定律、建构对能量观念的系统认识。在应用实践维度上，虽然学生能较好地计算出熟悉情境中的能量利用率，但当情境比较陌生时，学生对能量耗散的敏感度较低，即便是高中生，他们在涉及能量退降和热力学第二定律的有关问题时表现也不佳。在迁移创新维度上，学生尚不能迁移对能量退降的认识来回答节约能源等社会科学议题。以下，我们结合具体试题对学生在本二级主题上的表现进行分析。

试题 B2E10 是 8 年级和 9 年级在“能量耗散”二级主题下的链接题，通过灯泡通电发光的情境考查学生的知识掌握和能力水平。考查的知识内容是不同能量形式间的转化和能量耗散，同时考查学生的推论预测能力。题设及选项如图 6-9 所示。

电能可以使灯泡发光。当灯泡发光时，它消耗的电能与它产生的光能相比，(　　)。

A. 消耗的电能更多

B. 产生的光能更多

C. 消耗的电能和产生的光能一样多

D. 不知道哪个更多

图 6-9　试题 B2E10 的题设与选项

这道题在灯泡通电发光的情境下考查了电能和光能之间的能量转化以及此过程中的能量耗散。灯泡在发光时，它所消耗的电能一部分转化成了光能，一部分转化成了灯泡以及周围空气的内能，发生了能量耗散。所以此过程中，相比发出的光能，灯泡消耗的电能更多。

正确作答本题，学生要知道灯泡在发光过程中存在能量耗散，即部分电能转化成了内能。虽然初中阶段学生还不能定量地计算出这一能量耗散过程中电能转化成热能的值，但根据所学的能量利用率的知识，学生不难推理出灯泡在发光过程中不可能把消耗的电能100％转化成光能。但实际上，传统的初中物理教学过于强调理想情境，对真实情境中能量耗散的讨论较少，致使学生往往在推理时意识不到物理变化过程中产生的内能等其他形式的能量。再加之部分学生对于能量守恒概念的理解仅基于字面，容易忽略能量守恒是包含物理过程中所有形式的能量之和的守恒。因此我们认为会有相当一部分学生由于这种推理方式错选C选项。

表6-15 试题B2E10的学生作答情况

年级	选项A	选项B	选项C	选项D
8	25.9％	19.7％	45.5％	8.8％
9	38.8％	7.9％	45.8％	7.5％

8年级和9年级的学生作答情况如表6-15所示，只有25.9％的8年级学生选择正确，9年级也仅有近40％的学生选出了正确选项。正如前所料，8年级和9年级中均有超过45％的学生选择了C选项。说明8年级和9年级中大部分学生对能量守恒仅有一个大致的认识，没有意识到内能等能量形式的存在，所以也无法形成对能量耗散的理解，从而认为电灯发光时电能和光能之间的转化是等量的。另外8年级有接近20％的学生选择了B选项，认为灯泡产生的光能多于消耗的电能。这表明刚开始学习物理课程的学生对能量转化缺乏良好理解，对转化中量的关系还有待于教师的指导，到9年级选B选项的学生明显减少，说明初中物理课程对能量转化的教学起到了一定的效果。

试题B2E14是9年级到高三年级在“能量耗散”二级主题下的链接题，通过小球在水平地面上弹跳的情境考查学生的知识掌握程度和能力水平。考查的知识内容是能量的转化和能量耗散，同时在此情境中考查推论预测能力。题设和选项如图6-10所示。

掉在水平地面上的弹性小球会弹起，而且弹起的高度会越来越低。如图所示是小球弹起的频闪照片，小球在1、2位置的高度一样。下列说法正确的是（　）。

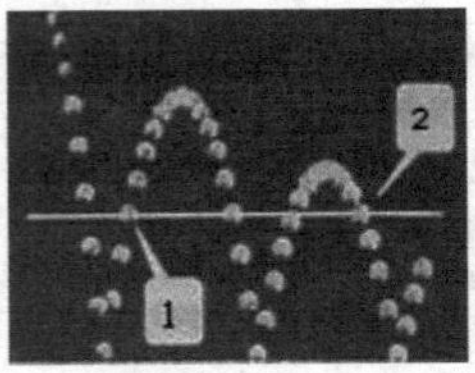

A. 1、2位置的动能相同，2位置机械能较小

B. 1、2位置的机械能相同，2位置动能较小

C. 1、2位置的动能相同，机械能也相同

D. 2位置动能较小，机械能也较小

图6-10　试题B2E14的题设与选项

小球在弹跳的过程中，部分能量由于阻力做功转化成了内能耗散到了周围环境中，使得小球的机械能减小，所以小球越弹越低。由此，比较小球处于图中1位置时和2位置时的机械能，肯定是2位置时小球机械能较小。1位置时和2位置时小球的重力势能相同，而2位置时小球的机械能较小，所以小球的动能也较小，故D选项是正确答案。

正确作答本题要调用两方面知识内容，据此做出推理。首先是小球在弹跳的过程中存在能量耗散。小球弹跳过程中由于存在空气阻力和与地面非完全弹性碰撞等作用，会发生能量耗散，所以小球的机械能会减小。由此学生可以排除B、C选项。其次是机械能与动能、势能的关系问题。学生通过对机械能的学习，可以知道机械能是由动能、重力势能和弹性势能组成。由于该题目未考查弹性势能，所以该题目情形下小球的机械能由动能和重力势能组成。同时，高中学生应该已经熟练掌握了$E_p=mgh$的关系，学生不难判断出1、2位置处小球的重力势能相等。同时考虑到2位置处小球的机械能较小，所以学生通过推理可选出D选项。

然而测查结果显示（如表6-16所示），虽然到了高中阶段，能作出正确选择的学生超过了一半，但认为机械能不变（选B、C）的学生比例仍占近40%，说明即使是高中生也没有很好地意识到物理过程中的能量耗散。另外，有超过三成的学生（选A、C）不能顺利推理出2位置处动能小。在访谈中我们也发现，许多学生并不是通过如上段所演示的推理过程判断动能大小的，而是“根据位置”或者

"根据冲力"猜测的。整体来看，这道题目情境并不复杂，刚刚过半的正确率表明学生对非理想的物理过程(这种过程往往存在能量耗散)的分析推理能力还有待加强。

表 6-16 试题 B2E14 的学生作答情况

年级	选项 A	选项 B	选项 C	选项 D
9	16.9%	23.2%	15.8%	44.1%
高一	12.2%	21.7%	14.9%	51.2%
高二	8.8%	23.0%	15.8%	52.4%
高三	12.7%	25.7%	14.7%	46.9%

基于上述各二级主题的典型试题分析，总的来看学生在"能量"主题上的物理学科能力表现尚存在一定的发展空间。在对能量观念的整合理解、应用能量转移和转化以及能量守恒的观点来分析解释，以及迁移所建构的能量观念来推理解决问题等方面有待加强。

第三节　能力表现分析与教学建议

相比其他主题上的物理学科能力表现，学生在“能量”主题上的学习进展较为滞后。学生具备从生活现象中观察物理问题的意识，也可以对应相关物理知识对问题加以分析、判断甚至作出一定推理预测。但学生掌握的知识是碎片化的，综合运用知识能力较弱，尚未建构起完善的知识框架与整合的能量观念。尤其是对于内能等概念的理解还比较薄弱，而且在遇到复杂陌生情境时，往往不能优先尝试从能量观的角度来分析解决问题。

在学习理解维度上，初中阶段的学生能够较好地记住各个能量形式的基本概念，能将生活中常见情境中的信息与相应的能量形式进行关联对应，但仍有部分学生存在“只有生物具有能量”“只有驱动系统才具有能量”等错误认识，在对整体的能量观念的建构上，大部分学生仍是从生活经验出发粗略地认识能量概念，不能整合能量形式、能量转移与转化、能量耗散和能量守恒等内容来建构系统完整的能量观念。在高中阶段，学生能初步理解各能量形式的计算模型，且能够将常见情境中的信息与所学的能量知识关联对应。学生的各类迷思概念也大大减少。然而，大部分学生仍未能以能量守恒为核心建构起对能量观念的统整认识，他们对各种能量形式、能量转移与转化，以及能量的耗散和退降的认识仍是比较零散的。

在应用实践维度上，初中生能较为熟练地应用动能等概念分析问题，但只有少部分学生可以正确利用重力势能、内能的概念及其大小等因素来对真实情景中的物理问题进行分析判断。一些学生在综合动能和重力势能的变化与高度变化的关系进行分析判断时出现错误，以致对物体机械能变化的分析出现偏差(典型的错误如认为下降的物体重力势能在变大，物体的机械能也在变大)，许多学生不能很好地利用功能关系以及机械能守恒定律来分析解决问题。高中阶段，错误运用重力势能与高度变化关系的学生比例在减少，学生能初步运用功能关系以及机械能守恒来分析解决问题。然而，初、高中学生尚都不能熟练地基于能量转化与转移和能量守恒来对较复杂情境中系统的能量变化过程进行推理，都有一部分学生在分析解决问题时不能考虑到能量转化与转移过程中还存在能量耗散。

在迁移创新维度上，学生在遇到陌生情境时往往不能优先将其与所学的能量知识进行关联，而是往往用力学等其他主题的知识去解决问题。故总的来看，学生迁移能量知识分析解决新情境中问题的能力并不强，这与科学研究中许多重要发现都是先从能量守恒的视角提出假设的情况形成了鲜明对比。在进行批判性思维时，学生表现出其思维的逻辑性不强，且对理论基础的调用也不熟练，只有少数高中生能基于扎实的知识体系和严谨的逻辑推理来进行评价与批判。

如何更好地引导学生建构系统、整合的能量观念，一直是科学教育研究的重点之一。但是诺丁和克拉切克等总结道：20 世纪 90 年代之前对能量教学的讨论多基于作者自身的经历，缺乏系统的实证支持(Nordine et al，2011)。通过对国内外能量教学研究的文献综述和当前教案的文本分析发现，的确有许多能量主题的教学设计没有从学习者的视角出发，而有些教学设计又过于强调学生的迷思概念，对能量观念的整体性把握不够。纯粹从学科知识本体出发的能量教学设计在当前国际主流教材中已日渐式微。另一方面，过于强调学生前概念中不科学的部分，将教学中心设定在如何使较科学的概念替代学生的原有认识，忽视学生概念发展潜质的能量教学也是不可取的。因为以能量概念为代表的一些科学概念的发展很大程度上是在更普遍、更准确地运用已有认识的过程中达成的，所以教学不应过分强调学生已有认识的不足，而应立足于对学生已有认识的拓展、联结和精细化。

以这种理念为指导，从学生日常经验出发，围绕能量观念中的核心概念来统整和组织科学实践活动，在建构能量观念的同时促进学科能力的发展，已成为 20 世纪末以来大量西方教材的处理方式。初中教学可以围绕能量的转移和转化展开，引导学生在真实情景中追踪能量，从项目活动中统整地建构能量观念，同时培养学生的科学探究能力。高中教学可以围绕能量的守恒展开，让学生来探寻变化过程中的守恒量。例如 IQWST 项目①设计的初中物质科学能量单元，以“如何用废物驱动我的音箱”为科学实践活动主题，在项目研习过程中，紧紧围绕能量的转移和转化，让学生了解并掌握多种能量形式(动能、势能、内能、声能等)、能量的守恒和能量耗散，进行科学解释、论证和设计，为音箱提供能量，使之播放音乐(Fortus et al，2012)。相关教学实验也证明上述能量教学的设计能促进学生能量理解水平的提升(Nordine et al，2011)。

同一时期，还有很多学者提出了其他精进能量教学的设计思路并开展实证研究，例如德国学者杜伊特和诺依曼、英国学者罗宾·米勒、塞浦路斯学者康斯坦丁诺等都从不同视角提出改进能量教学的思路(Duit et al，2014；Millar，2014；Constantinou et al，2012)。这些研究都将促进能量教学的改进，为更好地帮助学生建构能量观念和培养学生物理学科能力提供启迪。

① IQWST 项目全称是“通过科学和技术来探查我们的世界”(Investigating and Questioning our World through Science and Technology)，IQWST 是由美国国家科学基金会(National Science Foundation，NSF)资助的，美国密歇根大学、西北大学、密歇根州立大学等联合研发的大型中学科学课程改革研究项目，项目的重要研究成果为 IQWST 课程系列教科书和学生用书。

第七章

物理核心活动能力表现与测评

物理学是一门以实验为基础的自然科学。在物理学中，每个概念的建立以及每个定律的发现，都有坚实的实验基础。在义务教育物理课程标准和普通高中物理课程标准中都将科学探究和物理实验纳入了学科体系，认为科学探究和物理实验都是物理课程中的重要内容和学习方式，也是物理教学中的重要教学目标。本章所界定的“物理活动”包含了课标中所提出的科学探究和物理实验。对学生物理核心活动能力表现进行研究有助于教师完善对学生学科能力表现的认识，也有助于明确物理核心活动对提升学生物理核心素养所起到的作用。本章聚焦物理核心活动，呈现基于物理学科能力框架确立的物理核心活动能力表现指标体系，并据此提出教学改进建议。

第一节　物理核心活动的确立依据与主题划分

义务教育物理课程标准明确指出初中阶段的物理课程应让学生经历实验探究过程，学习科学知识和科学探究方法，并明确课程内容包括科学探究和科学内容，表明了科学探究的学科地位。在高中物理课程各个模块中也都安排了一些典型的科学探究和物理实验，新修订的《高中新课标》把“科学探究”作为物理核心素养的一个重要方面，提出了具体的水平要求。本章所界定的“物理核心活动”具备科学研究的一般特征，但又以物理学科特定任务为标志。“物理核心活动”立足于中学物理学习阶段，指的是中学生围绕物理核心知识学习展开的物理实验和探究活动。

一、中学阶段物理核心活动的确立依据及具体内容

(一)初中阶段物理核心活动

在确定初中阶段的核心活动时，以我国《义教课标》对科学探究和科学内容的学习要求为基准，主要考虑了三个方面的因素：一是《义教课标》附录1“学生必做实验说明”所列出的学生必做的实验项目；二是依据初中阶段物理学科的核心概念；三是依据《义教课标》科学内容中相关主题的要求。在“科学内容”中对具体实验项目的要求有近30项，大多数都是用“通过实验”或“经历……的实验探究过程”来陈述的，这里面既包括教师操作的演示实验，也包括要求学生操作的分组实验，为了统一对学生实验的要求，《义教课标》在附录1中列出了20个物理实验的项目清单，作为必做的学生分组实验。这些实验分别侧重不同的学科能力要素，经历这些实验后，学生的实验能力将得到比较全面的发展。结合初中阶段的核心概念建立过程，有些实验活动中所蕴涵的进行科学研究的思想和方法对学生物理核心素养的提升有很大帮助，因此，也选择确定了部分活动作为核心活动。

为了明确核心活动与内容主题的关系，在呈现形式上，依内容主题为线索，梳理了初中阶段物理核心活动，如表 7-1 所示。

表 7-1 初中阶段物理核心活动

内容主题	核心活动	主要依据
物质	1. 用天平测量物体的质量	《义教课标》附录 1 实验 3
	2. 用常见温度计测量温度	《义教课标》附录 1 实验 4
	3. 测量固体和液体的密度	《义教课标》附录 1 实验 9
	4. 探究晶体和非晶体熔化过程中的温度变化的特点	《义教课标》内容要求 1.1.3
	5. 探究水沸腾时温度变化的特点	《义教课标》附录 1 实验 12
运动和相互作用	1. 用刻度尺测量长度、用表测量时间	《义教课标》附录 1 实验 1
	2. 用弹簧测力计测量力	《义教课标》附录 1 实验 2
	3. 测量物体运动的速度	《义教课标》附录 1 实验 7
	4. 测量水平运动物体所受的滑动摩擦力	《义教课标》附录 1 实验 8
	5. 探究浮力大小与哪些因素有关	《义教课标》附录 1 实验 10
	6. 探究杠杆的平衡条件	《义教课标》附录 1 实验 11
	7. 探究光的反射规律	《义教课标》附录 1 实验 13
	8. 探究平面镜成像时像与物的关系	《义教课标》附录 1 实验 14
	9. 探究凸透镜成像的规律	《义教课标》附录 1 实验 15
	10. 探究通电螺线管外部磁场的方向	《义教课标》附录 1 实验 18
	11. 探究导体在磁场中运动时产生感应电流的条件	《义教课标》附录 1 实验 19
	12. 探究同种电荷相互排斥，异种电荷相互吸引	《义教课标》内容要求 2.4.1
能量	1. 用电流表测量电流	《义教课标》附录 1 实验 5
	2. 用电压表测量电压	《义教课标》附录 1 实验 6
	3. 连接简单的串联电路和并联电路	《义教课标》附录 1 实验 16
	4. 探究电流与电压、电阻的关系	《义教课标》附录 1 实验 17
	5. 测量小灯泡的电功率	《义教课标》附录 1 实验 20
	6. 测量某种简单机械的机械效率	《义教课标》内容要求 3.2.3，例 2
	7. 探究焦耳定律	《义教课标》内容要求 3.4.6

(二)高中阶段力学部分物理核心活动

力学是物理学的基础内容，是研究物体机械运动规律的科学。力学的概念和规律是学生进一步学习物理的基础，力学有关实验在高中物理中非常典型，学生需要通过相关的物理实验学习基本的操作技能和研究方法。因此，力学实验的要求是对高中物理活动的基本要求，基于此，本书只梳理了力学部分的核心活动。

确定核心活动考虑了三个方面的因素：一是高中阶段力学的核心概念；二是《高中新课标》中相关主题的要求；三是《2016 年北京市高考说明》(以下简称《高考说明》)中所要求的学生必做实验。呈现形式以力学内容主题为线索，确定高中阶段力学部分的核心活动，如表 7-2 所示。

表 7-2　高中阶段力学部分物理核心活动

内容主题	核心活动	主要依据
机械运动和力	1. 研究匀变速直线运动的特点 (研究匀变速直线运动)	《高中新课标》必修实验 1 (《高考说明》实验 98)
	2. 探究弹簧形变与弹力的关系 (探究弹力和弹簧伸长的关系)	《高中新课标》必修实验 2 (《高考说明》实验 99)
	3. 研究两个互成角度的力的合成规律 (验证力的平行四边形定则)	《高中新课标》必修实验 3 (《高考说明》实验 100)
	4. 探究加速度与物体质量、物体受力的关系 (验证牛顿第二定律)	《高中新课标》必修实验 4 (《高考说明》实验 101)
	5. 长度的测量及其测量工具的选用 (螺旋测微器的使用)	《高中新课标》必修实验 7 (《高考说明》实验 107)
	6. 研究平抛运动的特点 (研究平抛运动)	《高中新课标》选修实验 1 (《高考说明》实验 102)
	7. 探究影响向心力大小的因素	《高中新课标》选修实验 2
	8. 验证动量守恒定律	《高中新课标》选修实验 3 (《高考说明》实验 106)
	9. 用单摆测量重力加速度的大小 (探究单摆的运动、用单摆测定重力加速度)	《高中新课标》选修实验 4 (《高考说明》实验 105)
能量	1. 验证机械能守恒定律	《高中新课标》必修实验 5 (《高考说明》实验 104)
	2. 探究动能定理	《高考说明》实验 103

二、中学阶段物理核心活动主题划分

物理核心活动及其教学是物理课程和物理教学的一个重要组成部分，对核心活动的教学，一方面能够帮助学生建构物理活动经验图式；另一方面核心活动能很好地促进学生学习理解核心概念。本章基于我国课程标准、教材、学段教学要求，以及对学段重要考试(中考、高考)的分析研究，依据完成活动所需要的主要能力将核心活动划分为两个一级主题：测量物理量和探究验证物理规律。

依据活动的类型，再次细化活动主题，确定了各二级主题，如表 7-3 所示。

表 7-3 物理核心活动分类

一级主题	二级主题	核心活动示例
测量物理量	直接测量物理量	• 用刻度尺测量长度、用表测量时间(初中) • 用常见温度计测量温度(初中) • 用弹簧测力计测量力(初中)
	间接测量物理量	• 测量物体运动的速度(初中) • 测量固体和液体的密度(初中) • 测量小灯泡的电功率(初中)
探究验证物理规律	探究物理核心知识规律	• 探究液体压强与哪些因素有关(初中) • 探究导体在磁场中运动时产生感应电流的条件(初中) • 探究弹力和弹簧伸长的关系(高中) • 探究恒力做功与物体动能变化的关系(高中)
	验证物理核心知识规律	• 验证力的平行四边形定则(高中) • 验证牛顿第二定律(高中) • 验证机械能守恒定律(高中)

测量物理量类活动的两个二级主题分别为直接测量物理量和间接测量物理量。直接测量物理量类活动在能力要求上主要包含各种测量仪器的使用，要求会根据测量对象和仪器的量度范围选择仪器，了解操作要求和注意事项，并能正确操作仪器，会根据仪器的最小分度正确读取测量的数据。间接测量物理量类活动要根据一定的实验原理进行测量，比如物体速度的大小等于它通过的路程和时间之比；小灯泡的电功率等于它两端的电压与通过它电流的乘积。这类实验包括了基本操作类实验仪器的选择和使用，它是基本仪器的操作在具体项目上的应用。

探究验证物理规律类活动的两个二级主题分别为探究物理核心知识规律和验证物理核心知识规律。两类活动的主要区别在于结论是否已知，探究物理核心知识规律类活动，指实验者在不知道实验结果的前提下，通过自己实验、探索、分析、研究得出结论，从而发现科学规律的一种认知活动。在中学物理课堂教学中的探究性实验，实际是在已知物理规律结论的情况下，模拟重复物理学家发现物理规律的过程，让学生在教师的指导下探索尝试，运用科学方法在操作实践中体验探求物理规律的情感，学会获取信息和处理信息的技能。因此，在对学生的能力要求上侧重对科学探究能力的要求，而非对探究结果的要求。验证物理核心知识规律类活动是在学习物理规律之后进行的，目的在于验证物理规律的正确性，巩固和加深对物理规律的理解。在物理教学中，验证性实验，所要验证的结论在验证之前已经十分清楚，只要能够找到与结论相吻合的事实证据即可。在验证性实验过程中，思维比较集中，实验中需要测量哪些量可以直接从要验证的结论中获得，指向性比较明确。中学物理探究性实验与验证性实验在实验目的、过程、态度和实验结果等实验诸要素中都有一定的差异。

第二节　物理核心活动能力表现指标体系的建构

物理核心活动在物理学的发展中有着巨大的意义和推动作用，作为物理学科内容的一部分，物理核心活动也是物理学科教育必不可少的内容，基于核心活动主题的学科能力表现与测评研究是物理学科能力研究的重要组成部分。国内外很多学者对核心活动能力的构成要素和测评都进行了长期的研究，本节将基于诸位学者的研究成果和本书第一章建构的物理学科能力框架对基于核心活动主题的学科能力表现进行描述。

一、我国物理核心活动能力的研究现状

1. 关于物理活动能力具体表现的研究综述

物理是以实验为基础的科学，国内有多位学者对物理实验能力进行研究。如第一章关于物理学科能力的相关基础研究中，简述了段金梅、武建时、阎金铎、续佩君等学者对实验能力的观点，并总结得出我国学者强调物理实验中操作、思维等要素的密切关联。

续佩君(1999)认为物理实验能力包括操作和思维两种能力。实验操作是物理实验能力的核心部分。思维围绕着操作展开并夹杂着抽象思维，思维是使操作得以沿着正确方向顺利进行的一种保证。实验能力中的思维是一种综合性思维，包括分析、综合、归纳、演绎等各种抽象思维，以及动作、形象、直觉等各种思维的综合运用。虽然在完成一个具体实验的过程中，物理实验操作能力表现为实验技能和技巧，但就整体的、抽象的(指不涉及某一具体的实验内容)物理实验而言，实验操作则是和思维有机结合在一起的，外显为某些确定的模式。这些模式通常包括学科层次的物理实验方法、具体层次的物理实验方法、物理实验的一般程序，以及物理仪器的一般调试和操作方法等。通过与这些外显模式匹配的物理实验任务，可以对物理实验能力进行测量。

另外，朱星和林木欣(1997)认为物理实验能力是由物理实验操作能力和实验认识能力组成的，实验操作能力是实验能力的核心，但实验认识能力具有相对独立性，这两种基本能力缺一不可，实验能力是实验操作能力和实验认识能力组合的整体。实验操作能力，应包括实验操作的感知一协调反应能力及实验操作的连锁反应能力；实验认识能力，包括观察力、记忆力、想象力和思维力等因素，它们相互联系、相互渗透。思维力是核心，将其他三种因素有机地综合为一个整体。具体地说，实验认识能力包括对实验原理、方法、仪器设备的理解能力，对实验现象的观察能力、读取数据的能力、对实验信息的分析与综合能力。

从上述对物理实验能力的界定中，可以看出物理实验能力的具体表现与具体的实验活动密不可分，要对物理实验能力进行测评可以结合具体的物理实验活动类型和具体的实验环节展开。

2. 国家课程标准中对实验能力的要求

在《义教课标》中，没有对实验能力的含义作出具体的解释和说明，但明确表示，实验和科学探究有着紧密的联系。从科学探究的角度看，实验是科学探究的重要形式之一。因此，我们可以认为科学探究能力也是实验能力的具体表现，依据课程标准，科学探究能力的基本要求体现在科学探究的七个要素之中：提出问题、猜想与假设、设计实验与制订计划、进行实验与收集证据、分析与论证、评估、交流与合作。

另外，在“课程目标”中也有相关的描述，如在知识与技能目标中：“有初步的实验操作技能，会用简单的实验仪器，能测量一些基本的物理量，具有安全意识，知道简单的数据记录和处理方法，会用简单图表等描述实验结果，会写简单的实验报告。”在过程与方法目标中：“1. 经历观察物理现象的过程，能简单描述所观察物理现象的主要特征，能在观察和学习中发现问题，具有初步的观察能力及提出问题的能力。2. 通过参与科学探究活动，学习拟订简单的科学探究计划和实验方案，有控制实验条件的意识，能通过实验收集数据，会利用多种渠道收集信息，有初步的信息收集能力。3. 经历信息处理过程，有对信息的有效性、客观性做出判断的意识，经历从信息中分析、归纳规律的过程，尝试解释根据调查或实验数据得出的结论，有初步的分析概括能力。”在《义教课标》附录 2 的行为动词说明中也可以看出课程标准对实验能力要求的表述形式，如在技能性目标行为动词中涉及的有“会、会测量、会选用、会使用、会根据……估测、会用……测量”，其水平要求是“独立操作”；在体验性目标行为动词中涉及实验要求的有“尝试、观察、经历、探究、能”，其水平要求是“经历”。

《普通高中物理课程标准(实验)》在课程目标上明确提出要进一步提高学生的科学素养，明确把科学探究和物理实验能力放在一起，提出了共同的能力要求，这一点与初中课程标准表述相同，放在七个基本要素中分别提出基本要求，这里不再赘述。其行为动词界定中涉及实验能力的要求，一是在知识与技能中的“技能”目标中，涉及的行为动词有“测量、测定、操作、会、能、制作、设计”，水平要求是“独立操作”，水平含义是“独立完成操作；进行调整或改进；尝试与已有技能建立联系等”；二是在体验性要求中，涉及的目标动词有“观察、实验、探究”，其水平要求是“经历”，水平含义是“从事相关活动，建立感性认识等”。

二、基于物理核心活动主题的学科能力表现指标体系

基于第一章构建的学习理解能力(A)、应用实践能力(B)、迁移创新能力(C)三个维度的学科能力框架，在这三个能力维度上，依据各国课程标准和教材(以中国和美国为主)中对“核心活动”的能力要求，构建了基于核心活动主题的学科能力表现指标体系，如表 7-4 所示。每个能力维度上分别包括 3 个一级指标。

表 7-4 物理核心活动能力表现指标

能力维度	一级指标	二级指标
学习理解能力(A)	对应与认识(A1)	• 了解核心活动对应的基本知识(A1-1) • 认识活动目的、原理、仪器、步骤以及方法(A1-2)
	说明与理解(A2)	• 说明活动中仪器工具的原理和使用方法(A2-1) • 解释活动目的、原理、步骤以及方法(A2-2)
	比较与归纳(A3)	• 对比认识活动的多种方法步骤等(A3-1) • 归纳同类的活动原理或者步骤(A3-2)

续表

能力维度	一级指标	二级指标
应用实践能力(B)	操作与记录(B1)	• 按照活动要求进行合理操作(B1-1) • 观察现象并获取有效数据(B1-2) • 正确记录数据(B1-3)
	选择与设计(B2)	• 基于活动情境正确选择相应器材和方法(B2-1) • 在常规的情境和条件下，完成活动设计(B2-2) • 简单设计故障解决方案(B2-3)
	分析与预测(B3)	• 处理数据并分析误差(B3-1) • 归纳得出活动结论，并作出相应解释(B3-2) • 预测活动结果，判断改变活动条件对活动结果的影响(B3-3)
迁移创新能力(C)	体会与提问(C1)	• 基于合理分析获得创造性体会认识或结论(C1-1) • 提出可研究的创新性问题(C1-2)
	评价与改进(C2)	• 基于批判性思考正确评价活动的原理、步骤等内容(C2-1) • 对活动提出合理、创造性的改进建议(C2-2)
	创新与设计(C3)	• 运用已有知识方法解决新情境物理问题(C3-1) • 用新的方法有效解决物理问题(C3-2) • 在较复杂情境下自主进行活动设计(C3-3)

核心活动的学习理解能力是指学生学习理解核心活动所需的稳定的心理调节机制，描述学生对已习得的核心活动经验的学习理解水平。一级指标是其中的任务类型，包括“对应与认识”“说明与理解”“比较与归纳”三个递进的能力水平。其中，“对应与认识”是学生对核心活动最初级的学习理解能力表现，内容包括了解核心活动所对应的基本知识是什么，能认识核心活动的目的、原理、使用的仪器、步骤以及相应的方法。“说明与理解”能力是“对应与认识”能力的进阶。在此阶段学生能够说明活动中仪器工具的使用方法或原理，解释活动目的、原理、步骤以及方法，理解活动结论的合理性。“比较与归纳”要求学生在理解核心活动的各个要素的基础上，能够对比整合同一活动的多种方法，或能归纳整合同类的活动原理或者步骤。

核心活动的应用实践能力是指学生能够应用或实践核心活动所需的稳定的心理调节机制，描述学生对已习得的核心活动经验的应用或实践水平。包括“操作与记录”“选择与设计”“分析与预测”三种任务类型，分别对应三个递进的能力水平。其中，“操作与记录”是学生应用或实践核心活动的初级水平，此水平不要求学生设计或分析活动，仅要求根据已有的设计要求或者对照说明提示能够执行活动操作，观察现象并获取和记录有效数据。“选择与设计”要求学生能在常规情境和条件下，正确选择器材和方法完成活动设计；能够分析活动中出现的简单的常见故障，并进行相应处理。需要强调的是此水平要求的活动设计仅为常规情境下的，且该情境所给的提示条件较为充分，通常是对于活动的某一环节的部分设计。“分析与预测”要求学生能够运用多种方式处理数据，得出活动结果；能够正确分析活动结果的误差来源，论证结论的合理性，有根据地判断活动条件的变化对活动结果的影响。

核心活动的迁移创新能力是指学生进行迁移创新活动所需的稳定的心理调节机制，描述学生对核心活动创新迁移能力水平。包括“体会与提问”“评价与改进”“创新与设计”三种任务类型，分别对应三个递进的能力水平。其中，“体会与提问”要求学生能够基于合理分析表达自己的体会和认识，能够基于活动提出发散性的新想法，但不要求学生对提出的想法进行活动设计或验证。“评价与改进”是对已有活动的再创造，即要求学生基于批判性思考正确评价活动的原理步骤等内容，对活动提出合理、创造性的改进建议或方案。“创新与设计”是学生创新迁移能力的最高级描述，要求学生能够运用已有的知识、方法提出新的思路或设计有效方案解决新情境中或复杂情境中的问题。

三、基于物理核心活动主题的学科能力表现期望

在制订各二级主题的表现期望时，结合物理核心活动主题的学科能力表现框架，研究我国初中和普通高中物理课程标准、中考和高考说明，以其对物理活动的学习要求为基准，同时参考续佩君《物理能力测量研究》、美国的《新一代科学教育标准》及较有影响力的科学、物理教育纲领性文件。

(一)“测量物理量”核心活动主题上的学科能力表现期望

物理学是建立在实验基础上的自然科学，而测量是科学实验的重要环节，直

接测量又是测量的基础。通过利用测量仪器直接测量物理量，学生能够了解测量仪器的具体性能、工作条件和操作要求，同时，依据测量要求选用测量器材的精度，学生能够提升对测量误差、合理选配仪器的认识。学生经历直接测量物理量的物理活动，还可以了解和体会物理知识的应用和相关测量技术的发展，实现进行科学研究所需要的知识和技能的协调，为科学探究能力的发展打下基础。在进行直接测量的过程中，还应培养学生观察、分析与解释等能力。间接测量是在直接测量的基础上，根据已知的物理关系，通过计算得到被测物理量的量值。在进行间接测量的过程中，学生能够了解间接测量物理量是依据什么概念、规律、原理将其转化为一系列的直接测量物理量的，这些直接测量物理量的完成又是如何导致间接测量物理量的完成。学生经历间接测量的过程，可以对概念和规律的理解更加深入，可以提升演绎、推理等能力。在初中阶段主要有直接测量和原理简单的间接测量，在高中阶段以间接测量为主。“测量物理量”主题的学科能力表现期望如表 7-5 所示。

(二)“探究验证物理规律”核心活动主题上的学科能力表现期望

科学探究之所以在当代科学中占有核心地位，是因为科学探究就是科学家们研究自然界和根据研究所获事实证据得出结论并作出解释的各种方法和方式。科学每时每刻都存在于我们的周围，能够懂得科学原理并学会如何进行科学思考，将有助于我们更好地处理日常生活中碰到的各种问题。学生在中学阶段学习和经历探究性实验，将领悟科学探究提出问题、形成假设、设计实验、收集资料、分析证据、得出结论的研究思路和方法，形成基本的科学素养。理论是物理学的核心，理论是否正确必须经受实验的检验。理论有一定的适用范围，这个范围往往也是由实验在检验理论的过程中来确定的。学生经历验证性实验的学习，不仅可以体会理论和实验之间是相辅相成的辩证关系，也将有助于学生在当今面临浩如烟海的科学信息时，能够去粗取精、去伪存真，科学地作出评价，并运用这些知识和方法处理和解决生活中的各种困难和问题。“探究验证物理规律”核心活动主题的学科能力表现期望如表 7-6 所示。

表 7-5 "测量物理量"核心活动主题上的学科能力表现期望

		A 学习理解能力			B 应用实践能力			C 迁移创新能力		
		A1 对应与认识	A2 说明与理解	A3 比较与归纳	B1 操作与记录	B2 选择与设计	B3 分析与预测	C1 体会与提问	C2 评价与改进	C3 创新与设计
测量物理量	直接测量物理量	了解所测物理量的含义；能将所测物理量和相应测量仪器进行直接对应；会依据测量的物理量选择测量仪器。	能说明测量仪器的测量原理和使用方法；能解释测量仪器的测量原理和使用方法。	能比较和区分不同测量仪器的原理和使用特点；归纳测量工具共性的测量原理和测量方法。	会正确使用测量仪器；能理解并执行已有实验步骤；能正确读数；能正确记录实验数据。	能依据估测合理选择所需仪器的量程、分度值；能够有效设计实验方案；能对仪器出现的简单故障进行排除。	能正确处理实验数据；能从实验数据归纳得出实验结论，并作出相应解释；能分析误差的产生原因；能判断改变测量方法对测量结果的影响。	在测量过程中体会测量仪器的测量原理的巧妙；能提出合理的可进一步研究的问题。	能基于误差提出改进测量的意见。	能将测量仪器的原理、测量方法等迁移到新的物理量的测量活动中，或提出新的测量方法，设计新的测量仪器。
	间接测量物理量	了解所测物理量的含义；认识测量原理、测量步骤以及测量方法。	能说明测量仪器的测量原理和使用方法；理解测量与处理数据所需的物理原理，理解用这些仪器进行测量的原因。	能比较和区分不同间接测量方法的特点；归纳各种测量方法的共性。	能理解并执行实验步骤；合理操作所选仪器进行测量及正确读数；能正确记录实验数据。	能基于活动条件有效设计间接测量的实验方案；能依据测量方案正确选择相应器材；能对仪器出现的简单故障进行排除。	能正确处理实验数据；能从实验数据归纳得出实验结论，并作出相应解释；能分析误差的产生原因；能判断改变测量原理和方法对测量结果的影响。	体会间接测量中"转化"的思想和方法，获得创造性的体会；能提出合理的可进一步研究的问题。	能对测量活动的原理、步骤、操作的简便程度等进行批判性思考和评价；基于评价提出改进测量原理或测量方法的意见。	能将测量仪器的原理、测量方法等迁移到新的物理量的测量活动中，或提出新的测量方法；能在较为复杂的问题中设计测量活动。

表 7-6 “探究验证物理规律”核心活动主题上的表现期望

		A 学习理解能力			B 应用实践能力			C 迁移创新能力		
		A1 对应与认识	A2 说明与理解	A3 比较与归纳	B1 操作与记录	B2 选择与设计	B3 分析与预测	C1 体会与提问	C2 评价与改进	C3 创新与设计
探究验证物理规律	探究物理规律	能将探究的问题与探究影响规律的因素进行对应； 知道需要的实验仪器，运用什么物理原理、方法。	能够表述探究的问题； 能说明自变量、因变量的测量原理，实验条件的控制方法； 能说明仪器的原理及使用方法； 理解探究的目的、原理，以及步骤。	能够对比不同探究方法的特点，能归纳得出其原理和步骤上的共性； 能对收集的信息进行简单归类及比较。	能理解并执行实验步骤； 合理操作所选仪器进行测量及正确读数； 能正确记录实验数据。	明确探究实验的步骤，灵活选择运用处理数据的方式，会处理实验中遇到的细节问题。	能对探究的方向和可能出现的探究结果进行推测； 能正确处理实验数据； 能从实验数据归纳得出实验结论，并作出相应解释； 能分析结论的适用条件； 能分析误差的产生原因。	能说出通过该探究活动获得的对科学探究的认识； 关注探究活动中的新问题，并提出新的研究问题。	能对探究实验的方案、总结规律的方法等作出评价，或提出创造性的合理的改进意见。	将探究能力迁移到新的物理情境中，能基于探究目的设计新的探究实验。
	验证物理规律	知道物理规律的内容与适用条件； 将实验目的与实验原理、仪器、步骤及方法相对应。	理解物理规律的内涵； 能说明仪器的原理及使用方法； 能够解释实验目的、原理、步骤、方法。	能够对比不同实验方案的特点，能归纳得出其原理和步骤上的共性。	能理解并执行实验步骤； 合理操作所选仪器进行测量及正确读数； 能正确记录实验数据。	能够设计实验，完成实验验证的步骤，并记录实验现象、处理实验数据，会处理实验中遇到的细节问题。	能正确处理实验数据； 能从实验数据归纳得出实验结论，并作出相应解释； 能分析结论的适用条件； 能分析误差的产生原因。	说出对该验证活动的体会与认识，提出新的研究问题或新想法。	对该实验的不足之处作出评价，或提出创造性的改进意见，提高实验的准确性。	将验证实验中的科学方法与思维迁移到新问题中，能自主设计新的验证实验。

第三节　试题设计与结果分析

能力作为一种内隐的心理特质，需要通过外显的行为来进行诊断和评估，因此，基于测评标准研发科学、准确的测评工具是本研究的重点和难点。为了保证测评工具的信度和效度，课题组围绕核心活动进行了对考查试题设计理念与策略的研究，并多次讨论和调整，最终确定了测评方案。本节内容主要介绍测试题的设计理念与策略，以及对测试结果的分析。

一、试题设计理念

基于核心活动的物理学科能力测试，以两类学科活动作为基本内容，考查学生对学科活动经验的认识和应用。测试工具的开发遵循以下理念。

测试题指向能力测查。试题以检验学生是否具备活动关键经验的角度来命制试题，并作为评分的主要依据，关注学生是否达到相应的学科能力水平。

将核心活动经验与物理学科能力密切关联，基于学科活动经验确定能力表现水平测查点。学科能力不是空洞的，而是与学科特定的知识经验和活动经验联系在一起的。而且学生发展是学科知识的增进和学科能力提升的结合，并且学科知识的增进和学科能力的提升是互相促进的。每类学科活动本身具备特定的活动经验，在测试工具开发前，提取每类学科活动的活动经验。在编制试题时，先确定其对应的活动类型，明确相应的活动经验，再确定其要考查的学科能力要素，进而确定设问点。

二、命题策略

有限的测试题要很好地评价学生物理学科能力的发展，测评基于核心活动的学科能力表现，就必须紧紧围绕核心概念的建立过程进行考查，并且和能力框架有良好的对应关系。基于以上理念，在命制试题时采用了以下3个具体策略(以探究物理规律试题为例)。

策略一，从能力考查角度设计测试题，在同一内容主题上以不同角度考查学生不同能力维度的表现情况，充分发挥试题的功能。例如图 7-1 所示题目。

水果含有果酸。如图所示在水果中插入两片不同金属制成的极板，就组成了一个水果电池。某科学兴趣小组对影响水果电池电压大小的因素进行了实验研究。

(1)在水果中插入不同金属制成的极板，并保持两块极板之间的距离、极板与水果的接触面积不变，用电压表直接测量两块极板之间的电压，结果如下表。

	铁—锌	铁—铜	铜—锌
苹果	0.55 V	0.60 V	0.95 V
梨	0.40 V	0.50 V	0.90 V
菠萝	0. 50 V	0.55 V	1.00 V
橙子	0.70 V	0.78 V	1.05 V

①画出这个实验的电路图。

②分析实验数据可以得出：在上述条件下，从金属活动性顺序看，所选用的两块极板材料之间的________越大，水果电池的电压越大；并且水果电池的电压还与________有关。

(2)若该小组的同学选用一只橙子并用铜—锌做极板，研究水果电池的电压跟极板与水果的接触面积之间的关系时，应控制________不变。

(3)关于影响水果电池电压大小的因素，你还可以研究的问题是____________。(写出一个即可)

图 7-1　命题策略一题目示例

该题是考查学科能力维度比较全面的一道试题，具体考查的能力有：对应与认识能力(A1)，能够认识活动所对应的实验电路、实验仪器以及实验方法；比较与归纳能力(A3)，通过对比实验和实验方法，认识活动的原理和探究内容；选择与设计能力(B2)，运用控制变量的方法，设计实验；体会与提问能力(C1)，基于研究水果电池电压的情境，提出进一步研究的问题。在各年级的试题中还会依据学段特点，针对重点能力设计不同试题进行测评，以期获得更为准确的评价依据。

策略二，命题设计中注重考查学生做题的思考过程。题目的设问不仅关注"结论"，还通过"理由是""思路是""依据是""为什么"等设问关注获得结论的"思维过程”，尽可能避免学生由于“经验性猜想”而对题目带来的诊断误差。例如图7-2所示题目。

在验证牛顿第二定律的实验中，实验原理如图所示，即保持物体质量不变，验证物体的加速度是否与所受外力成正比；保持物体所受外力不变，验证物体的加速度是否与其质量成反比。

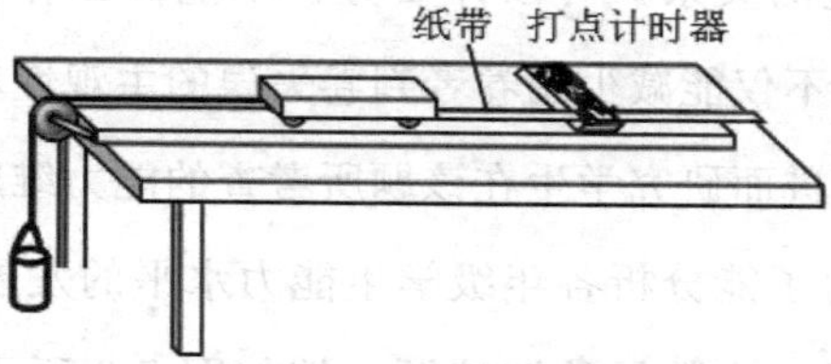

(1)在该实验中，需要测定小车运动的加速度和合外力，请思考后回答：该实验中测定小车加速度的方法可以有哪些？

(2)实验中要求砂和小桶的总质量要远远小于小车和砝码的总质量，为什么？

图 7-2　命题策略二题目示例

策略三，制订多级评分标准。评分标准一方面考虑学生答案的正确与否，另一方面还要看学生达到的学科能力水平。学生的答案可能并不完善，但有一定的正确性，或者存在认识方式的差异，则按照认识水平由低到高，依次划分为1档、2档……具体分档数量依据题目而定。例如表7-7所示题目及评分标准。

表 7-7　命题策略三题目示例1及评分标准

试题	评分标准
如图所示，由三根细绳悬挂在横木上，三根细绳的末端都悬挂了金属重物。绳1和绳3长度相同，绳2较短。在绳1和绳2末端悬挂10单位的重物，在绳3的末端悬挂5单位的重物。悬挂重物的细绳可以来回摇摆，且摇摆的时间可以测量。 (1)假如你想探究细绳的长度是否对来回摇摆一次的时间有影响，你会用哪一个或哪一组细绳测试？（　　） A. 需用全部三根细绳 B. 绳2和绳3 C. 绳1和绳3 D. 绳1和绳2 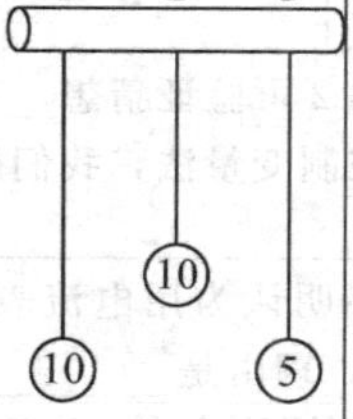 (2)本实验还需要控制其他什么因素？	答案：(1)D 代码1：D 代码0：其余的选项 (2)重物的释放角度(或高度)必须一样 代码2：重物的释放角度(或高度)必须一样 代码1：同时释放；回答的其他内容也有合理之处 代码0：无答案

该题考查学生根据探究目的设计实验的能力。第(1)问评分标准分为2档，是用来判断学生是否已经具有依据探究问题设计控制的条件进行操作的能力，能正确判断，计1分，否则计为0分，这是对结果的评分。第(2)问评分标准分为3档，学生能够正确分析出需控制的因素计2分；如果提出的因素虽然并不起决定作用，但与操作有一定的关系，可以计1分；不能做出作何分析判断计为0分。对评分标准进行分档，不仅能减少阅卷者判卷失误的主观性和偶然性，还能更好地分析学生的作答情况，进而研究学生在该题所考查的能力维度上的表现。

如第二章所述，为了能分析各年级学生能力水平的发展，核心活动在各年级的试卷设计上也设置了一定数量的链接题。例如图7-3所示的题目即是9年级和高二年级的链接测试题。

小明通过学习得知：一般情况下，水的质量一定时，加入食盐的质量越多，溶液的浓度就越高。他想探究食盐水溶液的导电性能与什么因素有关。小明的猜想是：

a. 食盐水溶液的导电性能与溶液的浓度有关；

b. 食盐水溶液的导电性能与金属片之间的距离有关；

c. 食盐水溶液的导电性能与溶液的温度有关。

小明利用水、食盐、烧杯、小勺子、电源、刻度尺、小灯泡、金属片、酒精灯等器材，设计了如图所示的装置，进行了探究实验。他记录的实验表格如下。

实验次数	加入食盐量	两金属片 AB 间距离/厘米	灯泡亮度
1	$\frac{1}{4}$勺	2	微亮
2	$\frac{1}{2}$勺	2	较亮
3	$\frac{1}{4}$勺	1	较亮
4	$\frac{1}{2}$勺	1	很亮

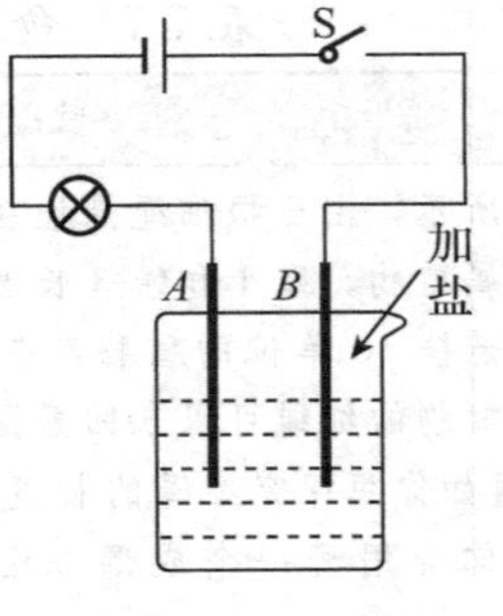

(1)比较实验次数1和2可验证猜想________(选填"a""b"或"c")。

(2)这个实验用到了控制变量法，我们所学的实验中，很多也用到了控制变量法，请举一例：________________________________。

(3)在实验过程中，小明认为用电流表代替小灯泡也能进行实验，你认为________(选填"可行"或"不可行")，理由是________________________________。

图7-3 命题策略三题目示例2

三、测试结果分析

(一)学生表现水平划分

物理核心活动主题在本研究中虽有一定量的测试题，但对物理核心活动主题的研究滞后于物理核心知识主题的研究，从而对活动主题的能力水平测试并不系统，而且试题主要归属在核心知识主题中进行分析，对活动主题没有单独利用Rasch模型进行数据分析，因而不能基于样本总体的怀特图进行水平划分。本章只是基于某市区学生样本的测试结果以及学生的认知发展规律，对学生在活动主题上预期的能力表现进行了初步的水平划分，并据此进行整体描述。学生在核心活动主题上的能力表现分为四个水平。

【水平1】处于此水平的学生能认识到活动目的、原理、步骤以及方法，在简单情境下能正确选择活动器材，并对活动提取的直接信息进行简单加工、计算。有一定基于生活的活动经验图式，知道活动目的，能够观察记录数据并从数据中提取直接信息，并能用自己的语言表述实验过程和结果。

【水平2】处于此水平的学生能够基于活动情境，正确选择相应器材和方法。能制订简单的实验探究方案，使用基本的实验探究器材，获得数据；能根据变量关系对数据进行简单比较，发现其中的特点，进行分析处理，归纳得出相应结论，并能用学过的物理学术语、图表等表达实验过程和结果。

【水平3】处于此水平的学生在理解核心活动的目的、原理、步骤和方法的基础上，能独立制订实验探究方案，或补充活动设计，并能够在一般情境下自主进行创新设计。

【水平4】处于此水平的学生能使用多种方法，将所学知识和活动经验图式融会贯通并迁移应用，能用图像、图表等方式描述数据，通过量化分析和因果分析等方法发现物理规律，尝试用已有物理理论进行解释；能够归纳总结活动的相应原理和方法等，能够在陌生情境或复杂情境中综合应用活动经验图式。能在反思的基础上明确改进方向，形成改进方案。

(二)学生表现的整体描述

本研究所测试的各区域学生在活动主题上的能力水平呈现一致性。下面以某区域的测试结果为例，对学生表现进行整体描述，并针对具体试题进行分析。图 7-4所示是该区域测试学生在核心活动主题上的物理学科能力表现水平分布。

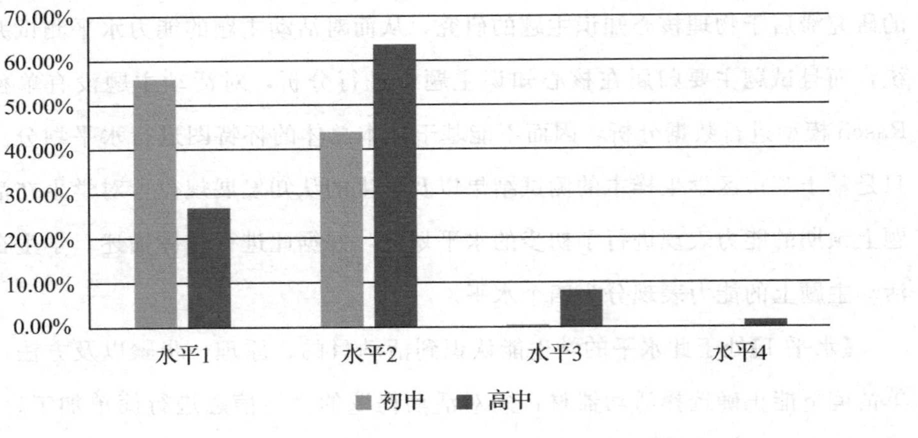

图 7-4 核心活动主题上的物理学科能力表现水平分布

分学段来看，初中学生能力水平表现较低，水平 1 的学生比例达到了 55%左右，这部分学生在这一主题上的能力仅达到认识活动，在简单情境下能正确选择活动器材，能够对活动提取的直接信息进行简单处理；处于水平 2 的学生比例在 44%左右，即对于一般性实验活动，能正确选择相应器材和方法，分析处理结果，归纳得出相应结论；处于水平 3 的学生比例不到 1%。高中学段，处于水平 1 的学生人数减少了约有一半，所占学生比例在 27%左右；高能力水平的学生比例有所提升，处于水平 2 的学生比例在 64%左右；达到水平 3 的学生比例在 8%左右，能够在理解核心活动的目的、原理、步骤和方法的基础上补充活动设计，并能够在一般情境下进行初步的创新设计；仅有 2%的学生达到了水平 4。总体而言，在核心活动主题上，初、高中的学生能力值总体偏低，高中阶段的学习对促进其活动主题的能力提升有较大贡献。

为研究学生在各年级的能力发展状况，绘制出图 7-5 所示的学生在各年级的能力值。从图中可以直观地看出，学生核心活动主题上的物理学科能力随着年级一直在发展提高，其中在9、高一、高三年级间发展速度最快，学生在此期间的学习对学生学科能力发展贡献很大，但高一到高二年级间发展缓慢。

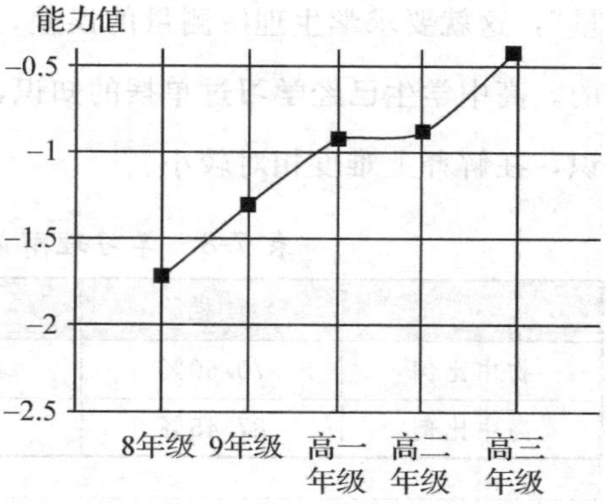

图7-5　各年级学生能力值

(三)学生表现的具体分析

下面进一步结合典型试题，讨论学生在各能力维度上的具体表现。

(1)学习理解能力表现分析示例

例1：如图7-6所示题目。

如图所示，有三根细绳悬挂在横木上，三根细绳的末端都悬挂了金属重物。绳1和绳3长度相同，绳2较短。在绳1和绳2末端悬挂10单位的重物。在绳3的末端悬挂5单位的重物。悬挂重物的细绳可以来回摇摆，且摇摆的时间可以测量。

本实验测量摆动一个周期所用的时间，你认为只需要测其摆动一次的时间，还是测量摆动n次的时间T，再用$\frac{T}{n}$算出摆动一周的时间？为什么？

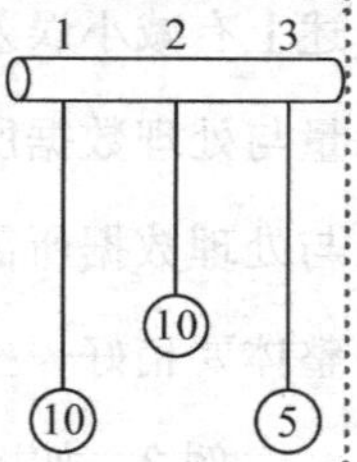

图7-6　学习理解能力例1的题设

本题为初中、高中在活动主题下的链接题，通过单摆模型考查说明与理解能力(A2)。测量时间是初、高中学生都很熟悉的情境，但要正确解答，需要理解题目叙述中后一种方法的测量原理。后一种方法采用了累积的思想，通过测量摆动n个周期的总时间T，再利用$\frac{T}{n}$计算出摆动一次的时间，也就是对时间累积后进行测量，然后求平均值。由于单次摆动时间短，测量误差大，而这种累积法可以减小微小量的测量误差。对于采用累积法进行测量，在初中并没有教学的要求，只是在某些活动中有所渗透，比如测一张纸的厚度、测一枚硬币的质量，但与此情境还有所不同。一张纸的厚度用学生用的毫米刻度尺测量不出来，硬币的质量用实验室的托盘天平也测量不出来；但本题中明确指出“摇摆的时间可以测量”，这就要求学生理解测量的误差，这对初中一部分学生来说还是有一定难度的。高中学生已经学习过单摆的知识，对活动的目的、原理、方法都有一定的认识，在解释上难度相对较小。

表 7-8　学习理解能力例 1 的学生作答情况

	4 档	3 档	2 档	1 档
初中比例	70.50%	18.07%	11.43%	0.00%
高中比例	87.45%	5.67%	6.88%	0.00%

测试初、高中学生在这道题上各个档次分布情况如表 7-8 所示。4 档的学生能够理解本题中测量与处理数据所需的物理原理，理解这样操作的原因是可以减小时间的测量误差；3 档的学生能够理解本题中测量与处理数据所需的物理原理，在表述上有减小误差的意思，但不能清晰完整地表达出来；2 档的学生只知道本题中测量与处理数据所需的物理原理，并不理解为什么要这样做；1 档的学生不清楚测量与处理数据所需的物理原理。从学生作答情况可看出，高中生比初中生的作答情况整体要稍好一些，但初中学生对于简单情境的说明与理解能力表现也不错。

例 2：如图 7-3 所示题目(3)。

本题为初、高中在活动主题下的链接题，在探究食盐水溶液的导电性能与什么因素有关的实验情境中考查学生的比较与归纳能力(A3)。本题要求学生能够比较使用不同的实验装置，分析判断对实验过程和结果的影响。解答此题，在知识上需要知道食盐水溶液相当于电阻，与电流表串联不会短路，而电流表可以准确反映电流的大小。由于初中教材中有“绝对不能直接把电流表接在电源的正、负极上”的话语，教学中教师也作了重点强调，因此，本题解答中学生在电流表代替小灯泡的可行性的判断上，主要障碍在于对食盐溶液电阻大小的判断。

表 7-9　学习理解能力例 2 的学生作答情况

	4 档	3 档	2 档	1 档
初中比例	1.24%	43.22%	42.42%	13.12%
高中比例	8.52%	60.21%	30.45%	0.82%

测试初、高中学生在这道题目上各个档次分布情况如表 7-9 所示。4 档的学生能够通过比较两个实验的条件，判断得出可以用电流表替代小灯泡，并能说明电流表可以准确反映电流的大小。3 档的学生只能部分地比较使用不同的实验装置对实验造成的影响，多数学生表达出的理由是电流表可以准确反映电流的大小，这与学生对两个器材的基本认识是一致的，有的学生还提出了再增加一个保护电阻就可以了。2 档的学生能够判断出方法可行，但没有任何解释，并不能比较实验条件的影响，表明是猜测的可能性大一些，而且可能只是从电路基本构成的角度进行判断。1 档的学生不能判断出对实验的影响。从学生作答情况可看出，高中生比初中生的作答情况整体要好一些，但学生的知识基础对其归纳与比较能力的影响比较大。

例 3：如图 7-7 所示题目。

图甲是演示手握金属棒可以产生电流的实验装置，位于左侧的铁棒、铝棒和铜棒分别与检流计的正接线柱相连；位于右侧的铜棒、铝棒、铁棒分别与检流计的负接线柱相连。实验装置中六根金属棒跟检流计的线路连接方式如图乙所示。通过检流计可以观察电路中的电流大小及方向。小云用该实验装置进行实验的步骤如下：首先，用左手握住左侧的铁棒，右手握住右侧的铝棒，发现检流计指针发生了偏转；然后，左手仍握住左侧的铁棒，右手握住右侧的铜棒，发现检流计指针偏转方向与第一次偏转方向相反。请你写出小云所探究的问题：________。

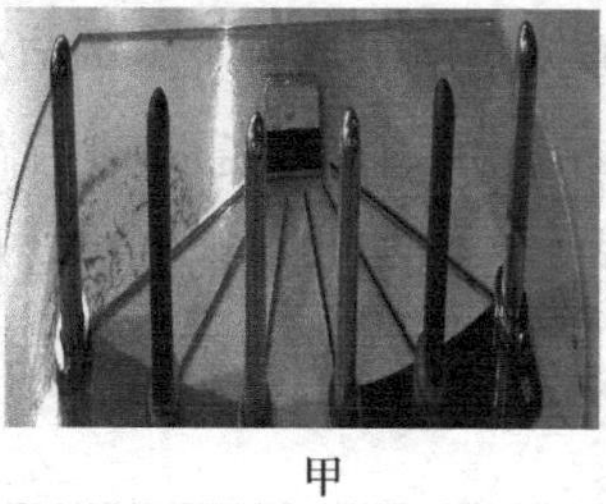
甲

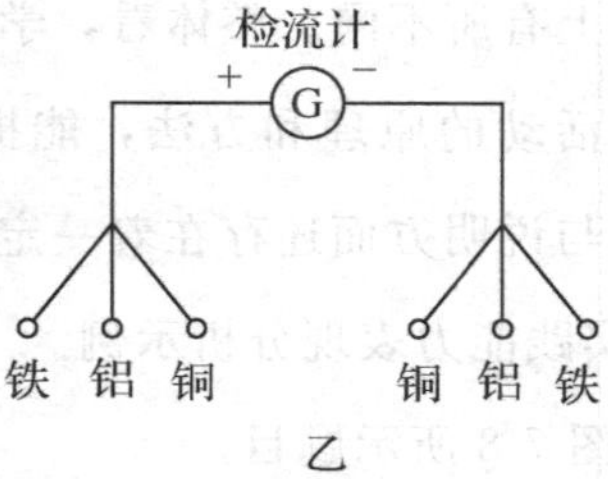

乙

图 7-7　学习理解能力例 3 的题设

本题为某市中考试题，通过探究手握金属棒的素材，从观察者的角度解释说明活动探究的问题，即探究的目的。本题要求学生能运用研究问题的方法认识活动，分析活动过程，从而解释活动的目的，考查学生的说明与理解能力(A2)。

解答本题，首先需要学生分析清楚实验条件的变化和条件变化所引起的实验现象的不同，两次实验条件的不同是右手一次握铝棒，一次握铜棒；现象的不同是检流计偏转的方向不同。其次要清楚条件和现象分别反映的是哪个物理量，条件反映的是金属棒的材料不同，检流计偏转的方向不同反映的是电流方向的不同。也就是要清楚探究的问题就是两个变量之间的关系，条件的变化反映的是自变量，现象所反映的是因变量。

表 7-10　学习理解能力例 3 的学生作答情况

	2 档	1 档
所占比例	76%	24%

测试初中学生在这道题目上的表现情况如表 7-10 所示。2 档的学生能够通过对活动过程和现象的分析，判断得出自变量和因变量，对活动目的作出正确的描述。1 档学生的典型问题就是在自变量因变量的识别以及问题的表述上。在表述上，一是缺少自变量或因变量；二是自变量或因变量错误；三是自变量与因变量混淆。由本题反映出学生在分析实验过程和现象方面还存在不足，不能很好地把问题、步骤、现象等相互关联，进而理解活动并作出解释。

通过对以上试题分析，大致呈现出中学生在核心活动学习理解能力(A)上的典型表现，不同学段的学生对知识认知的全面性、深刻性的不同，反映在学习理解能力的表现上有所不同。整体看，学生能够在简单情境下了解活动对应的基本知识，能认识活动的原理和方法，能提取活动的直接信息并进行简单分析、比较。但在解释与说明方面还存在着一定的问题，这与学生的知识结构直接相关。

(2)应用实践能力表现分析示例

例 1：如图 7-8 所示题目。

用金属制成的线材(如钢丝、钢筋)受到拉力会伸长，17 世纪英国物理学家胡克发现，金属丝或金属杆在弹性限度内的伸长与拉力成正比，这就是著名的胡克定律。这个发现为后人对材料的研究奠定了重要的基础。现有一根用新材料制成的金属杆，长为 4 m，横截面积为 0.8 cm^2，设计要求它受到拉力后的伸长不超过原长的 1/1000，由于这一拉力很大，杆又较长，直接测试有困难，就选用同种材料制成样品进行测试，通过测试取得数据如下。

长度/m	伸长 x/cm ＼ 拉力 F/N ＼ 截面积 S/cm^2	250	500	750	1000
1	0.05	0.04	0.08	0.12	0.16
2	0.05	0.08	0.16	0.24	0.32
3	0.05	0.12	0.24	0.36	0.48
1	0.10	0.02	0.04	0.06	0.08
1	0.20	0.01	0.02	0.03	0.04

根据测试结果，推导出线材伸长 x 与材料的长度 L、材料的横截面积 S 及拉力 F 的函数关系为______。

图 7-8 应用实践能力例 1 的题设

本题为初、高中在活动主题下的链接题，试题是在探究金属丝或金属杆在弹性限度内的伸长与拉力关系的情境下，考查学生的分析与预测能力(B3)。试题的情境基于课本中探究胡克定律的实验情境，题目本意不在于考查学生对于胡克定律的掌握情况，而在于通过学生阅读完题目所提供的信息以及数据，得出线材伸长 x 与材料的长度 L、材料的横截面积 S、拉力 F 的函数关系。

表 7-11 应用实践能力例 1 的学生作答情况

	2 档	1 档
初中比例	2.12%	97.88%
高中比例	22.15%	77.85%

测试初、高中学生在这道题目上各个档次分布情况如表 7-11 所示。2 档的学生能够根据实验数据准确地得出线材伸长 x 与材料的长度 L、材料的横截面积 S 及拉力 F 的函数关系 $x=k\dfrac{FL}{S}$；1 档的学生则只能部分地得出线材伸长 x 与材

料的长度L、材料的横截面积S及拉力F的函数关系，或者完全无法得出它们之间的关系。整体看高中生在这道题目上的答对率远远高于初中生，但高中生22.15%的正答率，表明高中生在实验数据的处理与分析方面也不乐观。

例 2：如图 7-9 所示题目。

在串联电路中，流入第一个灯泡的电流用I_A表示，流出第二个灯泡的电流用I_B表示。请自选实验器材证明：在串联电路中，$I_B=I_A$。

(1)画出实验电路图；

(2)写出实验步骤；

(3)画出实验数据记录表格。

图 7-9　应用实践能力例 2 的题设

本题为某市的中考试题，通过灯泡串联的熟悉情境，让学生证明串联电路中通过两个位置的电流相等。本题要求学生能够基于活动情境正确选择相应器材、确定实验方法，在常规的情境和条件下完成活动设计，考查学生的实践应用能力(B2)。

解答本题，首先需要明确实验目的，即证明“在串联电路中，$I_B=I_A$”；再识别变量，自变量是流入第一个灯泡的电流I_A，因变量是流出第二个灯泡的电流I_B；然后明确自变量如何改变和测量，因变量如何测量，实验条件如何控制。在本题中，实验的条件是串联电路。对自变量和因变量的测量可以选择两个电流表进行测量，为了改变自变量I_A，需要在串联电路中接入一个滑动变阻器，通过改变滑动变阻器接入电路中的阻值来改变电路中的电流，从而实现自变量I_A的改变。经过以上分析，便可完成实验设计。

表 7-12　应用实践能力例 2 的学生作答情况

	5 档	4 档	3 档	2 档	1 档
所占比例	34.72%	29.70%	15.93%	11.28%	8.37%

测试初中学生在这道题目上的表现情况如表 7-12 所示。5 档的学生能够基于

任务，正确画出电路图，在实验步骤的表述中能够体现实验操作的要点、获取证据的具体方法、合理的实验数据记录表格。2、3、4 档的学生，分别能够不同程度地完成活动任务。但 1 档的学生并不能作出任何的选择与设计。

由上题的分析，可粗略得知中学生在应用实践能力(B)二级指标分析与预测能力(B3)上的表现。初、高中学生存在着较大的差异，初中生在操作记录、选择设计能力上表现较好，高中生在对活动结果分析处理方面的能力则明显强于初中生，但高中生在此方面也存在比较严重的问题，主要原因在于学生的数学基础偏弱，依据数据归纳函数关系的能力还需提升。

(3)迁移创新能力分析示例

例 1：如图 7-10 所示题目①和②。

小明通过学习得知：一般情况下，水的质量一定时，加入食盐的质量越多，溶液的浓度就越高。他想探究食盐水溶液的导电性能与什么因素有关。小明的猜想是：

a. 食盐水溶液的导电性能与溶液的浓度有关；

b. 食盐水溶液的导电性能与金属片之间的距离有关；

c. 食盐水溶液的导电性能与溶液的温度有关。

小明利用水、食盐、烧杯、小勺子、电源、刻度尺、小灯泡、金属片、酒精灯等器材，设计了如图所示的装置，进行了探究实验。他记录的实验表格如下。

实验次数	加入食盐量	两金属片 AB 间距离/厘米	灯泡亮度
1	$\frac{1}{4}$勺	2	微亮
2	$\frac{1}{2}$勺	2	较亮
3	$\frac{1}{4}$勺	1	较亮
4	$\frac{1}{2}$勺	1	很亮

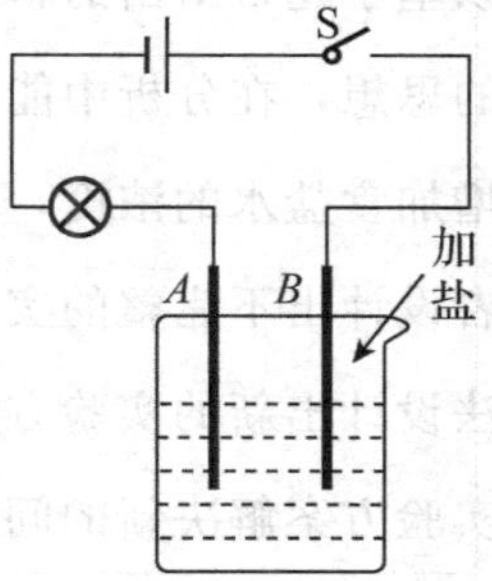

利用现有的装置和器材，请你对猜想 c 进行探究验证。

①实验步骤，用酒精灯加热食盐水溶液，观察小灯泡的亮度变化。

②你分析判断的结果是怎样的？

图 7-10　迁移创新能力例 1 的题设

本题为初、高中在活动主题下的链接题，在探究食盐水溶液的导电性能与什么因素有关的实验情境中考查学生的创新与设计能力(C3)。本题考查了两个方面，一是设计实验；二是清楚表述对实验结果判断的方法。第一个问题是基于探究的问题设计实验方案，需要依据题意明确影响因素有哪些，再利用控制变量的思想设计实验操作步骤。题目中给出了小明的3个猜想，这也就明确了影响食盐水溶液的导电性能的因素有3个，也可能并不全面，但不需补充，试题的立意在于控制变量法的思想是否已经掌握。第二个问题要能从食盐的溶解度分析离子浓度来判断出小灯泡的亮度。对学生而言，尤其是初中学生，只是熟悉金属的导电性能，而不熟悉溶液导电，因此，此题是在复杂情境下所进行的活动设计，解决的是新情境中的物理问题。

表7-13　迁移创新能力例1的学生作答情况

	4档	3档	2档	1档
初中比例	8.19%	10.43%	40.52%	40.86%
高中比例	18.12%	30.21%	50.24%	1.43%

测试初、高中学生在这道题目上各个档次分布情况如表7-13所示。4档的学生不仅可以基于题目给出的新问题设计出新的实验方案，在方案中能表达清楚控制变量法的思想，在分析中能明确结论是温度越高、小灯泡越亮，并能解释出温度升高会增加食盐水的浓度，从而使小灯泡变亮。3档的学生只能够预测出实验的结果或者设计出不完整的实验方案。大部分2档的学生则只能大概地说出实验结果，无法设计出新的实验方案。1档的学生则不能够基于原来要探究的问题设计出新的实验方案解决新的问题。

例2：如图7-11所示题目。

水平实验桌面上有微小压强计、刻度尺和装有适量水的 A、B 两个烧杯。小亮学习了液体内部压强跟哪些因素有关的知识后，又提出了新的猜想，为此他利用提供的实验器材进行了如下实验探究。

①将微小压强计的探头放入 A 烧杯的水中，探头到烧杯底的距离 L 为 6 cm，如图甲所示，记录微小压强计 U 形管两侧的液面高度差 h_1。

②将微小压强计的探头放入 B 烧杯的水中，探头到烧杯底的距离 L 为 10 cm，如图乙所示，记录微小压强计 U 形管两侧的液面高度差 h_2。

小亮发现 h_1 大于 h_2，于是小亮得出结论"液体内部任意一点的压强跟该点到容器底的距离 L 有关"。

请你利用这些器材，设计一个实验证明小亮的结论是错误的。写出实验步骤和实验现象。

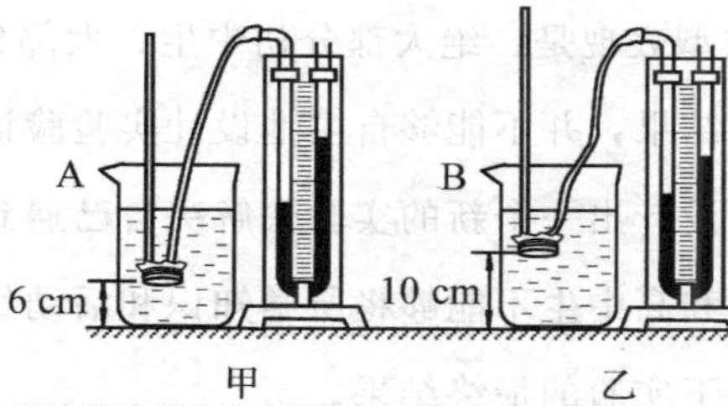

图 7-11　迁移创新能力例 2 的题设

本题为某市中考试题，探究液体内部压强的实验是初中学生学习过程中的重点活动，但试题并不是直接考查影响液体内部压强的因素，而是将已知结论与实验中可能出现的新问题结合起来。一方面考查学生对活动相应基础知识的认识和理解；另一方面考查学生是否能基于批判性思考，正确评价活动的原理、步骤等内容，并对活动提出合理的改进建议，即学生的评价与改进能力，这也是本题的主要立意。

表 7-14　迁移创新能力例 2 的学生作答情况

	5 档	4 档	3 档	2 档	1 档
所占比例	23.68%	22.85%	26.75%	16.04%	10.69%

测试初中学生在这道题目上各个档次的分布情况如表 7-14 所示。5 档的学生对影响液体内部压强的因素有正确的认识，理解活动的目的，能够采用控制变量

的思想分析实验中的问题，提出改进的具体方法，并能够清楚、严谨地进行表达。在2、3、4档的学生中，答案的第一种典型问题是未能控制探头到水面距离H的条件，这个条件隐含在题目中，学生学习了液体内部压强跟哪些因素有关的知识后，就应该了解到影响液体内部压强的因素有液体的密度和所研究位置的深度，但由于题目没有明示，有些学生忽视了这一点。第二种典型问题是设计实验中逻辑上的错误。比如自变量不变，而因变量改变。这种逻辑既不能说明因变量与自变量有关，也不能说明两者无关。1档的学生，则不能基于问题情境提出改进的方法。

通过对以上试题的分析，发现初中、高中学生在迁移创新能力(C)中创新与设计能力(C3)上共同的典型表现是：绝大部分初中生、大部分高中学生只能基于生活经验预测可能的实验结果，并不能够自主地设计实验验证它；但都有少部分学生可以经过自我思考而设计出一个新的实验去解决自己遇到的问题，并得出相应结论。绝大部分初中生和高中生不能够将所学知识和活动经验图式融会贯通并迁移应用，只能够判断一下实验的最终结果。

第四节 能力表现分析与教学建议

一、测试结果的分析与教学建议

相比核心概念主题上的物理学科能力表现，学生在活动主题上的学科能力发展较为滞后。学生能够了解活动所对应的基本知识，在简单任务活动或常规活动中正确选择活动器材，并对活动提取的直接信息进行简单加工、计算。但对活动结果进行分析处理、归纳得出相应结论的能力较弱，在新情境和复杂情境中运用新方法进行自主活动设计有效解决问题的能力更弱。

如何更好地发展学生在活动主题上的物理学科能力，一直是中学物理教学重点研究内容之一。物理核心活动能力的发展虽然依赖于学科知识的认知程度，但它不能仅依靠教师的讲解来传授，而必须在相应的实践活动中才能得到发展，只有通过具体的活动才能培养学生的活动能力。基于学科能力要素进行教学改进，首先要依据课程标准的要求，参照结构化的学科体系，梳理教材内容蕴涵的关键性的学科能力、学科思想，明确体现学科本质的核心内容和核心活动。然后依据活动类型分析对学科能力发展所能起到的贡献，再依据学生认知规律设计相应的教学活动。

在学习理解维度上，学生能够比较好地认识各核心活动所对应的基本知识，说明活动中仪器工具的使用方法，解释活动的目的、原理、步骤以及方法。相对薄弱的是对同类活动原理或步骤的归纳与对比能力。针对本维度的学科能力的提升，教学的关键点在于引导学生对活动原理的分析和理解，只有明确活动的目的、内容和要求，才能真正掌握活动的关键点、操作的要点，也才能对活动进行合理的解释和说明，以及对同类型的不同具体活动进行归纳、比较。对活动原理的研究和分析，是中学物理活动教学这一过程中最重要、最基本的一个环节，是其他各方面能力发展的基础。在教学策略上，可以通过创设真实情境、给学生思考和表达的空间、促进学生反思，从而促进学生从记忆转向理解。

在应用实践能力维度上，学生基本能够基于简单或常规情境按要求进行选择器材、方法，能合理操作、获取数据、归纳得出结论，并作出相应解释。但从初、高中学生的能力表现的差异看，应用实践能力更依赖于已有的学科知识基础和已有的综合能力，比如对数学工具的应用，这一点尤其反映在分析与预测能力上。针对本维度的学科能力的提升，教学中可以依据活动内容，确定活动所培养学生的具体能力，设计活动的具体呈现形式。比如，在设计实验环节中可以检验学生对实验原理的理解，对研究问题的理性分析，以及对研究方法的认识和理解，锻炼学生依据活动条件分析预测活动结果的意识，判断改变活动条件对活动结果的影响，从而提升学生的分析与预测能力；在操作中，锻炼学生精细敏锐的感知和观察力，及时捕获一些重要现象，获取有效的数据，从而培养学生的操作、观察和记录能力；通过学生运用数学工具对数据分析、比较、判断、推理、归纳得出结论的过程，培养学生的逻辑思维能力和误差分析能力等。学生应用实践能力培养的教学关键在于是否能设计恰当的学生活动让学生真正深度参与其中。

在迁移创新能力维度上，无论是初中还是高中，都是学生能力发展最为滞后的维度，这也是目前教学中最为关注的能力培养内容。针对本维度的学科能力的提升，围绕关键问题设计教学内容是个很好的方法。关键问题能够引导学生发展核心观念、开展深层次思维、深化对课程内容的理解。围绕关键问题设计教学，使教学内容隐含在问题的答案中，让学生活动围绕关键问题或由关键问题分解出的系列教学问题，进行自主的探究性和创造性活动，在教学中尽可能构建一个民主的课堂氛围，多给学生思考、发表见解的空间和时间。

需要注意的是，学科能力在核心活动和核心内容两个方面有不同的具体表现，但两者并不分离，比如在学习理解维度，如果要提升基于核心活动的说明与解释能力，就必然需要提升基于核心内容的关联整合能力，即为了能够正确地说明解释活动的目的、方法、步骤等，就必须能对活动所涉及的知识与知识之间建立关联，或者能将活动与真实问题建立关联。因此，在进行教学活动设计时两方面的能力需要同时考虑、同样关注。

二、核心活动能力测试命题的分析与建议

在分析具体题目的测试结果时，发现由于题目情境或知识内容的难易程度不同，对能力的鉴别结果也有所不同，这表明能力水平必然受到知识结构的影响，这一点也佐证了我们能力与知识不可分的观点是正确的。因此，本研究对物理学科能力的测评，都是结合核心概念和核心活动进行的，在实践中，中学阶段对物理能力的考查，基本都采用通过有关知识及其运用的考核来鉴别学生能力的高低，这样的能力测量虽然依赖知识，但符合中学阶段课程目标，即在发展学生的知识认知的同时也提升学生的科学素养与能力。因此，在物理活动测试命题时，可以紧紧围绕知识内容，分析预测学生在具体物理活动中所涉及能力的行为表现和水平，指向基于物理活动的学科能力进行试题命制，使试题突出知识要求和学科能力的关系。

总体来说，在中学物理教学中对物理活动本身的研究相对较多，但对学生在活动主题上学科能力的表现、测评与培养策略的研究则是一个比较新的研究问题，需要我们在研究过程中不断完善，逐渐地促进核心活动教学和测评的改进，更好地帮助学生发展物理核心素养。

第八章

物理学科能力表现的影响因素

为什么学生接受同样的教育，不同学生的物理学科能力水平却存在很大差异？有哪些内在和外在的因素影响着学生物理学科能力的发展？这些都属于学科能力影响因素的研究范畴，其相关的研究结果对于教师评鉴、学校管理，乃至于教育政策的拟定都有重要的参考价值(Altschul，2006)。

大量研究发现，影响学生学科能力的因素错综复杂。纵观国内外研究者的理论观点，影响因素大致可被划分为六大方面：学生因素、学校因素、家庭因素、教师因素、社会因素、国家政策因素。本研究将对前四个方面的影响因素进行探讨，暂不涉及后两个方面。又因绝大多数的学校因素和家庭因素为客观条件，故将其合并称为家校因素。此外，大多数的影响因素研究侧重于一般性的学科能力影响因素，而较少将研究范围聚焦到某一具体学科上，这与我国现阶段以分科教学为主要学校教学形式的实际情况有一定差异。故本章将针对物理学科能力的影响因素进行初步探索。

第一节　学生因素

建构主义认为，学生的学习行为是在其自身原有经验的基础上，在一定的社会文化环境中，主动参与信息加工以及建构知识表征的过程(郭玉英，2000)。在任何的学习和能力发展过程中，学生始终都是直接相关者以及最终施行者。因此，学生毫无疑问是发展物理学科能力的主体，学生因素在理论实践中也同样占据着物理学科能力影响因素的首要地位。

关于学生因素的研究较多，其中 Lau、王振宏等的研究较有代表性。Lau 等(2008)发现学生的学业成就与所接受学习任务的价值以及自我效能有关。Cho 等(2012)基于 TIMSS 的数据进行研究后指出，学生对科学的态度以及学习动机对其学业成就有十分显著的影响。王振宏等(2000)经过大样本测试得出结论：(1)自我效能与掌握目标、学习策略、智力水平对学生学业成就有显著的回归效应，对学业成就有直接影响，内在动机通过直接影响学习策略而间接影响学业成就。(2)动机因素、智力水平与学业成就是相关的。其中，智力水平、自我效能、掌握目标、内在动机与学业成就呈显著的正相关。外在动机、业绩目标与学业成就呈显著的负相关。张林与张向葵(2003)利用协方差结构模型研究学习策略应用、学习效能感、学习坚持性与学业成就之间的关系，发现：(1)学习效能感、学习坚持性等与学业成就之间都存在显著的正相关；(2)学习效能感直接影响学生的学业成就，学习坚持性则通过影响学生学习策略的运用间接影响学业成就，学习效能感与学习坚持性二者相互影响；(3)其中学习效能感对学业成就的影响效应最大。

总结上述国内外的相关研究，学生因素中涉及了众多变量，如自我概念、学习动机、人格特质、自我效能感、情感态度、元认知、自我信念、坚持性等。所有这些变量在某种程度上共同影响着学生学科能力的发展，同时又相互影响，各有交叉。借鉴已有的研究结果，本研究选择其中三个最有代表性的学生因素变量进行探讨，分别为：学习动机、学习态度、学习自我效能感。

一、学习动机

对于动机(motivation)的研究可以追溯到20世纪初，其理论是对人类行为的发起、维持、激励、制止及选择作出的阐释与论说(王振宏，2009)。20世纪60年代，认知心理学开始崭露头角，心理学家此时已经充分关注到人类的认知信念对其行为的调节和支配作用，继而逐渐发展和完善了一系列重要的动机认知理论。而在教育系统中，由于关注对象更为具体，聚焦于学生的学习行为上，故称之为"学习动机"(learning motivation)。学习动机是教育心理学研究的重要领域之一，学习动机理论并不是一般动机理论的简单应用，它有自己的特色和限制，但总的来说，学习动机理论伴随着动机理论的发展而发展。近年来，学习动机理论也开始逐步地走出强化论、本能论等框架的束缚，转而从认知心理的角度广泛地对学生的学习行为动因及其激励进行研究。

(一) 学习动机理论

对于学习动机这样一个非常复杂的研究对象，研究者们从不同的视角提出了理论模型，尝试解释学习动机的构成和变化，并通过实践去检验各自理论的合理性与有效性。下面介绍其中三种最为广泛接受的理论——成就动机理论、归因理论、目标取向理论，并以此为基础进行测查项目的编制。

1. 成就动机理论

奥苏贝尔(Ausubel，1968)认为学生在学校情境中的学习动机与其学业成就密切相关，是获得学业成就的基础，故又称学习动机为学业成就动机(简称成就动机)。根据来源的不同，学生在学校情境中的成就动机被分为三个方面：认知驱动(cognitive drive)、自我提高驱动(ego-enhancement drive)和附属驱动(affiliated drive)。奥苏贝尔的理论强调了认知驱动的重要性，并把其理解为一种内在的学习动机，而自我提高驱动和附属驱动则属于外在学习动机。

其中认知驱动是学生在进行学习活动时认识和理解知识的需要，它驱使学生主动去思考问题，并积极寻求解决问题的方法，是成就动机三个组成部分中最重要、最稳定的部分。它内化于学习任务本身之中，属于内在学习动机。

自我提高驱动是个体赢得与自己的胜任能力或学习、工作能力相应地位的需要。与认知驱动的不同之处在于，学生的自我提高驱动不再指向学习任务或者学习目标，而是指向于学业成就与名望的获得，还包括未来的学术与职业目标。它往往以自尊心、荣誉感、自信心、胜任感等心理因素表现出来。对于学生群体，可适当地采取表扬、分数等手段来激发其自我提高驱动。

附属驱动是学生为了保持教师、家长和同伴们的赞扬而学习的需要，这种需要是对教师、家长和同伴在感情上的依附。如果教师、家长是学生追随和效仿的对象，那么得到他们的赞扬或认可就可以相应地显示出自己在所归属集体中所处于的优越地位。并且，为了保持这种地位，学生会有意识地使自己的行为符合教师、家长或同伴的要求或期望(王振宏，2009；赵欣，2006)。

2. 成就归因理论

美国心理学家韦纳(Weiner，1979，1985，1990)深入探讨了成败归因的基本原理及其对于后继成就行为的影响，提出成就归因理论(achievement attribution theory)。成就归因理论是有关人们对自己或他人行为的过程所进行的因果解释和推论。韦纳采用相关分析以及因素分析法，将个体对成败结果认定的一系列原因按照特性划分为三个维度，分别为：①原因源维度，特指成败的原因是来自于个人因素(内部因素)还是环境因素(外部因素)，如成功或失败的原因是能力、心境或者努力的作用，则为内部原因，若是机遇或者任务难度等造成的，则为外部因素；②稳定性维度，指的是原因的时间特性，以能否长时间维持为依据划分为稳定和不稳定；③可控性维度，按照原因是否能以人的意志转移而划分。这三种维度总共可以形成八种不同的分类组合，见表 8-1(王振宏，2009)。

表 8-1　韦纳的归因分类

原因源 / 稳定性 / 可控性	内部原因		外部原因	
	稳定	不稳定	稳定	不稳定
可控制	持久的努力	临时的努力	他人偏见	他人帮助
不可控制	能力	心境	任务难度	运气

成就归因理论认为，稳定性维度将对个体在以后相似情境中能否取得成功的期望产生较大影响。即个体在先前活动中所形成的关于原因稳定性的感知，将影响他对后续活动结果的期望，从而影响进一步活动的成就动机。同时，韦纳提出，若个体将成功归因于内部的、稳定的、可控的因素时，则会强化活动的动机；而将成功归因于外部的、不稳定的、不可控的因素时，则不能强化甚至会弱化活动的动机。相反，如果个人将失败归因于外部的、不稳定的、不可控的因素时，会强化进一步活动的动机；而失败被归因于稳定的、内部的、可控的因素，将会弱化进一步活动的动机。

该理论迁移到教育心理学领域中，也可相应得出类似结论：学生对于学业的成败持有不同归因信念会影响学生的成就期待、情绪情感，从而影响着学生的学业成就，如果把成功归因于能力、努力因素(尤其是能力)，则会极大地提升学生的自信心和成就期待，从而加强学生的学习动机，促进学生的学习；而一旦将失败归因于这些因素，则会挫伤学生的自尊心，降低学生的成就期待，学习动机也随之减弱。

3. 目标取向理论

目标是动机研究中的一个中心概念，许多动机理论都隐含着目标的动机意义。对于目标的理解在各种理论与研究中的含义不尽相同，一般可以区分为两个主要方面：一方面是认为目标是个体对所期望的行为结果的认知或者对行为成就的具体指标的认知，而另一方面是认为目标是个体对追求成功或成就的不同原因认知，或者是个体对追求成功或成就的目的和意义的知觉。近年来，关于学生追求学业成就与成功的原因知觉的大量研究，形成了成就目标理论，考察了不同成就目标对于学生学习的定向影响。这一理论的形成、发展与运用主要与学生学业成就追求相关，可以说是一种专门讨论学生学业成就的动机理论。

在成就目标理论当中，目标取向解释了学生参与学习活动的原因以及目标。大量的研究表明，学生投入学习的意图即目标取向，影响着其认知、情感、行为投入情况(Schunk et al，2008)。

成就目标理论定义了两种目标取向：掌握目标取向和表现目标取向。掌握目标取向与个体想要发展能力的主观意愿有关：具有掌握目标取向的学生倾向于发展新的技能，试图理解他们的工作，并改进他们的理解水平，或者满足于自我标准下的掌握(Ames，1992)。研究还表明：掌握目标取向与一系列积极的学习表现相关，包括行为上的，比如坚持不懈(Elliot et al，1999)和积极挑战自我(Elliott et al，1988)；认知上的，如自我调节学习，采用理解策略学习(Midgley et al，1998)，记忆已学知识，信息深度加工(Graham et al，1991)，问题解决转化策略(Bereby-Meyer et al，2005)。

表现目标取向体现在展示自己能力的意图。此类学生十分关注其他人对于自身能力的看法，以及与他人的对比程度(Ames，1992；Nicholls，1984)。他们学习的目的在于向别人展现自己的能力与其他人相当，甚至要超越他人(Ames，1992)。表现目标取向能够进一步被区分为表现展示目标与表现规避目标(Elliot et al，1996)。根据此类差别，表现展示目标取向的学生将注意力放在获得对自身能力的良好评价上；而表现规避目标取向的学生则关注避免出现对自身能力不好的评价。对学生采用此类区分方法进行研究，结果表明，表现规避目标取向的学生存在着普遍的学习困难；但表现展示目标取向的学生表现情况则更为复杂，难以下定论(Senko et al，2011)。研究同样发现，表现型与掌握型目标并不是两极分化的关系，即学生并不是只属于其中的一种，可能是更倾向于其中一种，或者两种都符合，或者两种都不符合(Kaplan et al，2007)。

(二)测查工具开发

对于上述三种动机理论，相关研究均从引起动机的原因(动机的类别)以及动机的量(动机的水平)这两个角度进行，而各自对于动机类别的区分又有所不同。

但本研究着重于宏观层面的物理学科能力影响因素系统的构建，故只关注于物理学习动机的水平高低，而不去细究其动机的类别。

动机水平本身具有内隐性，但同时具有转化为外显行为的可能性。可以认为，学生学习物理动机水平的高低可以体现在其学习行为上。总的来说，物理学习动机的水平越高，学生往往更倾向于采取积极的物理学习行为，且能够持续较长时间；反之，水平越低，其表现出的物理学习行为也相对更为消极、被动。经过相关专家以及一线物理教师的讨论，本研究根据学生物理学习行为的主动性程度将物理学习动机分为五个预设水平，各个水平内涵如表 8-2 所示。

表 8-2　物理学习动机水平层级描述

水平层级	动机水平层级内涵及表现
水平 1	无论有无干预，学生均无意于学习物理。
水平 2	在干预的情况下，学生会尝试学习，一旦干预减弱，则其学习活动将减少或停滞。
水平 3	由于学生对物理感兴趣，或者为了达成自己的追求目标或家长与教师的期望，而采取一系列主动进行物理学习的行为。
水平 4	学生将物理作为“乐趣”，倾向于积极主动地进行物理学习活动，有较强的稳定性和持续性。
水平 5	学生将物理作为“志趣”，倾向于选择物理相关的方向作为将来从事的职业，具有自我实现的特点。

借鉴国内外已有的学习动机测查量表(Biggs et al，1987；王振宏，2009)，针对预设的学生物理学习动机水平，本研究又在现有量表基础上进行了修订和补充，开发了对应的测查项目——“物理学科能力影响因素测查(学习动机部分)”。测查工具采用李克特五阶量表(Likert Scale)的形式进行呈现，均以五级选项描述学生特定物理学习行为的频率：A 总是、B 经常、C 有时、D 偶尔、E 从不。经过专家评议、预测试调整修订，最终保留 24 个学习动机测查项目，测查项目示例如表 8-3 所示。

表 8-3 物理学习动机测查项目示例

水平层级	对应测查项目示例
水平 1	Q我在物理课堂上几乎不听讲，而是学习其他科目或睡觉。
水平 2	Q在物理课堂讨论活动中，我不愿意自己思考和参与讨论，只等着大家的讨论结果。
水平 3	Q在物理课堂上小组交流讨论活动中，我能提出自己的观点。
水平 4	Q我自己总结了一套比较有效的物理学习策略和方法。
水平 5	Q我为将来能成为物理学家或从事物理研究，而不懈努力学习物理。

“物理学科能力影响因素测查”于 2014 年 3 月在某市进行，样本校共 20 所，学生样本总数为 4192，选取年级均匀分布于 8 年级至高三年级。对所有样本数据按照以下条件进行无效数据删除：①问卷空答 10%以上；②测谎题勾选不对应；③大篇幅勾选单一选项；④大篇幅按顺序勾选选项；⑤与物理学科能力测试数据不匹配。经严格的样本筛选后有效样本为 3085 份。对其中学习动机量表数据进行信度分析，得到科隆巴赫系数 Cronbach's alpha＝0.92，表明信度良好，测查结果可靠。

（三）测查结果分析

1. 学习动机与物理学科能力的关系

测查结果发现，学生的物理学科能力与学生的物理学习动机表现之间存在着显著的正相关关系（Pearson 相关系数 $r=0.35$；$P<0.01$），即物理学习动机水平越高的学生，其物理学科能力也相应地发展较好，两者之间的关系简图如图 8-1 所示。

2. 学习动机总体表现

对处于不同物理学习动机水平层级的学生的物理学科能力进行差异检验，发现各水平层级学生的平均物理学科能力值之间存在着显著性差异（$P<0.05$），这符合之前研究中对学习动机水平和学业成就关系的预测，说明本研究对学习动机水平层级的预设是合理的。处于不同学习动机水平层级的学生样本比例如图 8-2 所示，各自的典型表现如下。

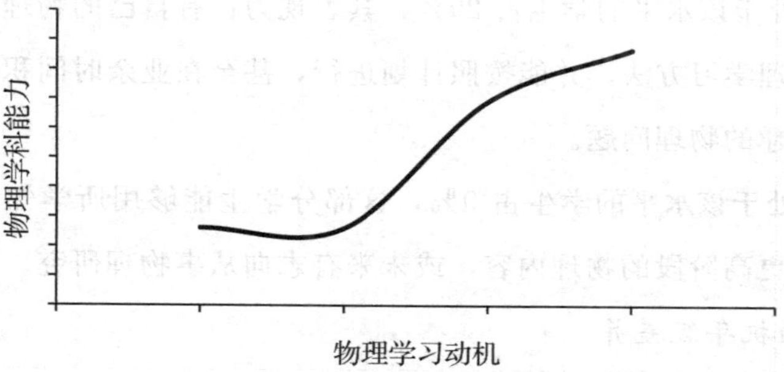

图 8-1　物理学科能力与物理学习动机关系简图

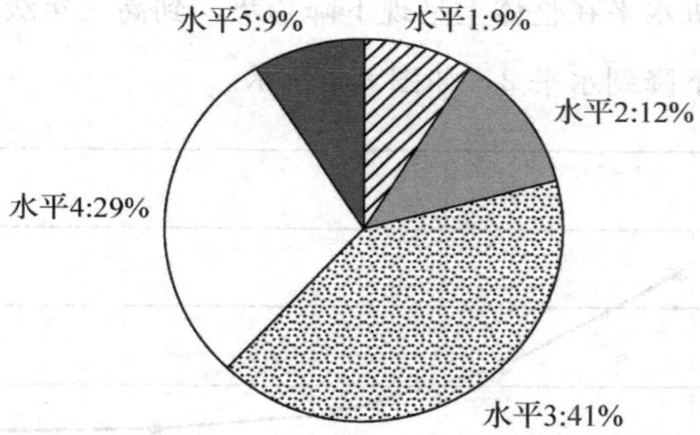

图 8-2　物理学习动机水平分布图

水平 1：接近 9％的学生物理学习动机处于最低水平，这部分动机水平低的学生普遍对物理课程有厌学心理，存在“一提起物理我就头痛，不管谁要求或劝说，我都不愿意学物理”等类似表现。

水平 2：处于该水平的学生占 12％，在该水平上，学生的典型表现为：会采取一定的物理学习行为(如只完成物理老师布置的作业)来保证课程及格，但不愿投入过多的思考和努力，不积极参与各项物理学习活动，如课堂讨论、实验探究等。

水平 3：处于该水平的学生占 41％，典型表现为：主动投入课堂上教师组织的探究和讨论活动，以及当物理学习面临困难时，会找老师或同学，或者查阅相关资料以寻求解决方案。

水平 4：处于该水平的学生占 29%，其表现为：有自己的物理学习计划以及比较有效的物理学习方法，并能按照计划进行，甚至在业余时间积极探索课堂中激发的比较有趣的物理问题。

水平 5：处于该水平的学生占 9%，这部分学生能够用所学知识进行一些发明创造，自学更高阶段的物理内容，或未来有志向从事物理研究。

3. 学习动机年级差异

此外，若以年级为观测尺，对不同年级学生的动机水平进行比较，可以发现学生在八年级刚接触物理时，其平均学习动机处于水平 4，而随着年级的升高，学生的物理学习动机水平在整体上呈现下降趋势，到高三年级时学生的物理学习动机平均水平已经下降到水平 2，如图 8-3 所示。

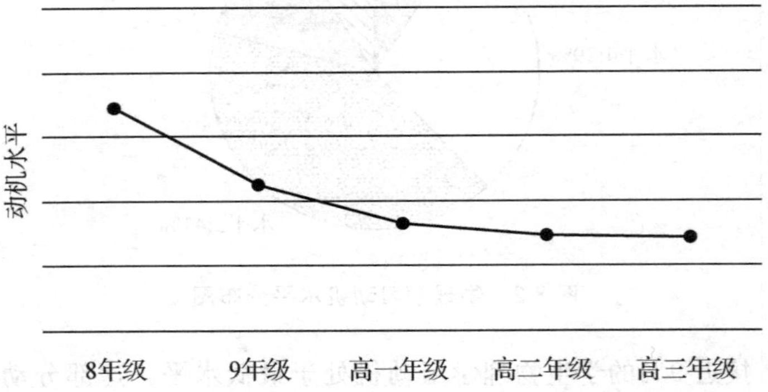

图 8-3　物理学习动机水平年级分布图

对不同年级样本的物理学习动机水平进行差异性比较，发现 8 年级至 9 年级与 9 年级至高一年级样本数据之间存在着显著性差异（$P<0.05$），而在高一年级至高二年级以及高二年级至高三年级之间差异却并不显著（$P>0.05$），这意味着在 8、9、高一这三个年级之间，学生的物理学习动机水平下降尤为明显。

值得关注的是，国内外很多相关的研究同样有类似的结论——“学生的学习动机随着年级的增长而下降”（赵欣，2006；Vedder-Weiss et al，2011）。对此，Vedder-Weiss 和 Fortus（2011）还指出，传统教育形式过多地限制了学生根据兴趣需要选择学习内容的主动性，这是引起学习动机下降的一个重要原因。本研究确认了在物理课程的学习中也存在此趋势。而物理学习动机与学生物理学科能力的发展息息相关，如何在国内当前教育环境下提高学生的学习动机，这个问题需要教育政策制定者以及教育实施者开展深入研究。

二、学习态度

英国哲学家斯宾塞(Spencer)在《第一原则》一书中提出：态度是一种先有之见，是经判断和思考后导致一定方向的先有观念或先有倾向。这种看法随后被心理学家朗格于 1888 年开展的“反应时间”实验所证实。他发现，被试的心理准备状态(态度)支配了个人一系列思维活动，包括回忆、判断、思考、选择等，如果被试将注意力集中于将要做出的反应时，其对刺激做出的反应比注意力不集中时要快。但那时的态度研究并没有受到广泛关注。直至 1919 年，托马斯(Thomas)在研究移民问题时正式将态度的概念引入心理学，并在随后开展了大量的研究(孟昭兰，1994)。此后，关于态度的研究共经历了三个重要阶段：20 世纪 30 年代，对于态度问题的研究几乎吸引了当时社会心理学界所有的目光，以博加德斯(Bogardus)等人为代表的研究者们开始尝试对态度进行测量；到 20 世纪 50 年代，以哈夫兰德(Hovland)为代表的社会心理学家开始将关注点转向态度转变；20 世纪 80 年代末伊始，系统论的观点开始被学界普遍接受，对于态度系统的研究也逐渐成为研究热点(李小平，1999)。

不同的时期，对于态度的定义也随着理论的发展发生着变化。目前，态度在心理学界被承认的一个比较完善的定义是：“态度是个人对某一特定对象所持有的评价总和与内在的反应倾向”(陶德清，2001)。而在教育心理学领域，对于学习态度的定义也可由之引申：学习态度就是学习者对学校学习活动中所涉及的各种对象的一种心理倾向。

(一) 学习态度理论

态度是由一定的对象引起的，相应地，学习态度也有其特定的对象。理论上来说，一个学生个体对所在学校、班级的态度，对所接触的老师、同伴的态度等，都会影响到学生的学习状态，都可能是学生学习态度的组成成分。但由于研究的局限性，本研究将暂时搁置上述“态度”的影响，而着重关注学生对其学习活动的态度①。

基于社会心理学中关于态度的三维结构理论，可从情感体验、认知水平和行为倾向三个维度来讨论学习态度的结构(陶德清，2001)。

1. 情感体验

学习态度包含着复杂的情绪、情感成分，是学生个体对其在学习活动中所涉及的特定对象的情绪反应和需求反应，并基于此产生兴趣等心理倾向。这种情绪、情感的效果往往会在很长一段时间内持续作用。再者，基于情绪、情感的判断一般较为主观，通常以个人的喜恶作为评价标准。一旦个体对某一对象产生特定的情绪体验，会很大程度上影响、甚至左右其认知判断和行为表现。

情感体验还能够相互迁移。在学校教学过程中，学生对于任课教师的情感体验往往会迁移到对这门课程上。因为任课教师的影响而导致学生喜爱或厌恶某门课程的现象屡见不鲜。同时，一个学生在对某门课程产生厌恶情绪的情况下，即便是可以明白这门学科的学习意义与价值，他也还是会在一定程度上坚持原有的负面态度倾向。

此外，某种特定的态度，可以通过成功体验、奖励激发、赞赏鼓励等形式，激发学习者心理内部的特定情绪体验来形成。例如，在某门课的学习过程中，教师对学生个体赞赏有加，该学生会对这门课程产生更大的学习劲头；反之，若对于学生的失败过多批评，则可能使其产生消极的情绪体验，进而形成消极的学习态度。

2. 认知水平

学生对于学习活动涉及对象的价值判断及取向，即为学习态度中的认知维度。根据智力、经验以及能力的不同，不同学生个体对于同一学习活动的价值的认同程度以及接纳程度往往千差万别。学习者的学习态度会依据学习活动和学习

① 本研究在之后篇幅中出现的“学习态度”均特指学生对其学习活动的态度。

内容对自身价值的大小，以及价值持续时间的长短等方面因素的不同而发生变化。对学习活动的价值判断，构成了学习态度的认知基础，并一定程度上影响着学习态度的倾向。另一方面，学生也可通过实际的学习活动，对当前的学习对象产生新的认知，从而促进学习态度的形成。

3. 行为倾向

在特定情感体验和认知水平的激发下，学习者在学习活动中通常会表现出某些外显行为。可以说，态度三维结构中的行为倾向，既是情感和认知的催生物，又是情感和认知的外在表现。因此，在教育心理学研究中，通常用学生在学习活动中的外显行为来表征其学习态度水平。但需要注意的是，外显行为与学生的学习态度之间并不是简单对应的确定关系，同样的学习态度可能外显出不同的行为表现，这需要评价者作出谨慎的判断。

态度的以上三个维度的重要性是相对的、变化的。有时三个维度交互作用，对学生的学习产生复杂的影响。故我们不能简单地认为，单独某一个维度就能对学习态度的性质和程度起决定作用。

(二)测查项目开发

针对学习态度的三个维度，本研究在设计相应项目时主要参考了《中小学生学习态度测量量表》(陶德清，2001)以及《马里兰物理期望问卷》(MPEX 问卷)，同样采用李克特五阶量表的形式进行呈现。经过专家集体讨论和预测试筛选，最后形成“物理学习态度”测查项目，共 10 题。测查项目示例如表 8-4 所示。

表 8-4　物理学习态度测查项目示例

维度	测查项目示例
情感体验	Q 我对物理的有关发现和发明很好奇。
认知水平	Q 物理知识对解释我们日常生活中许多方面的问题都有帮助。
行为倾向	Q 花费大量时间(半小时或更长)解一个习题是浪费时间，如果我不能很快地解决问题的话，最好是请教别人。

对物理学习态度量表数据进行信度分析，得到科隆巴赫系数 Cronbach’s alpha=0.86，满足信度要求，测查结果可靠。

（三）测查结果分析

1. 学习态度与物理学科能力的关系

物理学习态度量表测查结果表明，学生的物理学科能力与其物理学习态度表现之间存在显著的正相关关系（Pearson 相关系数 $r=0.34$；$P<0.01$），但相关性系数要略低于物理学习动机。物理学科能力发展较好的学生，其物理学习态度也相应较好，两者之间的关系简图如图 8-4 所示。

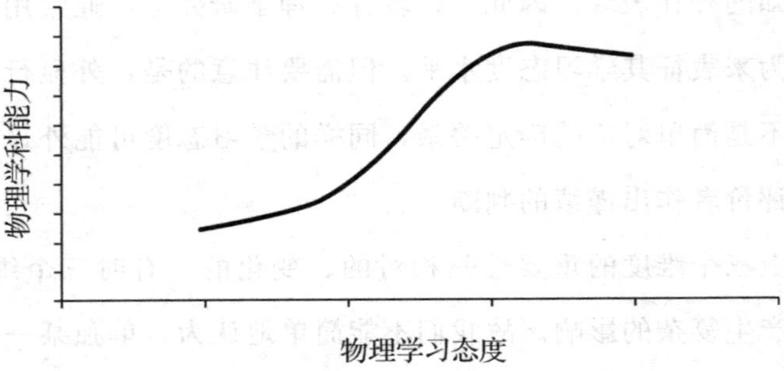

图 8-4 物理学科能力与学习态度关系图

2. 学习态度总体表现

对样本数据进行分析后发现，大致可将学生的物理学习态度分为三个水平，且各水平样本间的物理学科能力值存在显著的差异（$P<0.05$）。对各水平学生的问卷表现和访谈结果进行分析，发现均存在典型特征。各水平表现人数分布以及典型表现如下。

水平 1：将近 21%的学生物理学习态度处于最低水平，这部分学生不认可物理学习的价值，仅仅为了考试而学，甚至反感物理学习。典型表现：认为物理知识在毕业后毫无用处；厌恶物理学习。

水平 2：处于水平 2 的学生大致占 45%，在该水平上的学生认为物理与现实生活有一定的联系。典型表现：物理知识是与现实世界相联系的，但在物理课程中却不必这样做。

水平3：该水平上的学生占34%，这部分学生对于物理学习的价值较为认可，并能在现实生活中感受到学习物理的益处。典型表现：认为物理学的进步极大地提升了我们生活的质量；认为学习物理对解决日常生活中的问题有较大的帮助。

3. 学习态度年级差异

以年级为观测尺，对不同年级学生的学习态度进行比较，所得结果如图8-5所示。可以看到随着年级的上升，学生的物理学习态度在8年级至高一年级之间呈现下降趋势，而高一年级至高二年级趋于平稳，到高三年级时又有较为明显的下降。进一步对物理学习态度的各个维度进行比较分析：学生的情感体验在8年级至高一年级之间呈现下降趋势，在高二年级时有所上升，而在高三年级却下降至最低；对物理的认知水平在学生刚接触物理时最高，学习一年后大幅度下降，之后有所回升，而在高三年级时又下降至最低；学生的行为倾向与其他维度相比变化趋势有所差异，在大考(中考或高考)前均出现峰值。

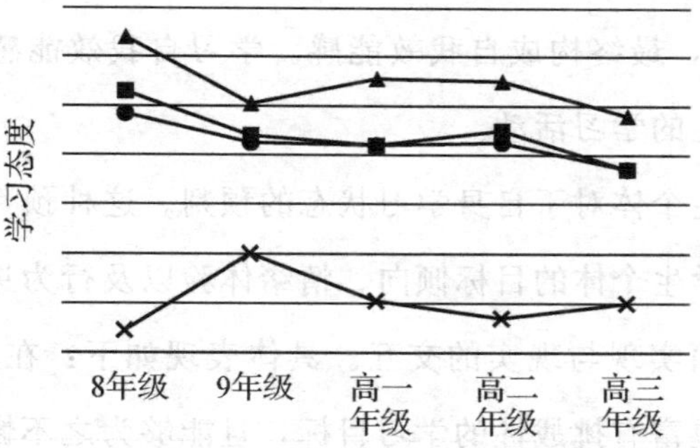

图8-5　物理学习态度年级分布图

三、学习自我效能感

“自我效能感”这一概念诞生的时间较短，虽然在心理学发展的漫长历史中，有一些对类似心理现象的描述和解释，但直到1977年才由班杜拉(Bandura)正式提出。至此，他在自我效能感方面做了大量的研究，相关著作有《人类行为中的自我效能机制》(*Self-efficacy mechanism in human agency*)、《思想与行为的社会基础》(*Social foundational of thought and action*：*A social cognitive theory*)、《自我效能：控制的运用》(*Self-efficacy*：*exercise of control*)等。他指出，自我效能感是指个体对有效控制自己生活诸方面能力的知觉或信念(边玉芳，2003)。

班杜拉认为，长期以来心理学研究的注意力主要集中在两点：(1)知识以及技能的获得过程；(2)行为反应的外显表现。但关于如何将获得的知识和技能转化为外显行为的中间过程却被忽视。对此，他提出行为的产生以及维持主要取决于行为者对自己相关行为技能的预期和信念，而这种预期和信念即为自我效能感。

"自我效能感"在学生学习活动这一特定范围中的延伸，即为学习自我效能感(Perceived academic efficacy)。它是指个体的学业能力信念，即学习者对自己能否利用拥有的能力或技能去完成学习任务的自信程度的评价，是个体对控制自己学习行为和学习成绩能力的一种主观判断。

(一)学习自我效能感理论

班杜拉提出，个体通过对接收到的相关效能信息(如替代性经验、掌握经验、言语说服等)进行处理糅合，最终构成自我效能感。学习自我效能感具有类似的形式，且其范围限定于学生的学习活动。

学习自我效能感是学生个体对于自身学习状态的预判。这种预判虽然只是一个设想，但能够通过影响学生个体的目标倾向、情绪体验以及行为选择等，对当前学习行为进行调节，从而实现与现实的交互。具体表现如下：在目标倾向上，高效能的学生往往会定下更富有挑战性的学习目标，且能够为之不懈努力，而低效能者一般会规避需要过多投入的目标；在情绪体验方面，高效能的学生相对更加乐观，认同自身能力，而相应的，低效能的学生可能会出现混乱、紧张、无助等负面情绪，他们对自我发展充满悲观；在行为选择上，高效能者能够积极寻找解决方案应对学习障碍，而低效能者则一般消极应付。

此外，学生的学习自我效能感一般具有三个特征维度。(1)水平维度。学习自我效能感在水平上的变化，是学生认为自己所能完成的，指向特定学习目标行为的难易程度。这一维度上的差异，将会导致不同学生个体选择不同难度的任务。(2)强度维度。自我效能感在强度上的变化，是指学生个体对于自己实现特定目标行为的确信程度。学习自我效能感较弱的学生个体，容易受不相符经历的影响而产生自我否定。反之，较强的个体则不会因一时的失败而导致自我怀疑，而是相信自己有能力取得最后的胜利，且不轻易放弃。(3)延展性维度。指的是某个领域的学习自我效能感能在一定程度上影响到相近或不同的领域，如学生在物理上具有较高的学习自我效能感，其对数学等理科课程的学习也相应地充满自信。

然而，本研究的关注点在于建构更加宏观层面上的物理学科能力影响因素，并不在某一因素上进行过于深入具体的探讨，因此只选取三个特征维度中最具有代表性的强度维度为主体进行探讨。

（二）测查项目开发

对于自我效能感的测量，国内外的教育心理研究者们都做了很多有益的尝试，研究成果众多，最具有代表性的就是德国心理学家施瓦哲(Ralf Schwarzer)认为存在一种一般性的自我效能感，它指的是个体应付各种不同环境的挑战或面对新事物时的一种总体性的自信心。基于此理念，他的团队开发了一般自我效能感量表(General Self-Efficacy Scale，GSES)，最初版本原有20个项目，后来经过修订删减后确定为10个项目。目前该量表已被广泛认可并在国际上普遍使用。在国内，GSES量表也经常被研究者们用来测量自我效能感水平，已被证实具有良好的信度和效度。

GSES量表适用范围十分广泛，但仍存在着一定的局限性：个体在某个领域中具有较高的自我效能感水平，不代表在其他领域中同样如此，如对学习语文充满自信的学生个体，不代表其在物理学习上同样如此。学习自我效能感也不应是由一个混合测验测量出来的无情境的总体素质，也不应是一般性的、无情境性的、无领域性的效能信念，而是应该按照特定的能力判断进行测量。这种能力判断在不同的学习活动领域中，或在同一领域的不同任务水平的要求下，或在不同情境中，均可能不同(郭本禹等，2008)。故本研究在设计相应项目时以GSES为依据，并在此基础上改编为学生在物理学习特定情境下所特有的自我效能感，测查项目共 5 项，如表 8-5 所示。

表 8-5　物理学习自我效能感测查项目

学习自我效能感	Q 我相信我能掌握物理知识和有关技能。 Q 不论物理内容简单或困难，我都有把握能够学会。 Q 我能冷静地面对物理难题，因为我信赖自己解决物理问题的能力。 Q 我自信我会在物理实验方面做得很好。 Q 如果我付出必要的努力，我一定能解决大多数的物理难题。

对物理学习自我效能感量表数据进行信度分析，得到科隆巴赫系数 Cronbach's alpha＝0.87，满足信度要求，测查结果可靠。

(三) 测查结果分析

1. 学习自我效能感与物理学科能力的关系

测查结果发现，学生的物理学科能力与学生的物理学习自我效能感有着显著的正相关性(Pearson 相关系数 $r=0.39$；$P<0.01$)，且相关性系数比学习动机以及学习态度更大。物理学科能力发展越好的学生，其自我效能感也相应越高，两者之间的关系简图如图 8-6 所示。

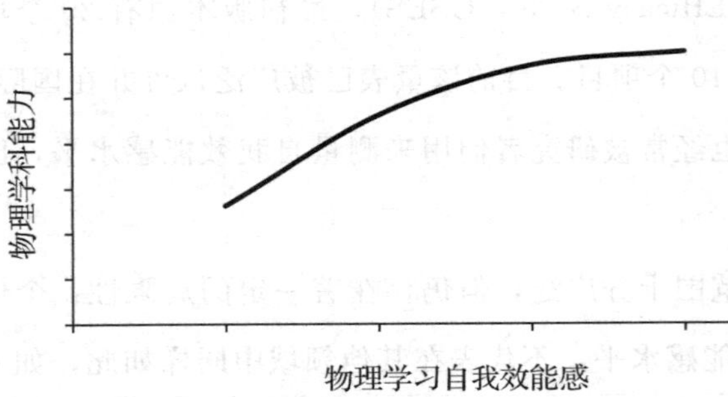

图 8-6　物理学科能力与学习自我效能感关系图

2. 学习自我效能感总体表现

对样本数据进行分析后发现，约 81％的学生具有正向的物理学习自我效能感，这部分学生对自己的物理学习能力有较强的自信，相信自己在物理知识的学习、解决物理问题、进行物理实验上能够较好地完成任务。三种特定学习情境下学生平均表现如图 8-7 所示，可看出学生在物理实验上的自我效能感表现相对较低。

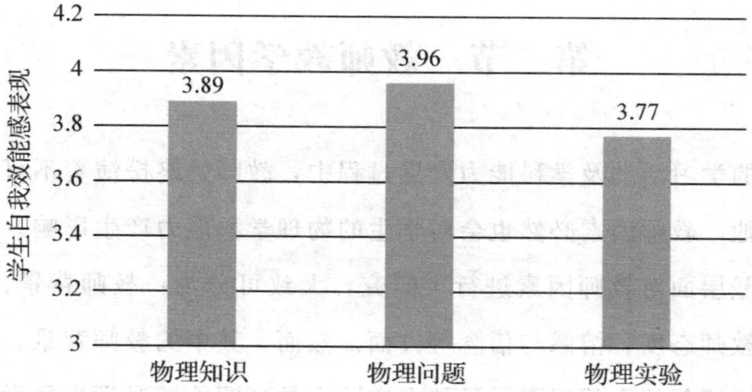

图 8-7　不同情境下学生自我效能感表现①

3. 学习自我效能感年级差异

以年级为观测尺，学生样本的自我效能感表现随年级的上升大致呈现下降的趋势，在高三年级时下降到最低，如图 8-8 所示。SPSS 统计分析表明在 8 年级至 9 年级以及高一年级至高二年级学生的自我效能感有显著下降($P<0.05$)，而高二年级与高三年级没有显著的差异($P>0.05$)。

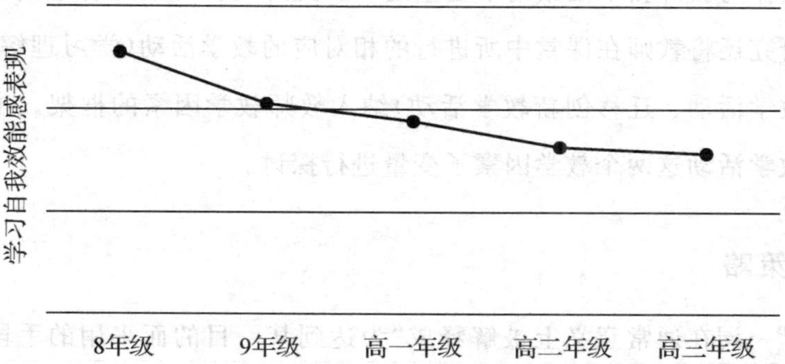

图 8-8　物理学习自我效能感年级分布图

① 表现分以 5 分为最高分，下同。

第二节　教师教学因素

在学生的学习活动及学科能力发展过程中，教师始终扮演着不可或缺的重要角色，相应地，教师因素必然也会对学生的物理学科能力产生影响。众多研究者从理论和实践层面对教师因素进行了研究，大致可分为：教师背景、教师期望、教师教学、教师态度、情感与信念等方面。然而，其中的教师背景、教师期望以及教师态度情感与信念等因素，虽然在实践中被证明能够对学生的学业成就产生影响(Dembo et al，1985；吕国光，2004；Mistry et al，2009)，但均指向于一般性学业成就，没有明显的学科特质，且由于影响因素测查项目量的限制，故本研究中侧重于对具有较强学科特性的教师教学因素进行讨论。

教师的教学对学生的学科能力存在一定的影响，教师教学行为的有效性整体上可从教学策略和教学活动两大方面来考查。其中教师的教学策略是决定教育教学成功与否的重要因素，且不同学科教师的教学策略存在着一定的差异，故在本研究中将其作为教师教学因素的子变量之一。此外，针对学生各维度的物理学科能力，本研究还将教师在课堂中所进行的相对应的教学活动(学习理解教学活动、应用实践教学活动、迁移创新教学活动)纳入教师教学因素的框架。本节就教学策略以及教学活动这两个教学因素子变量进行探讨。

一、教学策略

“策略”一词在通常意义上被解释成“为达到某一目的而采用的手段和方法”，为达成教育目标而采用的手段和方法，即为教学策略(阎金铎等，2009)。国外学者将一些有效的、实用的、具有操作性的教学策略传授给教师，继而采用实证研究的方法测量不同教学策略对教学效果的影响，研究结果表明教学质量会由于教学策略的应用而得以改善。随后，我国的教育研究者也开始关注教学策略的研究，并针对具体的学科教学内容提出了一系列行之有效的教学策略。

教学策略具有以下几个特征(陈娴，2008)。(1)目标性。在选择和应用教学策略时，应当先理解教学目标的要求，然后围绕教学目标进行。(2)可操作性。教学策略不是抽象的教学原则，也不是在某种教学思想指导下建立起来的教学模式，而是可供教师和学生在教学中参照执行或操作的具体做法，有着明确具体的内容。教师能够通过各种形式的培训掌握具有操作性的教学策略并应用于课堂教学中。(3)灵活性。教学策略根据不同的教学目标和任务，参照学生的实际初始状态，选择最适宜的教学内容、教学媒体、教学组织形式，并将其组合起来，保证教学过程的有效进行。教学策略在实施的过程中，由于课堂教学的复杂性，必须根据具体的教学情境对有关教学策略的要素进行变通和组合，才能提高教学效率，进行有效教学。

(一)测查项目开发

基于对多名一线物理教师关于教学策略使用情况的访谈结果，以及相关专家的评议意见，本研究确定了以下教师物理教学策略问卷项目，测查项目共 6 项，如表 8-6 所示。

表 8-6　物理教学策略测查项目

教学策略	Q 我会运用认知冲突的教学策略讲解知识。 Q 我会运用类比的教学策略讲解知识。 Q 我会运用概念图的教学策略进行复习。 Q 我会运用一题多解或一题多变的方式进行习题教学。 Q 我会采用学案导学的方式进行物理教学。 Q 我会采用合作学习的方式进行物理教学。

测试后回收教师样本数 185 份，有效样本数 181 份。对物理教学策略量表数据进行信度分析，得到科隆巴赫系数 Cronbach's alpha$=0.78$，满足信度要求，测查结果可靠。

(二)测查结果分析

测查研究结果表明，物理学科能力值与教学策略存在着显著的正相关关系(Pearson 相关系数 $r=0.29$；$P<0.01$)。从数据上分析可得，物理教师在课堂教

学中采用合适的教学策略能够在一定程度上促进教学效果提升，从而促进学生的物理学科能力的发展。

对有效教师样本在认知冲突、类比、概念图、一题多解、学案导学、合作学习等因素的表现情况分析如图 8-9 所示。

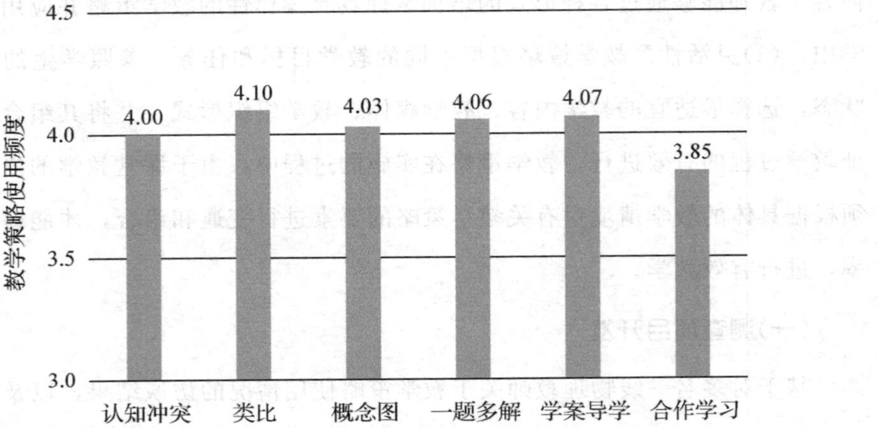

图 8-9　教学策略使用频度图

从图 8-9 可看出，物理教师在实际物理课堂教学中，经常使用的教学策略频度由高到低依次为：类比、学案导学、一题多解、概念图、认知冲突、合作学习。进一步分析发现，约有 84.7%的物理教师表示自己在物理知识讲解时经常采用类比的教学策略，经常采用学案导学、一题多解、概念图、认知冲突、合作学习教学策略的物理教师则分别占 79.7%、79.1%、77.4%、74.6%、69.5%。

二、教学活动任务

教学活动任务指的是在教学实施过程中，教师为实现某一教学目标而设置的课堂活动任务。学生参与活动的过程既是知识获得的过程，又是能力发展的过程。而要培养学生的物理学科能力，必然在课堂上也有相应的教学活动任务设计。

因此，对应于学生物理学科能力的维度划分，教学活动任务同样可分为 3 个维度(A学习理解活动、B应用实践活动、C迁移创新活动)和9个二级维度(A1观察记忆活动、A2概括论证活动、A3关联整合活动、B1分析解释活动、B2推论预测活动、B3综合应用活动、C1直觉联想活动、C2迁移与质疑活动、C3建构新模型活动)。

(一)测查项目开发

基于多名一线物理教师以及相关专家的讨论评议结果，本研究设计了以下教师物理教学活动任务问卷，测查项目共14项，如表8-7所示。该问卷同时对任教物理教师与学生施测(根据施测对象，语序将会做些许调整)，以便对教师自评的教学活动实施情况与学生所感知到的情况进行比较分析。

表8-7　物理教学活动任务测查项目

教学活动任务	A1观察记忆	Q我会让学生记忆一些重要的物理现象和规律。 Q我会让学生注意观察身边的物理现象。 Q我会通过演示实验引导学生观察物理现象。
	A2概括论证	Q我会给学生讲解知识的来龙去脉。 Q我会引导学生从物理事实和现象中抽象概括出物理概念。 Q我会让学生通过实验得出物理规律。
	A3关联整合	Q我会让学生归纳、整理以前学过的物理知识(例如：画知识结构图)。 Q我注意引导学生在新旧知识之间建立联系。
	B1分析解释	Q我会让学生用所学的物理知识分析解释生活中的一些实际问题和现象。
	B2推论预测	Q我会让学生用所学的物理规律来预测物理现象。
	B3综合应用	Q我会让学生综合所学知识，解决物理问题。
	C1直觉联想	Q我会鼓励学生在物理学习中提出自己不同的见解。
	C2迁移与质疑	Q我会设定陌生的问题情境，让学生尝试用学过的知识方法去解决。
	C3建构新模型	Q我注意让学生经历建构物理模型的过程。

(二)测查结果分析

测查研究结果表明，物理学科能力值与教学活动任务存在着显著的正相关关系(Pearson相关系数 $r=0.29$；$P<0.01$)。即在课堂实施过程中进行物理学科能

力相关的教学活动能够有助于发展学生的相应能力。对有效教师样本在学习理解任务、应用实践任务和迁移创新任务等因素的表现情况分析如图 8-10、图 8-11 所示。

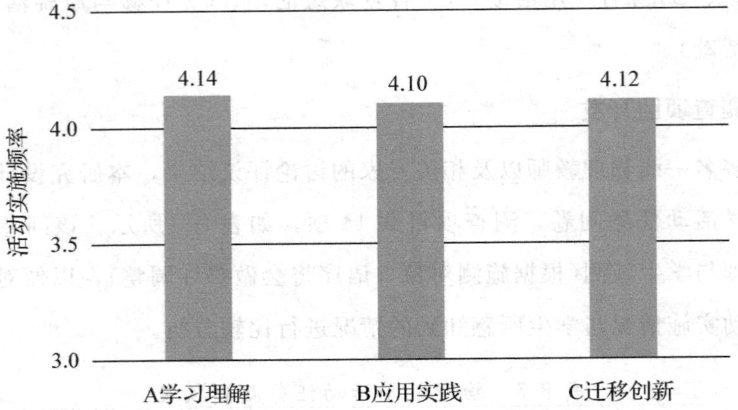

图 8-10　教学活动实施频率柱状图

根据图 8-10 可以看出，教师认为自己课堂采用的教学活动任务类型(学习理解任务、应用实践任务和迁移创新任务)的频率，学习理解任务较多，迁移创新任务其次，应用实践任务相对较少，但三者并无显著差别。

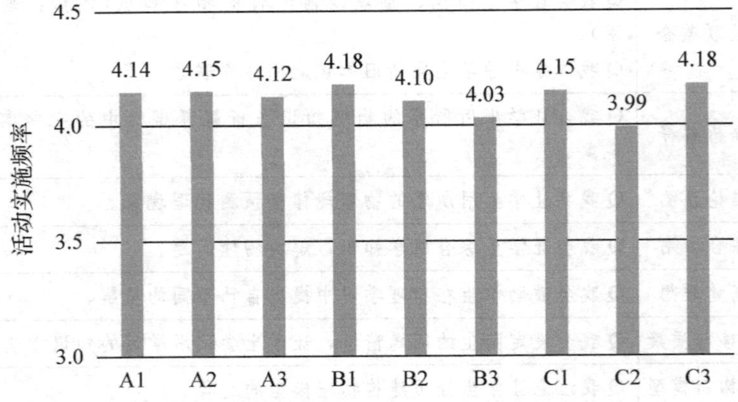

图 8-11　教学活动实施频率(二级维度)柱状图①

① A1、A2、A3、B1、B2、B3、C1、C2、C3 分别表示 A1 观察记忆活动、A2 概括论证活动、A3 关联整合活动、B1 分析解释活动、B2 推论预测活动、B3 综合应用活动、C1 直觉联想活动、C2 迁移与质疑活动、C3 建构新模型活动。

根据图 8-11 可以看出，教师所设计的各类型任务活动按照三级变量分析，在学习理解类任务设计方面，A2 概括论证较多，A1 观察记忆其次，A3 关联整合较少；在应用实践类任务设计方面，B1 分析解释较多，B2 推论预测其次，B3 综合应用较少；在迁移创新类任务设计方面，C3 建构新模型较多，C1 直觉联想次之，C2 迁移与质疑较少。即教师认为自己在各类型活动中均是概括论证、分析解释、建构新模型最多，相应的关联整合、综合应用、迁移与质疑较少。

将学生感知到的教学活动任务情况和教师实施情况进行比较，如图 8-12、图 8-13、图 8-14、图 8-15 所示。

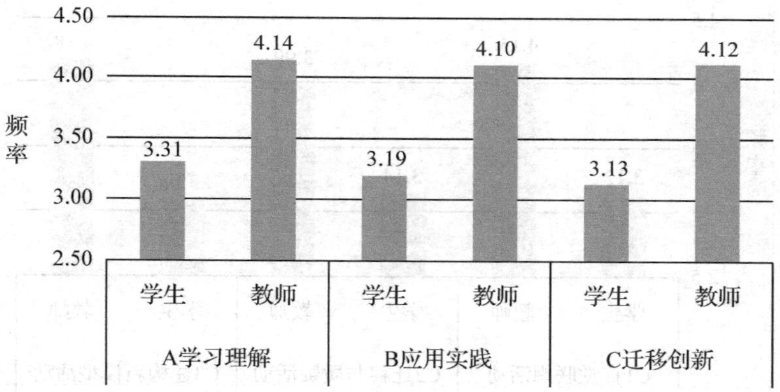

图 8-12　教学活动实施与感知频率对比图

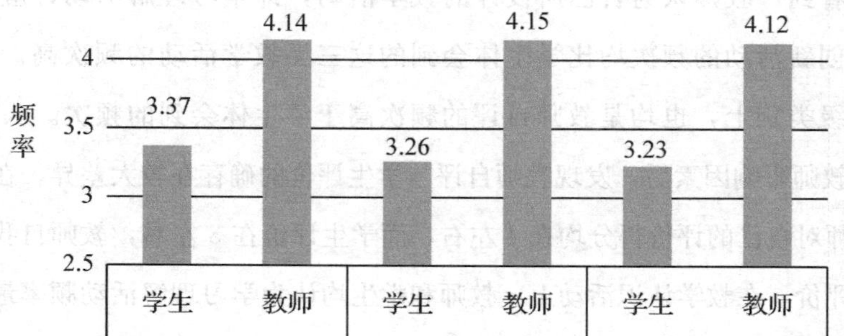

图 8-13　教学活动实施与感知频率对比图(A 维度)

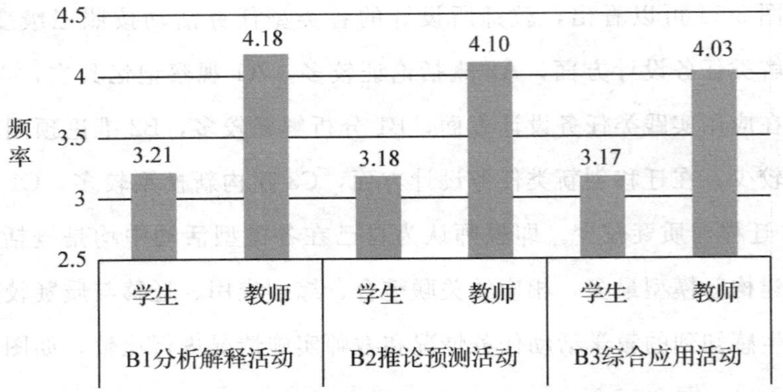

图 8-14　教学活动实施与感知频率对比图(B 维度)

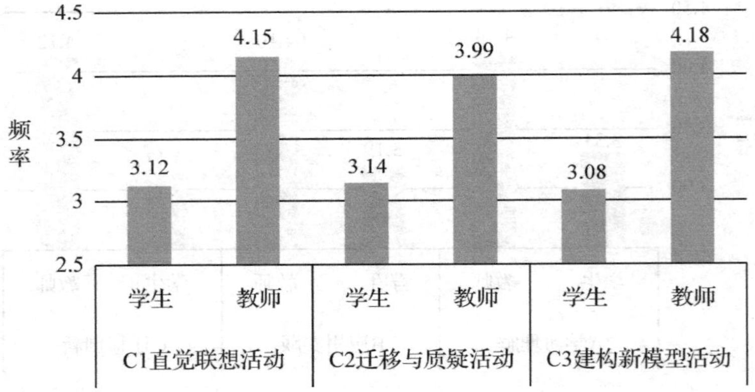

图 8-15　教学活动实施与感知频率对比图(C 维度)

可以看到，教师认为自己所设计的教学活动，即学习理解活动、应用实践活动和迁移创新活动的频次均比学生体会到的这三类教学活动的频次高。而且各类活动的三级类别上，也均是教师自评的频次高于学生体会到的频次。

分析教师影响因素后，发现教师自评与学生评价的确存在较大差异。在教学活动方面，教师对自己的评价得分均在 4 左右，而学生评价在 3 左右，教师自我评价显著高于学生评价。在教学认识活动上，教师和学生均认为学习理解活动频率最高，应用实践活动频率其次，较为一致，但在各三级教学活动变量上，教师自评认为进行频率最高的分别是 A2(概括论证活动)，B1(分析解释活动)，C1(直觉联想活动)；而学生则认为是 A1(观察记忆活动)，B1(分析解释活动)，C2(迁移与质疑活动)。

第三节 家校因素

除了学生的个人因素和教师因素之外，学生进行学习活动所处的环境因素同样影响着其物理学科能力的发展。而家庭因素与学校因素作为与学生学习直接相关的两大环境因素，得到了国内外研究者的重视，并开展了一系列的研究。

林俊莹(2007)从学校、家庭、学生个人这几个角度出发，研究学生学业成就的影响因素。结果表明，学生个人因素与家庭因素对学生的学业成就影响较大，而学校因素的影响相对较小。Bassani(2006)针对加拿大、日本和美国的中学生，对其家庭因素和学校因素与其学业成就的影响关系进行回归分析。研究结果表明，两因素对学生的学业成就有正向影响。李雯雅(2009)以2007年台湾TIMSS测验的国中二年级学生为样本进行分析，发现家庭背景资源、学生个人的学习特质，对于学生数学学习成就的影响最大，而学校因素则影响程度较低。

通过文献研究可看到，众多关于家校因素的研究得到的结果并不完全一致，这可能是由各研究中所纳入的家校因素子变量以及研究样本的不同造成的，但不可否认的是，家校因素确实会对学生的学业成就产生一定的影响。然而，从理论上分析，该系列因素的影响基本指向一般性的学业成就，即这些因素不会因为具体学科的不同，而产生有较大差异的影响。故在本研究中将其作为物理学科能力影响因素系统的一部分做简略介绍，并且只测查和分析得到普遍认可和一致认同的家校因素子变量。此外，还关注家校因素能否通过影响学生因素的各方面，从而间接影响物理学科能力的发展。下面，本节将分为家庭因素和学校因素两部分对家校因素进行探讨。

一、家庭因素

从已有研究可以看到，家庭因素是影响学生学业成就的重要因素之一。很多研究表明，家庭因素能够对学生的学业成就产生正向影响(Jencks，1972；李雯雅，2009)。因此，很多研究者专门对家庭因素进行分类，并深入探讨各个子变量的作用，具体研究举例如下。

Parcel 与 Dufur(2001)通过研究发现家庭社会资本越高，学生的数学成就也相应越高。Roscigno 与 Ainsworth-Darnell(1999)指出，家庭文化资本以及家庭教育资源与学生的学业成就呈正相关的关系。林俊莹(2007)通过路径分析发现，家庭社会经济地位、家庭教育资源对学生的学业成就有直接的正向影响，负面的文化资本则对学生的学业成就有负向的影响。此外，家庭社会经济地位除了直接影响外，还通过家庭教育资源、负面文化资本等中介变量产生间接影响。周新富(2006)针对家庭背景(父母受教育程度、父母职业、家庭收入、社会经济地位)、家庭结构、家庭社会资本等家庭因素子变量进行了单因素方差、T 检验和回归分析，并得出结论：这些因素对学生的学业成就有显著的影响。

(一)测查项目开发

相关研究表明，家庭因素涉及的子变量大致包括家庭社会经济地位、家庭资源、家庭背景、家庭结构、家庭社会资本、家庭价值观等多方面的因素。其中得到较多研究证明对学业成就有影响的因素有：家庭社会经济地位、家庭资源、家庭社会资本。

其中家庭社会经济地位一般包括父母受教育程度、父母职业、家庭收入；家庭资源包括课外书籍、书房等辅助学习的用品；而家庭社会资本则包括双亲教育期望、双亲参加学校事务、双亲了解子女学习过程。故将家庭因素子变量制成测查量表项目如表 8-8 所示。

表 8-8　家庭因素测查项目

家庭社会经济地位	父母受教育程度、父母职业、家庭收入	Q 父亲受教育程度大概是________。 Q 母亲受教育程度大概是________。 Q 父亲的职业是________。 Q 母亲的职业是________。 Q 家长的月收入(父母月收入之和)大约是多少?

续表

家庭资源	家庭小实验的场所和材料、与物理有关的课外读本	Q在家里我有独立的房间和学习桌。 Q我家里有很多与物理有关的课外读本。 Q在家里进行家庭物理小实验时，我能找到合适的场所和所需材料。
家庭社会资本	父母期望、父母参加学校活动、了解子女的学习过程	Q父母(父亲或母亲有一方即可，以下同)会跟我谈升学或就业的事情。 Q父母会听我说心里话。 Q父母会看我的作业或考卷、了解我的学习情况。 Q父母会参加学校组织的要求父母参加的活动。

对家庭因素测查量表数据进行信度分析，得到科隆巴赫系数 Cronbach's alpha=0.77，满足测查信度要求，测查结果可靠。

(二) 测查结果分析

测查研究结果表明，物理学科能力值与家庭社会经济地位(Pearson 相关系数 $r=-0.01$；$P>0.05$)，以及家庭社会资本(Pearson 相关系数 $r=0.04$；$P>0.05$)这两个子变量之间并没有显著的相关关系，故不再对其进行讨论。而物理学科能力值与家庭资源之间有显著的正相关关系(Pearson 相关系数 $r=0.20$；$P<0.05$)，即家庭资源较为丰富(如拥有自己的学习空间、有物理相关的书籍，甚至是拥有物理小实验的材料和场所等)的学生，其平均物理学科能力要相对更高。进一步探索家庭资源与学生因素之间的相互关系，可得到如表 8-9 所示结果。

表 8-9　家庭资源与学生因素相关性

	学习动机		学习态度		学习自我效能感	
	r	P	r	P	r	P
家庭资源	0.53	0.00	0.45	0.00	0.50	0.00

可以看到，学生的家庭资源与其学习动机、学习态度、学习自我效能感之间有显著的正相关，即学生的家庭资源越丰富，其学习动机、学习态度以及学习自我效能感一般也越强。且三个学生因素子变量当中，与家庭资源影响相关性最大的是学习动机，其次为学习自我效能感，最后为学习态度。

二、学校因素

学校是学生进行学习活动的主要场所，因此学校因素也必然会在某种程度上影响到学生的学业成就。学校拥有丰富优质的教育资源，一方面可以激发学生的学习兴趣，扩大学生的学习范围，满足学生的求知欲望；另一方面也能够促进教师顺利有效地进行教学。从这个角度看，良好的学校条件应对学生的学业成就有正向的影响，该结论也得到了很多研究的支持，举例如下。

Greenwald 等(1996)通过研究发现，学校资源对学生学业成就的效应量较大，丰富的学校资源对学生的学业成就具有正向的积极影响，因此适当提高学校资源的开发，能够有效提升学生的学业成就。林俊莹(2007)指出，在学校因素方面，优良校风会通过学生教育期望、学生学习态度的间接作用，而对学生的学业成就有正向的影响。谢亚恒(2007)对此也有类似的结论，即学校校风与学业成就之间呈现正相关的关系。

(一) 测查项目开发

对已有研究中涉及的学校因素子变量进行整理，大致可以归纳为以下几个方面：学校资源、学校的区域性、学校规模、班级大小、学校校风、经费等。其中普遍认为对学生学业成就有重要影响的子变量包括：学校资源、学校校风。其中在物理教学中的学校资源又包括多媒体资源、文本资源、实验室资源等。学校因素测查量表如表 8-10 所示。

表 8-10　学校因素测查项目

学校教育资源	多媒体设备、图书馆中物理课外读本的数量、物理实验室配置	Q 我们学校每个教室都配有可正常使用的多媒体设备。 Q 我们学校图书馆有充足的物理课外读物让我们拓展视野。 Q 我们老师上物理课经常使用多媒体设备。 Q 我们学校物理实验室配备很充足。 Q 我们有机会到物理实验室做实验。
学校校风	积极向上、尊师爱生、秩序井然	Q 我们学校的整体氛围是积极向上的。 Q 我们学校里，学生尊重教师，教师爱护学生。 Q 我们学校的学习和生活都是秩序井然的。

对学校因素测试量表数据进行信度分析，得到科隆巴赫系数 Cronbach's alpha＝0.74，满足测试信度要求，测试结果可靠。

（二）测查结果分析

测查研究结果表明，物理学科能力值与学校资源（Pearson 相关系数 $r=0.182$；$P=0.002$），以及学校校风（Pearson 相关系数 $r=0.191$；$P<0.01$）这两个子变量之间存在正相关关系，但相关性系数并不高。可以说，丰富的学校资源和良好的学校校风在一定程度上促进了学生物理学科能力的发展。

进一步探索学校因素的两个子变量与学生因素之间的相互关系，可得到如表8-11 所示结果。

表 8-11　学校因素子变量与学生因素相关性

	学习动机		学习态度		学习自我效能感	
	r	P	r	P	r	P
学校资源	0.35	<0.01	0.31	<0.01	0.31	<0.01
学校校风	0.29	<0.01	0.30	<0.01	0.26	<0.01

从上表数据可分析得到以下结论：学校资源、学校校风这两个学校因素与学生的学习动机、学习态度以及学习自我效能感之间均有显著的影响。其中，与学校资源最为相关的是学生的学习动机，与学校校风最为相关的是学生的学习态度。

第四节 影响因素整体分析

本章对物理学科能力的影响因素进行了理论研讨和实证分析。研究结果发现，学生因素、教师因素、家校因素等均对学生物理学科能力的发展有显著影响。此外，研究还对性别因素等其他相关问题对物理学科能力的影响进行了讨论。总体来看，培养学生物理学科能力、发展学生物理核心素养不仅要重视学生的学业进步，还需要对学生的学习态度、教师的教学方式、学生的家庭教养等要素加以考量。

一、研究总结

从物理学科能力影响因素的数据分析结果可以看到，绝大多数所涉及的因素均与物理学科能力有着显著的正相关关系，即均能对学生物理学科能力的发展产生影响。其中相关性最大的为学生因素，为主要影响因素，其次为教师教学因素，最后为家校因素。深入到各因素的二级子变量，按照与物理学科能力相关性从高到低排列为：学习自我效能感＞学习动机＞学习态度＞教学活动任务＞教学策略＞家庭因素＞学校因素。

此外，在学生因素上：学习动机、学习态度、学习自我效能感这三个二级子变量均存在着年级差异，且其大体表现趋势较为一致——随着年级的上升而下降。这种“一致”趋势值得我们物理教育研究者以及实施者进行深刻反思：究竟是什么降低了青少年学习物理的学习动机、恶化了他们的学习态度，伤害到了他们的学习自我效能感？该如何去补救这种现状？

在教师教学因素上：教学策略的应用和教学活动的实施都能影响到学生的物理学科能力。但教师所实施的教学活动频率与学生所感知到的频率之间有一定的差距，传递效率不高。即教学的意图、教学的设计和最终的实际教学实施之间尚存在较大差距。教学的侧重点和教学方法的选择与学生相应能力的发展有直接关联。这启示我们，对于物理核心素养各方面的发展，教师在实际教学实施过程中应重视发展现状，平衡教学的侧重点，并采用恰当的教学策略，才能够实现有效教学乃至高效教学，从而更好地培养学生的物理学科能力、发展学生的物理核心素养。

在家校因素上：一方面，丰富的家庭资源、学校资源，良好的学校校风确实能在一定程度上直接影响学生物理学科能力的发展；另一方面，这三个子变量也能够通过影响学生因素，从而间接地对物理学科能力的发展产生作用。因此，家长和教育管理者在条件允许的范围内，尽可能地给学生提供丰富的学习资源以及良好的学习环境，不失为促进学生物理核心素养发展的良策。

二、相关问题讨论

在对物理学科能力影响因素的研究过程中，还对男—女、独生子女—非独生子女、单亲家庭—双亲家庭这几个不同群体间的学生样本在学生因素上的表现进行了差异性比较，对数据进行分析后得到了一些有价值的结果，在此进行简要介绍和讨论(不同群体比较示意图如图 8-16、图 8-17、图 8-18 所示)。

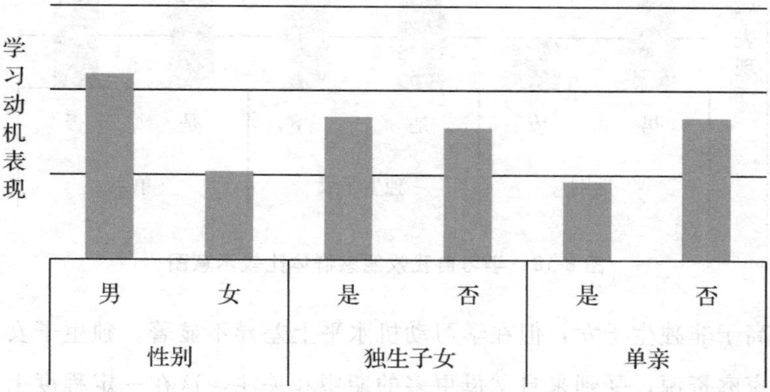

图 8-16 学习动机群体比较示意图

(1)性别方面：男生在物理学习动机、学习态度、学习自我效能感平均水平上都要显著高于女生。在其他相关研究中也有类似结论出现，这可能与普遍观念中男女生所持有的思维模式差异有一定的联系。男生的理性思维使其更愿意学习带有抽象特性的物理学科，而女生则相对偏向于感性思维。

(2)独生与非独生方面：独生子女的学习态度、学习自我效能感上的平均表

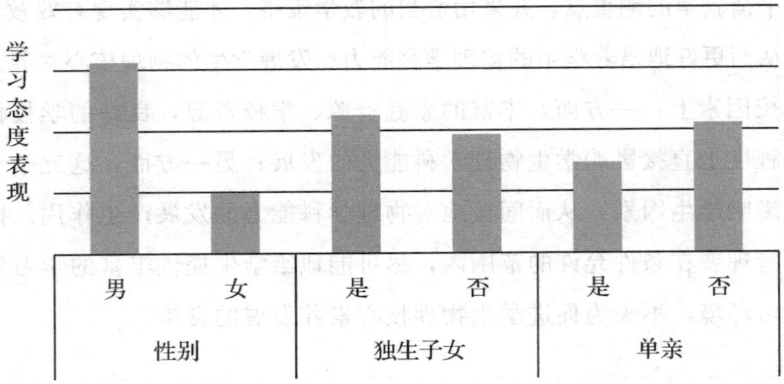

图 8-17　学习态度群体比较示意图

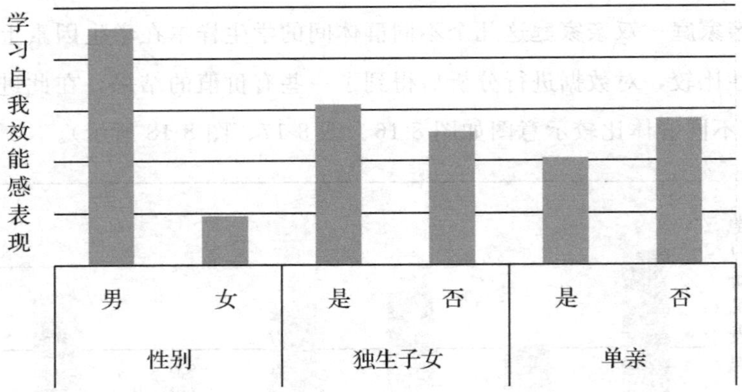

图 8-18　学习自我效能感群体比较示意图

现要显著高于非独生子女，但在学习动机水平上差异不显著。独生子女相对要享有更多的家庭资源，受到来自父母更多的期望和关注，这在一定程度上能够解释该群体在学习态度和学习自我效能感方面表现占优的现象。

(3)单亲与双亲方面：双亲家庭的子女在各学生因素平均表现上均显著高于单亲家庭子女。据此可以推断，家庭关系不完整会使得学生的注意力从学习上转移到家庭中，从而很大程度上影响到学生的物理学习状态。

第九章

促进物理核心素养发展的教学改进概述

在基础教育阶段，物理课程的目标是发展学生的物理核心素养。本研究建构了基于核心素养的物理学科能力框架，开展了对物理学科能力表现的大样本测评和影响因素的研究，揭示了学生发展的现状和教学中存在的问题。然而，客观精确地描述现状并探讨其影响因素只是本研究的前期工作，最终目的是要促进学生物理核心素养的全面发展。因此，两年多来，本研究团队在前期工作的基础上，有针对性地开展了教学改进的研究。参与物理教学改进研究的学校目前已有 10 所，先后共有 20 位一线教师经历了教学改进的全过程。总结这两年来的教学改进研究历程，可以认为教学改进项目至少取得了以下三方面的初步成果：第一，推动了改进校物理组的教研工作，特别是在教研组长带领全组教师参与集体备课的中学，效果更佳；第二，促进了教师的教学能力和研究能力的发展，许多参与改进实验的教师继续结合教学开展研究，发表论文；第三，开发了具有示范性和推广价值的物理课堂教学优秀案例等大量教学资源。本章首先概述教学改进的一般流程和主要内容，接下来的两章分别以机械运动与力、电与磁主题为例，用案例的形式具体呈现研究的内容、方法和结果。

第一节　教学改进的一般过程

本研究团队的教学改进是指导专家和实验教师合作开展的行动研究，其目标是提高物理教师的教学能力和研究能力，进而促进学生物理核心素养的发展。针对每一所参与教学改进的具体学校，都有明确的研究问题。第一，教学改进需要改进什么？这就要先进行教学诊断，明确改进前的物理教学存在哪些问题，产生这些问题的原因是什么，影响因素是什么，哪些问题是可以通过教学改进解决的。本研究建构的物理学科能力模型和影响因素研究为教学诊断提供了分析框架，已取得的大样本测评结果可以用来作为常模参照。第二，如何进行教学改进？即如何解决通过教学诊断发现的问题？这就需要专家和实验教师的通力合作，采用准实验研究方法，在对学生物理学科能力发展现状和参与教学改进的教师教学情况进行前期诊断的基础上，对实验班采用集体备课、试讲评课、前后测对比和课堂录像分析等方式，有针对性地开展一系列研究工作。第三，教学改进的效果如何？教师的能力是否通过上述过程得到了有效发展？学生的物理核心素养是否实现了有效提高？这就需要利用前后测的结果以及在教学改进过程中获取的大量质性资料，如访谈记录、课堂录像等进行深入研究。

教学改进研究除了要针对上述问题探寻答案，在项目开始阶段还需要让实验教师明确改进的目的、理论依据和具体要求，完成改进研究后需要总结反思改进效果。根据以上教学改进研究工作的需要，研究团队设计了教学改进流程，总体分为五个环节，包括改进准备阶段，教学诊断阶段，教学改进阶段，教学评价阶段和总结反思阶段，如图 9-1 所示。

教学改进阶段是这五个环节中的核心部分，该阶段又分为整章规划的改进、教学设计的改进和课堂实施的改进。

教学改进流程展示了本项目开展行动研究的全过程，其中贯穿着促进学生核心素养发展的理念，蕴含着改进教学的策略、方法、手段和技术，整个过程由教

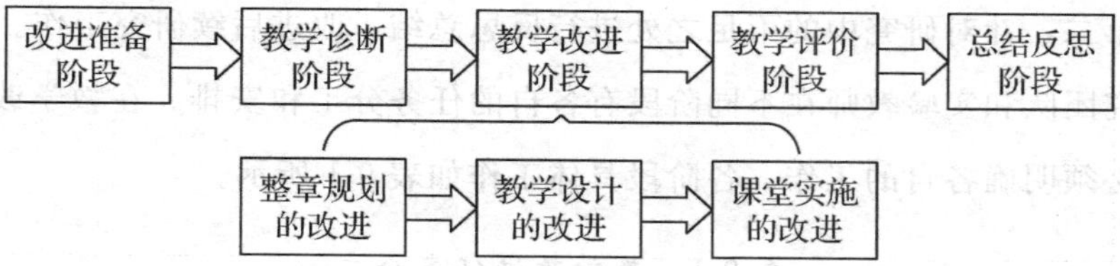

图 9-1　教学改进流程图

学改进课题组合作完成。教学改进课题组成员包括研究团队(指导专家、研究生助理)和实验教师，指导专家由高校物理课程与教学论专业教授和有丰富教研经验的物理教研员共同组成。

在改进准备阶段，指导专家围绕物理核心素养和物理学科能力框架、教学改进的内容和流程等对实验教师做好理论培训工作，双方根据物理核心素养发展的需要和教学进度等共同协商确定教学改进研究的主题和具体课题，通常以章为单位进行；实验教师针对主题内容提前进行教学设计。接下来进入教学诊断阶段，诊断对象包括参与教学改进的学生和教师。对学生的诊断是指在该主题的教学活动开始之前，针对所选主题诊断学生物理学科能力的发展现状，为实验班和对照班的选择并有针对性地开展教学设计提供依据。诊断方式包括前测和访谈。对教师的诊断是对教师的教学能力和前期的准备情况作出判断，诊断方式包括审阅教师提交的教学材料(整章规划、教学设计等)和有针对性的访谈，根据诊断结果分析教师在教学观念、教学设计能力等方面需要改进之处。在诊断的基础上开始教学改进阶段，包括整章规划的改进、教学设计的改进和课堂实施的改进。指导专家组织和指导集体备课，听试讲并评课，有针对性地进行教学改进指导；实验教师依据专家建议修改整章规划、教学设计并完成实验班的课堂教学。完成课题全部内容的教学之后进入教学评价阶段，教学改进研究团队需要从定量和定性的角度，对实验班和对照班的教学效果进行对比分析，作出全面的评价。在总结反思阶段，教学改进研究团队要撰写一份完整的总结报告并在教学改进总结会上交流。总结报告是关于整个教学改进过程的全面叙述和总结的书面报告，它的目的有两个：第一，公开研究结果有利于同行借鉴，成功的经验可以作为后续研究的基础；第二，针对研究中的不足之处进行反思总结，改进后续研究工作。

研究团队和实验教师在不同阶段有各自的任务分工和安排。在教学改进实施之前，必须明确各自的工作。各阶段具体工作如表 9-1 所示。

表 9-1　教学改进任务分工

阶段	研究团队	实验教师
改进准备阶段	1. 指导专家开展理论培训工作，包括物理核心素养、物理学科能力框架、教学改进工作内容等。 2. 编制前测试题。 3. 准备课堂评价量表。	1. 教师针对课题所涉及的章节提前进行准备，提交教学设计。 2. 参与前测题的编制和修改。
教学诊断阶段	1. 提供前测工具以及评标。 2. 对师生进行访谈。 3. 处理和分析前测和访谈结果，反馈测试结果。 4. 对教师的教学设计提出反馈意见。	1. 提前做好前测的相关工作，包括确定前测时间、安排考场，编制考号等。 2. 告知考生前测信息仅作为研究使用，强调考场纪律，要求学生独立完成测试。 3. 按照评标阅卷，提交测试结果。 4. 提交整章规划和具体的教学设计。 5. 根据前测结果确定实验班和对照班。
教学改进阶段	1. 指导专家针对前测结果和教师教学设计中存在的问题组织集体备课。 2. 听教师说课和试讲，进行具体方法和策略指导。 3. 对教学实施过程进行录像，收集教学改进材料。	1. 根据专家反馈意见修改教学设计。 2. 从课题中选择某一节内容进行集体备课、说课和试讲。 3. 根据集体备课和专家指导意见修改教学设计后在实验班正式上课。 4. 对照班不改变教学设计，仍按原来的计划和教学方式上课。
教学评价阶段	1. 提供后测工具以及评标。 2. 将前后测数据作为整体进行统计分析和处理。 3. 从定性和定量两方面分析实验班和对照班的差异，及时反馈评价结果。	与前测相同。
总结反思阶段	1. 基于评价结果和教师提供的材料对整个教学改进过程进行反思总结，完成书面报告。 2. 指导专家和研究生助理针对教学改进项目分别从总体进展和具体改进成果两方面在项目总结会上报告交流。	1. 针对学生在教学过程中和前后测具体题目上的表现进行定性分析，写成书面材料提交。 2. 从教师收获和学生收获两方面对整个教学改进过程进行反思总结，写成书面材料提交。 3. 在项目总结会上汇报。

第二节　教学改进的具体内容

促进学生的物理核心素养发展作为本课题教学改进的主线，贯穿于整个教学改进的全过程之中。下面结合改进流程中的每一个环节，具体说明这一主线是如何贯通的，同时介绍每一个环节采用的具体方法。

一、改进准备阶段

教学改进研究的基础是专家团队和实验教师在促进学生物理核心素养发展上达成共识，因此改进准备阶段的重点是对实验教师进行理论培训，达到明确改进目标、奠定理论基础、确定改进流程、落实具体任务的目的。理论培训的内容主要围绕“促进学生物理核心素养发展的教学设计”展开。其要点是：第一，物理教学不是零散的知识点的灌输，教学设计必须紧扣物理学科中的核心概念和关键能力；第二，教学设计要有针对性，必须了解学生在某一知识主题上的已有经验、知识和能力的发展状况，以此作为教学设计的出发点；第三，要基于学生现状和物理核心素养的要求确定合适的教学目标，教学过程要精心设计一系列问题和活动，引导学生经历从原有状态到目标状态的连续进阶过程，只有经历完整的过程，学生才能形成系统的概念体系。具体课题的选择、测试题目的编制、课堂评价量表的研制和教师的教学设计都要基于上述要点进行。

研究团队针对所选课题内容提前进行准备，依据课程标准和物理学科能力框架编制前、后测题目；查阅教学研究文献、不同版本教材和各种教学材料等。实验教师初步构思整章规划，同时选定某一节内容进行具体的教学设计，编制教案和学案，制作 PPT 课件。

二、教学诊断阶段

教学诊断的对象包括学生和教师。对学生的诊断方式是前测和访谈；对教师的诊断有多种方式，包括分析日常教学的教案、学案、上课 PPT 课件、教学录像，教学改进主题下的整章规划和教学设计以及访谈等。

对学生的诊断，首先通过前测关注学生在某主题下物理核心素养的发展现状以及存在的问题，后期以此为依据来改进教学，从而帮助学生建立科学概念和提升关键能力，提高物理核心素养水平。在前测阶段，实验校尽量选择较多的班级参与测试，便于通过班级间的比较选择合适的平行班级作为实验班和对照班。统一编制学生考号并组织考试，试题由研究团队提供。为了获得被试真实有效的信息，需要让被试明确前测目的是了解学生当前的真实状态，以此为依据进行教学研究，进而优化教学过程，并告知学生考试信息会严格保密。之后实验校开展评卷工作，将前测数据提交给研究团队，研究生助理利用 Winsteps 软件和 SPSS 软件对测试数据进行统计分析，并将结果反馈给实验校。前测分析为实验校选择平行班级和改进教学提供了参考和依据。另外，前测结束后还要进行学生访谈，访谈目的是在前测的基础上深入考查学生对物理核心概念的理解和能力发展水平，挖掘他们不易在纸笔测试中暴露的问题。

前测结束后及时进行教师访谈。对教师进行访谈有两个目的：第一，了解教师日常教学以及对课题的准备情况；第二，了解教师如何把握学情以及如何对学生进行评价。访谈形式是单独访谈，内容主要按照访谈提纲进行。在访谈过程中，可能会根据实际情况随机生成问题进行追问，从而使访谈更加全面和深入。

三、教学改进阶段

改进阶段是教学改进研究的关键环节，也是教师教学设计能力的进阶点。实验教师结合学生前测和访谈结果重新设计和规划教学内容，进行说课、试讲；指导专家通过指导集体备课、听试讲并评课，对教学内容、方法、策略等进行全方位的教学改进指导，其中针对学生物理核心素养的发展贯通观念发展和能力发展两条主线。在整个改进阶段，研究生助理及时收集教师的整章规划、教学设计(包括实验班和对照班)、教学录像、学生前测试卷，以及其他与课题相关的教学材料等。教学改进阶段包括三个过程：整章规划的改进、教学设计的改进和课堂实施的改进。下面依次说明。

(一)整章规划的改进

此过程中，实验教师参考理论培训内容、各种版本教材、辅导书以及文献资料等，结合学生在前测和访谈中的表现，以物理核心素养理论为指导对课题所涉及的整章内容重新进行整体规划。指导专家审阅整章规划并提出修改意见。例如：是否将本章所涉及的知识内容划归于某一物理观念的范畴，并作出概念图，梳理各节内容与物理核心素养发展的联系；是否需要改变各节内容的教学顺序；通过对本章内容的重新组织，结合学期课时计划，所确定的教学时间和顺序是否合理；整章规划是否能体现教学内容的阶段性、衔接性、一致性以及物理核心素养的发展性。实验教师依据专家建议进一步完善整章规划。

(二)教学设计的改进

此过程中，实验教师首先依据整章规划构思教学设计，使教学设计能够体现培养学生物理核心素养的思想。之后，实验教师针对某一内容作出详细的教学设计并制作成教案和课件(Word 和 PPT)提交给研究团队。在集体备课环节，指导专家从物理核心素养发展的角度对教学设计提出修改意见。在集体备课过程中，讨论教师提前准备的教学设计中每一个目标的确定、问题的提出和活动的设计是否促进了学生物理观念和能力的持续发展，发展过程设计是否合理进阶。例如：教学目标的确定是否合理，有无充分依据；问题的设计是否有启发性、层次性、系统性和发展性，能否激发学生深入思考；观察实验、体验和师生互动等活动的设计是否围绕核心概念展开，体现概念的建构过程和规律的形成过程，符合学生的认知发展规律；能否让学生真正经历科学探究过程，发展学生的科学思维；学生能否通过参与科学探究活动，与他人合作，端正科学态度、深入认识科学本质，在科学态度与责任方面能形成良好的品格；教学方法和策略的选择是否合理，是否符合教学目标和内容要求；习题的设置能否帮助学生深入理解物理概念和提高科学思维能力。通过集体备课和深入研讨，教师反思教学设计，并精心修正。

(三)课堂实施的改进

实验教师根据专家指导完善整章规划和教学设计之后，选择一个平行班(非实验班和对照班)试讲。指导专家现场听课，对整个教学过程进行点评，及时对教师所暴露的问题跟进指导。例如：教学策略是否根据教学情境的要求和学生的需要随时发生变化，是否直接指向某一教学目标的实现；教学实施过程中是否在关注学生；学生活动的组织是否有效果，师生互动是否真正促进了物理观念的提升和科学思维能力的发展。另外，指导专家还针对教学实际向教师提供一些典型问题的处理技巧等。实验教师反思教学设计和实施之间的差距，接受专家建议，并针对在实验班“正式讲课”提出自己的改进设想。

四、教学评价阶段

整章教学结束之后，需要对实验班和对照班的教学效果作出价值判断，以确定教学改进工作是否真正有利于学生的物理核心素养和关键能力的提高。教学评价包括对学生学习效果的评价和教师教学过程的评价，方式有定量和定性两方面。

对学生的评价包括后测和访谈。后测和访谈是教学评价的前提和基础，如果没有后测和访谈所提供的信息和数据，教学评价就成为无水之源，失去了作为价值判断的基本依据。反之，后测和访谈的结果只有通过教学评价这个环节才能获得实际的意义，才能为教育研究者所用。后测题目基于物理学科能力框架和物理核心素养理论编制，题目覆盖整章的教学内容，不同的题目代表不同的任务类型和难度水平。研究团队负责编制和提供后测题目和量表，实验校遵循与前测同样的程序，严格组织好测试工作，强调考场纪律。阅卷工作要统一评分标准，确保试卷评阅的客观和公正。评卷之后，实验校及时将后测数据提交给研究团队；研究生助理对后测成绩进行统计分析，及时将结果反馈给教师。后测分析主要从定量和定性两方面进行。定量分析主要利用 Winsteps 软件和 SPSS 软件对数据进行统计处理，最后对实验班和对照班的学生能力均值进行差异性检验；定性分析主要针对链接题(锚题)，分析学生在前测和后测中的表现，进而对实验班和对照班的表现进行比较，从质的方面寻找两种教学方式的不同之处。另外，后测结束后还要对学生进行访谈，访谈目的是为了深入调查学生对整章核心概念的理解，以及学生在物理核心素养方面存在的问题，然后结合前测访谈对实验班和对照班进行比较，最后综合确定教学改进的效果。

对教师的评价包括课堂实录和访谈。基于课堂实录的评价是指针对教师某一节课进行录像，然后对整个教学过程进行视频分析。分析主要从两方面入手：表层分析和深层分析。分析框架主要参考 *Quality of Instruction in Physics*(Fischer et al，2014)。表层分析从课堂教学环节和课堂互动的组织形式两方面进行；深层分析从概念建构、经验学习和问题解决三个角度进行。通过分析课堂视频，一方面了解教师是否从物理观念入手，通过合理组织知识内容，精心设计培养学生科学思维方面的题目，科学安排学生实验和教学活动，促进学生形成学习共同体，从而真正落实对学生物理核心素养的培养；另一方面，研究团队通过将改进课视频与同课题的对照班视频进行比较，分别从表层分析和深层分析两方面寻找两种课堂教学方式的不同之处，以及通过针对某一具体知识点的不同处理，进而比较哪种教学方法更具优势。后测结束后要对教师进行访谈，目的在于：第一，了解教师通过参与教学改进研究后对物理核心素养的认识；第二，调查教师通过参与教学改进研究，是否真正提高了教师的专业素养和研究能力。

五、总结反思阶段

总结反思阶段是对整个教学改进环节进行全面反思、评价和总结的过程，包括撰写教学改进研究报告和召开教学改进总结会。

研究报告主要包括：研究问题，研究设计(整体思路、样本的选择、实验班和对照班的设计、前后测、研究流程图)，研究过程和结果，讨论和反思，结论和建议，附件六个部分。附件内容包括研究计划、测试量表、教案，以及与教学改进相关的材料和成绩报告等。研究团队和实验教师需要通过分工合作共同完成研究报告。在撰写研究报告之前，研究团队需要与实验教师及时沟通，听取他们对研究报告的看法和意见。指导专家提供研究报告的组织框架，研究生助理负责主要内容的撰写，包括理论部分、定量分析和定性分析部分。实验教师针对学生在教学过程中和前后测链接题目上的表现进行质性分析，以及从教师收获和学生收获两方面对整个教学改进过程进行反思，完成研究报告的部分实证内容。

在教学改进总结会上，指导专家和研究生助理分别从教学改进的总体进展和具体改进成果两方面进行报告。实验教师要准备一节改进课在总结大会上进行说课汇报，同时也针对教学改进过程表达自己的感想和收获，专家或教研员进行点评，与会教师围绕改进课共同讨论和交流。召开教学改进总结会的目的：一是将项目研究过程和结果向参会领导、专家和教师汇报；二是通过各大媒体的传播，引起广泛的社会影响，使更多的专家和同行认识到教学改进研究的意义，从而对教育问题产生共鸣；三是公开研究成果，分享成功经验，反思存在的不足，对后续研究提出改进建议。有研究能力并有兴趣的学校和教师可以在专家的引领下继续对课题进行深入研究和探索。

第十章

“机械运动与力”主题的教学改进案例

运动与相互作用是物理观念的重要组成部分。牛顿运动定律作为机械运动与力主题的核心内容，建立起了运动与相互作用之间的联系，在解释各种自然现象时发挥着不可替代的作用，是学生形成运动与相互作用观念的知识基础。理解牛顿运动定律，可以帮助学生认识自然界中运动与力的关系，分析解释生活中的实际问题，提高学生的物理核心素养。因此，本案例选择牛顿运动定律一章的内容进行教学改进。

本教学改进案例的实验校是某市一所重点中学。该中学是市级普通高中示范校之一，师资力量和学生成绩均处于该校所在区的领先水平，近三年高考一本率为98%。实验教师教龄22年，学生平均成绩处于所在年级中等水平。

第一节　教学诊断

在教学改进的准备阶段，分别对学生和教师进行了教学诊断，以客观描述学生在学习该主题前的认知和能力发展情况，了解教师的教学情况。

一、对学生的诊断

(一)前测总体情况

在实验校学生学习“牛顿运动定律”前，对该校高一年级 6 个班的学生进行了前测，以诊断教学前学生的前概念、知识基础和能力水平。测试主题为“牛顿运动定律”，共 9 大题(20 小题)，其中包括 7 道选择题，2 道简答题。测试题详细信息如表 10-1 所示。

表 10-1　机械运动与力主题教学诊断试题信息

试题编号	对应小题	试题描述	考查概念	能力指标
Q1	Q1	判断人推购物车后，购物车的运动情况。	牛顿第一定律	B2 推论预测
Q2	Q2	判断甲、乙两人惯性大小。	牛顿第一定律	A1 观察记忆
Q3	Q3-1，Q3-2	判断人在匀速行驶的火车上起跳后的下落位置。	牛顿第一定律	B2 推论预测
Q4	Q4-1	判断水珠从雨伞边缘飞出后的运动情况。	牛顿第一定律	A1 观察记忆
	Q4-2	说明判断从雨伞边缘飞出水珠的运动情况的原因。	牛顿第一定律	B2 推论预测
Q5	Q5-1，Q5-2	判断冰面上的车被推后的运动情况。	牛顿第一、第二定律	B2 推论预测
Q6	Q6-1，Q6-2	判断不同情况下小轿车与卡车相撞时的作用力。	牛顿第三定律	B1 分析解释

续表

试题编号	对应小题	试题描述	考查概念	能力指标
Q7	Q7-1，Q7-2，Q7-3，Q7-4，Q7-5，Q7-6，Q7-7	判断在冰面上运动的雪橇在不同运动状态下的受力情况。	牛顿第一、第二定律	B2 推论预测
Q8	Q8-1，Q8-2	分析太空中推巨石的受力和运动情况。	牛顿第一、第二、第三定律	B2 推论预测
Q9	Q9	分析鸡蛋碰石头的作用力。	牛顿第三定律	B2 推论预测

利用 Rasch 模型对测试结果进行统计分析，样本信度为 0.78，题目信度 0.97，符合研究要求。利用 SPSS 对各班级能力值进行差异性检验，选择一个与实验班差异不显著($P=0.997$)的班级为对照班，以便于在教学改进后与实验班的教学效果进行对比。对照班的教师按照自身的教学设计进行牛顿运动定律的教学。

从前测项目的怀特图(图 10-1)可以看出，学生整体作答情况较好。

学生在初中阶段学习过牛顿第一定律和牛顿第三定律的相关内容，初步具备了与牛顿第一、第三定律相关的运动与相互作用观，具有丰富的与牛顿第三定律相关的生活经验。在面对与牛顿第一、第三定律相关的问题时，普遍能够将题目信息与物理知识进行对应，能够调用相应的物理规律对情境中的问题进行分析判断，具备一定的观察记忆能力和分析解释能力。但对力与运动关系的理解仍存在误区。例如，普遍存在“运动需要力来维持”“等大的力产生等大的速度”“速度方向由受力方向决定”“速度大小与受力大小成正比”等迷思概念。受生活经验的影响，对牛顿第三定律的理解存在类似“物体的相互作用力大小受运动状态的影响”的迷思概念。同时，学生在运用科学思维分析解决问题时存在一定的困难。例如在进行推论预测，尤其是对陌生情境中的问题进行分析推理时，尚存在一定的困难和误区，容易基于生活经验作出错误的预测，或在推理时不能调用全部的事实证据，进行逻辑严谨的推理，从而导致推论预测上的错误。

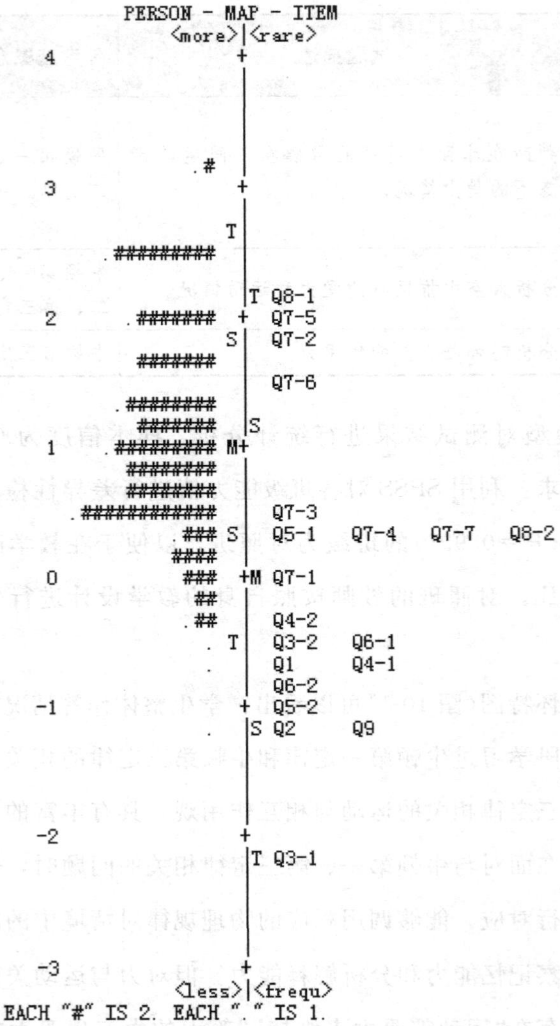

图 10-1 机械运动与力主题前测怀特图

(二)典型题目测试结果分析

下面结合前测中较难的题目 Q8-1、Q7-2、Q7-5、Q7-6，对学生的表现进行说明。

典型题目分析一

Q8题"分析太空中推巨石的受力与运动情况"分为两个小题Q8-1、Q8-2。Q8-1要求学生分析"推巨石时，人与巨石的受力与运动情况"；Q8-2要求学生分析"人与巨石分开后，二者的受力与运动情况"。这里选择Q8-1进行分析。

> Q8-1：设想你处在遥远的太空，面前有一个与你相对静止的巨石，你推它一下。试尽可能详细地描述在推巨石时你和这块巨石的受力情况和运动情况，并解释其原因。

图10-2 试题Q8-1题目

Q8-1考查了学生的推论预测能力，学生需要利用太空环境、巨石的质量远大于"我"的质量这两个关键性事实证据，结合运动与相互作用观念对具体情境中的问题进行推论预测。学生在初中学过牛顿第一定律和牛顿第三定律，也定性了解力与运动的关系，在此基础上可以推测出巨石和"我"受到的作用力大小相等、方向相反。再结合巨石质量远大于"我"的质量，根据牛顿第二定律，推测出"我"获得了更大的加速度。最后完整预测出"我"推巨石时的受力及运动：在太空中，二者反向运动，"我"的加速度和速度都大于巨石。本题的评分标准分为3档，评分标准如表10-2所示。

表10-2 试题Q8-1评分标准

评分标准
0分：不能运用已有知识进行合理预测(对运动情况判断错误，如认为巨石和"我"都不动)，或笼统地给出一个预测结果，但没有用概念和规律说明原因(如仅写出巨石和我都运动了，但没有原因)。
1分：能基于情境运用物理概念或规律进行初步的推论预测，对部分物理过程进行描述或定性分析，但存在错误概念(答对"向相反方向运动""巨石速度远小于'我'的速度"其中一点)。
2分：能基于情境运用牛顿第三定律和牛顿第二定律进行正确的推论预测，清晰地描述、分析整个物理过程(答对"相反方向运动""巨石速度远小于我的速度"两点)。

从统计结果(图10-3)来看，在学习牛顿运动定律前，仅有0.5%的学生得2分，能够基于情境进行完整的推论预测，判断分析出人推巨石时二者间的作用

力、加速度及速度的动态变化过程。

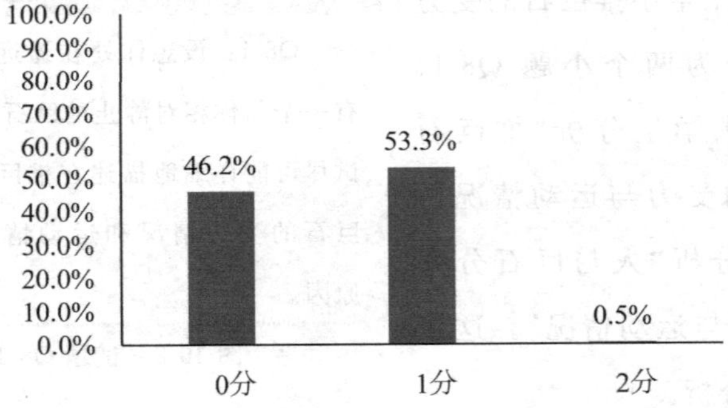

图 10-3 试题 Q8-1 得分统计

46.2%的学生得 0 分，不能够根据陌生情境作出合理的推论预测。虽然学生在初中学习过牛顿第一定律和牛顿第三定律的内容，但在面对陌生情境时，仍直接套用类似“质量小的物体容易推动，质量大的物体不容易推动”“手推石头，石头动，人不动”的生活经验进行作答或作出无根据的臆测，给出“在太空中，人推石头两者都不动”或者“人飞走，巨石不动”的答案。这部分学生的推理过程都缺乏理论依据。

超过一半的学生(53.3%)得 1 分，能基于情境运用相关概念或规律进行初步的推论预测，对部分物理过程进行描述或定性分析，其推理有事实和理论依据，但缺乏逻辑严谨的完整推理过程，在分析过程中存在错误。例如，仅依据部分事实就进行推理，忽略了物体质量的差异，存在类似“等大的力产生等大的速度”的错误概念，虽然能利用牛顿第三定律推测出“我”和巨石的受力大小相等，方向相反，但认为“我”和巨石受力大小相同，速度也应该相同。

由此可见，部分学生(46.2%)根据生活经验来解决问题，多数学生(53.3%)存在对力与速度的关系的错误认识，在进行推论预测时，不能调用完整的事实依据进行分析，从而作出了错误的推论。

典型题目分析二

Q7：下题是关于在冰上运动的雪橇，摩擦力很小可忽略不计。一个穿着钉鞋的人站在冰面上，给雪橇提供一个力使得雪橇在冰面上运动。请从 A～G 中选择一个选项，填在下面的横线上。如果你认为 A～G 没有正确选项，请填 J。

A. 力的方向向右，大小逐渐增大。 B. 力的方向向右，大小恒定不变。
C. 力的方向向右，大小逐渐减小。 D. 不需要力。
E. 力的方向向左，大小逐渐减小。 F. 力的方向向左，大小恒定不变。
G. 力的方向向左，大小逐渐增大。

Q7-1 ________哪个力能使雪橇向右做匀加速直线运动？
Q7-2 ________哪个力能使雪橇向右做匀速直线运动？
Q7-3 ________雪橇向右运动，哪个力能使它速度均匀减小？
Q7-4 ________哪个力能使雪橇向左做匀加速直线运动？
Q7-5 ________雪橇静止，受推力开始向右运动，直至速度恒定。哪个力能使雪橇以上述恒定速度运动。
Q7-6 ________雪橇做匀减速运动，并有一向右的加速度。哪个力满足这一运动状态？
Q7-7 ________雪橇向左运动，哪个力能使它速度均匀减小？

图 10-4 试题 Q7 题目

本题考查了学生的推论预测能力，学生需要综合利用牛顿运动定律对多个物理问题进行分析和推理。学生要能利用牛顿第二定律，根据雪橇的运动情况，推测出雪橇的受力情况。答对 1 个小题得 1 分，累计计分，总分 7 分。

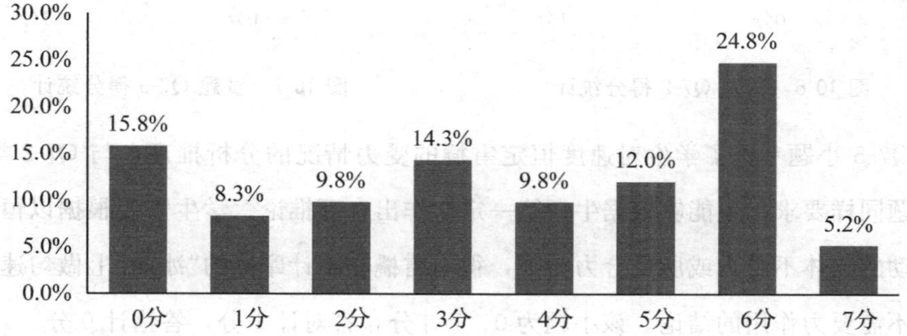

图 10-5 试题 Q7 得分统计

从统计结果(图 10-5)可看出，在学习牛顿运动定律之前，仅有 5.2%的学生能够正确回答全部问题，能够综合运用牛顿运动定律的知识进行分析推理，对物理问题作出合理的推论预测。

其中 Q7-2、Q7-5、Q7-6 三个小题的作答情况较差，故选择这三个小题进行具体分析。

Q7-2 小题考查了学生对匀速直线运动的雪橇受力情况的分析推理，要求学生能够根据牛顿第一定律作出合理推论。学生需要根据做匀速直线运动的物体不受力或所受合力为零，得出雪橇在不计摩擦的“冰面”上做匀速直线运动不需要力作用的结论。该小题为 0、1 计分，答对计 1 分，答错计 0 分。

由统计结果(图 10-6)看出 65.4%的学生回答错误，不能根据牛顿第一定律对雪橇做匀速直线运动时的受力进行正确分析，存在“运动需要力来维持”的错误概念。

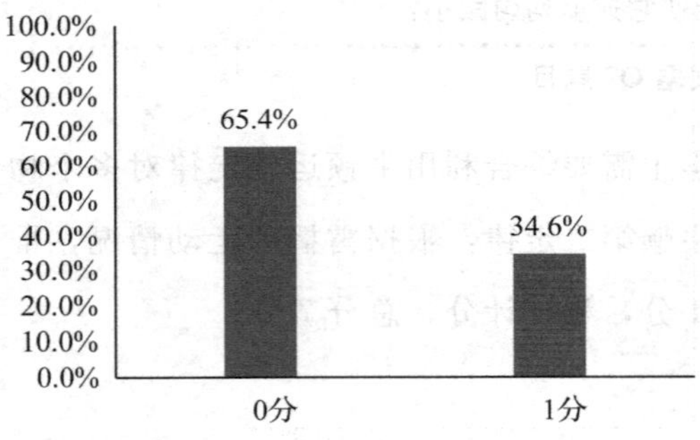

图 10-6　试题 Q7-2 得分统计

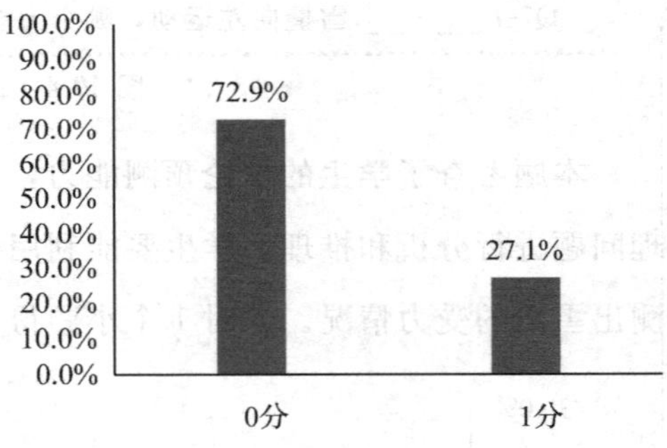

图 10-7　试题 Q7-5 得分统计

Q7-5 小题考查了学生对速度恒定雪橇的受力情况的分析推理，与 Q7-2 类似，该小题同样要求学生能够根据牛顿第一定律作出合理推论。学生需要根据以恒定速度运动的物体不受力或所受合力为零，得出雪橇在不计摩擦的“冰面”上做匀速直线运动不需要力作用的结论。该小题为 0、1 计分，答对计 1 分，答错计 0 分。

从统计结果(图 10-7)可以看出，在学习牛顿运动定律前，72.9%的学生回答错误，不能运用牛顿第一定律对雪橇以恒定速度运动时的受力进行正确分析，认为雪橇由静止到运动需要力的作用，以后雪橇的运动都需要有力的作用，从而作出错误的推理，存在"运动需要力来维持"的错误概念。该小题的问题比 Q7-2 更为复杂，雪橇的运动状态存在静止－加速运动－匀速运动(平衡态－非平衡态－平衡态)的变化过程，学生分析推理这类复杂情境中的问题存在一定困难。

Q7-6 小题考查了学生对匀减速运动的雪橇受力情况的分析推理，且该雪橇有向右的加速度，要求学生能够根据牛顿第二定律作出合理推论。学生需要根据加速度与受力的关系，得到雪橇受到大小不变方向向右的力作用的结论。该小题为 0、1 计分，答对计 1 分，答错计 0 分。

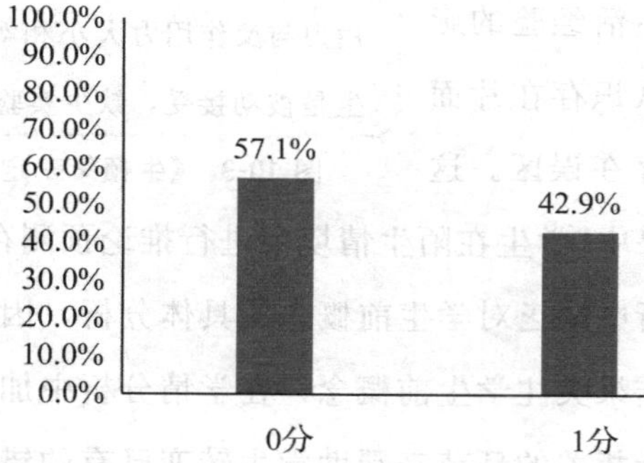

图 10-8 试题 Q7-6 得分统计

由统计结果(图 10-8)可看出，57.1%的学生回答错误，不能运用牛顿第二定律将物体的加速度与受力建立正确联系。分析具体作答发现，学生存在"速度方向由受力方向决定""速度大小与受力大小成正比"的错误概念。

二、对教师的诊断

实验教师在改进前，根据自身教学经验对牛顿运动定律一章进行了整体规划，按照由牛顿第一定律、牛顿第二定律、牛顿第三定律到牛顿运动定律的应用的顺序进行教学。该教学顺序基本符合学生学习牛顿运动定律的认知发展规律，故教学改进中不再进行调整。

基于整体规划，实验教师分别针对牛顿第一定律、牛顿第二定律、牛顿第三定律和牛顿运动定律的应用的内容进行教学设计。基于教学设计，对实验教师进行教学诊断，以了解教师对学生已有概念和能力水平的认识。下面以《牛顿第三定律》的教学设计为例（附录3），进行教师教学诊断的示例说明。

(一)学情分析

实验教师基于教学经验对学情作出了如图10-9所示的分析。

> 高一学生对定律的认识既熟悉而又较片面，在对生活中的实例的认识上有误区、不清楚，例如拔河、马拉车等，很多同学有一些错误的认识。而对于不同性质的作用力与反作用力大小相等的现象，多数学生是被动接受，缺少实验基础。

图10-9 《牛顿第三定律》原学情分析

教师提出高一学生对牛顿第三定律是被动接受的，缺乏主动建构过程和深刻的理解，同时受生活经验的影响，对牛顿第三定律的认识存在片面性，对具体情境的分析存在误区。这与对学生的诊断测试结果中“学生在陌生情境中进行推论预测存在困难”相符合。

然而，在其学情分析中缺乏对学生前概念的具体分析，因此教师在教学设计中可以进一步结合前测结果关注学生前概念，在学情分析中加入对于学生前概念的分析，并在教学中设计相关的环节来帮助学生转变已有的错误概念。

(二)教学目标

实验教师在教学设计中提出了牛顿第三定律的教学目标（表10-3），分别从知识与技能、过程与方法和情感态度与价值观三个方面进行了描述。

表10-3 《牛顿第三定律》原教学目标

知识与技能	(1)明确物体间的作用是相互的，知道作用力和反作用力的概念。 (2)通过实例分析，弄清作用力和反作用力的特点。 (3)掌握牛顿第三定律，正确理解其确切含义。 (4)能正确区分平衡力和作用力与反作用力。
过程与方法	(1)通过实验，培养学生的独立思考能力和实验能力。 (2)通过分析实例，培养学生分析解决实际问题的能力。
情感态度与价值观	(1)培养学生实事求是的科学态度和团结协作的科学精神。 (2)培养学生敢于实践，勇于创新的精神。 (3)让学生体验物理世界普遍存在的对称美。

从整体来看，该教师的目标设计是比较全面的，但与学情分析和能力培养要求的联系不够紧密，针对性不强。目标的表述也不够明确、具体。

知识与技能目标符合课程的基本要求，但与学情分析的联系较少，缺乏针对学生学习困难的具体要求。例如目标(2)要求学生“弄清作用力和反作用力的特点”。这里“弄清”的含义不够明确，未指出是由教师讲授相互作用力的特点，还是学生自主概括出相互作用力的特点。这两种“弄清”的途径在学生学习理解能力的培养上存在差别。再例如目标(3)要求学生“掌握牛顿第三定律，正确理解其确切含义”，是一个概括性很强的目标，包括了(1)(2)两条目标，而且其中“掌握”一词比较笼统，难以检测。学生对于牛顿第三定律的理解困难多体现在利用牛顿第三定律去解释预测现象上。而该教师仅对学生掌握和理解牛顿第三定律作出了要求，并未将学生能够解释预测现象作为教学目标。过程与方法目标包括了基本的学生能力目标，强调了对学生思考能力、问题解决能力和物理实验能力培养，但缺乏对于更为具体的物理学科关键能力的要求，例如科学推理、科学探究能力等。

(三)教学流程图

实验教师基于教学目标，设计了牛顿第三定律的教学流程图。从其教学流程的规划(图 10-10)中可以看出，该课的设计是建立在学生对相互作用力已有认识的基础上的。基于学生对相互作用力的已有认识，该教师引入了拔河这一情境，引发学生进一步探究相互作用力的关系，并试图通过一系列的实验探究活动来让学生建立起对于相互作用力之间关系的认识，最终达到学生能够掌握牛顿第三定律、区分平衡力与相互作用力的教学目的。

整体规划中包含了大量的学生实验探究活动，体现了学生的主体地位，以及对学生科学探究能力有意识的培养。但初步分析整个流程可发现，由“拔河中的受力情况”引入，问题情境较为复杂，可能对学生造成理解和分析上的困难。同时，整个流程中设计的三个实验均是为了帮助学生建立对牛顿第三定律这一概念的理解，缺乏对学生能力发展的关注，反映出教师对学生能力发展的设计思路不

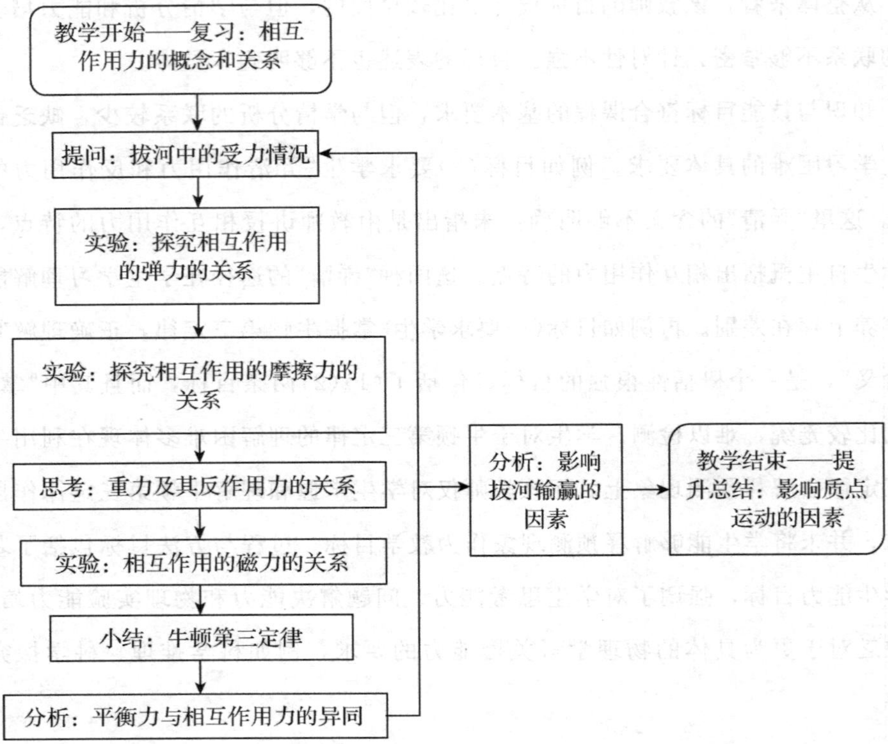

教学开始——复习：相互作用力的概念和关系
提问：拔河中的受力情况
实验：探究相互作用的弹力的关系
实验：探究相互作用的摩擦力的关系
思考：重力及其反作用力的关系
实验：相互作用的磁力的关系
小结：牛顿第三定律
分析：平衡力与相互作用力的异同
分析：影响拔河输赢的因素
教学结束——提升总结：影响质点运动的因素

图 10-10 《牛顿第三定律》原教学流程

够清晰连贯。

(四)教学过程

根据教学流程图，教师设计了具体的教学过程。教师将教学过程分为引入环节和新内容教学两部分，共设计了三个实验，强调对学生实验能力和观察分析能力的培养，但三个实验均是探究不同性质的相互作用力的关系，类型重复，缺乏递进。例如，在对于弹力和磁力相互作用关系的实验中，使用的实验原理、实验仪器基本相同。同时，教学过程的设计中部分环节存在情境过于复杂、缺乏对实验的必要提示、概念教学设计过于简单等问题。以下结合部分存在问题的环节进行具体说明。

典型环节分析一

基于学生的预习，教师在引入环节(表 10-4)中带领学生总结了相互作用力的概念和关系。教师认为学生虽然在预习中知道了“相互作用力的大小相等”，但仍处于被动接受的状态，一旦应用于具体情境中，可能会对“相互作用力的大小相等”产生怀疑，因此教师继续提出疑问并设计拔河情境引发学生思考。虽然拔河情境贴近学生的生活经验，但是前测结果表明学生“在运用科学思维分析解决问题时存在一定的困难”，且拔河的作用方式和胜负的影响因素较为复杂，因此选用拔河情境可能会影响学生对问题的分析，造成理解困难。

表 10-4 《牛顿第三定律》原教学过程：引入环节

引入环节	请学生解答导学案上的练习，分析一组物体的受力，找出施力物体和受力物体。给出作用力与反作用力的概念，并指出作用力与反作用力的大小、方向和作用点的关系。 提出问题：作用力和反作用力的大小真的相等吗？比如拔河，如果相互作用力大小是相等的，那么拔河又是如何分出胜负的呢？ 我们来探究一下其中的关系。

典型环节分析二

在新内容教学 1(表 10-5)中，教师让学生自主设计实验来探究相互作用的摩擦力的关系。通过学生自主设计实验，虽然可以培养学生的实验探究能力、逻辑思维能力，但需要根据学生的实际能力水平和探究目的，给予学生必要的提示和引导。从学情分析中可以看出，学生解决问题的能力和进行科学探究的能力尚存在不足。然而该教师在设计这一环节时，仅仅告知了学生实验的目的，情境不够清晰明确，缺乏对实验器材、测量方法的必要说明，这样可能会造成学生实验设计和探究时的困难。

表 10-5 《牛顿第三定律》原教学过程：新内容教学 1

新内容教学	刚才验证了弹力的相互作用总是大小相等、同时产生、同时消失、同时变化。除了弹力，我们还学习了摩擦力。摩擦力的相互作用是否满足上述关系？你能否设计实验来证实？ 学生设计实验。 教师演示实验。

典型环节分析三

“区分平衡力和相互作用力”是本课的教学重点之一。但在新内容教学2(表10-6)中，教师仅仅是以介绍知识点的形式告诉了学生“平衡力和相互作用力的异同”，与“牛顿第三定律”的教学之间缺乏必要的衔接过渡。这样的设计过于简单，既缺乏对平衡力概念的引入，也没有结合真实情境或具体问题来激发学生的认知冲突。这将造成学生对于这一知识点的理解不深入，使得他们在解决复杂问题时，容易出现对平衡力和相互作用力的分析错误。

表10-6 《牛顿第三定律》原教学设计：新内容教学2

<table>
<tr>
<td>新内容教学</td>
<td>二、牛顿第三定律
相互作用的两个物体之间的作用力 F 和反作用力 F' 总是大小相等、方向相反，作用在同一条直线上。
三、一对平衡力与一对作用力与反作用力(填写导学案上的表格)
<table>
<tr><td></td><td></td><td>一对相互作用力</td><td>一对平衡力</td></tr>
<tr><td rowspan="3">相同点</td><td>大小</td><td></td><td></td></tr>
<tr><td>方向</td><td></td><td></td></tr>
<tr><td>是否共线</td><td></td><td></td></tr>
<tr><td rowspan="4">不同点</td><td>作用对象</td><td></td><td></td></tr>
<tr><td>作用效果</td><td></td><td></td></tr>
<tr><td>同时性</td><td></td><td></td></tr>
<tr><td>力的性质</td><td></td><td></td></tr>
</table>
</td>
</tr>
</table>

(五)小结

由上述分析可看出，该教师基于自身经验进行牛顿第三定律的学情分析时，能够大致分析出学生学习的难点，但需要对学情有更加全面的把握，特别需要对学生前概念进行详细的分析。教学目标的表述列出了基本的目标要求，但表述比较模糊，需要进一步与学情进行关联。教学设计中虽然结合了一些生活实例，并设计了多个学生探究实验，但存在引入时情境过于复杂，教学过程中的实验内容重复且缺乏递进的问题，教师需要按照学生认知的发展由浅入深地展开实验探究。同时，在教学过程中缺乏对知识点间必要的衔接和对实验必要的提示和帮助，需要充分考虑学生学习理解和实践时的困难，并进行必要的过渡和引导。因此，根据教学诊断结果和专家组提出的建议，教师应进一步了解学情，关注学生在学习上存在的困难和学生的物理学科能力的培养，从学生的原有认识入手，由浅入深，层层递进地改进教学设计。

第二节 改进过程

研究团队通过教学诊断和对试讲的观察，对“牛顿运动定律”一章进行教学改进。下面以《牛顿第三定律》一节的教学设计为例进行具体说明，改进后的教学设计见附录3。

一、学情分析

根据前测结果，研究团队和实验教师在集体备课时对学情重新进行了分析。

高一学生在初中的学习中已经初步具备了与牛顿第三定律相关的相互作用观念，认识到了“力的作用是相互的”以及“作用力与反作用力大小相等、方向相反”，并有着丰富的与牛顿第三定律相关的生活经验。

他们对定律的认识既熟悉，却又较片面。在面对部分情境中的问题时，受生活经验的影响容易作出缺乏理论依据的分析，不能较好地利用科学思维进行分析，存在分析推理上的困难。对生活实例存在认识上的误区，特别在对拔河、马拉车等现象进行分析时，很多同学不能正确地进行受力分析，存在类似于“物体的相互作用力大小受运动状态的影响”的错误认识。这与多数学生在学习牛顿第三定律时是被动接受的，缺乏科学探究有关。

图10-11 《牛顿第三定律》改进后学情分析

二、教学目标

研究团队从物理核心素养的角度出发，针对学生的实际情况，对牛顿第三定律的教学目标进行了改进(表10-7)，分别从物理观念、科学思维、科学探究、科学态度与责任四个方面对本节课的教学目标进行了重新描述。

表 10-7 《牛顿第三定律》改进后教学目标

物理观念	正确理解牛顿第三定律的含义，基于牛顿第三定律，进一步建构相互作用观念： (1)知道一切物体间的作用都是相互的，能正确表述出作用力和反作用力的概念以及“性质相同、大小相等、方向相反，作用在同一条直线上”的特点； (2)能正确区分平衡力和作用力与反作用力。
科学思维	发展学生的分析、概括和科学推理能力： (1)能从定性的角度对实例进行分析，概括出相互作用力的特点； (2)能运用牛顿第三定律进行推理，正确解释有关现象和解决实际问题。
科学探究	(1)能自主设计探究相互作用力关系的实验方案； (2)能描述和解释实验探究结果。
科学态度与责任	体验物理世界普遍存在的对称美，发展学生对科学本质的认识。

原知识与技能、过程与方法中的具体目标要求通过细化和重新整理，划分为了物理观念、科学思维、科学探究三个方面，用学生的预期表现表述出来。例如，将原知识与技能中“明确物体间的作用是相互的，知道作用力和反作用力的概念”“通过实例分析，弄清作用力和反作用力的特点”进行细化，并整合为物理观念中“知道一切物体间的作用都是相互的，能正确表述出作用力和反作用力的概念以及‘性质相同、大小相等、方向相反，作用在同一条直线上’的特点”和科学思维中“能从定性的角度对实例进行分析，概括出相互作用力的特点”的目标要求。再如，将原过程与方法中“通过实验，培养学生的独立思考能力和实验能力”改为科学探究中“(1)能自主设计探究相互作用力关系的实验方案；(2)能描述和解释实验探究结果”的两个目标要求，进一步明确了通过实验探究过程发展学生科学探究能力的目标。原情感态度与价值观维度中的内容，修改为针对具体内容发展学生对于科学本质的认识。

相较于原教学目标(表 10-3)，改进后的教学目标描述更详细具体，同时强调了对学生物理观念的建构和物理学科能力的培养。

三、教学流程图

对比原教学流程(图 10-10)和改进后的教学流程(图 10-12)可以看出，研究团队对牛顿第三定律的流程设计修改不大，但将引入环节修改为相对简单的鼓掌情境，删去了对磁力的实验探究环节，同时将拔河这一较为复杂的情境简化为学生活动，放在本课最后的巩固提升环节进行分析，以提升学生的兴趣和对牛顿运动定律的综合理解。这样，使得教学内容在整体上存在递进关系，知识内容由浅入深，问题情境由简单到复杂，相较于原教学流程，更为符合学生的认知发展规律。

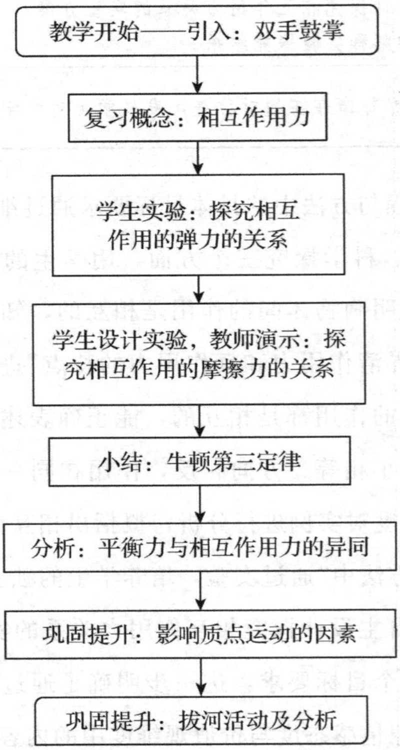

图 10-12 《牛顿第三定律》改进后教学流程

四、教学过程

结合改进后的教学目标(表 10-7)和教学流程(图 10-12)，在研究团队专家的指导下，实验教师对牛顿第三定律的教学过程进行了改进。以下选取部分环节的改进进行说明。

典型环节改进一

表 10-8 《牛顿第三定律》教学过程的改进：引入环节

	改进前	改进后
引入环节	请学生解答导学案上的练习，分析一组物体的受力，找出施力物体和受力物体。给出作用力与反作用力的概念，并指出作用力与反作用力的大小、方向和作用点关系。 教师提出对相互作用力大小关系的怀疑，提出问题：作用力和反作用力的大小真的相等吗？比如拔河，如果相互作用力大小是相等的，那么拔河又是如何分出胜负的呢？ 我们来探究一下其中的关系。	向学生介绍来听课的老师，让学生鼓掌欢迎各位老师的到来。指出大家刚才鼓掌的动作多种多样，但不管哪一种，当一只手对另一只手施加力的同时，另一只手对它也会有力的作用。 复习作用力与反作用力的概念。 教师提问 1：这种现象是普遍的吗？你能否举例？ 学生回答。 教师提问 2：作用力与反作用力之间存在什么关系呢？我们用刚学过的牛顿第一定律和牛顿第二定律是否能解决呢？ 那我们今天就来探究一下这个问题。

改进后的引入环节相较于原引入环节变化较大。由于学生“有着丰富的与牛顿第三定律相关的生活经验”，因此将原设计中由练习题引入对相互作用力的复习，改为了由鼓掌引入对相互作用力的复习，引入更自然，更贴近学生生活，使学生能切身感受到相互作用力，激发学生的学习兴趣。考虑到学生“在面对部分情境中的问题时，不能较好地利用科学思维进行分析，存在分析推理上的困难。”若用拔河情境进行引入，可能在课堂一开始就会造成学生理解上的困难，不符合学生认知由浅入深的发展过程，因此引入情境由复杂的拔河情境改为了较为简单的鼓掌情境，逐步引导学生激活相应的经验和认识。

同时，将原有的基于拔河情境的启发式提问，改为两个新问题。其中，问题1“这种现象是普遍的吗？你能否举例？”用于帮助唤起学生先前经验，问题2“作用力与反作用力之间存在什么关系呢？我们用刚学过的牛顿第一定律和牛顿第二定律是否能解决呢？”用于引导学生思考，让学生意识到本节课要学习的主要知识内容和学习该部分内容的必要性，有利于学生物理观念的形成。

典型环节改进二

表 10-9 《牛顿第三定律》教学过程的改进：新内容教学 1

	改进前	改进后
新内容教学	刚才验证了弹力的相互作用总是大小相等、同时产生、同时消失、同时变化。除了弹力，我们还学习了摩擦力。摩擦力的相互作用是否满足上述关系？你能否设计实验来证实？ 学生设计实验。 教师演示实验。	教师提问：一对相互作用的摩擦力是否也满足上述关系？ 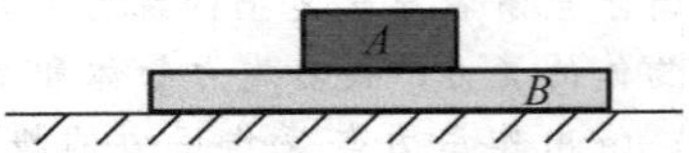 如图所示，在光滑水平面上，我们能否设计实验来探究两个物体之间的摩擦力的关系？怎么测量 A、B 间的摩擦力？不能直接测量，能否间接测量？ 学生设计实验，教师个别指导。学生汇报实验方案。教师选择一种实验方案进行演示实验。 进行实验前，针对如何实现光滑水平面，介绍气垫导轨；针对弹簧测力计的测量精度，介绍传感器以及辅助系统，便于学生观察。

由于学生“对牛顿第三定律的认识既熟悉，却又较片面。在面对部分情境中的问题时，受生活经验的影响容易作出缺乏理论依据的分析，不能较好地利用科学思维进行分析，存在分析推理上的困难”以及“在学习牛顿第三定律时是被动接受的，缺乏科学探究”，因此实验班教师设计了该环节来引导学生进行科学探究，自主建构与牛顿第三定律相关的相互作用观念，培养学生的科学思维。但由于学生在进行分析推理时存在困难，如果完全让学生自主设计实验进行探究，不给予帮助提示，可能对学生的难度过大，既不能达到培养学生能力的目的，还可能降低学生的探究兴趣。所以，针对原设计“缺乏对于学生必要的提示，易造成学生实验设计和探究上的困难”的问题，实验教师对该部分的探究实验活动进行了改进。

改进后，将实验情境限定在了“光滑水平面上两个木块间摩擦力的测量”，使得情境更清晰，条件更为简单。基于该情境进行实验设计，可以培养学生在真实情景中解决问题的能力。从学生的实际能力水平出发，在学生设计实验中可能出现困难的地方，设计了多个问题，逐级深入引导学生进行思考。例如，针对学生可能出现的不知道如何测量摩擦力的问题，教师提出：“不能直接测量，能否间接测量?”引导学生转换思维，对摩擦力进行间接测量，培养学生利用科学方法进行探究的能力。在进行实验前，简要对实验器材及其工作原理进行介绍，便于学生理解和观察实验。

该部分改进后的设计可以帮助减少学生在进行实验设计时可能遇到的困难，更有效地培养学生解决问题、科学推理和科学探究的能力。

典型环节改进三

表 10-10 《牛顿第三定律》教学过程的改进：新内容教学 2

	改进前	改进后
新内容教学	二、牛顿第三定律 相互作用的两个物体之间的作用力 F 和反作用力 F' 总是大小相等、方向相反，作用在同一条直线上。 三、一对平衡力与一对作用力与反作用力 分析相互作用力和平衡力的共同点(大小、方向、是否共线)，不同点(作用对象、作用效果、同时性、力的性质)。 填写导学案上的表格。	二、牛顿第三定律 相互作用的两个物体之间的作用力 F 和反作用力 F' 总是大小相等、方向相反，作用在同一条直线上。$F=F'$。 教师提问：在摩擦力的实验中，如果加速拉动木块 A，A、B 间的相互作用力的关系如何变化？A 受到的拉力和摩擦力的关系又如何变化？ 学生回答。 下面我们就来区别一下平衡力与相互作用力。 三、一对平衡力与一对作用力与反作用力 结合摩擦力的实验，分析相互作用力和平衡力的共同点(大小、方向、是否共线)，不同点(作用对象、作用效果、同时性、力的性质) 填写导学案上的表格。

改进后，在“牛顿第三定律”和“一对平衡力与一对作用力与反作用力”之间加入了教师提问，进行衔接过渡。针对部分学生存在的“物体的相互作用力大小受运动状态的影响”的错误概念，教师提问：“在摩擦力的实验中，如果加速拉动木块 A，A、B 间的相互作用力的关系如何变化?”用于引导学生思考相互作用力的关系是否受运动状态的影响，改变其已有的错误认识。教师提问：“A 受到的拉力和摩擦力的关系又如何变化?”用于引导学生进一步思考相互作用力与平衡力的异同。结合摩擦力的实验来分析相互作用力与平衡力的异同，可以帮助学生分析问题，培养学生的科学思维。

第三节　改进效果和教学反思

按照改进后的教学设计，教师在实验班进行教学，并将专家提出的改进思路贯穿于全章的教学中。完成牛顿运动定律一章内容的教学后，研究团队对实验班和对照班进行了教学评价，以检验教学改进的实施效果。实验教师针对整个教学改进的过程进行了教学反思。

一、教学评价

教学评价分为后测分析和视频分析两部分。后测主要是为了检验教学后学生能力水平的变化和概念转变的情况。视频分析主要是对教师教学的课堂实录进行分析，以观察课程的实际实施情况。

(一)后测总体情况

在实验班和对照班学生均学习完“牛顿运动定律”一章的内容后，对这两个班的学生进行后测。测试主题为“牛顿运动定律”，共 11 大题(21 小题)，其中包括 9 道选择题，1 道填空题，1 道简答题。测试题详细信息如表 10-11 所示。其中 H10-1～H10-7、H11-1、H11-2 小题与前测中 Q7-1～Q7-7、Q8-1、Q8-2 小题相同，为两次测试的链接题。

表 10-11 《牛顿第三定律》后测试题信息表

试题编号	对应小题	试题描述	考查概念	能力指标
H1	H1	判断小球自由下落接触弹簧后的运动过程。	牛顿第二定律	B2 推论预测
H2	H2	判断斜面上的小球被释放后的运动轨迹。	牛顿第一定律	B2 推论预测
H3	H3	判断弹簧和与其相连接的重物间的相互作用力。	牛顿第三定律	A1 观察记忆

续表

试题编号	对应小题	试题描述	考查概念	能力指标
H4	H4	判断子弹竖直向上射出后的加速度变化。	牛顿第二定律	B2 推论预测
H5	H5	判断与弹簧连接的重物的运动情况。	牛顿第一、第二定律	B2 推论预测
H6	H6	判断从静止开始加速下落的箱子中弹簧的长度变化。	牛顿第一定律	B2 推论预测
H7	H7	判断冰面上的车被推后的运动情况。	牛顿第一、第二定律	B2 推论预测
H8	H8-1，H8-2	判断以相同加速度一起运动的两物体间的相互作用力。	牛顿第二、第三定律	B1 分析解释
H9	H9-1，H9-2，H9-3	计算不同运动状态下弹簧测力计的读数。	牛顿第二、第三定律	A1 观察记忆
H10	H10-1，H10-2，H10-3，H10-4，H10-5，H10-6，H10-7	判断在冰面上运动的雪橇在不同运动状态下的受力情况。	牛顿第一、第二定律	B2 推论预测
H11	H11-1，H11-2	分析太空中推巨石的受力和运动情况。	牛顿第一、第二、第三定律	B2 推论预测

利用 Rasch 模型对测试结果进行统计分析，样本与题目的 IMNSQ 值、OMNSQ 值和 ZSTD 值如图 10-13 所示，均在理想范围内，检验测试结果与模型预期符合较好。样本的信度为 0.58，题目信度为 0.89，符合研究要求。利用 SPSS 对实验班和对照班教学后的能力均值进行统计和差异性检验。发现教学后实验班的能力均值为 1.46，对照班的能力均值为 1.06，两班的后测表现存在显著差异($P=0.035$)。

通过对比分析发现，实验班学生的能力水平的提升程度和错误概念的改善程度均高于对照班。因此，教师在教学前，通过前测充分了解学情，基于学情来设计教学培养学生的能力和转变学生的错误概念，可以帮助培养学生的科学思维，使学生形成正确的物理观念，提升学生的科学素养。

```
------------------------------------------------------------------------
| PERSON     53 INPUT      53 MEASURED              INFIT        OUTFIT  |
|             TOTAL      COUNT      MEASURE  REALSE   IMNSQ  ZSTD  OMNSQ  ZSTD|
| MEAN        21.7       21.0         1.08     .45     1.06    .2    .96    .0|
| S.D.         4.7         .0          .73     .13      .51    .9    .43   1.1|
| REAL RMSE    .47 TRUE SD      .55  SEPARATION  1.18  PERSON RELIABILITY  .58|
|------------------------------------------------------------------------|
| ITEM       21 INPUT      21 MEASURED              INFIT        OUTFIT  |
|             TOTAL      COUNT      MEASURE  REALSE   IMNSQ  ZSTD  OMNSQ  ZSTD|
| MEAN        54.9       53.0          .00     .32      .99    .1    .96    .1|
| S.D.        34.3         .0          .99     .10      .11    .5    .26    .8|
| REAL RMSE    .33 TRUE SD      .93  SEPARATION  2.79  ITEM   RELIABILITY  .89|
------------------------------------------------------------------------
```

图 10-13 “机械运动与力”主题后测信效度分析

具体来说，相较于教学前，教学后实验班的多数学生能够基于知识概念建立力与运动间的正确关系，存在的“等大的力产生等大的速度”“运动需要力来维持”“速度方向由受力方向决定”“速度大小与受力大小成正比”“物体的相互作用力大小受运动状态的影响”等错误概念也得到了一定程度的改善，能够根据物体的运动状态正确分析推理出物体的受力情况。在对情境中的问题进行推论预测时，能够调用事实依据和理论依据作出科学的分析推理。以下，结合前后测中部分链接题 H11-1、H10-2、H10-5、H10-6 进一步分析。

典型题目分析一

图 10-14 所示题目对应前测的 Q8-1 题。主要考查的是学生的推论预测能力，需要学生能够利用牛顿运动定律对复杂情境中的问题进行推论预测。评分标准见表 10-2。

H11-1：设想你处在遥远的太空，面前有一个与你相对静止的巨石，你推它一下。试尽可能详细地描述在推巨石时你和这块巨石的受力情况和运动情况，并解释其原因。

图 10-14 试题 H11-1 题目

表 10-12 试题 H11-1 得分统计

	得分	0 分	1 分	2 分
前测	实验班	44.0%	56.0%	0
	对照班	42.9%	57.2%	0
后测	实验班	20.0%	76.0%	4.0%
	对照班	53.6%	46.4%	0

从统计结果(表10-12)可以看出，教学后，实验班得0分的学生由44.0%下降为20.0%，大多数学生(80%)能够基于具体情境作出合理的推论预测，而非简单地根据生活经验进行作答或无根据地臆测。虽然实验班大多数学生(76%)仍得1分，但在分析学生的具体作答时可以看到，相较于对照班，在教学后实验班存在类似“等大的力产生等大的速度”的错误概念的学生明显减少，多数学生能够根据牛顿第二定律建立物体受力和运动关系的正确理解，并在推论预测时能够调用事实依据和理论依据进行分析推理。对照班得0分的学生由42.9%上升到53.6%，可能与后测时对照班学生做简答题时态度不认真有关。具体原因可在下一步的研究中收集更多的资料进行分析。

典型题目分析二

图10-15所示题目对应前测的Q7-2题，主要考查的是学生对匀速直线运动的雪橇受力情况的分析推理，要求学生能够根据牛顿第一定律作出合理推论，得出雪橇向右做匀速直线运动不需要力的结论。

> H10-2：哪个力能使雪橇向右做匀速直线运动？

图10-15　试题H10-2题目

表10-13　试题H10-2得分统计

	前测正确率	后测正确率
实验班	32.3%	60.0%
对照班	66.7%	64.3%

从统计结果(表10-13)可以看出，在教学后，实验班在本题的正确率由原来的32.3%上升至60.0%，对照班正确率由66.7%下降至64.3%，说明实验班经过教学后，学生关于“力能改变物体的运动状态，但不是维持运动的原因”的错误认识有了较大程度的改善，能够根据牛顿第一定律作出合理的分析推理。

图10-16所示题目对应前测的Q7-5题，主要考查的是学生对速度恒定的雪橇受力情况的分析推理，要求学生能够根据牛顿第一定律作出合理推论，得出雪橇在“冰面”上做匀速

> H10-5：雪橇静止，受推力开始向右运动，直至速度恒定。哪个力能使雪橇以上述恒定速度运动？

图10-16　试题H10-5题目

直线运动不需要力的结论。

表 10-14　试题 H10-5 得分统计

	前测正确率	后测正确率
实验班	16.1%	32.0%
对照班	40.0%	28.6%

由统计结果（表 10-14）可以看出，在教学后，实验班在本题的正确率由 16.1%上升至 32.0%，对照班正确率由 40%下降为 28.6%。分析具体作答情况发现，实验班选择 A、E 选项的学生由 9.7%下降为 0，对照班选择 A、E 选项的学生则由 0 上升为 10.7%，说明实验班经过教学后，学生关于“力能改变物体的运动状态，但不是维持运动的原因”的认识有了一定程度的改善，同时在问题中进行分析推理的能力有所提高。

H10-6：雪橇做匀减速运动，并有一向右的加速度。哪个力满足这一运动状态？

图 10-17　试题 H10-6 题目

图 10-17 所示题目对应前测的 Q7-6 题，主要考查的是学生对匀减速运动的雪橇受力情况的分析推理，且雪橇有向右的加速度，要求学生能够根据牛顿第二定律作出合理推论，得到雪橇受到大小不变方向向右的力的结论。

表 10-15　试题 H10-6 得分统计

	前测正确率	后测正确率
实验班	22.6%	40.0%
对照班	70.0%	57.1%

由统计结果（表 10-15）可以看出，在教学后，实验班在本题的正确率由 22.6%上升至 40.0%，对照班正确率由 70%下降至 57.1%。分析具体作答情况发现，实验班选择 E 选项的学生由 19.4%下降为 8.0%，对照班选择 E 选项的学生则由 13.3%下降为 10.7%，且对照班空答的学生由 6.7%上升至 17.9%。说明实验班经过教学后，有很大一部分学生关于“速度方向由受力方向决定”“速度

大小与受力大小成正比”的错误认识有了较大程度的改善。40%的学生认识到了“力与加速度有直接联系，而不是速度”，能够根据牛顿第二定律作出合理的分析推理。对照班在 H10-2、H10-5、H10-6 上的正确率均有不同程度的降低，可能是因为教师在对照班教学时没有根据学生存在的前概念，如“速度方向由受力方向决定”，进行有针对性的教学，也可能是对照班学生在后测时态度不认真。具体原因可在下一步的研究中收集更多的资料进行分析。

(二)视频分析

为客观描述教学的实际实施情况，研究团队对实验班教师“牛顿运动定律”一章的课堂实录进行了分析。视频分析分为表层分析和深层分析两部分。表层分析主要针对课堂活动的组织形式，深层分析主要针对课堂的教学模式(Fischer et al，2014)。下面以《牛顿第三定律》一节课的视频分析为例进行说明。

1. 表层分析

在表层分析中，将课堂活动组织形式分为以教师为中心的活动、以学生为中心的活动、无活动、过渡和其他 5 类。其中以教师为中心的活动可以分为教师讲解、记笔记、以教师为中心的讨论 3 种形式，以学生为中心的活动可以分为全体讨论、静默/个体活动、同伴合作(两人)、小组活动(两人以上)4 种形式。无活动包括进行与教学无关的活动，如调整播放设备等。过渡包括各教学环节间进行的衔接过渡。

由两名研究人员按照以上分类对《牛顿第三定律》课堂实录的课堂活动组织形式分别独立进行编码分析。经检验，研究人员之间的编码分析具有较高的一致性(Kappa 系数=0.737)，分析结果见图 10-18。从图 10-18 可以看到，实验教师的《牛顿第三定律》一课以教师为中心的活动(70.5%)占据主要地位。在以教师为中心的活动中，主要的活动组织形式是教师讲解(42.2%)，其次是以教师为中心的讨论(28.3%)。

2. 深层分析

在深层分析中，将教学模式分为概念建构、经验学习、问题解决三类。分析框架见表 10-16。

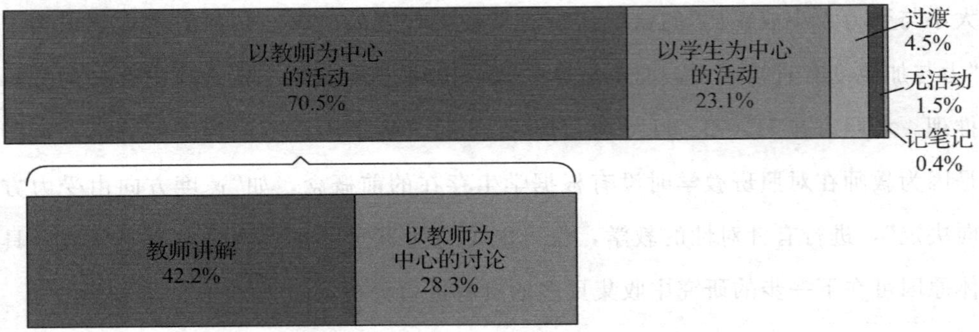

图 10-18 《牛顿第三定律》视频分析：表层分析

表 10-16 视频深层分析框架

CB 概念建构	CB1 诱发前知识
	CB2 原型的阐述
	CB3 对本质的类别和原理的分析
	CB4 深入探讨概念
	CB5 应用于不同情境中
LE 经验学习	LE1 预设/计划活动
	LE2 进行活动
	LE3 活动意义的建构
	LE4 归纳经验
	LE5 相似经验的反馈
PS 问题解决	PS1 对问题的展示说明
	PS2 可能方法的查找
	PS3 方法的测试
	PS4 解决方案的评估
AIM 其余目标	
ORG 课堂组织	

在按照以上分类对课堂实录进行编码分析时，由于一些片段同时存在多种教学模式，难以区分辨识，因此对一些编码进行了合并。将单独涉及 CB3 和同时涉及 CB3、LE5、CB5 的教学片段统一编码为 CB3+，将单独涉及 LE1 和同时涉

及LE1、LE3的教学片段同一编码为LE1＋，将涉及PS1、PS2、PS3、PS4的教学片段统一编码为PS。由两名研究人员按照以上分类对“牛顿第三定律”课堂实录的教学模式分别独立进行编码分析，经检验，研究人员之间根据上述编码框架所得的编码具有较高的一致性(Kappa系数＝0.737)，分析结果见表10-17。

表10-17　《牛顿第三定律》视频分析：深层分析结果1

时间跨度	编码	内容	分析
0:00—3:54	CB1	由鼓掌引入相互作用力。	属于概念建构。通过诱发学生已有的知识经验，让学生初步建立对概念的感性认识。
3:54—5:10	LE1＋	提出用弹簧测力计探究相互作用的弹力关系。	属于先经验学习，再概念建构。通过组织实验活动让学生自主探究，培养学生的科学探究、观察分析和概括能力，帮助转变学生的错误认识，建立对相互作用力关系的理性、定量的认识。
5:10—7:35	LE2	学生用弹簧测力计进行实验。	
7:35—8:48	LE4	学生阐述实验结论。	
8:48—9:30	CB2	基于实验进行阐述，讲解物理概念。	
9:30—10:08	PS	提出探究相互作用的摩擦力的关系问题。	属于问题解决。通过让学生根据问题自主设计实验方案并说明实验原理，让学生应用转换法从定量的角度进行科学推理，培养学生的问题解决能力、分析解释和推理能力。
10:08—19:00	PS	学生设计解决方案。	
19:00—22:23	PS	评价学生的实验方案。	
22:23—28:06	LE1＋	基于学生设计的实验方案，介绍实验器材。	属于先经验教学，再概念教学。通过传感器实验，培养学生的观察分析能力，帮助学生建立对相互作用力关系的定量认识。通过分析演示实验中不同运动状态下的受力，帮助转变学生的错误概念，形成科学的相互作用观。
28:06—29:10	LE2	进行传感器实验。	
29:10—29:24	AIM		
29:24—29:55	LE4	学生直观描述传感器图像。	
29:55—33:31	CB2	分析实验中木块的受力和力的作用。	
33:31—35:22	CB3＋	概括牛顿第三定律。	

续表

时间跨度	编码	内容	分析
35:22—37:10	CB1	通过例子让学生意识到平衡力与相互作用力不同。	属于概念建构。通过对例子和实验的分析，让学生总结出相互作用力和平衡力的异同，培养学生的分析解释、概括和整合能力，帮助学生进一步建立对相互作用观的科学认识。通过反馈与相互作用力相关的生活经验，进一步加深学生的理解。
37:10—38:45	CB2	阐述木块间相互作用力关系。	
38:45—40:18	CB3+	学生填表总结不同。	
40:18—40:46	ORG		
40:46—42:28	CB3+	学生回答平衡力与相互作用力的异同和分析相关的生活经验。	
42:28—44:38	LE2	拔河活动。	属于先经验学习，再概念建构。组织拔河活动，激发学生的兴趣，引发学生的认知冲突。引入模型化思想，培养学生的科学思维。利用所学概念分析情境中的问题，帮助学生整合所学的相关概念，培养学生的分析解释、推理论证能力。
44:38—48:17	CB5	阐述分析，化简拔河为质点模型。	
48:17—48:37	AIM	介绍下节课内容。	

对各编码的时长进行统计，计算其百分比，结果如图 10-19 所示。

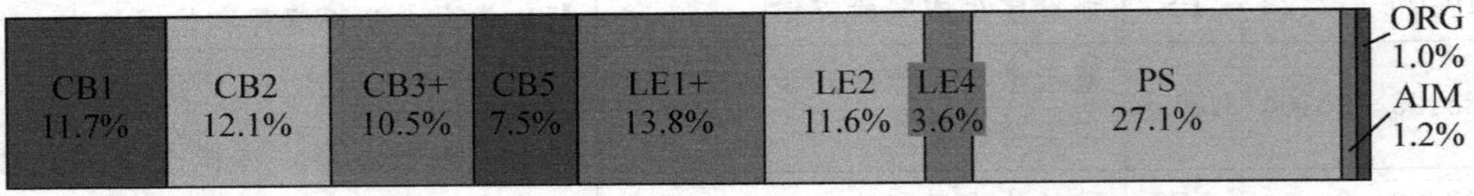

图 10-19 《牛顿第三定律》视频分析：深层分析结果 2

从统计结果可看出，本节课的教学中概念建构(CB)的比例在 30%～60%之间，这与本节课属于概念规律教学注重学生物理观念的建构是相契合的。同时，问题解决(PS)教学的比例为 27.1%，说明教师在教学过程中也较为注重对学生问题解决能力的培养。下面将结合具体教学片段进行说明。

【教学片段 1】

(教师通过鼓掌，让学生感受相互作用力，引出本节课要学习的内容是牛顿第三定律。)

师：刚才大家在鼓掌的时候，感受到了两个相互作用的弹力。现在我们把两个手指勾在一起，分别向外拉。大家感受一下，这两个手指间也有弹力的作用。一个手指对另一个手指施加作用力的同时，另一个手指也对这个手指施加了反作用力。那么下面，大家能否通过桌上的两个弹簧测力计来探究一下这一对相互作用力的关系？

（学生按照学案进行实验，并回答学案上的问题。教师提醒学生注意观察弹簧测力计的示数和力的方向。）

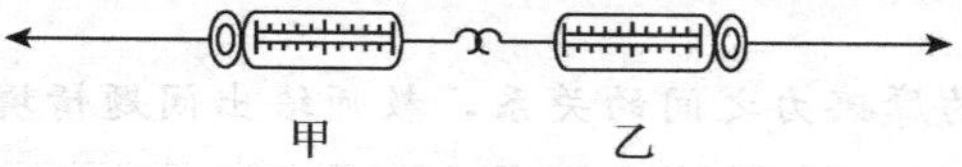

1. 弹簧测力计甲左端不动，向右拉动乙

稳定　　向右匀速　　向右变速

2. 向左拉动弹簧测力计甲，向右拉动弹簧测力计乙

稳定　　匀速　　变速

图 10-20　相互作用的弹力探究示意图

师：下面我们让一组同学来说一下观察到的实验现象。

生：无论情况 1 还是情况 2，两个弹簧测力计的示数都是一样的。

师：那也就是说，无论是稳定，还是不稳定(变速运动)的时候，观察到的现象都是一样的。能具体描述一下这个现象吗?

生：不拉的时候，两个弹簧测力计的示数都为零。开始拉弹簧测力计，两个弹簧测力计的示数都增大，而且增大的值相等。

师：那么两个力之间的方向有什么关系?

生：相反的，而且在一条直线上。

师：那么通过刚才大家的实验分析可以得到这样的结论——“一对相互作用的弹力总是大小相等、方向相反，作用在同一直线上，同时产生、同时消失、同时变化，且作用在两个不同的物体上”。

从教学片段 1 中可以看出，在探究相互作用的弹力关系的实验中，实验教师采用的是“先经验学习，再概念建构”的模式进行教学。课堂实施的内容与改进后教学设计的内容基本一致。

实验教师通过预设计划、实施实验活动和总结实验活动经验，构建了一个较为完整的经验学习的过程，帮助学生建立对于相互作用力的关系的认识。针对学生“相互作用力的大小与物体的运动状态有关”的前概念，该教师在实验中设计了观察不同运动状态下相互作用的弹力关系的环节，并在实验活动的总结中进行了再次强调，以帮助改变学生的错误认识。在实验活动后，该教师对概念的教学既是对实验中原型的进一步分析阐述，也是对学生从活动中获得的物理观念的巩固。

【教学片段 2】

（探究相互作用的摩擦力之间的关系，教师给出问题情境，见图 10-21。）

光滑水平面上，叠放着 A、B 两个物体，探究 A、B 间摩擦力的关系。

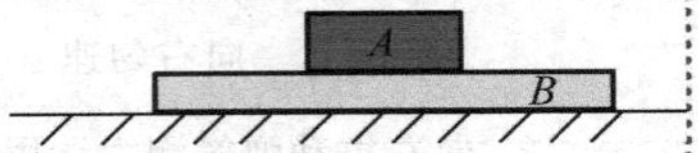

实验设计图

实验设计原理

图 10-21 相互作用的摩擦力探究示意图

师：现在大家能不能设计一个实验来探究一下 A、B 之间的摩擦力的关系？

（教师短暂巡视）

师：提示一下，我们没有办法直接测量摩擦力，那么大家能不能想办法，例如利用力的平衡等方式，对摩擦力进行间接测量？

（学生按小组分析讨论，进行实验设计。教师巡视，对有困难的同学进行一定的指导帮助。）

师：下面让一位同学来介绍一下自己设计的实验。

光滑水平面上，叠放着 A、B 两个物体，探究 A、B 间摩擦力的关系。

实验设计图

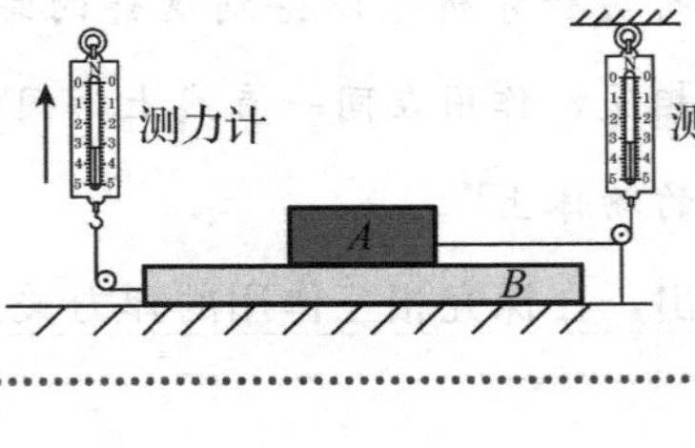

实验设计原理

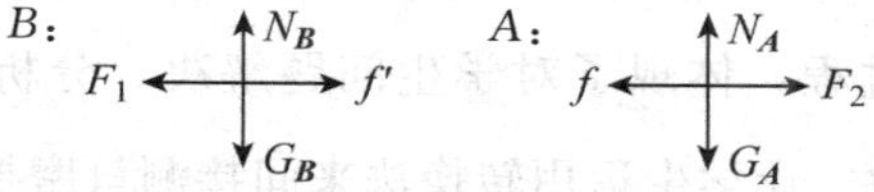

因为是匀速直线运动，所以受力平衡

$\therefore F_1=f' \quad F_2=f$

$\therefore$ 当 $F_1=F_2$ 时，$f=f'$

图 10-22 相互作用的摩擦力学生设计图

生：装置中 A 的右端连接一个固定不动的测力计，B 的左端连接一个可以动的测力计(图 10-22)。向上匀速拉动 B 左端的绳子，观察测力计的示数变化。

师：那么你现在要探究的是相互作用的滑动摩擦力还是静摩擦力的关系？

生：滑动摩擦力。

师：因此在你的实验方案中，匀速向上拉动 B 端连接的弹簧测力计，也就是说让 B 向左做匀速直线运动，A 处于静止状态。

生：是的。通过受力分析，可以看到 B 所受拉力等于 B 所受的滑动摩擦力，而 A 所受的拉力也等于 A 所受的滑动摩擦力。

师：为什么这些拉力和滑动摩擦力是相等的呢？

生：因为这两个力是一对平衡力。

师：因为 A 静止，B 匀速，所以 A、B 受力平衡。

生：所以要探究 A、B 间的摩擦力的大小关系，只需要测量 A、B 所受拉力的大小关系。

师：刚才同学设计中，通过滑轮使得实验的操作更为简单，同时能够达到实验的目的。

从教学片段 2 中可以看出，在探究相互作用的摩擦力关系的实验中，实验班教师先明确地展示出问题，引导学生针对问题设计实验方案，最后让学生展示设计的实验方案，说明实验原理，并对学生的实验方案进行简单的评价，采用的是“问题解决”的模式进行教学。课堂实施的内容与改进后的教学设计基本一致。并且实际的课堂实施中，教师进行巡视，针对学生遇到的困难给予了及时的帮助。

该部分的教学活动均是以学生为中心展开，突出学生的主体地位，注重培养学生的科学思维和科学探究能力。引导学生设计实验方案，让学生展示实验方案，说明实验原理的过程，体现了对学生问题解决、分析解释和推理能力的培养。在问题解决过程中，让学生运用转换法来间接测量摩擦力，体现了对学生应用科学方法的能力的培养。

3. 小结

视频分析表明，实验班《牛顿第三定律》一课主要以“教师为中心”的形式展开课堂活动，采用“部分概念建构”的模式进行教学。

整个教学过程中，课堂活动充分，教师在课堂活动中主要起引导作用，引导学生对问题进行思考和讨论，注重对学生科学思维和科学探究能力的培养，关注学生的概念建构过程。在教学中，有意识地帮助学生转变已有的错误认识，形成科学的物理观念。

二、教学反思

实验班教师结合自身参与教学改进过程的体验和课堂教学中获得的反馈情况，进行了如下教学反思。

(1)重视学情分析。在以往教学中的学情分析，往往只是粗略分析，缺乏对学生的前概念和能力水平的具体分析，导致设计教学时，不能针对学生实际情况进行设计，有效地解决学生存在的问题。只有通过实事求是、具体细致的学情分析，才能在教学中设计有针对性的教学活动和问题，才能达到问题的引领作用，帮助提升学生科学素养。

(2)细化教学目标。在设计教学目标时，不仅需要考虑教材上的知识点，还要充分考虑学情，要符合学生的实际水平。设计具体明确的教学目标，可以帮助设计教学，有利于进行教学操作。

(3)由易到难，逐层深入设计活动和问题。学生认知是有层次的，设计从易到难，逐层深入的活动和问题，有利于帮助学生正确地理解、解决问题。

(4)优化教学活动的时间分配。在教学实施中，部分教学活动占据时间过长。

教学活动时间分配还可以更加优化，使后面对问题的分析讨论更充分。

三、总结

从教学评价和教学反思中可以看出，教学改进对教师的专业发展和学生的学业进步都起到了积极的促进作用。

教学改进的实施，促使教师更准确地了解学生的前概念和能力水平，使教师在设计教学时能够充分结合实际学情进行设计，让教师的教学更具有针对性、层次性，使教师实施教学时更加流畅。同时，改进后的教学充分地考虑了学生的认知和能力水平，能够更好地改善学生在教学前已有的错误认识，帮助学生形成科学的物理观念，培养学生的科学思维和科学探究能力，提升学生的物理核心素养。

由于时间、人员安排的限制，本教学改进案例还存在许多值得改善的地方，例如前测试题较为简单、课堂实施的部分环节略显拖沓等，这些问题将在以后的教学改进研究中进一步完善。

第十一章

“电与磁”主题的教学改进案例

电磁感应现象揭示了电与磁之间的相互作用和内在联系，也是电能与磁能转化的重要方式。能量转化过程中磁通量的变化引起感应电动势，感应电动势在闭合回路中产生感应电流，而楞次定律是确定感应电流方向的规律，也是能量守恒定律在电磁感应现象中的具体表现，对发展学生的能量观念和科学思维能力具有重要价值。因此，本章对“电与磁”主题进行教学改进，并将楞次定律作为课堂教学改进的核心内容。

参加教学改进的学校是北京市一所示范性普通高中。该校特级教师12人，市级学科带头人、市级骨干教师11人，区级骨干教师37人，拥有硕士、博士学位的教师超过70%。测试样本为高二年级的理科学生，包括一个尖子班，两个实验班，三个普通班。

第一节　教学诊断

教学改进前，研究团队根据学生的学习进度准备测试试卷，在正式改进前对学生进行测试，并对教师进行访谈，以了解学情和教师的备课情况。

一、对学生的诊断

(一)前测总体情况

在学生学习“电磁感应”一章前，课题组对该校高二年级学生进行前测，根据学科能力表现指标体系围绕“电与磁的关系”主题开发了 23 道题目，其中包括 9 道判断题和 14 道论述题。前测试题的具体信息如表 11-1 所示。

表 11-1　“电与磁”主题教学诊断试题信息

试题编号	对应小题	试题描述	考查概念	能力指标
T1	T1	说明概念与现象之间的关系。	能量的转化	A3 关联整合
T2	T2. 1，T2. 2	画出磁条和有电流的导线周围电场分布情况。	电场线	A2 概括论证
T3	T3. 1，T3. 2，T3. 3	判断三种情境中大小环中磁通量的大小。	磁通量	B2 推论预测
T4	T4. 1，T4. 2，T4. 3，T4. 4	根据匀强磁场中的矩形闭合导线框运动情况判断磁通量有无变化及磁通量的变化率。	磁通量 磁通量变化率	A2 概括论证
T5	T5. 1. 1，T5. 1. 2	矩形线圈从磁场上方由静止释放，下落过程中线圈平面始终与磁场垂直，判断线圈中是否产生感应电流。	感应电流	B2 推论预测
	T5. 2	说明进入磁场后的能量转化。	能量的转化	B3 综合应用
	T5. 3. 1，T5. 3. 2	判断线圈四个顶点的电势大小。	电势	A2 概括论证

续表

试题编号	对应小题	试题描述	考查概念	能力指标
T6	T6.1，T6.2	长电线形成闭合导体回路。两位同学迅速摇动这根导线，判断摇动导线是否产生电流。	感应电流	B1 分析解释
T7	T7.1，T7.2，T7.3	线圈与导线在同一平面内，线圈的两个边与导线平行，判断线圈运动时是否产生感应电流。	感应电流	B1 分析解释
T8	T8	当有金属通过门时，就会发出报警声，说明原因。	电磁感应的应用	C2 迁移应用
T9	T9.1	某同学用万用表测线圈电阻，当万用表离开接线柱的瞬间，该同学接触到了线圈裸露的两端，顿时感觉到电击感，说出本人的类似经历。	自感	C3 建构新模型
	T9.2	根据现象作出说明。		C2 迁移应用

空缺作答以及无法匹配等原因导致的无效试卷，前测最终有效样本数为 195 人。各班有效样本数如表 11-2 所示。

表 11-2 “电与磁”主题前测样本信息统计表

班级	1	2	3	4	5	8
人数	35	34	30	37	34	25

基于 Rasch 模型对测试结果进行试题分析，前测样本信度为 0.68，题目信度 0.98，符合研究要求。图 11-1 为前测测试结果的怀特图。

根据试题分布情况并结合前测结果对其中一些典型题目作出分析，以期发现学生的迷思概念、思维难点和能力薄弱点。T9.1 考查自感现象，T7.3 考查感生电动势产生的感应电流，学生没有学过对应知识，属于陌生知识点；T7.1 和 T7.2 考查导体切割磁感线产生的感应电流，学生虽然初中接触过类似情境，但测试发现学生对导体切割磁感线产生的感应电流也不够熟悉，有学生不能区分电流运动方向与磁场方向，学生的分析解释能力比较弱。T5.3.2 是第 5 题中难度

```
                 PERSON - MAP - ITEM
                     <more>|<rare>
     2                     +
                           |
                           |T
                           |  T9.1
                           |  T7.3
                           |
     1                 .   +  T7.1    T7.2
                       .   |S
                       # T |  T5.3.2  T9.2
                     .##   |
                     .##   |  T5.3.1  T6.2
                     .## S |  T5.1.1  T5.1.2  T6.1
     0            .####    +M T3.3    T5.2    T8
              ########     |  T4.2
           ########### M   |
               .######     |  T2.2
                .#####     |  T3.2    T4.3
                .##### S   |S T1      T4.4
    -1             .###    +
                    ###    |  T4.1
                      . T  |  T3.1
                           |  T2.1
                           |T
                       .   |
    -2                 .   +
                      <less>|<frequ>
   EACH "#" IS 3. EACH "." IS 1 TO 2
```

图 11-1 “电与磁”主题前测怀特图

最大的小题，它主要研究学生对电动势概念的理解。只有 5 个学生提到了电源电动势内部电流从负极进正极出，有些学生直接按环形电流判断电势，没有提到电动势，学生概括论证能力较差。通过本次测试，分析得出了学生学习电磁感应之前存在的迷思概念或思维难点，如表 11-3 所示。

结合前测中的一些典型试题，下面详细分析学生学习“电磁感应”前的迷思概念和思维难点。

表 11-3 “电与磁”主题前测中发现的问题

迷思概念	思维难点
• 直流导线周围的磁场画成等间距的磁感线。 • 电流周围的磁场方向与电流方向相同。 • 条形磁铁产生的磁场垂直于其表面。 • 导体切割磁感线一定会产生磁通量的变化，也一定会产生感应电流。 • 给闭合导线施加的力可以让导线内电子运动从而形成电流。 • 线圈只有切割磁感线才能产生感应电流，感应电流的大小与切割速度无关。 • 认为闭合回路都有电流，不能区分闭合回路与电流有无的关系。	• 不能正确判断出直流导线周围磁场的方向。 • 不能正确判断电源内部的电流方向。 • 不能判断变化磁场而产生的电磁感应现象。 • 不能将磁通量变化与具体物理量的变化建立联系。

(二)典型试题分析

典型题目分析一

T4：如图所示的匀强磁场中有一个矩形闭合导线框，磁场区域如图所示，其他地方的磁场忽略不计。请思考下列问题：

T4.1 保持线框平面始终与磁感线垂直，线框在磁场中上下运动时(如图甲所示)线圈中的磁通量会变化吗？(填“会”或“不会”，并说出依据)

T4.2 保持线框平面始终与磁感线垂直，线框在磁场中向右运动时(如图乙所示)线圈中的磁通量会变化吗？(填“会”或“不会”，并说出依据)

T4.3 线圈绕 AB 轴转动时(如图丙所示)线圈中的磁通量会变化吗？(填“会”或“不会”，并说出依据)

T4.4 图乙中，线圈继续向右运动，直至完全拉出磁场区域，运动的速度不同，拉出磁场用的时间会不同，假设第二次比第一次用的时间短，比较两次的磁通量变化率 $\frac{\Delta\Phi_1}{\Delta t_1}$ ____ $\frac{\Delta\Phi_2}{\Delta t_2}$。(填“>”“=”或“<”，并说出依据)

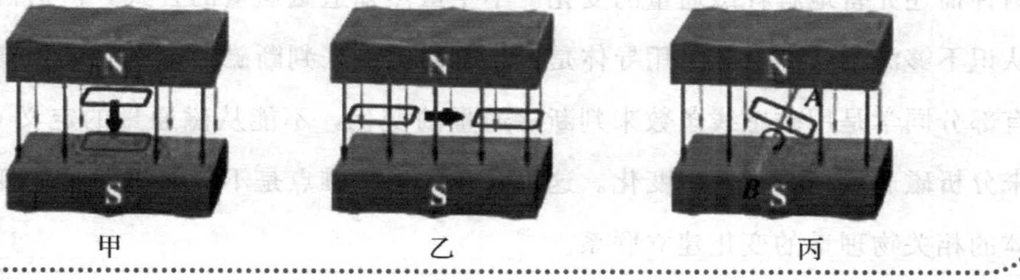

甲　　乙　　丙

图 11-2 试题 T4 题目

本题需要学生用磁通量的概念来解决不同情境中的问题。学生学过磁通量的概念，因此可以通过磁通量的定义 $\Phi=BS$，或用磁感线的条数来判定磁通量是否变化。最后一问主要考查学生对磁通量变化率的理解，磁通量的变化率不仅要看磁通量的变化量，也要注意变化所需要的时间。下面对各小题依次进行分析。

T4.1 的评分标准如下（T4.2 和 T4.3 评分标准与 T4.1 基本相同，不再罗列）。

表 11-4　试题 T4.1 评分标准

0 分：结果判断错误，没有解释或解释不合理。如切割磁感线，会有磁通量变化；磁感线与线框垂直所以 $\Delta\Phi$ 不变。
1 分：由于疏忽而判断错误，但是解释有合理的地方；或结果判断正确，但没有解释或解释不合理。
2 分：结果判断正确，说明磁通量的变化与穿过线圈的磁感线条数有关。
3 分：结果判断正确，且能依据 $\Phi=BS$，说明磁通量的变化与磁感应强度 B 和有效面积 S 有关。

T4.1、T4.2 和 T4.3 前测所得分数统计如表 11-5 所示。

表 11-5　试题 T4.1、T4.2 和 T4.3 得分统计

题号	0 分	1 分	2 分	3 分
T4.1	1.8%	21.4%	73.2%	3.6%
T4.2	3.6%	19.6%	73.2%	3.6%
T4.3	3.6%	23.2%	67.9%	5.4%

由统计结果可以看到，在学习电磁感应之前，有大部分学生不能用磁通量的两种描述完备地解释磁通量的变化。学生虽然知道磁通量的公式，但对磁通量的认识不够深刻，部分学生用导体是否切割磁感线来判断磁通量是否发生变化，还有部分同学是用磁感线条数来判断磁通量的变化，不能从磁通量的定义 $\Phi=BS$ 来分析磁通量是否在发生变化。这里存在的思维难点是不能将磁通量的变化与具体的相关物理量的变化建立联系。

T4.4 的评分标准和学生前测所得分数统计分别如表 11-6 和图 11-3 所示。

表 11-6 试题 T4.4 评分标准

0 分：比较结果错误，没有解释或解释不合理。
1 分：由于疏忽而判断错误，但是解释合理，或者比较结果正确，没有解释。
2 分：比较结果正确，原因解释中只涉及 Δt_2 小于 Δt_1。
3 分：比较结果正确，且原因解释完备，如磁通量变化相同，Δt_2 小于 Δt_1。

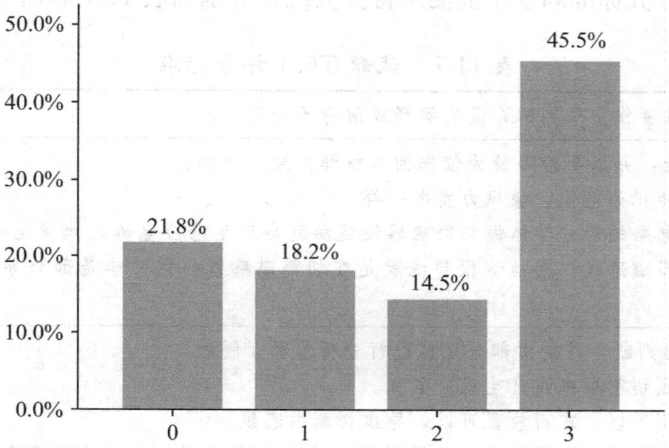

图 11-3 试题 T4.4 得分统计

由 T4.4 统计结果可以看到，在学习电磁感应之前，有将近一半的学生回答正确，说明学生对比值的对比方法比较熟悉，可以说对磁通量的变化率有了一定的初步了解，部分学生不能将时间的变化与磁通量变化率联系起来。

典型题目分析二

T6：把一条大约 10 m 长的电线两端连在一个灵敏电流计的两个接线柱上，形成闭合导体回路。两位同学迅速摇动这根导线(如图所示)。

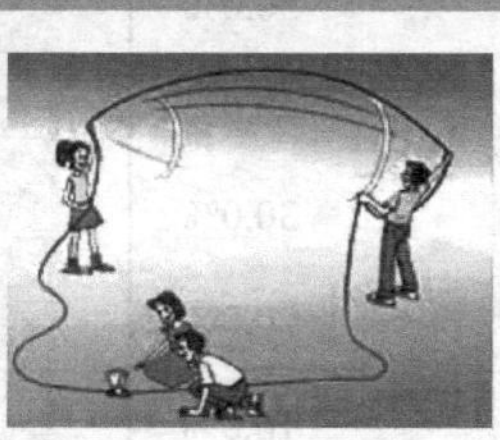

T6.1 这样做可以发电吗？简述你的理由。

T6.2 如果摇得快一些，灵敏电流计的示数会有变化吗？简述你的理由。

图 11-4 试题 T6 题目

本题需要学生通过已学的内容建立地磁场模型，再根据初中学过的电磁感应现象判断有无感应电流产生。而摇动快慢会影响导线切割地磁场磁感线的快慢，由此可以判断灵敏电流计的示数变化。另外可以同时考查学生的能量观，该过程中机械能转化为了电能，学生依据运动快慢与能量转化率之间的关系，也可以确定灵敏电流计示数的变化情况。

T6.1 的评分标准和学生前测所得分数统计分别如表 11-7 和图 11-5 所示。

表 11-7　试题 T6.1 评分标准

0 分：空白，或者作出了判断，没有解释或解释不合理。
1 分：作出判断，并以生活经验为依据回答解释问题。例如： 可以，机械能转化为电能，像风力发电一样。 不可以，闭合电路的部分导体做切割磁感线运动就会产生感应电流，地球是一个大的磁场，身边应该有许多磁感线，摇动这根导线就是在切割磁感线，但并非是部分导体，而是整根导体。
2 分：可以作出判断，并能用部分证据进行分析解释。例如： 可以发电，导线切割磁感线产生感应电流。 如果南北放置不可以，东西放置可以，导线切割磁感线。 不可以，导线切割地磁场的磁感线，地磁场磁感应强度较弱，可以产生感应电流，不过较小，不足以发电。
3 分：有正确的科学推理证据，并正确解释物理现象。例如： 可以，闭合线圈中部分导线切割磁感线产生感应电流。 不可以，导线切割地磁场的磁感线，但地磁场磁感应强度太弱，远达不到发电的程度。

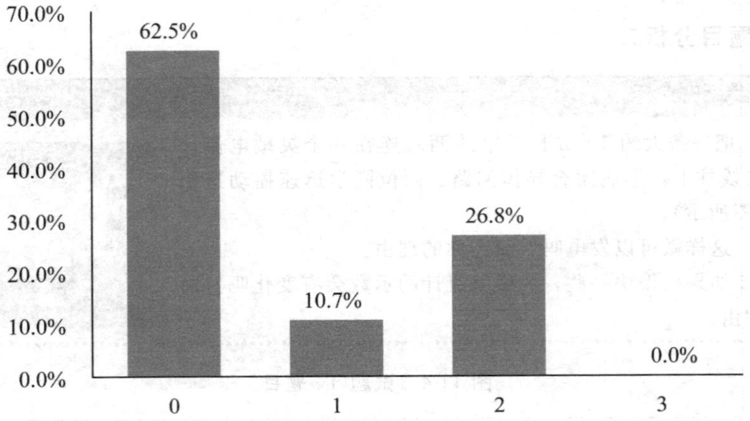

图 11-5　试题 T6.1 得分统计

由 T6.1 统计结果可以看到，有 62.5%以上的学生不能在实际情境中判断导体中有无感应电流。另有将近 10.7%的学生能根据导体切割磁感线来判断有无感应电流，但没有提到闭合电路这个条件。说明此部分学生只会判断感应电流的部分产生条件，而忽略了产生感应电流还需要闭合电路，因此教学设计中要添加探究感应电流与闭合电路关系的实验活动，纠正学生对不闭合电路也能产生感应电流的迷思概念。

T6.2 的评分标准和学生前测所得分数统计分别如表 11-8 和图 11-6 所示。

表 11-8 试题 T6.2 评分标准

0 分：没有解释，或无关解释。例如： 不会，不然的话，电能还能无限大。
1 分：会，解释来源于生活经验。例如： 地磁场产生电流。 会，发电变快。
2 分：会，切割磁感线的多少和速度也有关，不一定。
3 分：会，能正确进行科学推理，正确解释物理现象。例如： 切割的速度变大，产生的感应电流会变大。 会，速率越大，电能转换率越高。 影响单位时间内切割的磁感线的数量。 会，导线中的带电粒子进入磁场时速度变大，$F=Bvq$，$F=ma$，粒子加速度变大，速度变大，电流变大。 会，$E=BLv$，v变大，E变大，I变大。

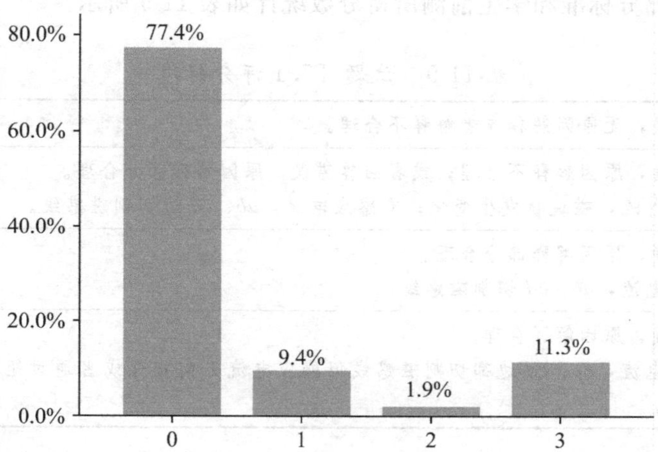

图 11-6 试题 T6.2 得分统计

由 T6.2 统计结果可以看到，77.4%的学生不能将磁通量的变化率与感应电流的大小联系起来，可见大部分学生对功率与功能转化快慢的关系不清楚。同时，11.3%的学生能给出正确的回答，这些学生中大部分的回答是“单位时间内，导体切割磁感线更多”，可见学生能意识到切割磁感线快慢与感应电流大小的关系。1 分档和 2 分档的学生得分人数比 3 分档的还要低，只有一些感性的生活经验的解释，说明这部分学生不能将生活经验与物理知识相联系，不能有效地运用所学的物理知识分析解释生活中的现象。

典型题目分析三

矩形线圈 *abcd* 位于通电长直导线附近(如图所示)。线圈与导线在同一平面内，线圈的两个边与导线平行。请回答以下问题：

T7.1 在这个平面内，线圈沿与导线平行方向向上移动时，线圈中有没有感应电流？请说出你判断的依据。

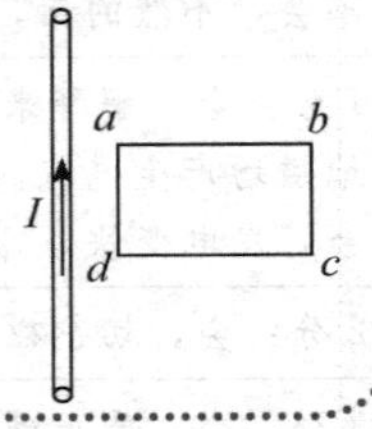

图 11-7　试题 T7.1 题目

本题需要学生推断是否有感应电流产生，解决这道题学生需要知道产生感应电流的条件，即根据电路是否闭合以及闭合回路的磁通量变化来判断矩形线框有无感应电流产生。本题考查学生对物理现象的分析解释和推理能力。

T7.1 的评分标准和学生前测所得分数统计如表 11-9 所示。

表 11-9　试题 T7.1 评分标准

0 分：判断错误，无原因解释或者解释不合理。
1 分：判断正确，原因解释不合理；或者回答错误，原因解释部分合理。 例如：无感应电流，磁通量发生变化；有感应电流，*ab*、*cd* 边切割磁感线。
2 分：判断正确，原因解释部分合理。 例如：无感应电流，*ab*、*cd* 切割磁感线。
3 分：判断正确，原因解释合理。 例如：无感应电流，*ab*、*cd* 边都切割磁感线但感应电流方向相反或者通过矩形线圈的磁通量未发生变化。

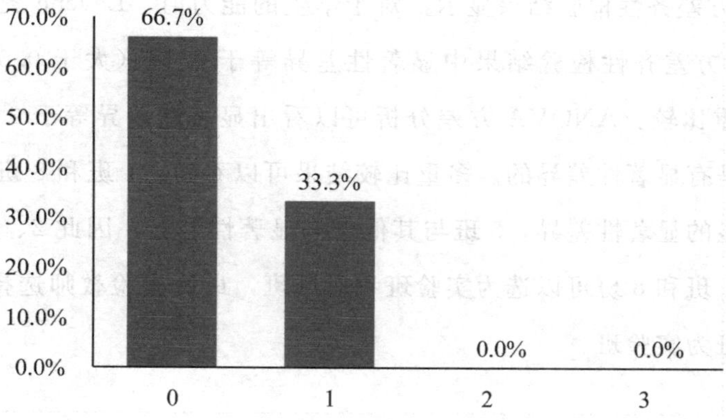

图 11-8 试题 T7.1 得分统计

由 T7.1 的统计结果可以看出，66.7%的学生不能说出合理的证据来说明闭合回路有无感应电流，33.3%的学生能基于证据说出部分判断理由，大部分同学认为导体切割了磁感线就有感应电流，不能判断 *ab*、*cd* 两条边电流方向相反。这说明大多数学生存在“只要导体切割磁感线就能产生感应电流”的迷思概念，基于已有知识对物理现象进行合理分析解释和推理的能力不足。

(三)小结

本次测试测查了学生对电与磁相关内容的认知水平状况。学生知道磁通量和感应电流的概念，学生只能用初中学过的导体切割磁感线的知识来判断是否产生感应电流，不知道感应电流产生的其他条件。接近一半的学生能画出所要求的磁感线，遇到没有磁场模型的生活实际问题，大多数学生不会判断磁通量变化。学生对磁通量的变化率有了初步了解，部分学生不能将时间变化快慢与磁通量的变化率联系起来，这也说明学生的直觉联想能力较弱。同时学生用所学知识分析解释不同问题的能力较弱，例如不能用磁通量的定义分析不同情境中磁通量的变化。另外部分学生可以选出正确答案，但应用所学知识说明所得结论时不能清晰表达，逻辑推理不够严密，说明学生的概括论证能力较差。

本研究团队通过前测试题的分析，选出了学生能力水平相当的两个班级作为实验班和对照班。用 SPSS 对各班学生的能力值进行单因素方差分析(One-Way

ANOVA)，方差齐性检验结果显示，对于学生的能力值，Levene统计量的F值等于1.563，方差齐性检验结果中显著性差异等于0.173(大于0.05)，可以用LSD进行多重比较。ANOVA方差分析可以看出显著性差异等于0.00，能力值在各班之间是有显著性差异的。多重比较结果可以看出：1班和8班与其他班级比较都有明显的显著性差异，5班与其他班有显著性差异，因此2、3、4班中的两个班级或1班和8班可以选为实验班和对照班，最后实验教师选择了3班和4班，其中4班为实验班。

二、对教师的诊断

实验教师在教学改进前，根据培训内容自行设计教学，研究团队基于教师的初始教学设计对其进行教学诊断，让教师对学生前概念与新知识内容进行连接，同时从学生能力培养角度提出教学改进建议。

以下以《楞次定律》一课的教学设计为例，进行教师教学诊断的示例说明。

(一)学情分析

学情分析是根据课程文件要求设计教学时对学生基本情况的分析，学情分析的依据应包含两方面内容：一是对前测的分析；二是依据学生平时的课堂表现和平时的测试表现。

实验教师基于经验作出的学情分析如图11-9所示。

楞次定律的学习需要学生思维有很高的抽象性和较强的综合性，对学习者的思维能力提出了更高的要求与挑战。而研究表明，绝大多数高二年级的学生在学习电磁学相关知识的过程中并不具备学习电磁学知识所必需的形象思维能力及抽象思维能力，学生的认识感性多于理性，具备一定的逻辑运算能力，但离不开具体事物的支持，仍旧关心物理世界的表面特征和非本质联系。所以，在楞次定律的教学中要多一些学生的体验活动，从事实经验入手，感受感应电流的效果，再进一步分析感应电流的方向，可以较好地搭建学生的脚踏点，完成概念进阶。

图11-9 “电与磁”主题原学情分析

该教师的学情分析比较合理，符合概念进阶理论，但主要是定性分析，集中在学生的思维特征上，没有明确学生具体存在的问题。结合前测的定性定量分析可以更加准确地把握学生的学情，根据上节前测内容分析可知，学生在学习楞次定律之前对切割磁感线的情境比较熟悉，但对于磁通量的变化产生感应电流的情况不是很理解；有些学生通过磁感线来感知磁通量的变化，说明学生对磁场的理解还没有达到抽象的水平，对磁通量的理解还不够深刻。前测试题分析中，部分学生不能将时间变化快慢与磁通量的变化率联系起来，不能将磁通量的变化率与感应电流的大小联系起来，而多数学生对功率与功能转化关系不清楚，不能用所学内容与实际生活中的应用建立联系。所以学情分析要有机地融合定性分析与定量分析才能正确把握学生对概念的理解水平和学习能力。

(二)教学目标

实验教师先提交了教学设计，教学设计中指出了本节课的教学目标和重难点。实验教师确定的原教学目标如表 11-10 所示。

表 11-10 《楞次定律》原教学目标

知识与技能	(1)掌握楞次定律的内容，并理解其含义。 (2)会应用楞次定律判断感应电流的方向。
过程与方法	通过观察演示和实验探究，总结出判断感应电流方向的一般规律，并分析推理，总结出楞次定律。从中体会到归纳法是一种科学探究的重要方法。理解楞次定律的实质，会应用楞次定律判断感应电流的方向。
情感态度与价值观	(1)通过实验探究，培养学生观察实验现象、发现和分析问题的能力，逐步养成实事求是、尊重科学的态度。 (2)感受科学家的伟大之处。感受楞次定律的简洁美。

教学目标整体上基本满足课程目标，但对核心素养和学科能力培养的要求没有针对性，尤其是对能力的培养过程表述不够明确。

知识与技能包含了本节课的基本知识点，但没有依据学情分析提出针对性的教学要求，没有注意到学生理解概念的水平和层次。学生在初中已学过电磁感应现象，对通电导体在磁场中受力也有一定的认识，所以高中阶段本节内容设计应体现学生原有的认知水平与应达到的认知水平之间的差异。例如知识与技能中的“掌握楞次定律的内容，并理解其含义”，仅指向具体的知识点，未能与物理观念建立联系。电与磁的相互作用和能量守恒是本节的核心概念，对发展运动与相互作用观念和能量观念至关重要。因此教学目标应向它们靠拢，通过小概念发展核心概念。

(三)教学流程图

实验教师根据三维目标，设计了《楞次定律》一节的教学流程。从教学流程图(图 11-10)可看出，整节课由两条主线构建整个教学流程：设计意图和实际教学环节的描述。教学过程设计中教师把学生对感应电流产生条件的认识作为本节课的设计基础。本设计从发展学生物理核心素养的角度来看存在下列问题：(1)复习环节之后通过演示实验进入新内容教学，教师提出质疑内容之后直接确立任务，问题答案直接指向知识结论，缺乏引导学生思维过程的设计，不利于学生的能力发展进阶。因此该环节教师要以引导学生思考为主，最好是在分析实验现象的过程中让学生自己提出问题。(2)分析磁通量变化规律之后，教师介绍楞次定律，之后学生重复实验，进行验证性实验操作，此处应该引导学生从磁通量的变化规律得出结论，更有利于学生建构概念模型。(3)学生通过对实验结果进行归纳分析，直接得出了楞次定律，不利于学生建构科学概念。一个规律的得出不仅需要表层的分析，更要注重内在的物理规律，这里可以从相对运动与磁通量变化的关系的角度分析实验现象，下一步再得出楞次定律，可以增强学生的推理能力、科学论证和归纳能力。(4)得出楞次定律之后引导学生讨论楞次定律中的“阻碍”，教师通过提问的方式，一步一步加深问题难度，引导学生思考楞次定律的本质，培养学生的推理归纳能力，这里主要是教师引导为主，在高中阶段可尝试鼓励学生对所学知识提出问题，以培养学生的质疑创新能力。

整体规划中教师认同根据学生能力培养来设计教学，整体设计符合学生核心素养的发展。但是具体教学过程设计中以教师提出问题和引导学生回答问题为主，通过物理现象推理和归纳得出物理概念的过程比较快，不利于学生科学思维能力的发展。例如，演示实验之后教师直接提出问题，缺乏学生主动思考的过程。一般探究式教学中偏重于对学生的引导，让学生学习得出普遍规律的研究方法，而且太快地得到楞次定律会让学生产生一种错觉，认为实验现象的表层分析就可以得出物理规律，不需要考虑产生物理现象的本质原因。

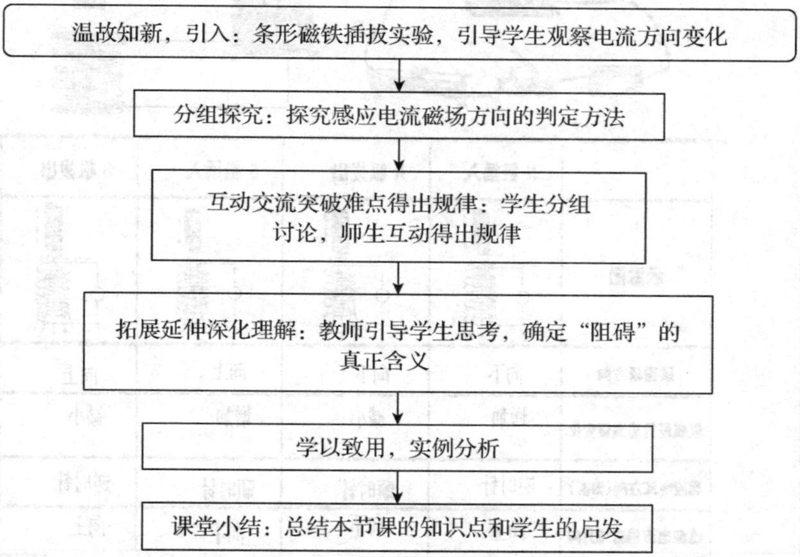
温故知新，引入：条形磁铁插拔实验，引导学生观察电流方向变化
分组探究：探究感应电流磁场方向的判定方法
互动交流突破难点得出规律：学生分组讨论，师生互动得出规律
拓展延伸深化理解：教师引导学生思考，确定"阻碍"的真正含义
学以致用，实例分析
课堂小结：总结本节课的知识点和学生的启发

图 11-10 教学流程图

(四)教学过程

教学过程中，实验教师引导学生得出楞次定律的过程分为四个阶段，其中最重要的部分是引入环节和建立概念的环节。引入环节演示实验部分可以培养学生的观察能力和提出问题的能力，但实验过程比较烦琐，基本按照教师设定的步骤进行，学生的自主探究性不足。得出楞次定律之后，通过教学过程，学生进一步理解规律的内涵，学习如何运用规律。

表 11-11 《楞次定律》原教学过程：引入和得出规律

定律引入及讲授方式

先通过实验判断电流方向与电流表偏转方向的关系(实际看不见电流方向)；再明确线圈的绕向。

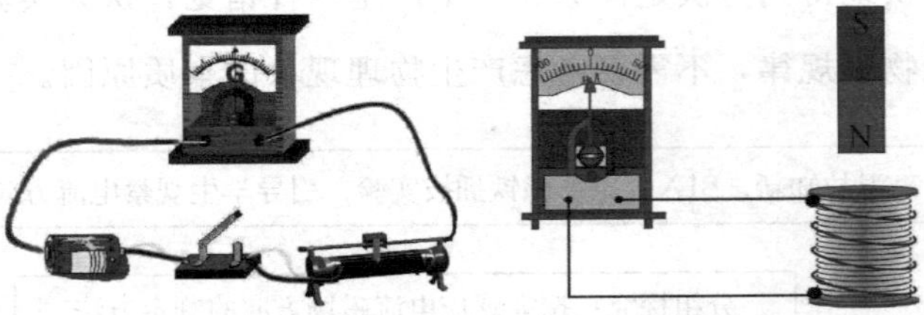

	N 极插入	N 极拔出	S 极插入	S 极拔出
示意图	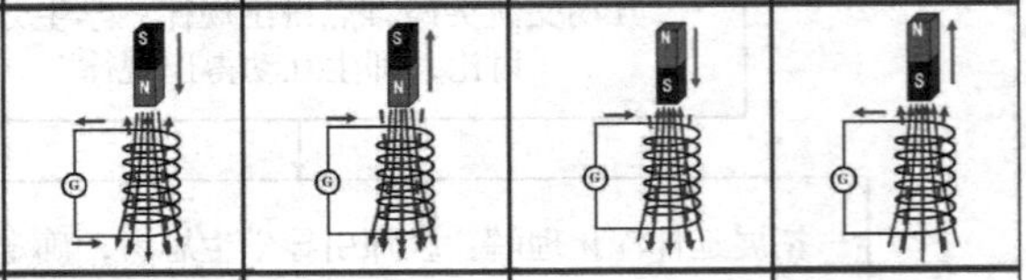			
原磁场方向	向下	向下	向上	向上
原磁场的磁通量变化	增加	减小	增加	减小
感应电流方向(俯视)	逆时针	顺时针	顺时针	逆时针
感应电流的磁场方向	向上	向下	向下	向上

总结出“增反减同”而不是“阻碍”，基础弱的学生没有教师的引导思维寸步难行

教师引导学生观察原磁场的方向、原磁通量的变化、感应电流的方向、感应电流的磁场方向，从表格中总结出感应电流的磁场阻碍磁通量的变化。

在复习环节之后，教师引入环节(表 11-11)演示电磁感应现象，教师引导学生观察实验过程中的原磁场方向、原磁通量的变化、感应电流的磁场方向。因为磁场是抽象的，直观观察的只有感应电流，磁场方向通过右手定则判断，而感应电流方向则需要观察灵敏电流计的偏转方向，观察分析过程比较烦琐，不容易激发学生兴趣，最后通过表格总结出感应电流的磁场阻碍磁通量变化。结论的得出都是由教师引导，虽然结论在教师看起来很简单，但学生需要推理能力和归纳能力才能发现规律。这种烦琐的归纳过程不符合学生的认知规律，很难让学生理解

“阻碍”的本质，更难将其与能量守恒建立联系。

（五）小结

教师进行《楞次定律》一课的学情分析时，大致分析出了学生的难点和疑点，主要分析了学生的思维能力和概念理解水平，但没有对学生测试结果进行详细的描述，没有确定学生概念理解水平的起点和教学中学生可能遇到的困难。在教学过程中使用演示实验归纳总结楞次定律，但未能突出学生的主体性，且部分过程过于烦琐，不符合学生的认知规律。

因此，专家组建议教师结合学生的前测结果，准确把握学生学情。学生对楞次定律中的“阻碍”缺乏感性认识，课堂上需要给学生补充相应的事实经验，让学生通过观察现象和科学推理，在教师的引导下一步步得出物理规律，培养学生自主推理归纳的水平，增强学生建构物理模型的能力。

第二节　改进过程

结合教师的内容分析和学情分析，专家组和教师进行集体备课，依据学生情况和前测分析修改教学设计。改进过程主要包括教学内容分析，学情分析以及针对《楞次定律》这一节课的教学过程设计。

一、教学内容分析

电磁感应现象是电磁学中最重大的发现之一，使人们从特殊的静电场和静磁场，进入到变化的电磁场。电磁感应现象揭示了电与磁相互联系和转化的重要规律，通过对变化磁场、变化电场的研究，麦克斯韦建立了完整的电磁场理论。楞次定律是本章的重点和难点，究其原因，其一是涉及的因素很多，有原磁场方向、磁通量的变化、线圈绕向、电流方向、感应电流的磁场方向等，错综复杂；其二是规律比较隐蔽，抽象性和概括性很强。因此，学生理解楞次定律有很大困难。教学中要根据学生已有的认知结构建立新的知识，需要依据学生已有的概念和思维能力设计认知路径，这样才能让学生在已有知识的基础上构建新知识，修正和完善原来的知识体系。

二、学情分析

知识方面，学生在学习楞次定律前，已经学习了产生感应电流的条件，能够区分磁通量、磁通量的变化、磁通量的变化率，能够运用右手螺旋定则判断环形电流周围的磁场；关于电路中电流的方向，学生知道电源外电流由正极流向负极，电源内部由负极流向正极，知道由灵敏电流计可以判断电流的方向；知道磁体和磁体之间，磁体和电流之间以及电流和电流之间的相互作用是通过磁场发生的。

能力方面，高二的学生有一定的科学探究能力和分析归纳能力。在牛顿第一定律的学习中，知道物体总有保持原来运动状态的性质，初步体会了一切物体都有惯性，即物体对“变化”的阻碍性质。

在学生基于生活经验建立的前概念中，对阻碍的理解基本上是阻止、反抗，与要阻碍的对象相反。阻碍“变化”，是学生概念理解的难点。学生对于感应电流方向的判断有一个很直观的经验，就是电流方向会直接遵循某个规律。对于要判断的感应电流的方向，却要通过找“感应电流的磁场”这个媒介，然后再去寻找规律，学生没有任何可以借鉴的经验，这也是本节课的难点之一。

楞次定律的学习需要学生有很高的抽象性思维和较强的综合能力，对学习者的思维能力提出了更高的要求与挑战。在学习电磁学相关知识的过程中，绝大多数高二年级的学生学习这部分知识所需要的抽象思维能力和形象思维能力还不是特别完善，多数学生在认识上感性多于理性，仍旧关心物理世界的表面特征，很难上升到本质联系。

三、整章教学顺序调整

对“电磁感应”这一章的内容，根据教师多年的教学经验，楞次定律是本章中最难理解的内容。从学生的认知发展出发，将法拉第电磁感应定律的学习内容安排在楞次定律之前。学生在学习楞次定律时，已经学习了磁通量的变化、磁通量的变化率，对磁通量概念的理解比较深入，有利于本节课的学习。

在常规的教学中，通常是先根据实验现象判断出感应电流的方向，然后引导学生分析感应电流方向具有的规律。这是一个很艰辛的过程，首先，学生根据螺线管的绕向、电流表的摆动方向得到感应电流的方向已经很不容易；其次，学生不理解研究感应电流的方向为什么要研究感应电流的磁场方向，尤其不理解“阻碍”二字的由来及含义。本节课先用“落磁”实验使学生有了一个事实经验，体验感应电流的阻碍效果，再由学生分组实验观察感应电流的效果，得到楞次定律的一种表述：感应电流的效果总是阻碍引起感应电流的原因，并利用这个规律判断相对运动时感应电流的方向。此时学生会发现这个规律判断感应电流方向的局限性，再进一步探讨感应电流到底是如何阻碍产生它的原因的，得到楞次定律的另一种表述：感应电流具有这样的方向，即感应电流的磁场总是阻碍引起感应电流的磁通量的变化。接下来利用楞次定律解决问题。最后在思考题中引导学生，让他们从能量角度分析电磁感应现象，尝试理解楞次定律的本质：楞次定律中的“阻碍”是能量守恒定律的必然结果。

四、楞次定律的教学设计

在学习楞次定律之前，学生在初中阶段已学过“磁生电”的内容，对切割磁感线的闭合导线产生感应电流的现象有一定的了解，大多数学生能解释清楚切割磁感线的闭合导线产生电流的原理，所以教学前测中有学生用导体切割磁感线来分析电磁感应问题，因此我们根据学生前测表现情况和教师的经验，改进了教学设计。

(一)典型环节改进分析

典型环节改进一

感应电流对磁通量变化的“阻碍”作用是这节课的重点和难点。新课讲授的第一个环节就是通过“落磁”演示实验让学生直观而震撼地看到了铝管对磁铁下落的阻碍作用，再通过对比分析橡皮泥与磁铁、塑料管与铝管等实验现象，得出阻碍作用产生的原因是感应电流的磁场，学生自己得出感应电流对磁铁的下落起到“阻碍”作用，突破“阻碍”这个重点和难点。

表 11-12 《楞次定律》典型环节一：改进前后对比表

改进类型	改进前	改进后	改进意图
调整顺序	先讲楞次定律，后讲法拉第电磁感应定律。	先讲法拉第电磁感应定律，后讲楞次定律。	依据学习进阶理论，从学生认知出发，先易后难。
增加内容	楞次定律的表述：感应电流具有这样的方向，即感应电流的磁场总是阻碍引起感应电流的磁通量的变化。	楞次定律的表述有两个。第一种表述：感应电流的效果总是阻碍产生感应电流的原因。第二种表述：感应电流具有这样的方向，即感应电流的磁场总是阻碍引起感应电流的磁通量的变化。	从更广的角度理解楞次定律，作为依据现象进行的概念进阶的理论支撑。

典型环节改进二

本节课的另一个重点和难点是让学生认识到感应电流对磁通量变化的阻碍作用是通过“磁场”实现的。在“落磁”实验中，学生很清晰地看到了铝管中的磁铁下落变慢，分析出磁铁受到一个向上的力，通过对比实验，磁铁在塑料管里不会受到这个力，橡皮泥在铝管里不会受到这个力。磁铁与铝管之间有相互作用，这与磁铁的磁性无关。先分析磁铁，再分析磁铁周围的磁场。周围没有其他磁体，所以只可能是铝管中的感应电流产生了新磁场。接下来分组探究当磁铁插入和拔出一个开口、一个闭口的两个铝环时发生的现象。学生发现，在其他实验条件都一样的情况下，闭口的铝环能看到感应电流的效果，开口的铝环则看不到，验证了前面的判断，阻碍作用是铝环中产生的感应电流通过磁场实现的效果。

表 11-13 《楞次定律》典型环节二：改进前后对比表

改进类型	改进前	改进后	改进意图
概念引入及讲授方式	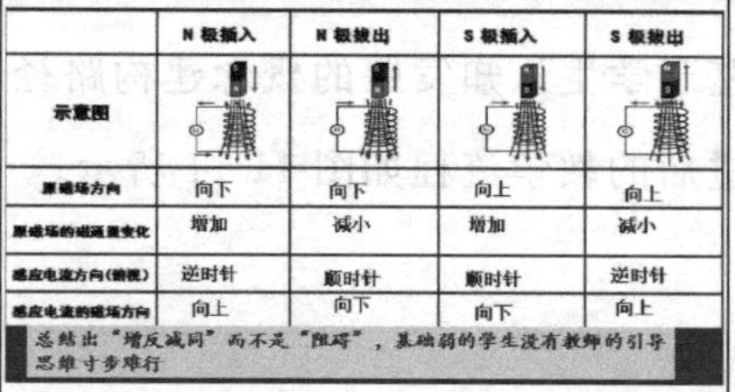 先通过实验判断电流方向与电流表偏转方向的关系(实际看不见电流方向)； 再明确线圈的绕向； 教师引导学生观察原磁场的方向，原磁通量的变化、感应电流的方向、感应电流的磁场方向，从表格中总结出感应电流的磁场阻碍磁通量的变化。	 通过落磁实验，学生很震撼地看到磁铁与粉笔在铝管与塑料管中下落的区别，通过分析总结出感应电流对磁铁的下落起到阻碍作用。 通过学生分组的楞次环实验，体验阻碍的作用。 注意以下问题： 1. 记录你的操作和水平圆环的转动情况。 2. 调换磁极，观察实验现象。 3. 有什么共同的规律吗？ 注意事项：每次实验开始时，让圆环处于静止状态。 感应电流为什么会产生这样的效果呢？磁铁和线圈之间的阻力或者斥力是通过什么产生的呢？	降低学生学习新概念的难度，从观察实验入手引入新概念。

学生对“落磁”实验的探究过程是基于探究建立核心概念的重要环节。学生对实验现象进行合理的科学猜想假设，并简化模型，再通过铝环实验证明自己的猜想和假设。通过闭合铝环与开口铝环的对比实验，学生确定了产生感应电流的充分条件。学生进一步研究实验，尝试总结感应电流对运动的效果。磁条靠近铝环远离，磁条远离铝环靠近，转动磁条铝环跟着转动，依据这一系列实验归纳出感应电流产生的磁场效果是阻碍相对运动。

根据上节课法拉第电磁感应定律内容进一步分析原磁场的磁通量与感应电流产生的磁场，依据相对运动的方向判断感应电流的磁极，再判断感应电流的磁场。学生与教师之间通过一步一步地互动推导出感应电流方向的判断方法，即得出了楞次定律的内容。这样，学生经历了物理规律的探究过程，熟悉了解决问题的一般模式和方法，寻求答案的过程也给学生带来了成就感，使学生更愿意进一步学习和探索新的物理问题。

(二)教学流程的改进

改进后的教学设计有两条主线：一是基于学生认知发展的概念建构路径；二是基于学科能力发展的科学探究活动。改进后的教学流程如图 11-11 所示。

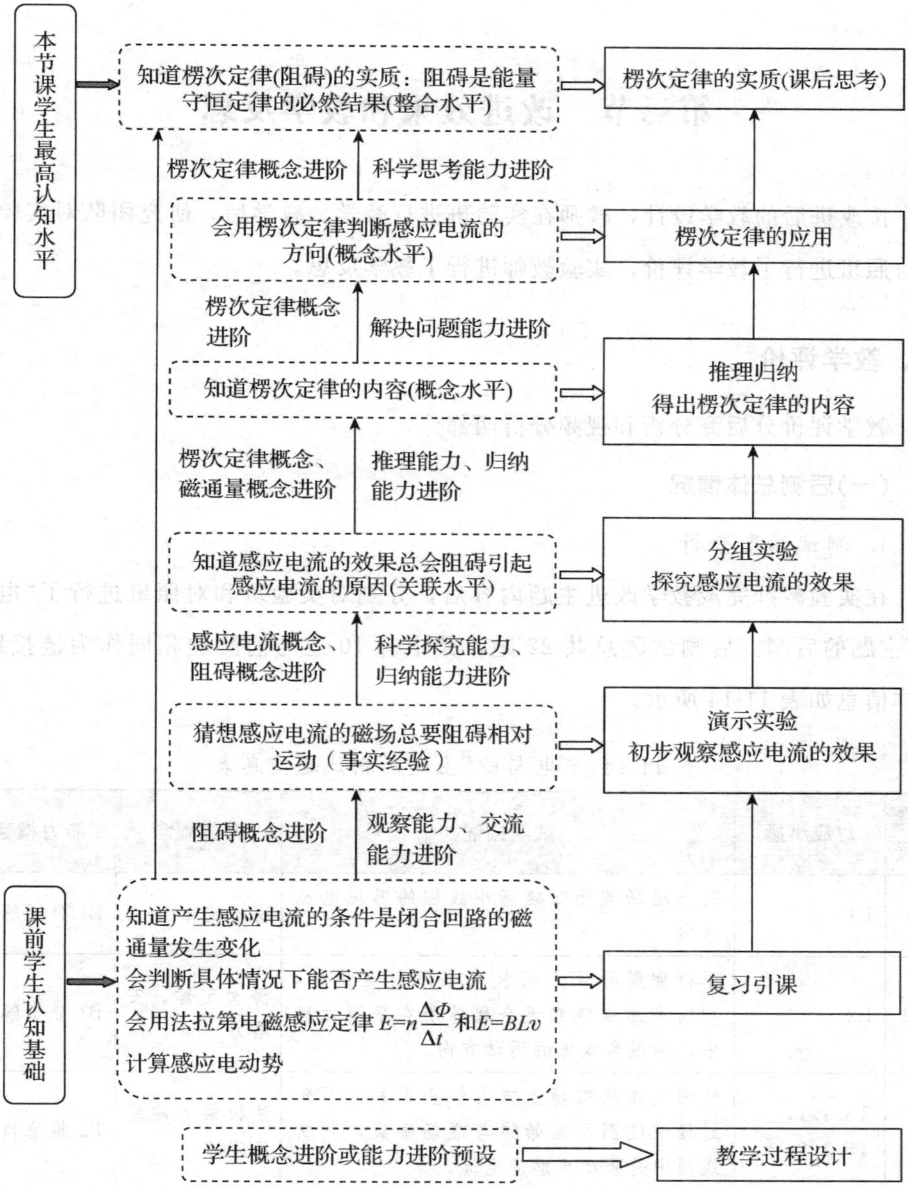
本节课学生最高认知水平
知道楞次定律(阻碍)的实质：阻碍是能量守恒定律的必然结果(整合水平)
楞次定律的实质(课后思考)
楞次定律概念进阶
科学思考能力进阶
会用楞次定律判断感应电流的方向(概念水平)
楞次定律的应用
楞次定律概念进阶
解决问题能力进阶
知道楞次定律的内容(概念水平)
推理归纳
得出楞次定律的内容
楞次定律概念、磁通量概念进阶
推理能力、归纳能力进阶
知道感应电流的效果总会阻碍引起感应电流的原因(关联水平)
分组实验
探究感应电流的效果
感应电流概念、阻碍概念进阶
科学探究能力、归纳能力进阶
猜想感应电流的磁场总要阻碍相对运动（事实经验）
演示实验
初步观察感应电流的效果
阻碍概念进阶
观察能力、交流能力进阶
课前学生认知基础
知道产生感应电流的条件是闭合回路的磁通量发生变化
会判断具体情况下能否产生感应电流
会用法拉第电磁感应定律 $E=n\frac{\Delta\Phi}{\Delta t}$ 和 $E=BLv$ 计算感应电动势
复习引课
学生概念进阶或能力进阶预设
教学过程设计

图 11-11 《楞次定律》改进后教学流程图

第三节　改进效果和教学反思

按改进后的教学设计，教师在实验班进行教学。教学后，研究团队对实验班和对照班进行了教学评价，实验教师进行了教学反思。

一、教学评价

教学评价分后测分析和视频分析两部分。

(一)后测总体情况

1. 测试结果分析

在实验教师完成教学改进主题内容后，分别对实验班和对照班进行了“电与磁”主题的后测。后测试题总共 22 题，其中有 10 道与前测题相同作为链接题，具体信息如表 11-14 所示。

表 11-14　“电与磁”主题后测试题信息表

试题编号	对应小题	试题描述	考查概念	能力指标
L1	L1	画出磁场减弱时磁场中线圈的感应电流方向。	楞次定律	B1 分析解释
L2	L2	平行金属导轨上面放两根平行金属棒，判断条形磁铁靠近金属棒所在平面过程中，两根金属棒的运动方向。	楞次定律、安培力	B1 分析解释
T5	T5.1.1，T5.1.2	矩形线圈从磁场上方由静止释放，下落过程中线圈平面始终与磁场垂直，判断线圈中是否产生感应电流。	法拉第电磁感应定律	B2 推论预测
	T5.2	说明进入磁场后的能量转化。	能量的转化	B3 综合应用
	T5.3.1，T5.3.2	判断线圈四个顶点的电势大小。	电势	A2 概括论证

续表

试题编号	对应小题	试题描述	考查概念	能力指标
T7	T7.1，T7.2，T7.3	线圈与导线在同一平面内，线圈的两个边与导线平行，判断线圈运动时是否产生感应电流。	法拉第电磁感应定律	B1 分析解释
H3	H3	判断条形磁铁靠近超导圈时超导内部电流的方向。	楞次定律	B1 分析解释
H4	H4	分析套在一起的两个闭合圆形电流，根据某个导线圈内的电流变化判断另一个导线圈内电流的变化情况。	法拉第电磁感应定律	B1 分析解释
H5	H5	判断自感线圈对电路的影响。	自感	B2 推论预测
H6	H6.1，H6.2，H6.3	判断圆环在有恒定电流的导线轨道上的运动情况。	法拉第电磁感应定律、楞次定律	B3 综合应用
H7	H7.1，H7.2，H7.3	在垂直于运动平面的磁场中，金属棒从无限长导轨上从静止下落，分析解释其运动状况和能量转化情况。	法拉第电磁感应定律、楞次定律	B3 综合应用
H8	H8	画出电磁感应这一章的知识框架图。	法拉第电磁感应定律、楞次定律、电磁驱动、电磁阻尼、涡流、互感、自感	A3 关联整合
T9	T9.1	某同学用万用表测线圈电阻，当万用表离开接线柱的瞬间，该同学接触到了线圈裸露的两端，顿时感觉到电击感，说出本人的类似经历。	自感	C3 建构新模型
	T9.2	根据现象作出解释说明。		C2 迁移与质疑

对后测的数据进行分析如下。

(1)样本信息统计

实验班和对照班的后测有效样本数以及它们的描述性统计如表 11-15 所示。

表 11-15　“电与磁”主题后测样本信息统计表

班级	实验班	对照班
人数	28	29

(2)信效度检验

基于 Rasch 模型，用 Winsteps 软件对后测结果进行分析，所得测试的概要信息统计和题目拟合度如图 11-12 所示。

```
------------------------------------------------------------------------------
| PERSON     114 INPUT      114 MEASURED                INFIT         OUTFIT  |
|           TOTAL      COUNT     MEASURE  REALSE    IMNSQ   ZSTD  OMNSQ   ZSTD|
| MEAN       25.2       19.1       -.14      .30     1.00     .0   1.03     .0|
| S.D.        6.5        2.9        .74      .04      .27     .8    .44     .9|
| REAL RMSE     .30 TRUE SD     .68  SEPARATION  2.27  PERSON RELIABILITY  .84|
|-----------------------------------------------------------------------------|
| ITEM       33 INPUT      33 MEASURED                  INFIT         OUTFIT  |
|           TOTAL      COUNT     MEASURE  REALSE    IMNSQ   ZSTD  OMNSQ   ZSTD|
| MEAN       86.9       65.8        .00      .17      .99    -.1   1.05     .1|
| S.D.       40.7       22.6        .80      .05      .18    1.4    .36    1.5|
| REAL RMSE     .18 TRUE SD     .78  SEPARATION  4.39  ITEM   RELIABILITY  .95|
------------------------------------------------------------------------------
```

图 11-12　“电与磁”主题后测信效度分析

(注：此分析中人数为前后测实验班和对照班人数之和，即 57 人的两倍，共 114 人。题目为前后测所有题目，前后测试题中共有 12 道链接题，所以加起来共 33 道题。本小节以下分析同。)

从图 11-12 可看到后测的信效度：(1)检验测试结果与模型预期一致性程度的两个指标分别为 MNSQ 值与 ZSTD 值。后测中被试的 OUTFIT MNSQ 值为 1.03，OUTFIT ZSTD 为 0.0，测试题的 OUTFIT MNSQ 值为 1.05，OUTFIT ZSTD 为－0.1，均在理想范围之内(MNSQ 理想范围为 0.7～1.3；ZSTD 为－2～2)；(2)题目信度(ITEM RELIABILITY)为 0.95，样本信度(PERSON RELIABILITY)为 0.84。两者的大小均大于或等于 0.6，表示测试信度较高，有效性在可接受范围之内，符合研究要求。

从怀特图(图 11-13)可看出，本次后测题的难度值基本覆盖了学生的能力值，能够有效区分不同程度的学生，测试结果可靠。

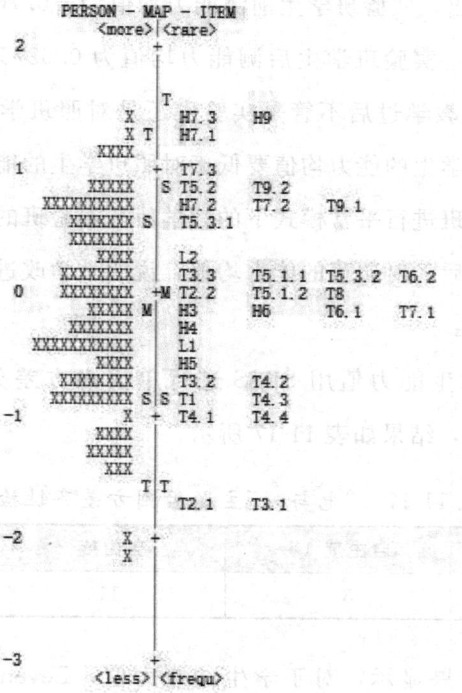

图 11-13 “电与磁”主题后测怀特图

(3)学生能力值分析

基于 Rasch 模型，得出实验班和对照班在前后测中各个学生的能力值，将其导入 SPSS 中进行数据分析。对实验班和对照班学生前后测的能力值做统计平均，得到学生的能力均值结果如表 11-16 所示。

表 11-16 “电与磁”主题前后测学生能力均值

组别	N	均值	标准差	标准误
对照班前测	29	−0.6745	0.45424	0.08435
实验班前测	28	−0.7668	0.53541	0.10118
对照班后测	29	0.2441	0.48104	0.08933
实验班后测	28	0.6275	0.33038	0.06244
总计	114	−0.1437	0.74667	0.06993

由表 11-16 可看出，实验班学生前测能力均值为－0.7668，对照班学生前测能力均值为－0.6745，实验班学生后测能力均值为 0.6275，对照班学生后测能力均值为 0.2441，在教学过后不管是实验班还是对照班学生能力均有提升。此外，在教学前实验班学生的能力均值要低于对照班学生的能力均值，但实验班经过教学改进，而对照班进行平常模式下的教学后，实验班的学生能力均值有了更大的提升，高于教学后的对照班的能力均值，说明教学改进对促进学生能力的发展产生了明显的效果。

对不同组别的学生能力值用 SPSS 进行单因素方差分析(One-Way ANOVA)，检验其差异性，结果如表 11-17 所示。

表 11-17 “电与磁”主题后测方差齐性检验

莱文统计	自由度 1	自由度 2	显著性
1.930	3	110	0.129

方差齐性检验结果显示，对于学生的能力值，Levene 统计量的 F 值等于 1.930，$P=0.129>0.05$，说明方差齐性。故选用 LSD 方式对数据进行检验，结果如表 11-18 所示。

表 11-18 “电与磁”主题后测多重比较统计表

(I)	(J)	平均值差 (I－J)	标准误差	显著性	95%置信区间	
					下限	上限
对照班前测	实验班前测	0.09230	0.12100	0.447	－0.1475	0.3321
	对照班后测	－0.91862*	0.11994	0.000	－1.1563	－0.6809
	实验班后测	－1.30198*	0.12100	0.000	－1.5418	－1.0622
实验班前测	对照班后测	－1.01092*	0.12100	0.000	－1.2507	－0.7711
	实验班后测	－1.39429*	0.12206	0.000	－1.6362	－1.1524
对照班后测	实验班后测	－0.38336*	0.12100	0.002	－0.6232	－0.1436

从多重比较结果可以看出，对照班前测和实验班前测的平均值差为 0.092，说明在教学前实验班的能力均值低于对照班的能力均值。前测能力值之间的显著

性大小为 $P=0.447>0.05$，说明两班在前测中能力值并无显著差异，对照班略好于实验班。实验班学生前测中的能力值与后测的显著性大小为 $P=0.000<0.05$，说明教学改进课程对学生能力发展有着显著的提升。而对照班后测和实验班后测的平均值差为 -0.383，说明教学后实验班的能力均值明显高于对照班的能力均值。且两班后测能力值之间的显著性大小为 $P=0.002<0.05$，差异显著，说明实验班的学生能力相比对照班有显著提升。

以下，结合部分试题进一步具体分析。

2. 典型题目分析

典型题目分析一

题目 T7.1 是链接题，在前测和后测中都有，通过链接题可以发现教学前后学生的变化。试题内容如图 11-7 所示。

本题主要考查学生的推理能力和建模能力，学生根据直流导线周围的磁场模型应用楞次定律判断出线圈有无感应电流，并说出推理依据，评分标准如表11-9所示。

前后测中实验班和对照班得分统计如表 11-19 所示。

表 11-19　试题 T7.1 得分统计

	得分	0 分	1 分	2 分	3 分
前测	对照班	65.5%	34.5%	0.0%	0.0%
	实验班	67.9%	32.1%	0.0%	0.0%
后测	对照班	17.2%	6.9%	0.0%	75.9%
	实验班	7.1%	10.7%	0.0%	82.2%

由表 11-19 可以看出，前测时实验班和对照班得满分的比例都为 0.0%，在实施教学后，后测时分别上升为 82.2% 和 75.9%，得满分的人数大幅增加。说明在教学后有很大一部分学生纠正了原来存在的“切割磁感线就会产生感应电流”的迷思概念。后测时部分学生推断有无感应电流的论证过程更加详细，理由更加充分。同时，实验班的得分率整体上高于对照班，可见实验班经过教学改进后，

对概念的理解更好，分析解释能力和推理能力的提升也较大。

典型题目分析二

L2：如图所示，水平面上有两根平行金属导轨，上面放着两根金属棒 a、b，当条形磁铁向下运动时(不到达导体平面)，a、b 棒将如何运动(忽略 a、b 棒电流间的相互作用)？请说明原因。

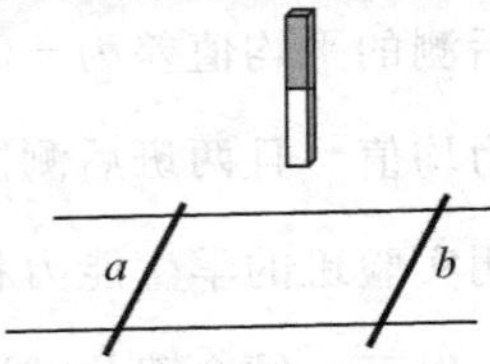

图 11-14　试题 L2 题目

试题 L2 主要考查学生的推理预测能力，学生利用楞次定律预测出 a、b 棒的运动情况。评分标准如表 11-20 所示。实验班和对照班得分统计如表 11-21 所示。

表 11-20　试题 L2 评分标准

0 分：现象判断错误(无论答案如何) 例如：向两侧运动。
1 分：现象说明正确，原因未解释或解释错误；或者原因解释部分正确，现象说明错误。 例如：a、b 相互靠近，原磁场的磁通量变大。
2 分：现象说明正确，且原因解释部分正确。 例如：a、b 相互靠拢，感应电流要阻碍原磁场的变化。
3 分：现象说明正确，原因解释正确。 例如：a、b 相互靠拢，原磁场的磁通量变大，感应电流要阻碍磁通量的变大。

表 11-21　试题 L2 得分统计表

得分	0 分	1 分	2 分	3 分
实验班	3.7%	29.6%	55.6%	11.1%
对照班	17.2%	51.7%	13.8%	17.2%

此题为后测题，教学后，实验班在本题得 2 分人数比例为 55.6%，但得 3 分的只有 11.1%。对照班中得 1 分的比例达到了 51.7%，这说明教学后，对楞次定律的理解还有所欠缺。整体横向比较来看，实验班的能力水平改善比较明显，整体要优于对照班。

(二)视频分析

对实验教师《楞次定律》教学的课堂实录分别进行表层分析与深层分析，研究教师的教学实施过程是否符合学生能力发展的要求。

1. 表层分析

(1)课堂环节

课堂由不同的教学环节组成，一个确定的教学环节(如练习)可以在一堂课中出现多次。在实际课堂中，可以将其分为8类教学环节：无活动、复习、新课引入、新内容教学、练习/应用、小结/回顾、作业布置/检查、其他。根据以上分类分析视频之后得到的结果如表11-22所示。

表11-22 《楞次定律》课堂环节分析表

课堂环节	时间/min	所占比例
复习	0.80	1.8%
新课引入	14.23	31.2%
新内容教学	21.73	47.6%
练习/应用	6.40	14.0%
小结/回顾	0.93	2.0%
作业布置/检查	1.55	3.4%

从分析数据上可以看到，在改进课程中，教师在引入部分与常规教学相比用的时间比较多，占1/3的时间。新内容教学所占百分比47.6%，与相同内容的课程相比新内容讲解的过程比较少。

(2)课堂互动组织形式

对课堂互动组织形式进行分析，结果如表11-23所示。

表11-23 《楞次定律》课堂互动组织形式分析表

课堂互动组织形式	时间/min	所占比例
教师讲解	2.97	6.8%
记笔记	3.47	7.9%

续表

课堂互动组织形式	时间/min	所占比例
以教师为中心的讨论	15.05	34.4%
全体讨论	17.77	40.6%
静默/个体活动	4.52	10.3%
总时间	43.78	100.0%

从分析数据上可以看到，本节课全体讨论时间占总教学时间的40.6%，其次是以教师为中心的讨论时间占34.4%。表明这节课与常态课相比全体讨论占用时间多，在课堂当中教师有意识地以学生为中心进行互动，基本按照本节课的教学设计开展教学活动。在改进课程中，教师减少了教师讲解，将其转化为学生自己思考和讨论的时间，把更多的时间分配给全体学生讨论和思考(静默/个体活动)，使学生的思维活动参与到课堂互动当中，有助于提升教学效果。

2. 深层分析

对课堂实录从概念建构、经验学习、问题解决这三个角度进行深层分析，参照上一章的分析框架(表10-16)，分析结果如表11-24所示。

表11-24 《楞次定律》视频分析：深层分析结果1

时间/min	编码	内容	分析
1.92	CB2	演示法拉第电磁感应实验。	属于建构教学，复习法拉第电磁感应定律，让学生了解已学知识与新知识的联系，唤起学生原有认识。
0.47	CB4	观看实验发现研究问题。	
4.37	PS1	铝管和塑料管中落磁的对比实验。	引发认知冲突，使学生产生疑问。
0.43	LE5	根据经验判断铝管中感应电流对磁体有阻碍作用。	属于经验学习，根据经验分析铝管问题。
6.28	LE1+	闭合和有开口的铝环实验。	属于基于经验学习的概念建构。学生通过动手动脑的实验活动，进一步体验感应电流产生的“阻碍”效果，检验通过观察演示实验产生的猜想，基于经验进行初步的概念建构。

续表

时间/min	编码	内容	分析
1.97	CB3	分析铝环的实验原理。	属于概念教学，基于经验进行初步的概念建构，分析闭合和有开口铝环的本质区别，解释实验现象。
1.73	LE4	对磁铁靠近/远离的效果进行总结。	属于经验学习，总结实验经验，对感应电流效果进行归纳。
0.33	CB3	总结出楞次定律。	属于概念建构，描述感应电流方向的原理，再应用楞次定律，加强对概念的理解。最后将所学内容以练习进行巩固，同时引出下一部分教学内容，将刚学的内容应用到新的情境。
4.58	CB5	不同情境下的感应电流方向。	
4.73	CB4	练习标感应电流方向。	
2.72	CB5	现有方法不能解决的情境。	
4.22	PS2	再次解释铝环实验。	属于问题解决，同样的问题用磁通量的方法判断感应电流的方向。
7.57	CB4	让学生总结楞次定律的另一种表述。	属于概念建构，深入探讨了原磁场与感应磁场的关系。
2.28	AIM	小结，布置作业。	对所学内容进行总结回顾。

将概念建构(CB)、问题解决(PS)、经验学习(LE)三大类的时间求和之后，计算其百分比，结果如图 11-15 所示。

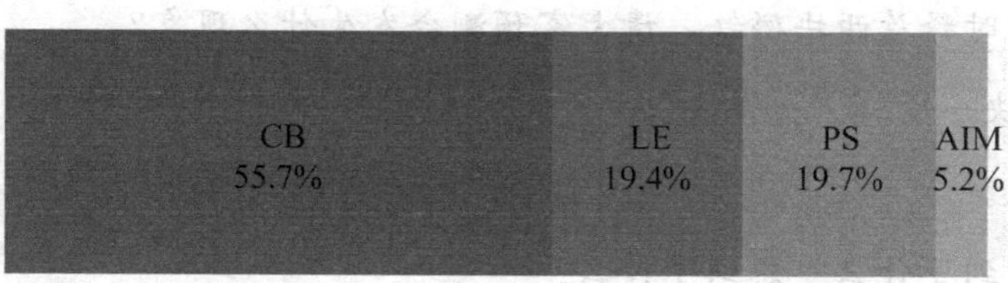

图 11-15 《楞次定律》视频分析：深层分析结果 2

从图 11-15 可以看到，教学改进的课程中，概念建构(CB)所用时间比例为 55.7%，教师在概念建构上所用的时间最多，说明本节课最多的时间用于概念的深入探讨及多角度的理解上，教师创设不同的情境引导学生加深其对概念的理解，同时提高学生的科学思维能力。经验学习(LE)所用时间占总上课时间的百分比为19.4%，教师提供简单情境的学生活动，引导学生分析实验逐步建构楞次定律的概念。问题解决(PS)占总上课时间的百分比为19.7%，引入环节由认知冲突产生疑问，接下来教师引导学生通过对情境的具体分析得出楞次定律的两种表述，并深入探讨它的物理意义，在这个过程中促进学生思考，培养学生分析解释和概括论证的能力。下面将结合具体教学片段(王锎，2016)进行说明。

【教学片段1】

师：本节课我们就来研究感应电流的方向。

师：这是一根塑料管，这是长度、粗细都相同的金属铝管。同时释放两个相同的橡皮泥。你预测能看到什么现象？

生：一样快。

同时释放。

师：请一名同学说说你观察到的实验现象并分析原因。

生：两块橡皮泥同时落到杯子里。两块橡皮泥做自由落体运动，开始和结束的位置相同，位移相同，所以时间相同。

师：老师这里还有两块相同的强磁铁，先检验一下磁铁是否吸引塑料管和铝管。

请学生到前面操作，证明磁铁与塑料管、铝管不吸引。

师：再同时释放两块磁铁，请大家预测会发生什么现象？

生：“一快一慢”或“一样快”。

同时释放。

师：你看到了什么？想到了什么？

生：塑料管的磁铁是一下子掉了，铝管里的磁铁是缓慢地下降，速度比塑料管里小了许多。

师：你能尝试分析一下原因吗？

生：应该受到一个向上的阻力吧？

师：受到一个向上的阻力，认可吗？好，小组讨论一下，这个阻力谁给它的？

学生讨论。

在该教学片段中，从教学环节安排上看，实验教师首先从观察实验现象入手，逐步提升学生的概念理解能力。教师首先补充了一个事实经验，通过分析猜想得到感应电流的磁场总要阻碍相对运动，对楞次定律的得出做了铺垫，同时学生的观察能力、交流能力得到了提高。

【教学片段 2】

师：我知道刚才的问题有点难，大家是不是有很多的困惑呀？老师给大家准备了实验，摆在每个实验桌上的有两个铝环，还有一根条形磁铁，下面请大家根据准备的实验器材分组研究电磁感应现象。

师：请同学汇报探究的过程和小组的结论。

生：磁铁向着它动，线圈就会躲开，当磁铁要离开，线圈就跟着走。

师：同学们，磁铁插入的过程是不是两者相互靠近的过程呀？靠近，发现他们俩之间存在着什么力？

学生齐答：斥力。

师：二者远离的时候，存在着什么力？

学生齐答：引力。

师：靠近的时候，存在着斥力，对靠近起到什么作用？远离的时候，存在引力，对远离起到什么作用？

学生齐答：阻碍。

师：你能用尽量简单的语言，把这两个结论综合到一起，看看感应电流的效果吗？

生：阻碍相对运动。

师：靠近和远离的动作产生了感应电流，可以理解为它是产生感应电流的原因。那阻碍靠近、阻碍远离可以看成是感应电流的效果。请你接着总结一下，感应电流的效果与原因之间有什么作用？

生：感应电流的效果总是阻碍引起感应电流的原因。

老师板书：

原因 {靠近——斥力(阻碍靠近)
远离——引力(阻碍远离)} 效果

图 11-16 《楞次定律》板书一

此过程使学生的认识有以下两方面发展：

(1)知道感应电流的效果总会阻碍引起感应电流的原因，引出楞次定律的第一种表述。

(2)深化学生对感应电流概念、阻碍概念的认识，发展了学生的科学探究能力和归纳能力。

【教学片段 3】

师：感应电流的效果总是阻碍产生感应电流的原因。那么产生感应电流的原因是什么呢？

生：闭合回路，磁通量发生变化。

师：下面我们一起分析，当 N 极插入的时候，原磁场方向，磁通量在变大，感应电流的磁场方向，感应电流的磁场与原磁场方向相反；当 S 极插入时，原磁场方向，磁通量变大，感应电流的磁场与原磁场方向相反。(用 PPT 动画演示)

师：你能总结一下当磁通量增加时，感应电流的磁场有什么规律吗？

生：当磁通量增加时，感应电流的磁场与原磁场相反；阻碍原磁通量的增加。

师：请小组讨论 N 极拔出和 S 极拔出的情况下，感应电流的磁场与原磁场变化的关系。(用 PPT 动画演示)

生：当磁通量减少时，感应电流的磁场与原磁场相同，阻碍原磁通量的减少。

师：请你用简短的语言总结以上几种情况下感应电流的磁场方向遵循的规律。

生：感应电流的磁场阻碍原磁通量的变化。

学生把自己得出的表述和楞次定律进行比较。

师：我们看一下，闭合回路磁通量发生变化时，产生感应电流，感应电流通过磁场，阻碍原磁通量的变化。

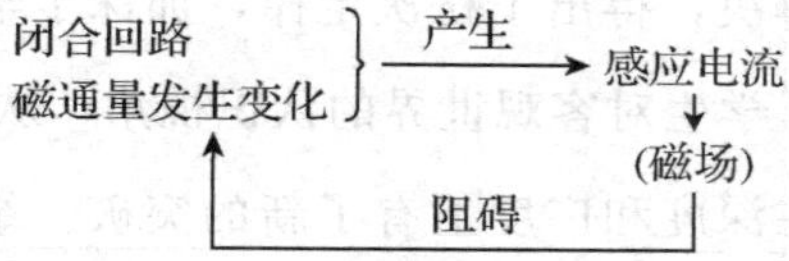

图 11-17 《楞次定律》板书二

此过程使学生有以下两方面发展：

(1)知道楞次定律的第二种表述：即感应电流的磁场总是阻碍引起感应电流的磁通量的变化，加深了对楞次定律的理解。

(2)促进了学生推理能力和归纳能力的发展。

【教学片段 4】

布置作业：

(1)如图，当直导线中电流发生变化(变大或变小)，判断闭合金属线框中感应电流的方向。

(2)重现落磁实验，思考磁铁的机械能到哪儿去了？感应电流的磁场为什么总是阻碍磁通量的变化？如果不阻碍，而是促进磁通量的变化，又会是怎样的情形呢？

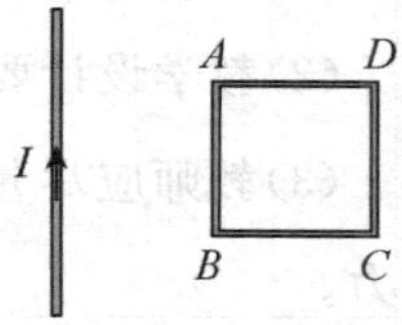

图 11-18 作业题图

学生齐答：转化为电能。

此过程使学生有以下两方面发展：

(1)会用楞次定律判断感应电流的方向。

(2)知道楞次定律(阻碍)的实质：阻碍是能量守恒定律的必然结果，发展了学生的能量观念。

3. 小结

此次教学实施过程是依据教学设计进行的。表层分析结果表明，课堂当中的主要教学活动是以学生为中心进行互动，与本节课的教学设计一致。在改进课程中，巧妙地将教师的讲解时间转化为学生自己思考和讨论的时间，有助于促进学生能力的发展。深层分析结果表明教师以概念建构为主，同时综合使用经验学习、问题解决的方法进行新概念教学，在学生已有的知识基础上，通过对不同情境下的问题进行分析和解决，得出了楞次定律，加深了学生对楞次定律的理解。最后利用课后作业拓展了学生对客观世界的认识视角，从能量的角度分析物理现象，对知识内容的教学在深度和广度上有了新的突破。结合测试结果可以看出，本次教学改进按照学生的认知发展过程重新设计了教学顺序和教学活动，有利于学生正确认识楞次定律的本质，同时发展了学生多方面的能力。

二、教学反思

教学改进结束之后，教师根据改进效果和自身体会，进行了教学反思，认识到教师教学中应注意以下几点。

(1)在备课过程中需要有一个宏观的知识框架，使得各环节之间的衔接顺畅，层次间的逻辑紧密，必要时可以根据知识结构改变教材的上课顺序。

(2)教学设计要考虑学生的前概念，课堂上要给学生互动时间。

(3)教师应尽量引发学生思考问题和解决问题，从而培养学生的独立思考能力。

(4)教学中充分应用认知冲突，通过演示实验把学生的注意力集中到这堂课上，慢慢引导学生找到答案，学生会对物理现象有更深的印象。

(5)概念解释很重要，教师要和学生一起挖掘核心概念中的各种信息。

学生是有一定的生活经验、有一定的知识基础、需要我们点燃热情的学习者；每一节课都有很多值得思考探究的地方，如果能够清楚知道每个教学环节的目的意图，多加思考并研究出几套解决问题的方案，就会感受到来自教学实践的乐趣，就会有课堂上的从容淡定和师生间的良好互动，就会有师生共同健康的成长。

三、总结

本教学改进案例的描述分三个阶段：教学诊断、教学改进过程和教学改进实施效果分析。其中，教学诊断部分主要对学生和教师的初始状态进行深入的分析，对学生进行分析的目的是准确判断学生能力发展的起点；对教师的分析主要从教学设计和学案中发现问题，并通过研究团队的讨论对教师进行多方位的指导。教学改进过程中，从内容分析到学情分析，研究团队和实验教师逐项研究每个环节，通过修改、删减、增加等操作，改进、完善教师的教学设计，从核心素养的角度重新分析和修改了教学设计。最后基于测试数据和视频分析对教学改进的实施效果进行评价。根据前后测的数据分析可以看出，实验班后测时的平均值高于对照班，并且两个班后测结果差异显著，说明实验班比对照班教学效果好。本次教学改进研究从学生能力发展角度搭好每一个台阶，取得了较好的效果。

考虑到学生的多样性，对同一课题的教学设计也可以有多种不同的方式，因此围绕核心素养的能力培养可以从不同的角度进行教学设计。

第十二章

总结与展望

本研究建构的物理学科能力表现框架为物理核心素养中的物理观念、科学思维和科学探究能力的诊断提供了观察和分析视角，通过大样本、跨年级的测试初步描述了学生在当前课程、教学培养下的表现。同时，我们研究了影响学生的物理观念和能力发展的学生自身、教师教学和家庭学校等方面因素。据此，我们深入课堂和一线教师合作，围绕核心概念进行了教学改进研究。总的来看，项目研究取得了阶段性成果，完成了预设目标。但我们同时感到，值得持续探讨和深入研究的问题还有很多，还有一些深层次的关联没有完全厘清。本章从物理核心素养角度总结已有研究成果，展望后续研究方向，勾绘对物理核心素养持续探索的未来愿景。

第一节　物理核心素养表现现状及其影响因素

历时五年的研究，经过理论研讨、实证测评和多轮修订，我们最终确定了本书第一章中的物理学科能力表现框架。该框架确立了物理学科能力测评的具体维度和相应指标体系，为测查和分析学生在当前培养模式下的物理核心素养发展情况提供了参考框架。基于此研究视角，对中学生在多个主题上的能力表现进行了系统测查，同时对学生能力表现的影响因素展开研究。除前期的理论研讨外，这两部分的研究主要通过大规模跨年级测评完成，构成了全书研究工作的理论和实证基础。

一、物理观念与能力的发展现状

从物理观念发展的角度来看，项目组着重对“力与运动”“电与磁”和“能量”三个主题上的学生物理学科能力表现进行了探究。这三个主题均是中学物理课程的核心概念，与物理核心素养中的四大观念联系紧密。“力与运动”主题对应着运动与相互作用观念的建构，“能量”主题对应着能量观念的建构，“电与磁”主题对于更高水平的物质、运动与相互作用、能量观念的建构有着重要作用。

纵览学生在三个主题上的表现，大部分学生能记忆重要物理概念和规律，能用文字、符号公式和图表表征概念，初步了解概念间的联系，在熟悉情境下能调用相关物理知识分析解释问题并进行一定的推论预测。然而整体来看，学生物理观念的发展尚未达到预期，特别是达到较高水平的学生比例较少。例如在“电与磁”主题上，初中阶段大部分学生能力水平已达到水平 3 和水平 4，即了解一些重要的物理概念、规律及简单模型，能基于所掌握的知识初步分析与解释常见的物理现象、解决熟悉的电磁情境问题；但高中阶段仅有很少部分学生达到水平 7，且达到水平 5 及以上的比例不到 50%。高中经过对电磁场的系统学习后，多数学生掌握的知识仍然是碎片化的，甚至不理解一些重要概念的含义及概念间的关联，且综合运用知识处理问题的能力比较弱，遇到复杂或陌生情境时更显得束手无策，不知如何建构模型或调用知识进行推理论证等。表明学生没有形成系统的知识结构，综合分析能力较弱，突出表现为遇到复杂陌生情境时，不能基于物理观念来寻求解决问题的途径，离建构起完整的知识框架和整合的物理观念尚有差距。

对学生在三个主题上的能力表现进行比较，发现在“力与运动”主题和“电与磁”主题上的表现相对较好，而在“能量”主题上的表现相对较差。学生的这种表现状况，与物理课程内容的设计和中学物理教学实践中对不同课程内容的重视程度，以及内容学习、问题解决的讲授引导方式是有关系的。然而，能量观念既是物理学科的重要观念，又是贯通物理、化学、生物和地理等诸多学科的跨学科素养之一，与物理学科前沿、学生生活和重大社会议题联系密切，学生能量观念的发展对于学生的未来发展和人类社会的发展至关重要，已经得到了国际科学教育领域的广泛关注。本研究的测评结果引发了我们对我国科学教育和物理教育的深刻反思，如何选择和设计课程内容，平衡内容侧重，如何在教学中对内容进行整合、改变教学引导思路，注重学生物理观念的平衡发展，建构对科学的整合理解，是今后物理教育领域需考虑和探索的重要议题。

再看学生能力发展的现状。根据学生在实际测试中的表现，本书第三章划分了七个能力表现水平，描述了 8 年级到高三年级学生物理学科能力的进阶脉络，初步呈现了核心素养中的关键能力的不同发展水平。从发展的视角来分析，经过物理课程的学习，学生的各关键能力都得到了一定程度的发展，学生能基本了解所学的物理概念和规律，并基于对这些物理概念和规律的认识，初步描述和分析常见的物理现象，解决一些物理问题。

具体来讲，在现有的课程教学情况下，大部分中学生的能力发展水平处于水平 3 或水平 4，处于这些水平的学生对重要的物理模型、概念和规律有一定的认识，能在熟悉情境中解决典型问题，且初步具有了质疑创新的意识。然而，高水平(水平 6、水平 7)的学生比例仍较低，特别是在高中阶段学生的水平提升不明显。再分析学生在三个能力维度上的表现，学生在“学习理解”维度上表现较好，在“应用实践”维度上表现尚可，但在“迁移创新”维度上的表现不甚理想。具体到每个维度来探讨，在“学习理解”维度上，学生在“观察记忆”与“概括论证”上表现较好，但在“关联整合”上表现欠佳，而“关联整合”恰恰是反映物理观念是否形成的重要任务类型。测试结果反映出中学生对分离的知识点的学习理解情况较好，但头脑中的知识是零散的，尚未形成整合的物理观念。在物理核心素养的诸要素中，物理观念的发展是其他要素发展的重要基础，也是制约学科能力表现的重要因素。据此也可以在一定程度上解释“应用实践”和“迁移创新”两个维度上的能力表现。随着年级的升高，学生的“应用实践”能力有所发展，但学生的“分析解释”“推论预测”和“综合应用”能力并不是随着所学知识的增多而自行增强。解决“应用实践”类型的任务，不仅需要学生具备相应的物理知识和观念，还需要具备应用物理模型进行科学推理和论证的能力；“迁移创新”维度是学生能力发展的薄弱点，特别是欠缺在真实、新颖的情境中建构模型解决问题的能力，与我国当前注重创新型人才的培养目标还存在较大差距。

相比核心概念主题上的物理学科能力表现，学生在核心活动主题上的学科能力发展更为滞后。核心活动主题侧重考查学生的科学探究和实验能力，研究结果表明，学生对核心活动所对应的基本知识理解尚可，能够完成简单或常规活动任务，但分析处理数据、得出相应结论的能力较弱，在新情境和复杂情境中运用新方法进行自主活动设计有效解决问题的能力更弱。总体来看，与物理核心素养中对科学探究能力的要求有相当大的差距。

二、从学科能力的影响因素看核心素养的发展

本研究对学习动机、学习自我效能感、教学策略、教学活动任务、家校因素等多方面影响因素进行了测查和关联分析。可以看到，物理核心素养的发展绝不仅是学业水平的提升，而是多方面因素共同发展和相互影响的结果。值得注意的是，在相关程度最高的学习动机、学习态度、学习自我效能感这三个学生因素上，呈现了一种发人深省的“一致”——随着年级的升高，学生的学习动机、学习态度、学生自我效能感均有不同程度的下降。虽然这种下降趋势在许多西方发达

国家也是如此(e. g. Osborne et al，2003)，但我们物理教育研究者和实践者仍应深刻地反思降低青少年物理学习动机、学习态度和学习自我效能感的原因。

学习动机、学习态度和学习自我效能感等学生因素，正对应着核心素养定义中的“必备品格”。但这些必备品格却并没有随着学业的进展在发展，而是呈现出退降的趋势。必备品格是核心素养的重要构成，能力发展的瓶颈很有可能与必备品格的发展停滞相关。造成这种现象的原因不是单一的，教师教学、家庭教养、社会氛围都有导致此现象的潜在可能。因此，促进必备品格和关键能力的协同发展，是今后物理课程教学变革的重要目标。国外的相关研究表明，适度转变教学策略和教学模式、营造良好的探索情境和氛围，是有可能扭转这种下降趋势的(Vedder-Weiss et al，2011)，这同时也是物理教育实践者能力范围之内所能给予的应对。

第二节　教学改进研究总结与建议

基于对中学生物理学科核心素养的发展现状的描述及其影响因素的分析，研究者先后在十余所实验校与实验教师一道开展了教学改进实践。本节从教学目标和教学内容、课堂教学设计与实施、学习评价等方面对教学改进实践过程中积累的经验进行系统总结，并提出建议。

一、围绕核心素养的发展整合教学目标和教学内容

测评结果显示，大多数学生对物理概念、规律和能力的认知比较零散、孤立，呈现出碎片化倾向。然而，再度温习周光召先生的建议："科学教育不应该传授给孩子支离破碎、脱离生活的抽象理论和事实，而是应当慎重选择一些重要的科学观念，用恰当、生动的方法，帮助孩子们建立一个完整的对世界的理解"(温·哈伦，2011，序言)，我们从中能发现物理教学改进的重要方向——引导学生关联整合所学知识，发展物理核心素养。具体来讲，教师应围绕物理学科的物质观念、运动和相互作用观念、能量观念，引导学生建构知识之间的内在联系，打破各个重要概念间的孤立情况，促进学生围绕核心概念的知识整合与发展。创设问题情境和探究环境，鼓励学生有效参与科学实践活动，在科学实践活动中发展物理学科能力，培养科学精神、创新意识，树立良好的科学态度与责任。

发展学生的核心素养并不是一蹴而就的，需要每一节课的具体教学目标不断在学生头脑中汇集、整合。因此，需要围绕核心素养整合每节课的具体教学目标，以更加有效地促进学生核心素养的发展。每一节课的具体教学目标需要以具体的教学内容作为载体。因此，在整合教学目标的同时，需要围绕核心素养发展整合教学内容。下面就如何围绕核心素养发展整合教学目标和教学内容提出建议。

(一)围绕学生核心素养的发展，整合教学目标

1. 从学生核心素养发展的高度审视与挖掘每一节课的教育价值，拟定恰当的教学目标，从而促进核心素养发展。

物理教学的目标是要促进学生核心素养的全面发展。物理核心素养由物理观念、科学思维、科学探究、科学态度与责任等若干要素组成，这些要素必须落实在每一节课的教学目标中，因此要具体分析每一节课对促进学生核心素养发展的价值，明确每一节课促进学生哪些方面的核心素养得到发展，又是如何促进学生核心素养发展的，在此基础上确定具体的课堂教学目标。

例如，高中物理《速度》课题的教学目标可以重点侧重以下几个方面：强调速度概念引入的必要性，以此丰富学生对运动观念的认识；强调在速度定义基础上应用极限思想得出瞬时速度的思维过程，从而发展学生的科学推理能力；在建立速度概念后，强调设计实验测量速度的教学目标，从而发展学生进行实验设计与操作的能力。

2. 基于学生核心素养的发展现状，合理拟定每一节课的教学目标，从整体上促进核心素养协调、均衡发展。

在实际教学中，学生物理核心素养的发展往往是不平衡的，应根据测评结果，有针对性地规划每一节课的具体教学目标，注意不同要素之间的协调与均衡。例如，加速度是学生发展运动观念过程中的一个重要概念，针对机械运动的测评发现，学生缺乏建立加速度概念的事实经验，对于加速度概念建立的意义认识不足，尚未掌握建立速度概念的科学思维方法，对矢量的认识有待发展，实验设计和探究能力也需要加强。针对上述分析，高中物理《速度变化快慢的描述——加速度》课题的教学目标可以描述为：

- 知道加速度是描述物体速度变化快慢的物理量。
- 理解加速度概念，会区别速度、速度变化和速度变化率。
- 经历用比值定义法和极限思想建立加速度概念的过程。
- 了解加速度的矢量性，会根据速度与加速度方向的关系判断运动性质。

• 会利用加速度定义式或 v-t 图像等分析匀变速直线运动的加速度，并会设计和完成测量物体运动的加速度的实验。

• 通过加速度与实际生产、生活的联系，体会物理学的实用性。

加速度教学目标表明：通过本节课的教学有助于在参考系、位移、速度等原有物理概念的基础上，通过建构加速度的物理意义、建立加速度与速度、速度变化量等相关概念的联系，进一步发展学生的运动观念；通过经历使用比值定义法定义加速度概念，使用极限思想建立瞬时加速度概念，使用各种方式分析物体的加速度等过程，发展学生建立模型、科学推理等各种思维能力；通过测量物体运动的加速度的实验设计、实验操作、数据处理等过程，培养学生科学探究能力；通过建立加速度概念与实际生产和生活的密切联系，体会物理学的实用性，进一步发展学生的物理学习兴趣、科学态度与社会责任感。

3. 围绕核心素养统筹安排前后课教学的具体教学目标，促进学生核心素养的全面发展。

在进行教学设计时，考虑各内容之间的关联，以统筹安排各节课之间的衔接点，有利于具体教学目标的整合。例如，在确定高中物理《自由落体》一节课的目标时，如果在测量自由落体加速度基础上，增加"根据自由落体运动的加速度，猜想一般物体运动的加速度大小由哪些因素决定，并猜测这些因素之间的定量关系。"也就是以自由落体运动的加速度 $a=g=\frac{G}{m}$ 作为事实依据，猜想：对一般物体是否满足 $a=\frac{F_{合}}{m}$。这样的安排，有利于发展学生根据有限的事实进行猜想假设的思维能力，这正是创新思维的重要组成；同时，也为后续牛顿第二定律的探究奠定了提出问题并猜想假设的基础。因此，通过前后教学目标的合理统筹安排，有利于具体教学目标在更高层次的整合，从而促进学生核心素养的发展。

(二)围绕学生核心素养的发展，整合教学内容

选择合适的教学内容并将其进行整合，是促进学生核心素养发展的关键。没有合适的教学内容，发展学生核心素养将变成空谈。但是，核心素养的发展却并

不是依靠教学内容的简单堆砌就能实现的，需要围绕核心素养发展这一根本性目标对教学内容进行整合。

围绕核心素养发展，借鉴物理学科能力评价框架，可以对教学内容进行横向整合。所谓“横向整合”，针对某一具体教学内容，挖掘影响学生理解内容的认知因素，并从核心素养角度分析所学内容的价值与功能。内容的整合有以下几个实施途径。

(1)围绕核心概念整合教学内容，促进学生物理观念的形成。由于核心概念与学生的生活实际紧密相连，对学生未来的学习将产生更重要的影响，更容易迁移。因此，建议课程内容紧密围绕核心概念，把能促进核心概念深层理解的物理知识作为课程内容。

(2)挖掘教学内容中包含的科学思想和科学方法，促进学生科学思维的发展。教学一方面是促进学生对知识的理解；更重要的是通过知识理解，促进学生科学思维能力的发展。

(3)强化探究性实验的基础性地位，促进学生科学探究能力的发展。物理学习过程中应该以实验现象与事实作为认识客观世界的基础，这就决定了教学内容需要整合知识学习与物理实验，以实验促进知识理解，同时，知识的理解也反过来促进实验能力的发展。

(4)挖掘教学内容的人文教育素材，通过逐步渗透，培养学生的科学态度与社会责任感。

关于新手与专家的研究表明：专家的知识往往是结构化的，知识间存在丰富的联系，并具有层次。概念间的关联是知识结构的重要组成成分。本研究的测试却发现学生建构科学理解时缺乏概念间的关联，特别是围绕核心概念的整合，这是发展物理观念的最大障碍。因此，在物理教学中，建议围绕某一主题或核心概念，对教学内容进行跨学段、跨年级的梳理，帮助学生深入理解物理概念及其联系，从而逐步发展物理观念。

但是，物理观念绝不是物理概念的简单堆砌，而是需要在大量具体物理概念相互关联基础上围绕核心概念建立概念体系，并在头脑中进行提炼和升华，才能逐步形成。因此，从宏观上分析概念体系的发展，并具体分析每一个发展阶段上有哪些具体的物理概念促进核心概念体系的发展，是物理观念教学的可操作性途径。例如，“运动与力的关系”是中学物理的一个核心概念，也是发展运动和相互作用观念的重要内容载体。从初中到高中的主要教学内容可以按照图 12-1 组织起来。

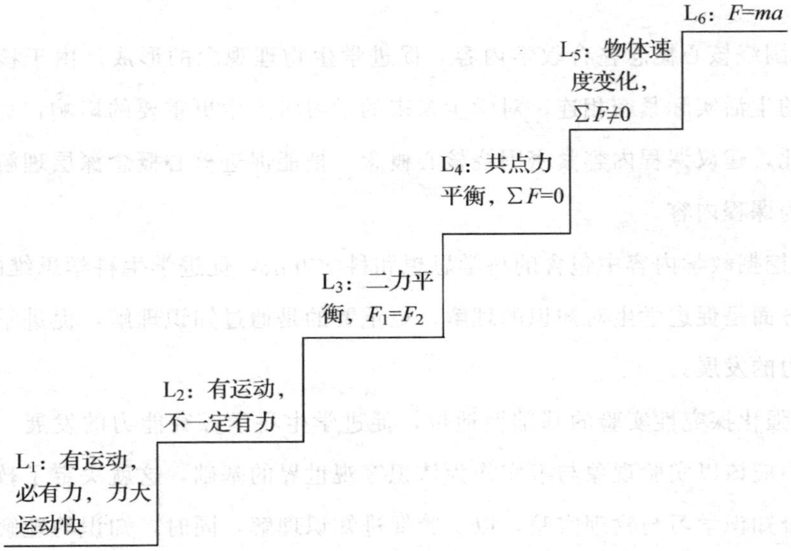

图 12-1　从初中到高中“运动与力”核心概念的发展

图 12-1 中，“二力平衡”层级下包含了若干具体物理概念，“速度”是其中的一个重要概念，通过速度来描述什么状态是平衡状态。同时，速度概念的学习与学生对变化率的理解、极限思维、等效思想、速度测量的设计、生活中的红外线遥感测速仪等内容具有密切联系。表 12-1 所示为“二力平衡”层级的教学内容整合示意图。

表 12-1 “二力平衡”层级教学内容整合

学习层级	具体概念	跨学科概念	物理思想方法	物理实践活动	科学本质、STSE
L_3：二力平衡	质点参考系坐标系	理解坐标系，体会尺度、比例和数量概念。	通过物体抽象成质点的过程，体验理想化模型的建构过程。	用坐标系确定某位置。	北斗导航、GPS等
	时间和位移	比较位移与路程，体会变量与矢量概念。	通过位移—时间图像，体会运用图像描述物理量的变化。	使用秒表等计时仪器测量时间；使用刻度尺等测量长度。	
	速度	通过定义平均速度，体会稳定与变化概念。	通过定义速度，体会比较与分类的方法。 通过平均速度，体会等效思想。 从平均速度推导瞬时速度，体会极限思想。	使用打点计时器（或者光电门）测速度。	红外线测速仪
	匀速直线运动	通过匀速运动，体会平衡与均匀变化的概念。	通过速度—时间图像，学会用图像描述物理过程并从图像提取信息。	设计实验测量匀变速运动的速度。	
	重力基本相互作用	通过比较不同地方的重力体会稳定与变化的概念。	通过定义重心、利用力的示意图描述力，体会等效替代的方法。	通过实验确定任意物体的重心位置。	手机中的重力感应器
	弹力	通过对胡克定律的学习体会比例和数量的概念。	通过胡克定律的探究过程体会运用图像法发现物理规律的方法。	探究弹簧弹力与伸长量之间的关系。	

二、促进核心素养发展的课堂教学改进

使用课堂观察、测验等多种学习诊断方式，了解学生学习的现状、需求与困难，基于对学生学习状况的精准诊断进行有针对性的教学，从而真正落实以学生为中心的教学理念，促进学生核心素养的发展。

(一)在概念学习中帮助学生逐步发展概念体系

围绕“少而精”的核心概念进行教学，并通过教学促进学生对核心概念的深入

理解，已是科学教育界的共识。美国科学促进协会“2061计划”委员会副主任安德鲁·阿尔根在《科学素养的导航图》一书的“前言”中就指出，对科学素养的概念来说，不仅单个概念是重要的，而且概念间的相互支持也很重要，这样有助于获得对概念的综合理解。

《科学教育的原则和大概念》一书明确提出，从知识角度看，中等程度大小的概念可以连接到较大概念，而较大的概念可以连接到更大一些的概念；从教学角度看，学生对大概念的理解有不同途径，和与大概念相关联的大量小概念的学习是联系在一起的。要使学生建立科学的知识结构，形成对自然界的完整认识，需要认识科学概念之间的层次关系。核心概念的学习并不是一蹴而就的，需要大量具体科学概念作为支撑，逐步深化理解。

从这个意义上讲，教学设计就是逐步促进学生对核心概念理解并建立概念体系的教学实施蓝图。但概念体系的建立绝不是学习完相关知识后通过在一页纸上画出知识结构图实现的，需要在具体概念学习过程中，逐步引导学生建立概念之间的关联，并完成概念体系的建立。下面以“加速度”概念教学内容为例，说明如何通过具体概念教学促进学生对核心概念的理解并帮助学生建立结构良好的概念体系。此外，从物理教学促进学生概念体系形成的方式看，概念规律的比较与类比、物理实验、物理习题等都可以促进学生发展结构良好的概念体系。

【案例】“加速度”概念教学内容分析

(1)加速度的意义：从机械运动描述的角度看，加速度是描述速度变化快慢的物理量。之所以引入加速度，是为了在参考系、位移、速度等概念基础上更加精细地刻画质点的机械运动。从动力学角度看，加速度是建立质点的机械运动与受力关系的物理量，因为加速度既是描述运动速度变化快慢的物理量，也是描述力对质点作用效果(即产生加速度)的物理量。

(2)加速度的内涵包括加速度等于质点速度的变化率，即 $a=\dfrac{\Delta v}{\Delta t}$；加速度是矢量，方向与速度变化量方向一致。采用与建立速度概念类似的方法。

(3)加速度的外延：加速度的适用对象仅仅是物体的平动，包括质点的运动，以及刚体的平动。

(4)加速度的关联：从动力学角度看，加速度是连接机械运动与相互作用的桥梁；从运动描述的角度看，加速度更加精细地描述了物体的运动。上述关联如图 12-2 所示。还应该注意区分加速度与速度变化量的区别与联系，以及加速度与速度的区别与联系。核心概念与共通概念是同步发展，相互促进的。运动的核心概念与共通概念的关联如图 12-3 所示。

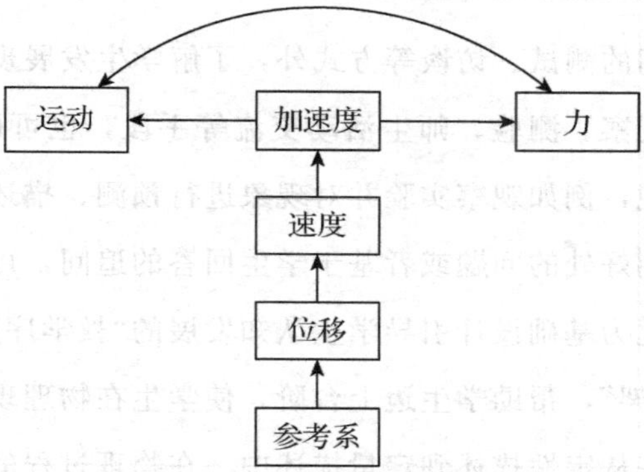

图 12-2　加速度概念的概念关联

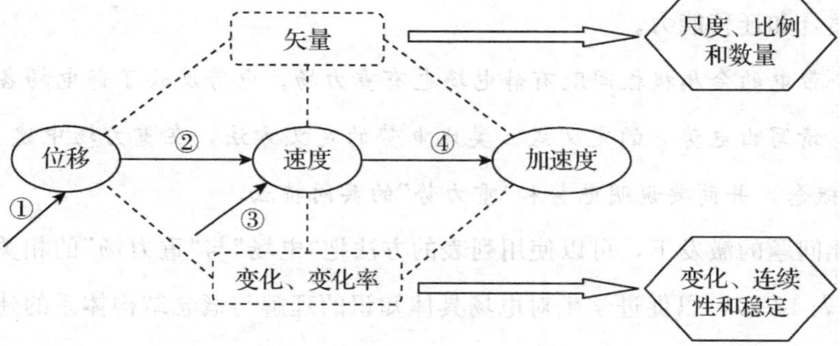

图 12-3　运动的核心概念与尺度等共通概念的联系(陈佩莹，2013)

(5)加速度概念发展：加速度概念在高中力学中通过匀变速直线运动、牛顿运动定律、匀速圆周运动和简谐振动四个部分不断发展，每一部分实现的学习目标不同。在学习匀变速直线运动中建立了加速度概念，明确加速度定义：$a=\frac{\Delta v}{\Delta t}$；在学习牛顿定律中明确产生加速度的原因，强化加速度的矢量性、瞬时性；在学习匀速圆周运动中体会加速度大小不变而方向变化；在学习简谐振动中体会加速度大小、方向随时间的变化。对于以上目标，学生在学习初期往往不能深刻理解，需要随着机械运动内容的学习而逐步深入。

(二)基于学生发展现状进行针对性教学

除了本研究采用的测试、访谈等方式外，了解学生发展现状的手段有多种多样，可以通过课堂观察、测验、师生活动交流等手段，也可以是在真实情景中，通过学生的行为表现，例如观察实验并对现象进行预测、描述或解释。在课堂教学中，教师设置恰到好处的问题或者基于学生回答的追问，可以有效诊断学生的发展现状，从而以此为基础设计引导学生认知发展的“教学序列”。当学生遇到困难时，通过搭建“支架”，帮助学生迈上台阶，使学生在物理现象的宏观描述与微观解释的沟通中、在从定性描述到定量描述中、在物理过程的静态与动态分析中逐步形成物理观念，发展科学思维。

例如，可以通过下面的问题，考查学生是否理解描述场的方法，以及学生对知识的整合和迁移能力。

两个带电的金属极板间既有静电场也有重力场。电势反映了静电场各点的能的性质，请写出电势 φ 的定义式。类比电势的定义方法，在重力场中建立“重力势”G 的概念，并简要说明电势和“重力势”的共同特点。

在此问题的激发下，可以使用列表的方法把“电场”与“重力场”的相关概念进行类比(表 12-2)，以促进学生对电场具体知识的理解与概念结构体系的建构。

表 12-2　电场与重力场相关概念的类比

重力场	电场
重力加速度 $g=\frac{G}{m}$	电场强度 $E=\frac{F}{q}$
$gh_{AB}=\frac{W}{m}$（h_{AB} 为 A、B 两点间高度差）	$U_{AB}=\frac{W_{AB}}{q}$

续表

重力场	电场
选取零高度	选取零势能点
$gH_A=gh_{AO}$（H_A 为 A 点高度）	$\varphi_A=U_{AO}$（φ_A 为 A 点电势）
重力势能 $E_p=GH_A$	电势能 $E_p=\varphi_A q$
重力做功特点：与路径无关，只决定于初、末竖直方向高度差	电场力做功特点：与路径无关，只决定于初、末位置两点间的电势差
$W=-\Delta E_p$	$W_电=-\Delta E_p$
等高线	等势面

（三）让学生在科学实践活动中发展物理核心素养

在当今的物理课程理念中，探究、建模、论证等科学实践活动既是物理核心素养的关键培养目标，也是发展学生物理核心素养的重要途径。在教学实践中，创设让学生参与科学实践活动的学习情境，引导学生发现问题，通过科学探究解决问题，经历概念、规律的学习理解过程，可以促进学生科学探究能力与科学思维能力协同发展，也有助于培养学生良好的科学态度与责任感。

例如，在《超重与失重》新课教学中，先从学生生活经验入手，让学生通过乘电梯、在磅秤上下蹲等活动体验超重与失重，并在体验过程中结合所学的物理知识发现和提出问题。教师可用下列问题引导学生的探究过程。

(1)同学们能否根据观察和记录的现象概括得出超重和失重的发生条件？

(2)同学们能否结合所学物理知识，解释超重和失重现象？

(3)请同学们应用计算机、数据采集器、力传感器、钩码等实验设备设计探究活动，检验你们的解释。

(4)请同学们预测并解释：将周围扎了小孔的装水塑料瓶竖直上抛，其在上升和下落过程中会发生什么现象。

上述问题的提出，引导学生从现象入手，进行归纳概括，然后关联对应所学的牛顿运动定律等知识，进行理论推演，从而在更深层次上对现象发生的内在机理进行分析和解释。前两个问题指向科学思维的培养，第三个问题则意图帮助学生树立实证意识，即养成收集和使用证据来评估科学结论的习惯，并在探究过程中培养设计实验、收集和处理数据、分析与论证、评估与交流等方面的能力。在完成探究活动并初步建构超重与失重的概念后，再创设新颖有趣的问题情境，让学生应用概念进行推论预测，在应用中感受新概念的有效性并深化对概念的理解。

(四)重视 STSE 教育，逐步渗透科学态度与社会责任的相关内容

科学态度与社会责任是学生发展物理核心素养的重要组成部分。这是学生未来发展和社会对合格公民的必然要求。这部分内容贯通于整个教学过程之中，方式可以是多样化的，如学生自主学习、参观访问、同伴交流、教师讲解、问题解决等。在科学探究等实践活动中同时也可以培养学生的相关意识和习惯，还可以通过教学过程中相关材料的学习而逐步渗透。例如，在学完超重失重之后，可以给学生提供如下素材，作为课后作业。

2013 年 6 月 20 日上午，王亚平在“天宫一号”中进行了中国载人航天史上的首次太空授课。王亚平在失重环境下讲授并展示了弹簧秤实验、单摆实验、陀螺实验、水球实验等。

(1)在太空失重的环境中，可以做很多有趣的实验，请你写出其中一个实验与地球上实验的差异，并运用你学过的知识作出解释。

(2)人们发现回收舱的表面上有很多小凹痕，有人猜想这与“漂浮”在太空中的“太空垃圾”有关。请查阅相关资料，了解太空垃圾的产生，并讨论如何在探索太空过程中保护人类新疆域的环境。

素材以我国“天宫一号”太空授课为背景，在展现我国航空航天事业的伟大成就的同时，渗透物理学与科学技术、社会发展、环境保护的紧密联系。问题一要求学生应用所学知识建构解释，将课内所学与课外拓展紧密联系起来。问题二引导学生在课后查阅资料，了解科技发展与社会、环境变革的紧密关联。这些问题是学生普遍比较感兴趣的，可以进一步激发学生的物理学习兴趣，甚至投身祖国航空航天事业的志趣。

三、促进核心素养发展的学业评价改进

评价是落实课程目标与课程理念的重要手段，科学、系统的学业评价能促进学生物理核心素养的发展。同时，开展评价的过程也应该是促进教学发展和提高的过程。基于物理学科能力表现框架，在评价目标、设计、内容和形式等方面，对学习评价提出如下建议。

1. 采用多种方式诊断学生能力发展现状

依据本研究提出的物理学科能力表现框架，可以预设具备了某一能力能完成的任务类型和相应的表现，通过测评结果分析诊断学生的能力达到了哪一发展水平，能力发展是否均衡，存在哪些问题，从而有针对性地调整教学的设计和实施，进行课堂教学改进。了解能力发展现状的手段有很多，除了本研究采用的大规模测试之外，对于教师而言，对学生的访谈和观察是了解能力发展现状的最直接、最有效的手段。除了了解学生能力发展现状外，还应该具体了解影响学生能力发展的其他因素，从整体上判断学生物理核心素养的发展状况。

2. 针对物理核心素养进行评价设计

在进行评价设计时，应针对物理核心素养发展的要求，根据物理学科能力表现框架的不同任务类型及划定的能力层次，确定明确的学习评价目标与内容。根据物理核心素养的构成，物理学习评价主要应该侧重对学生物理观念、科学思维、科学探究、科学态度与责任等方面的评价。

以对物理观念发展状况的评价为例，要以物理核心概念作为评价的内容载体。核心概念往往是从幼儿园到高中阶段贯彻始终的。在不同的学习阶段，学生对核心概念的认知处于不同层级。因此，围绕核心概念命制针对不同认知层级的测试题，从有效评价学习结果的角度看，至少有几个方面的优势：第一，由于测试题处于不同的认知层级，绝大部分学生能有可以上手的题目，有利于发挥学生潜能，增强学生学习物理的信心；第二，由于测试题是围绕核心概念展开，可以是若干题目围绕同一个核心概念考查，能有效诊断学生所处的认知层级，并且发现学生的认知是从哪一个认知层级向更高层级跃迁时遇到了困难，为教师进行因

材施教反馈准确的信息，也为学生自我诊断提供准确信息；第三，从促进学生发展的角度看，由于大量处于不同认知水平的测试题聚焦于特定的核心概念，有利于学生建构在核心概念统摄下的认知结构。

对物理观念的考查主要应该侧重以下几个方面：(1)学生是否能建立形成物理观念的大量具体概念之间的关联，这些具体概念关联的有序、密切和清晰程度是评价物理观念的重要依据；(2)物理观念及其具体的物理概念和规律是不是与丰富的物理情境建立联系，知识与情境建立越丰富的联系，则知识越容易应用到实际中去，学生则具有越强的分析问题、解决问题的能力；(3)学生是不是在物理观念形成过程中获得足够的认知策略与方法，是否具有反思和元认知能力。

对物理观念的评价，需要注意以下两点：一是评价的知识载体应该是物理学科的核心概念，而不是一些琐碎的“知识点”，特别需要指出的是，尽量避免选择与核心概念关系不大的一些偏、怪、难的知识点；二是评价的主要目的是揭示概念理解的路径、学习困难与发展现状，不能以考查“记忆”和“应用”替代考查“理解”水平。

3. 根据物理学科能力表现框架，发展形成性、诊断性和促进教学的评价

已有概念学习评价往往更关注概念理解的结果，即“学会了概念能做什么”的评价。从“为了教学的评价”这一角度出发，建议关注概念理解的形成性评价，以获取改进教学的有用信息。具体来讲，关注两个方面：一是概念学习进阶的层级究竟是怎样的，以概念理解层级的具体表现，设置合适的评价问题；二是概念学习进阶的影响因素究竟有哪些，这些因素是如何促进学生概念理解的，以此作为依据，设置评价问题。

围绕核心素养的学习评价同样需要关注测试内容和难度，应该关注到不同层次的学生。评价的目的应该是促进不同层次的学生都有所进步，而不单纯是为了甄别和选拔学生。这就需要清楚地描述概念学习进阶的不同层级及其具体表现。

4. 侧重对学生学习难点和核心素养发展弱项的评价

例如，从测试结果看，学生对物理概念关联整合的学习水平较低，特别是学生往往不能围绕核心概念形成概念体系，这对学生能力发展形成障碍。再例如，

在应用实践活动中学生对一定情境下提取多个知识并综合使用的能力较差。在测试中，应加强这些方面的考查。

另外，由于核心素养的不同要素具有不同的特点，并且往往不同的要素交织在一起，因此，根据不同要素的特点，选择合适的评价方式，是提高评价效度的保证。不管选择什么评价方式，都应该在真实情境下考查学生的核心素养。也就是说，应通过学生在真实情境下作出的选择与反应，评价学生的核心素养发展现状。

第三节　发展物理核心素养的研究展望

物理核心素养的提出是我国物理教育发展的一座新的里程碑，是物理教育实践和研究的新起点。“研究驱动”和“重视实证”是此次物理核心素养研制工作的重要特征。不仅在研制过程中需要研究的精神和实证的方法，在推动物理核心素养落地、发展学生物理核心素养时也必须坚持研究的精神和实证的方法。正如当代科技的发展离不开物理学的基础研究，物理核心素养落地生根、开花结果也离不开在物理教育领域的基础研究。物理教育研究的核心范畴在于物理课程、教学和评价，本节围绕这三个方面基于已有的研究成果对后续研究作出展望。

一、围绕核心素养开展课程教材研究

课程和教材在一定程度上规定了物理教育的内容和重点，如何实现围绕核心素养的课程和教材开发，是当代物理教育研究的核心议题。传统上，课程标准的制定和教材的编写审查采用专家会议法，通过遴选最具权威性、代表性的专家，再融会专家们的经验来开发高质量的课程和教材，并通过外审和评议，确保所开发的课程和教材的科学性和适宜性。然而考虑到专家会议法的自身局限，国内外许多学者一直在探索改进之道。除德尔菲法(Delphi Method)等开发形式上的变革外，围绕核心素养开展课程教材研究，特别是高水平的实证研究和国际比较研究，将是推动课程教材发展的核心途径。

在这些研究中，学习进阶(Learning Progression)研究在全球科学课程发展工作中已逐渐成为了“核心推动力”。学习进阶是“对学生在一个时间跨度内学习和探究某一主题时，依次进阶、逐级深化的思维方式的描述”(NRC，2007)。其实质，是在为核心素养各组成要素的发展脉络建构模型。之所以称学习进阶研究为科学课程发展的核心推动力，是因为学习进阶研究将科学课程开发、学业评价、课堂教学等诸方面联结了起来，形成一股合力，为科学课程规划、测评开发和教

学设计的系统化提供了认知依据，为“在整合中发展”这一 21 世纪的科学教育理念的落实提供了研究基础(姚建欣等，2014)。

在现阶段，国内外研究团队已经初步建构了包括能量、物质在内的科学核心概念的学习进阶和包括解释、建模在内的科学实践能力的学习进阶。除学习进阶的研究成果对科学课程的规划有着直接帮助外，学习进阶研究所强调的“实证驱动”的研究范式对包括本研究在内的诸多物理教育研究产生了深远影响。对于课程和教材的开发，无论是对学段衔接的考量，还是学业标准的划定，抑或是教材内容的编排，学习进阶的研究方法和研究成果都发挥了不可或缺的作用。更难能可贵的是，学习进阶领域仍在自我变革、快速发展，以更好地适应科学教育实践的需求。当前，对“波”“场”等核心概念，“科学推理”“质疑创新”等科学思维以及“资料获取”“证据评估”等科学实践能力的学习进阶研究将是核心素养视角下的重要研究方向。而且，学习进阶研究正在向更综合、更精确和更实用的方向发展(姚建欣等，2016)，在未来很长一段时间内，学习进阶研究都将在核心素养的系统规划中发挥核心作用。

西方主导了近代的科技发展进程，此过程中取得的成就对科学教育的内容和理念都产生了深远的影响。可以说，我国基础教育课程中经典物理内容，大都是西学东渐的产物。即便不为了追本溯源，在全球化浪潮造就的“平坦”地球上，“放眼看世界”也是必备的学习态度。因此分析借鉴国外优秀物理课程和教材的组织、编排和呈现方式，对于我国物理教育的发展有直接的裨益和促进，是物理教育的重要研究方向。

此外，还应关注国外课程教材中促进物理核心素养发展的思维和路径。英、美、德、法等发达国家经过多轮的科学教育改革，在科学教育特别是物理教育上也取得了令人瞩目的成就，其指导理念、设计内容和具体实施上都值得我们学习。除了最常被提及的美国 NGSS 之外，德国《卡尔斯鲁厄物理课程》，突破了传统物理教材的知识体系，以能量、动量等现代物理的核心概念为线索组织内容，被誉为“最有创新性的物理教材”；匈牙利的《外星人学物理》中对物理学研究方法的介绍，特别是物理模型的建构也令人耳目一新。古语云：“兼听则明，偏听则暗。"今后的研究应进一步拓展视野，洞察不同文化圈对物理课程、教材和教学的诠释，集百家之长，服务于我国的物理教育。

物理核心素养的提出不仅为国际课程和教材比较研究提供了新契机，而且还为这些研究的设计提供了结构良好的分析角度。国外高水平的课程教材比较分析研究，无论是国家层面上的国际课程比较项目(Achieve，2010)、教材研究项目(Kesidou et al，2002)，还是研究者自行主导的课程、教材分析(e. g. Ford，2006；Thiele et al，1995)，都预先基于理论综述，设计了上位的系统分析框架。基于核心素养的分析视角，我国的后续研究可以提出下述研究问题：各国的课程设计如何平衡和融合物理观念建构与探究能力养成的关系？不同版本的教材如何承载科学思维的培养，是隐性渗透还是显性引导？为培养学生的科学态度和责任，优秀的课程教材选用了哪些事例？这些事例如何呈现？问题如何设置？事例间如何统整？更进一步，培养科学态度和责任的事例如何与内容理解和能力培养紧密关联？事例研讨学习过程中如何培养跨学科的核心素养？这些问题都有望衍生出高水平的课程教材研究。物理核心素养内涵丰富，包容性强，为从多元视角开展高水平的物理课程教材研究提供了思路、打开了窗口。

二、发展核心素养的教学模式与策略研究

课程发展要与教学改进协同前行，我国基础教育阶段的物理课程标准也一直强调对传统教学模式和策略的变革与发展。以里德曼等倡导的科学本质的显化教学(Bell et al，2003；Lederman，2007)、海森斯等开发的建模教学(Hestenes，1992)等为代表，科学教育研究者一直持续着对物理课堂教学模式变革的探索。

物理核心素养强调建模能力的培养。对此能力的培养，只在课堂教学中让学生识记一些经典的模型并进行一些模型的验证和应用是不能达到培养目标的。必须让学生参与物理模型的建构过程并在参与过程中进行模型的预设、分析、批判和调整等高级思维活动。这种教学历程和美国学者海森斯等倡导的建模教学是一致的。在海森斯等提出的建模教学中，将物理建模作为一个基本的认知过程，认为此过程可分解为建立模型、分析模型和验证模型三个阶段(Hestenes，1992)。

在海森斯的基础上，郝仑将建模教学进一步精细化，提出了模型选择、模型建立、模型验证、模型分析和模型调度五个步骤，并指出这五个步骤往往存在交叠，故设计教学活动时可以非线性开展(Halloun，1996)。近期，密歇根州立大学的施瓦茨等研究者结合学习进阶提出建模教学的教学历程(Schwarz et al, 2009)，包括："锚定"自然现象→建构初始模型→实际测试模型→评估模型→检验模型反驳其他想法→修正模型→使用模型进行预测或解释(表 12-3)。此模式强调真实的学习情境，基于具体的自然现象来引导学生思考问题，并且纳入了模型的比较和竞争，最后应用学生达成共识的模型开展预测与解释活动，使学生对物理建模和科学探究活动都有了更深刻的认识。

表 12-3　建模教学的教学历程(译自 Schwarz et al，2009，p. 638)

教学历程	描述
"锚定"自然现象	对某个特定概念介绍引导性的问题与现象。
建构初始模型	产生初始模型以呈现想法或假设，讨论模型的本质与目的。
实际测试模型	利用此模型预测与解释要探讨的现象。
评估模型	以实际的发现重新比较与检视模型，讨论模型的品质以便评估与修正模型。
检验模型反驳其他想法	测试此模型反驳其他理论与(或)定律。
修正模型	以新证据修改模型，比较学生建构的不同模型与建构一个达成共识的模型。
使用模型进行预测或解释	应用模型预测与解释其他现象。

基于项目的学习(Project-Based Learning)也是符合学生发展核心素养理念的重要教学模式之一。基于项目的学习要求在一段较长时间内让学生围绕一个研究项目开展一系列探究活动，在完成项目的同时实现科学内容的理解和探究技能的培养(Krajcik et al，1998)。以此模式为蓝本，美国国家科学基金会(National Science Foundation，NSF)资助的大型中学科学课程改革研究项目 IQWST 由密歇根大学与西北大学、密歇根州立大学、哥伦比亚大学和伊利诺伊大学等共同完成。项目确认了基于项目的学习在多个科学主题教学上的有效性(e. g. Nordine et al,

2011)，教学实验还表明这种教学模式能有效地促进科学解释、科学建模等科学关键能力的发展(e. g. McNeill et al，2009)。

物理学科能力和物理核心素养都不是能通过“告知”或“机械训练”得来的，而是在应用物理观念分析实际问题，进行预测、解释、推论等实践活动的过程中逐渐养成的。这提示我们要转变课堂教学观念、尝试能促进学生参与实践的新课堂形式。当前，以现代教育技术为依托，“翻转课堂”“先学后教”等新教学模式为学生更好地参与科学实践活动提供了机遇。以科学解释为例，在具体教学实践中，教师可多创设真实的问题情境，让学生应用所学物理模型、概念和规律进行解释实践，培养其科学推理的严谨性、连贯性以及表述的准确性。在此基础上，基于证据对现有解释进行评估和质疑，提出新模型，尝试更好的解释。总的来说，物理教学模式的发展方向是以整合性学习方式促进学生物理核心素养的发展。这里的整合不仅是主题内容间的交织，还要力求实现学生观念建构和能力发展的统整，促进学生基于真实情境下学科问题和跨学科问题解决能力的发展。

此外，在课堂中亲身参与探究、建模、解释和论证等科学实践活动，不仅能有效促进应用实践和创新迁移能力的发展，还有助于学生的科学态度与责任的培养。本研究发现，学生的情感态度与物理学科能力相关性最为显著，应使学生通过科学实践活动产生学习物理的内驱力，养成探索自然世界的兴趣。教师应根据学生的发展水平循序渐进，从最基础的问题逐渐深化，在有挑战性的探究活动中，适当提供“脚手架”，提升学生的学习自我效能感，引导学生在自己突破问题的成就感中成长。在这些方面，我国真正落在教学上的系统研究不仅数量少，而且多存在延续性不足的缺憾。特别是其中实验研究和准实验研究方法的运用比较少，而现场研究缺乏理论支撑和反思总结。对教学的深入、系统研究是物理教育发展的基石，后续的物理教学研究需要注意和克服上述问题，以教学研究带动教学改进，实现通过良好设计的教学促成学生物理核心素养的发展。

三、核心素养发展的评价研究

对学生发展状态的精准评价和诊断是现代教育研究的核心议题(NRC，

2001)。在全球范围内，以 PISA、TIMSS 和美国“国家教育进步评价”(The National Assessment of Educational Progress，NAEP)为代表的大规模测评项目都推动着对教育发展现状的总结、反思和改进。在我国，对基础教育质量的监测与分析也在朝着常态化和系统化发展。围绕发展学生核心素养这一核心目标，如何深入开展评价研究，促进基础教育考试评价方法的改进，为学生物理核心素养的发展提供精准评价和诊断，是物理教育研究的重要任务。评价水平的提升需要多方面的研究支撑，这同时也为后续的研究指明了工作方向。

首先，对学生的学业评价应是基于认知理论的测量(NRC，2001)，即在开发评价工具、开展评价工作前，需对学生的认知发展进行建模。这方面的工作，本研究的物理学科能力表现框架，以及前面讨论的学习进阶研究都是其中的重要径路之一。此外，认知科学对科学推理和科学思维的研究，学习科学对概念转变和概念发展的研究，也都是为学生认知发展建模的重要技术路线。重视基础性研究，关注心理学、学习科学等关于学生认知发展的新理论、新发现，将其与物理学习紧密结合起来，是高水平素养发展评价的重要基础。这些学生认知发展的模型也处于不断得到检验和发展的过程中，本研究的物理学科能力表现框架也需要在后续研究中得到进一步的检验和修正。

第二，先进统计、分析方法的研究和进展在当代物理教育评价中发挥了越来越重要的作用。以概化理论(Generalizability Theory)、项目反应理论(Item Response Theory)等为代表的测量理论，为克服经典测量理论的诸多局限、追踪学生物理核心素养的发展提供了潜在解决方案，而以规则空间模型(Rule Space Method)为代表的新兴认知诊断(Cognitive Diagnosis)方法为更有针对性的“把脉”学生物理核心素养的发展提供了新的视角。国内外已有学者尝试在数学、化学等学科的学业测评中使用此类方法进行认知诊断(Tatsuoka，2009；辛涛等，2015)，这些新进展值得物理教育研究者关注和探索。

第三，对非智力因素的测量评价研究应给予格外重视。包括本研究在内的众多研究都揭示了学习动机、学习态度等非智力因素在核心素养发展中不可或缺的作用。然而，一直以来，对科学内容和探究技能的测评是物理评价研究工作的主体，对情感、态度等的测评研究则偏少。而具有物理学习针对性的工具开发和研究工作更是有待加强。此外，学生对科学本质的认识以及学生对科学责任的理解等在新修订的普通高中物理课程标准中也得到了强调。而我国对这些方面的测量研究还很少，适宜我国学生教学环境和文化特征的高质量测量工具也还比较缺乏，应在后续的研究中予以格外重视。

附　录

附录1　历年中学物理课程标准或教学大纲提出的物理能力

表 A1-1　历年初中物理课程标准或教学大纲提出的物理能力

年份	文件名称	表述出处	具体表述
1923	《初级中学自然课程纲要》	(三)毕业最低限度的标准	对于天然界事物,须有较正确之观察能力。
1929	《初级中学自然科暂行课程标准》	(一)目标	养成观察、考查及实验的能力与习惯。
1932	《初级中学物理课程标准》	第一 目标	使学生练习运用官能及手技,以增进其日常生活上利用自然之技能。
1936	《初级中学物理课程标准》	第一 目标	注重练习学生运用官能及手技,以增进其日常生活上利用自然之技能。
1941	《修正初级中学物理课程标准》	第一 目标	注重练习学生运用官能及手技,以增进其日常生活上利用自然之技能。
1941	《六年制中学物理课程标准草案》	第一 目标	注重训练学生运用官能及手技,以培养其观察与实验之才能。
1948	《修订初级中学理化课程标准》	无	只有一些技能要求。
1950	《初中物理精简纲要(草案)》	无	
1952	《初级中学物理科课程标准草案》	第一 目标	培养从实际出发以观察物理现象获得正确认识的能力。
1952	《中学物理教学大纲(草案)》	总说明	培养学生把所获得的知识应用到实际问题中去的能力,使他们掌握理论与实际相结合的原则。

续表

年份	文件名称	表述出处	具体表述
1956	《中学物理教学大纲(修订草案)》	总说明	物理习题在巩固学生的知识上和培养学生应用理论知识来解决实际问题的能力上,都有重要意义。 在培养学生解决物理习题的能力中,必须顽强地和死套公式以及乱套公式的恶习做斗争。 物理课外活动在培养他们热爱科学技术以及发展他们的创造才能上都有重要作用。
1963	《全日制中学物理教学大纲(草案)》	教学目的和要求	培养学生的实验技能和物理计算能力。 要培养学生应用所学知识来解决实际问题的能力。
		教学中应该注意的几点	在教学过程中要有计划地培养他们的分析能力、推理能力和想象能力。 在物理练习中,还应该有计划、有步骤地培养学生的物理计算能力。是指能够从题目的内容知道解题所要运用的物理规律,会利用这些规律来找出已知量跟所求量的关系,必要时能够作出合理的示意图来帮助自己思考,计算中会利用近似计算的知识,能根据实际情况来判断答案是否合理。
1978	《中学物理教学大纲(试行草案)》	物理教学的目的	培养学生的实验技能、思维能力和运用数学解决物理问题的能力。
		教学中应注意的几个问题	启发学生积极主动地学习,培养思维能力和自学能力。
1986	《全日制中学物理教学大纲》	物理教学的目的	要培养学生的观察、实验能力,分析和解决实际问题的能力。
		教学中应注意的几点	启发学生积极主动地学习,培养思维能力和自学能力。
1988	《全日制初级中学物理教学大纲》	教学目的	培养学生初步的观察、实验能力、初步的分析、概括能力和应用物理知识解决简单问题的能力。
		教学中应注意的问题	培养良好的学习物理的习惯和自学能力。

续表

年份	文件名称	表述出处	具体表述
1990	《全日制中学物理教学大纲》	物理教学的目的	物理教学的目的要培养学生的观察、实验能力，分析和解决实际问题的能力。
		教学中应注意的几点	启发学生积极主动地学习，培养思维能力和自学能力。
1992	《九年义务教育全日制初级中学物理教学大纲》	教学目的	培养学生初步的观察、实验能力，初步的分析、概括能力和应用物理知识解决简单问题的能力。
2000	《全日制初级中学物理教学大纲》	教学目的	培养学生初步的观察、实验能力，初步的分析、概括能力和应用物理知识解决简单问题的能力。
		教学中应该注意的问题	培养刻苦的学习精神、良好的学习物理的习惯和自学能力。
2001	《全日制义务教育物理课程标准(实验稿)》	课程性质	发展初步的科学探究能力。
		课程基本理念	初步的科学实践能力。
		课程目标	有初步的观察能力。 有初步的提出问题的能力。 有初步的收集信息的能力。 有初步的信息处理的能力。 有初步的分析概括能力。 有初步的信息交流能力。
2011	《义务教育物理课程标准(2011年版)》	课程目标	有初步的观察能力及提出问题的能力。 有初步的收集信息的能力。 有初步的分析概括能力。 有初步的信息交流能力。 提高分析问题和解决问题的能力，养成自学能力。

表 A1-2 历年高中物理课程标准或教学大纲提出的物理能力

年份	文件名称	表述出处	具体表述
1923	《高级中学第二组必修的物理学课程纲要》	(三)说明	实验时当注意器具之使用,观察之精粗,养成学生有精密之观察力。
1929	《高级中学普通科物理暂行课程标准》	第一 目标	使学生练习演绎归纳观察实验的方法,应用于研究一切学问。
1932	《高级中学物理课程标准》	第一 目标	训练学生运用官能及手技,以培养其观察与实验之才能。
1936	《高级中学物理课程标准》	第一 目标	注重训练学生运用官能及手技,以培养其观察与实验之才能。
1941	《修正高级中学物理课程标准》	第一 目标	注重训练学生运用官能及手技,以培养其观察与实验之才能。
1941	《六年制中学物理课程标准草案》	第一 目标	注重训练学生运用官能及手技,以培养其观察与实验之才能。
1948	《修订高级中学理化课程标准》	第一 目标	训练学生运用官能手技培养其观察与实验之技术。
1950	《高中物理精简纲要(草案)》	原则	设置实验的目标原为培养学生们的观察才能和训练他们的实验技术。
1952	《高级中学物理科课程标准草案》	第一 目标	通过课外作业与活动,以增进学生的工作技能,并启发其创造力。
1952	《中学物理教学大纲(草案)》	总说明	培养学生把所获得的知识应用到实际问题中去的能力,使他们掌握理论与实际相结合的原则。
1956	《中学物理教学大纲(修订草案)》	总说明	物理习题在巩固学生的知识上和培养学生应用理论知识来解决实际问题的能力上,都有重要意义。 在培养学生解决物理习题的能力中,必须顽强地和死套公式以及乱套公式的恶习做斗争。 物理课外活动在培养他们热爱科学技术以及发展他们的创造才能上都有重要作用。
1963	《全日制中学物理教学大纲(草案)》	教学目的和要求	培养学生的实验技能和物理计算能力。 要进一步培养学生应用所学知识来解决实际问题的能力。

续表

年份	文件名称	表述出处	具体表述
1963	《全日制中学物理教学大纲(草案)》	教学中应该注意的几点	在教学过程中要有计划地培养他们的分析能力、推理能力和想象能力。 在物理练习中,还应该有计划有步骤地培养学生的物理计算能力。是指能够从题目的内容知道解题所要运用的物理规律,会利用这些规律来找出已知量跟所求量的关系,必要时能够作出合理的示意图来帮助自己思考,计算中会利用近似计算的知识,能根据实际情况来判断答案是否合理。
1978	《中学物理教学大纲(试行草案)》	物理教学的目的	培养学生的实验技能、思维能力和运用数学解决物理问题的能力。
		教学中应注意的几个问题	启发学生积极主动地学习,培养思维能力和自学能力。
1980	《全日制十年制学校中学物理教学大纲(第2版)》	高一年级“学好物理知识”	做好练习,培养分析问题和解决问题的能力。
1983	《关于颁发高中数学、物理、化学三科两种要求的教学纲要的通知》	较高要求内容高一年级	培养分析和解决问题的能力。
1986	《全日制中学物理教学大纲》	物理教学的目的	要培养学生的观察、实验能力,分析和解决实际问题的能力。
		教学中应注意的几点	启发学生积极主动地学习,培养思维能力和自学能力。
1990	《全日制中学物理教学大纲》	物理教学的目的	要培养学生的观察、实验能力,分析和解决实际问题的能力。
		教学中应注意的几点	启发学生积极主动地学习,培养思维能力和自学能力。
1996	《全日制普通高级中学物理教学大纲》	教学目的	使学生受到科学方法的训练,培养学生的观察和实验能力、科学思维能力、分析和解决问题的能力。

续表

年份	文件名称	表述出处	具体表述
1996	《全日制普通高级中学物理教学大纲》	教学中应注意的问题	要通过观察现象、进行演示和学生实验培养学生的观察能力和实验能力。 要通过概念的形成，规律的得出，模型的建立，知识的运用等，培养学生抽象和概括、分析和综合、推理和判断等思维能力，以及科学的语言表达能力。 要培养学生运用数学处理物理问题的能力。 要通过知识的运用培养学生分析和解决实际问题的能力。
		必修物理课的教学内容和要求	必修物理课要培养学生的观察和实验能力、科学思维能力以及适应现代生活的能力。
		必修和限选物理课的教学内容和要求	必修物理课要培养学生的观察和实验能力、科学思维能力、科学的语言表达能力、运用数学处理物理问题的能力、分析和解决实际问题的能力。
2000	《全日制普通高级中学物理教学大纲》	教学目的	使学生受到科学方法的训练，培养学生的观察和实验能力、科学思维能力、分析和解决问题的能力。
		教学中应该注意的问题	要通过观察现象、进行演示和学生实验培养学生的观察能力和实验能力。 要通过概念的形成，规律的得出，模型的建立，知识的运用等，培养学生抽象和概括、分析和综合、推理和判断等思维能力以及科学的语言文字表达能力。 要培养学生运用数学处理物理问题的能力。 要通过知识的运用培养学生分析和解决实际问题的能力。
		必修物理课的教学内容和要求	必修物理课要培养学生的观察和实验能力、科学思维能力，以及适应现代生活的能力。
		必修和限选物理课的教学内容和要求	必修物理课要培养学生的观察和实验能力、科学思维能力、科学的语言表达能力、运用数学处理物理问题的能力、分析和解决实际问题的能力。

续表

年份	文件名称	表述出处	具体表述
2003	《普通高中物理课程标准(实验)》	课程性质	增强创新意识和实践能力。
		课程基本理念	通过多样化的教学方式,帮助学生学习物理知识与技能,培养其科学探究能力,使其逐步形成科学态度和科学精神。
		课程目标	有一定的自主学习能力。 具有一定的质疑能力,信息收集和处理能力,分析、解决问题能力和交流、合作能力。
		实施建议中的教学建议	进一步加深对科学探究的理解,提高科学探究的能力。
		实施建议中的评价建议	应重视评价学生的科学探究能力、实验能力、分析和解决问题的能力,以及在科学探究和学习过程中,应用物理学研究方法、数学工具的能力。

附录 2　物理学科能力影响因素细目表

一级变量	二级因素变量	题项	
学生因素	学习自我效能感	Q 我相信我能掌握物理知识和有关技能。 Q 不论物理内容简单或困难，我都有把握能够学会。 Q 我能冷静地面对物理难题，因为我信赖自己解决物理问题的能力。 Q 我自信我会在物理实验方面做得很好。 Q 如果我付出必要的努力，我一定能解决大多数的物理难题。	
	学习动机	1	Q 一提起物理我就头痛，不管谁要求或劝说，我都不愿意学物理。 Q 我在物理课堂上几乎不听讲，而是学习其他科目或睡觉。 Q 当物理与其他学科或活动的时间有冲突时，我会放弃学习物理。
		2	Q 我不愿意花额外的时间在物理学习上面。 Q 我只完成物理老师布置的物理作业。 Q 我发现我学习的物理课程并不有趣，因此我只做到及格就行。 Q 在物理课堂讨论活动中，我不愿意自己思考和参与讨论，只等着大家的讨论结果。 Q 课下我很少主动学习物理。
		3	Q 在物理课堂上小组交流讨论活动中，我能提出自己的观点。 Q 我会自己定期归纳、整理以前学过的物理知识(例如：我会画知识结构图以帮助我更深入地理解物理概念)。 Q 当弄不清楚一个物理概念时，我会找老师或同学来讨论，并澄清我的想法。 Q 我带着我想弄明白的问题进入课堂。 Q 当遇到不了解的物理知识时，我会寻找相关资料来帮助我了解。
		4	Q 我使用有关策略以学好物理。 Q 我主动投入很多时间学习物理。 Q 我自己总结了一套比较有效的物理学习策略和方法。 Q 我花费很多业余时间去探索不同课堂中所讨论过的关于一些有趣主题的更多信息。 Q 我学习物理和准备考试很有计划性，并且能够按照计划执行。 Q 我经常反思物理学习中存在的问题。
		5	Q 我很善于创造性地解决一些物理开放性问题。 Q 我在物理学习中能对一些物理知识或观念提出自己不同的见解。 Q 我用所学的物理知识进行一些发明或创造。 Q 我为将来能成为物理学家或从事物理研究，而不懈努力学习物理。 Q 我自修学习更高阶段的物理知识，如大学物理、奥赛物理等。

续表

一级变量	二级因素变量	题项	
学生因素	学习态度	Q我对物理的有关发现和发明很好奇。 Q物理知识对解释我们日常生活中许多方面的问题都有帮助。 Q我认为物理的进步提升了我们的生活质量。 Q学习物理能帮助我理解日常生活中的情境。	
		Q我的考试分数主要取决于对课程内容的熟悉程度，与顿悟或创造性关系不大。 Q物理知识是与现实世界相联系的，但在物理课程中却不必这样做。 Q花费大量时间(半小时或更长)解一道习题是浪费时间，如果我不能很快地解决问题的话，最好是请教别人。 Q物理相关的专业对我来说缺少吸引力。 Q我毕业后所学的物理知识将基本没有任何用途。 Q我感觉物理的一大堆公式定律抽象难懂让我头疼。	
教师教学因素	教学活动任务	A1	Q我会让学生记忆一些重要的物理现象和规律。 Q我会让学生注意观察身边的物理现象。 Q我会通过演示实验引导学生观察物理现象。
		A2	Q我会给学生讲解知识的来龙去脉。 Q我会引导学生从物理事实和现象中抽象概括出物理概念。 Q我会让学生通过实验得出物理规律。
		A3	Q我会让学生归纳、整理以前学过的物理知识(例如：画知识结构图)。 Q我注意引导学生在新旧知识之间建立联系。
		B1	Q我会让学生用所学的物理知识分析解释生活中的一些实际问题和现象。
		B2	Q我会让学生用所学的物理规律来预测物理现象。
		B3	Q我会让学生综合所学知识，解决物理问题。
		C1	Q我会鼓励学生在物理学习中提出自己不同的见解。
		C2	Q我会设定陌生的问题情境，让学生尝试用学过的知识方法去解决。
		C3	Q我注意让学生经历建构物理模型的过程。
	教学策略	Q我会运用认知冲突的教学策略讲解知识。 Q我会运用类比的教学策略讲解知识。 Q我会运用概念图的教学策略进行复习。 Q我会运用一题多解或一题多变的方式进行习题教学。 Q我会采用学案导学的方式进行物理教学。 Q我会采用合作学习的方式进行物理教学。	

续表

一级变量	二级因素变量	题项
家校因素	学校教育资源	Q我们学校每个教室都配有可正常使用的多媒体设备。 Q我们学校图书馆有充足的物理课外读物让我们拓展视野。 Q我们老师上物理课经常使用多媒体设备。 Q我们学校物理实验室配备很充足。 Q我们有机会到物理实验室做实验。
	学校校风	Q我们学校的整体氛围是积极向上的。 Q我们学校里,学生尊重教师,教师爱护学生。 Q我们学校的学习和生活都是秩序井然的。
	家庭资源	Q在家里我有独立的房间和学习桌。 Q我家里有很多与物理有关的课外读本。 Q在家里进行家庭物理小实验时,我能找到合适的场所和所需材料。
	家庭社会经济地位	Q父亲受教育程度大概是________。 Q母亲受教育程度大概是________。 Q父亲的职业是________。 Q母亲的职业是________。 Q家长的月收入(父母月收入之和)大约是多少?
	家庭社会资本	Q父母(父亲或母亲有一方即可,以下同)会跟我谈升学或就业的事情。 Q父母会听我说心里话。 Q父母会看我的作业或考卷,了解我的学习情况。 Q父母会参加学校组织的要求父母参加的活动。
其他因素变量	性别、单亲、独生子女	

附录 3 《牛顿第三定律》教学设计改进案例

表 A3-1 《牛顿第三定律》原教学设计

课程名称	牛顿第三定律	选用教材	教科版高中物理必修一
课时	1	课型	新授课
学情分析	高一学生对定律的认识既熟悉而又较片面，在对生活中的实例的认识上有误区、不清楚，例如拔河、马拉车等，很多同学有一些错误的认识。而对于不同性质的作用力与反作用力大小相等的现象，多数学生是被动接受，缺少实验基础。		
教学目标	知识与技能	(1)明确物体间的作用是相互的，知道作用力和反作用力的概念。 (2)通过实例分析，弄清作用力和反作用力的特点。 (3)掌握牛顿第三定律，正确理解其确切含义。 (4)能正确区分平衡力和作用力与反作用力。	
	过程与方法	(1)通过实验，培养学生的独立思考能力和实验能力。 (2)通过分析实例，培养学生分析解决实际问题的能力。	
	情感态度与价值观	(1)培养学生实事求是的科学态度和团结协作的科学精神。 (2)培养学生敢于实践，勇于创新的精神。 (3)让学生体验物理世界普遍存在的对称美。	
教学重点	(1)掌握牛顿第三定律。 (2)区分平衡力和作用力与反作用力。		
教学难点	正确理解相互作用力的关系。		
板书设计	牛顿第三定律 一、作用力与反作用力 1. 大小 2. 方向 3. 作用点 二、牛顿第三定律 三、一对平衡力与一对作用力与反作用力		
教学环节	教学内容和教师主导活动	学生主体活动	设计意图
复习引入	请学生解答导学案上的练习。 根据学生的回答，给出作用力与反作用力的概念，并指出作用力与反作用力的大小、方向和作用点的关系。 提出问题：作用力和反作用力的大小真的相等吗？比如拔河，如果相互作用力大小是相等的，那么拔河又是如何分出胜负的呢？ 我们来探究一下其中的关系。	学生回答导学案上的问题，分析作用力与反作用力的方向、施力物体、受力物体和力的性质。	复习初中学习过的相互作用力。 引起学生思考。

续表

教学环节	教学内容和教师主导活动	学生主体活动	设计意图
新内容教学:拔河活动	现场请一个强壮的男生和一个娇小的女生进行拔河。 让男生站在滑板上再次和女生进行拔河。 能否用弹簧测力计来测量两个拉力的大小? 分组拔河比赛,通过测力计的示数直观展示拔河过程中相互作用力的大小关系。	两名学生进行活动,其余学生观察。 学生分小组进行活动,并观察分析相互作用力的大小关系,总结出相互作用力总是大小相等的。	引起学生兴趣。
新内容教学:摩擦力实验	刚才验证了弹力的相互作用总是大小相等、同时产生、同时消失、同时变化。除了弹力,我们还学习了摩擦力。摩擦力的相互作用是否满足上述关系?你能否设计实验来证实? 教师演示实验。	学生设计实验,阐述实验原理。 学生观察实验数据。总结出相互作用力总是大小相等、方向相反的。	培养学生逻辑思维能力和实验探究能力。
新内容教学:重力	重力的反作用力是物体对地球的吸引力,那么它们之间的关系你又如何去验证?这个问题留给大家思考。		引发学生的思考
新内容教学:磁力实验	除了重力、弹力、摩擦力,我们还学习了磁力,你能否设计实验来证实? 教师演示:将两个磁扣固定在压力传感器的作用盘上,让磁扣同极相对,用力相互靠近。	学生观察传感器实验的图像。总结出相互作用力总是大小相等、方向相反的。	
新内容教学:牛顿第三定律	二、牛顿第三定律 相互作用的两个物体之间的作用力 F 和反作用力 F' 总是大小相等、方向相反,作用在同一条直线上。		概念讲解
新内容教学:平衡力与相互作用力	三、一对平衡力与一对作用力与反作用力 分析相互作用力和平衡力的共同点(大小、方向、是否共线),不同点(作用对象、作用效果、同时性、力的性质) 填写导学案上的表格。		概念讲解

续表

教学环节	教学内容和教师主导活动	学生主体活动	设计意图
新内容教学：分析拔河	既然作用力与反作用力总是大小相等、方向相反，那么拔河为什么还有输赢？拔河输赢的原因是什么呢？ 对拔河进行受力分析。 得出结论：一个物体（质点）是否运动以及如何运动，取决于该物体受到的外力，而与物体间的相互作用力无关。不管物体做什么运动，物体间的相互作用力始终大小相等，方向相反。	与教师一同进行受力分析。	回到引入情境，激发学生的兴趣和求知欲。

表 A3-2 《牛顿第三定律》改进后教学设计

<table>
<tr><th>课程名称</th><th colspan="2">牛顿第三定律</th><th>选用教材</th><th>教科版高中物理必修一</th></tr>
<tr><td>课时</td><td colspan="2">1</td><td>课型</td><td>新授课</td></tr>
<tr><td>学情分析</td><td colspan="4">高一学生在初中的学习中已经初步具备了与牛顿第三定律相关的相互作用观念，认识到了“力的作用是相互的”以及“作用力与反作用力大小相等、方向相反”，并有着丰富的与牛顿第三定律相关的生活经验。
他们对定律的认识既熟悉，却又较片面。在面对复杂情境中的问题时，受生活经验的影响容易作出非理性的分析，不能较好地利用科学思维进行分析。对生活实例存在认识上的误区，特别在对拔河、马拉车等现象进行分析时，很多同学不能正确地进行受力分析，存在类似于“物体的相互作用力大小受运动状态的影响”的错误认识。这与多数学生在学习牛顿第三定律时是被动接受的，缺乏科学探究有关。</td></tr>
<tr><td rowspan="4">教学目标</td><td>物理观念</td><td colspan="3">形成与牛顿第三定律相关的相互作用观念，正确理解牛顿第三定律的含义：
(1)知道一切物体间的作用都是相互的，能正确表述出作用力和反作用力的概念以及“性质相同、大小相等、方向相反，作用在同一条直线上”的特点。
(2)能正确区分平衡力和作用力与反作用力。</td></tr>
<tr><td>科学思维</td><td colspan="3">发展学生的分析、概括和科学推理能力：
(1)能从定性的角度对实例进行分析，概括出相互作用力的特点。
(2)能运用牛顿第三定律进行推理，正确解释有关现象和解决实际问题。</td></tr>
<tr><td>科学探究</td><td colspan="3">(1)能自主设计实验探究方案。
(2)能描述和解释实验探究结果。</td></tr>
<tr><td>科学态度与责任</td><td colspan="3">体验物理世界普遍存在的对称美，发展学生对科学本质的认识。</td></tr>
<tr><td>教学重点</td><td colspan="4">(1)正确理解牛顿第三定律的含义，并用它分析实际问题。
(2)区分平衡力和作用力与反作用力。</td></tr>
<tr><td>教学难点</td><td colspan="4">正确理解相互作用力的关系，并用它分析实际问题。</td></tr>
<tr><td>板书设计</td><td colspan="4">牛顿第三定律
一、作用力与反作用力
1. 一对相互作用的弹力
一对相互作用的弹力总是大小相等、方向相反，作用在同一条直线上，同时产生、同时消失、同时变化，且作用在两个不同的物体上。
2. 一对相互作用的摩擦力
一对相互作用的摩擦力：总是大小相等、方向相反，作用在同一条直线上，同时产生、同时消失、同时变化，且作用在两个不同的物体上。
二、牛顿第三定律
相互作用的两个物体之间的作用力 F 和反作用力 F' 总是大小相等、方向相反，作用在同一条直线上。$F=F'$。
三、一对平衡力与一对作用力与反作用力</td></tr>
</table>

续表

教学环节	教学内容和教师主导活动	学生主体活动	设计意图
复习引入	向学生介绍来听课的老师，让学生鼓掌欢迎各位老师的到来。指出大家刚才鼓掌的动作多种多样，但不管哪一种，当一只手对另一只手施加力的同时，另一只手对它也会有力的作用。 复习作用力与反作用力的概念。 教师提问1：这种现象是普遍的吗？你能否举例？ 教师提问2：作用力与反作用力之间存在什么关系呢？我们用刚学过的牛顿第一定律和牛顿第二定律是否能解决呢？ 那我们今天就来探究一下这个问题。	鼓掌欢迎。 学生举例回答。 学生回答（不能解决，相互作用力涉及两个物体，而牛顿第一定律和牛顿第二定律的对象只有一个物体）。	从实例引入，自然过渡到本节课的知识内容。初步建立学生对相互作用力的感性认识。 突出牛顿第三定律的地位。
新内容教学：弹力实验	教师提问1：刚才大家鼓掌时两只手的相互作用力是什么性质的力？ 教师提问2：如果我们将两个手指勾在一起对拉，两个手指间的相互作用力是什么性质的力？ 那我们就以桌上的两个弹簧测力计来探究一下两个相互作用的弹力之间的大小、方向以及受力物体到底有什么关系。 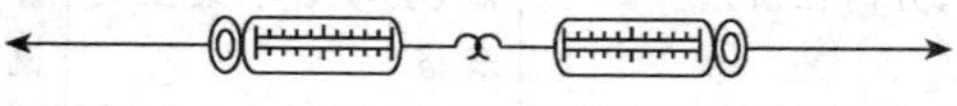 甲 乙 1. 弹簧测力计甲左端不动，向右拉动乙（乙稳定、乙向右匀速、乙变速）。 2. 向左拉动弹簧测力计甲，向右拉动弹簧测力计乙（稳定 向左向右匀速 向左向右变速）。	学生回答。 学生回答。 学生分小组进行探究活动。总结出无论弹簧测力计甲、乙如何运动，甲、乙的相互作用力总是大小相等、方向相反，作用在同一条直线上，同时产生、同时消失、同时变化。	使学生对作用力与反作用力从感性认识上升到理性认识，进行定量的探究。培养学生的观察分析能力。 转变学生的错误认识。
新内容教学：摩擦力实验	教师提问：一对相互作用的摩擦力是否也满足上述关系？ 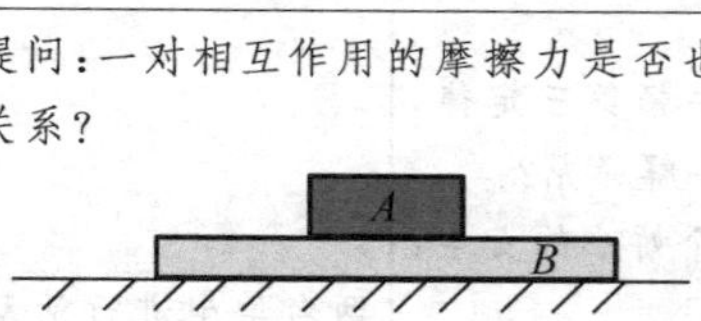 如图所示，在光滑水平面上，我们能否设计实验来探究两个物体之间的摩擦力的关系？怎么测量 A、B 间的摩擦力？不能直接测量，能否间接测量？ 教师个别指导。 选择学生设计的一种实验方案进行演示实验。	学生设计实验，画出实验原理图，说明实验原理。 一名学生帮助教师进行实验，其余学生观察实验现象，对实验结果进行分析，总结出无论是静摩擦力还是滑动摩擦力，	培养学生的推理能力和解决问题的能力。

续表

教学环节	教学内容和教师主导活动	学生主体活动	设计意图
新内容教学：摩擦力实验	进行实验前，针对如何实现光滑水平面，介绍气垫导轨；针对弹簧测力计的测量精度，介绍传感器以及辅助系统，便于学生观察。	只要是相互作用的摩擦力都遵从“大小相等、方向相反，作用在同一条直线上，同时产生、同时消失、同时变化”的规律。	转变学生的错误认识。
新内容教学：牛顿第三定律	相互作用的两个物体之间的作用力 F 和反作用力 F' 总是大小相等、方向相反，作用在同一条直线上。$F=F'$。	学生从前面的实验活动归纳总结出牛顿第三定律。	培养学生的概括能力，加深学生对概念的理解。
新内容教学：平衡力与相互作用力	教师提问：在摩擦力的实验中，如果加速拉动木块 A，A、B 间的相互作用力的关系如何变化？A 受到的拉力和摩擦力的关系又如何变化？ 下面我们就来区别一下平衡力与相互作用力。 结合摩擦力的实验，分析相互作用力和平衡力的共同点（大小、方向、是否共线），不同点（作用对象、作用效果、同时性、力的性质）。	学生回答。 学生分析总结异同点，填写导学案上的表格。	由对摩擦力实验中受力的分析，引入对平衡力与相互作用力的辨析。引发学生思考，加深学生对概念的理解。
巩固提升	一个物体（质点）是否运动以及如何运动，取决于什么？ 一个物体（质点）是否运动以及如何运动，取决于该物体受到的外力。 不管物体做什么运动，物体间的作用力与反作用力始终大小相等、方向相反。 既然物体间的相互作用力遵循牛顿第三定律，现实生活中的一些现象又如何去解释呢？ 1. 现场请一个强壮的男生和一个娇小的女生，演示拔河。 2. 让男生站在滑板上，再进行拔河比赛。 3. 将问题提炼成理想模型，将拔河的两个人视为质点，分析两个质点的受力，分析输赢的原因 4. 实际的拔河比赛远比这个复杂，我们在接下来的学习中可以进一步进行探究和更全面地认识。	学生结合摩擦力的实验进行思考。 两名学生进行活动，其余学生观察。 学生与教师一起进行受力分析。	提升学生对牛顿运动定律的综合理解，帮助学生整合牛顿运动定律的概念。 从实际生活中提炼出物理模型，向学生渗透模型化的思想，加深学生的兴趣。

附录 4 《楞次定律》教学设计改进案例

表 A4-1 《楞次定律》原教学设计

教学目标(内容框架)
(一)知识与技能： 掌握楞次定律的内容，并理解其含义。 会应用楞次定律判断感应电流的方向。 (二)过程与方法： 通过观察演示和实验探究，总结出判断感应电流方向的一般规律，并分析推理，总结出楞次定律。从中体会到归纳法是一种科学探究的重要方法。理解楞次定律的实质，会应用楞次定律判断感应电流的方向。 (三)情感、态度与价值观： 通过实验探究，培养学生观察实验现象、发现和分析问题的能力，逐步养成实事求是、尊重科学的态度。感受科学家的伟大之处。感受楞次定律的简洁美。 (四)教学重点、难点： 知识上，以掌握楞次定律的内容，并理解其含义为重点；以会应用楞次定律为难点。过程上，以探究、观察、归纳为重点；推理、归纳为难点。

教学过程				
教学环节	教师活动	学生活动	设计意图	媒体
(一)创设情境，质疑搭桥	现象是什么？ 说明了什么？ 怎么产生的？ 它的方向如何？ 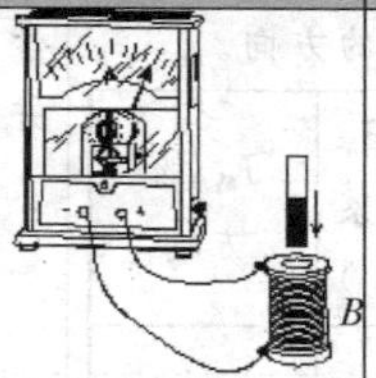 	观察并回答问题。	情景再现，温故知新。	实验器材 PPT 演示文稿
	质疑：如果上述实验，没有电流表，闭合线圈中的感应电流方向该如何判断呢？ 确立任务：本节课就是希望同学们通过实验探究的方式来解决该问题！		提出问题，确立任务。	
	感应电流方向的影响因素可能有哪些？ 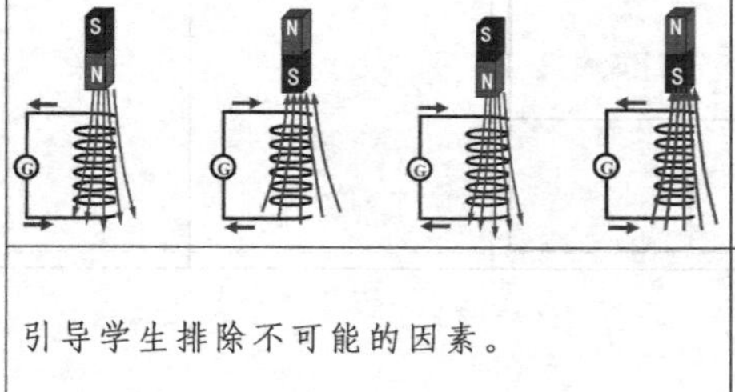	思考回答。	大胆猜想。	
	引导学生排除不可能的因素。	针对学生的猜想，筛选出合理的因素。	排除影响。	

续表

<table>
<tr><th>教学环节</th><th>教师活动</th><th>学生活动</th><th>设计意图</th><th>媒体</th></tr>
<tr><td rowspan="3">(二)分组探究</td><td>实验:探究感应电流磁场方向的判定方法。
<table>
<tr><th></th><th>$B_{原}$ 方向</th><th>$\Delta\Phi$(增或减)</th><th>电流表偏转</th></tr>
<tr><td>N极朝下插入</td><td></td><td></td><td></td></tr>
<tr><td>S极朝下插入</td><td></td><td></td><td></td></tr>
<tr><td colspan="4"></td></tr>
<tr><td>N极朝下抽出</td><td></td><td></td><td></td></tr>
<tr><td>S极朝下抽出</td><td></td><td></td><td></td></tr>
</table></td><td>学生实验并填表。
实验完成后,让学生寻找规律。
现象杂乱,规律难寻。</td><td>体验探究的艰辛,探究受阻。</td><td>实验器材
PPT演示文稿
立体投影</td></tr>
<tr><td>介绍楞次。</td><td>引发学生思考,产生共鸣。</td><td>情感、态度和价值观的渗透。</td><td>PPT演示文稿</td></tr>
<tr><td>注意观察感应电流周围磁场的方向。
<table>
<tr><th></th><th>$\Delta\Phi$(增或减)</th><th>$B_{感}$ 与 $B_{原}$ 方向关系(同或反)</th><th>$I_{感}$ 的方向</th></tr>
<tr><td>N极朝下插入</td><td></td><td></td><td></td></tr>
<tr><td>S极朝下插入</td><td></td><td></td><td></td></tr>
<tr><td colspan="4"></td></tr>
<tr><td>N极朝下抽出</td><td></td><td></td><td></td></tr>
<tr><td>S极朝下抽出</td><td></td><td></td><td></td></tr>
</table></td><td>学生继续实验,并填表。</td><td>转变观念、继续探究。</td><td>PPT演示文稿</td></tr>
</table>

续表

<table>
<tr><th>教学环节</th><th>教师活动</th><th>学生活动</th><th>设计意图</th><th>媒体</th></tr>
<tr><td rowspan="2">(三)互动交流，突破难点，得出规律</td><td>教师分别投影两组同学的实验记录表。
<table><tr><th></th><th>$\Delta\Phi$(增或减)</th><th>$B_{感}$与$B_{原}$方向</th><th>$I_{感}$的方向</th></tr><tr><td>N极朝下插入</td><td>增</td><td>反</td><td>右手螺旋定则</td></tr><tr><td>S极朝下插入</td><td>增</td><td>反</td><td>右手螺旋定则</td></tr><tr><td colspan="4"></td></tr><tr><td>N极朝下抽出</td><td>减</td><td>同</td><td>右手螺旋定则</td></tr><tr><td>S极朝下抽出</td><td>减</td><td>同</td><td>右手螺旋定则</td></tr></table>寻找共性,归纳结论,并回答问题。</td><td>学生分组探究。</td><td>分组讨论，得出探究结论。</td><td>PPT演示文稿</td></tr>
<tr><td>引导学生进行概括:形式“增减反同”,本质“阻碍”。
楞次定律的内容:感应电流具有这样的方向,即感应电流的磁场总要阻碍引起感应电流的磁通量的变化。</td><td></td><td>师生互动，得出规律。</td><td>PPT演示文稿</td></tr>
<tr><td rowspan="2">(四)拓展延伸，深化理解</td><td>教师提问:
1. 楞次定律中有没有直接回答感应电流的方向?
2. 通过楞次定律可以直接判断谁的方向?
3. 根据感应电流磁场的方向如何确定感应电流的方向?</td><td>学生思考回答。</td><td></td><td></td></tr>
<tr><td>教师:楞次定律中的核心是“阻碍”,那么“阻碍”该如何理解?(教师引导)
1. 谁起阻碍作用?
2. 阻碍的是什么?
3. 阻碍是否可以认为“感应电流的磁场方向”与“原磁场的方向”总是相反的?
4. 阻碍是否可以理解为阻止?</td><td>学生思考回答。</td><td></td><td>PPT演示文稿</td></tr>
</table>

续表

教学环节	教师活动	学生活动	设计意图	媒体
(五)学以致用，实例分析	教师演示“跳环实验”，让学生讨论、解释现象。 注意：由于实验时通过线圈的电流强度较大，通电时间一次不要超过30秒。			实验器材
(六)课堂小结	1. 本节课你学到了什么知识？ 2. 本节课对你有什么启发？			

表 A4-2 《楞次定律》改进后教学设计

课题名称:楞次定律
学生情况分析 学生的已有知识: 学生在学习楞次定律前,已经学习了产生感应电流的条件和法拉第电磁感应定律,能够区分磁通量、磁通量的变化、磁通量的变化率,能够运用右手螺旋定则判断环形电流周围的磁场;知道电流的方向在电源外由正极流向负极,在电源内部由负极流向正极;知道灵敏电流计可以判断电流的方向;知道磁体和磁体之间,磁体和电流之间,以及电流和电流之间的相互作用是通过磁场发生的。 能力基础: 高二的学生有一定的科学探究能力、分析、归纳能力。在牛顿第一定律的学习中,知道物体总有保持原来状态的性质,初步体会过一切物体都有惯性,即物体对变化的阻碍。
教学目标与重难点分析 教学目标: (一)物理观念 基于认知复杂度的学习进阶理论框架,本节课的教学目标分成5个水平,水平间的进阶及具体策略请见教学流程图。 水平1(事实经验):猜想感应电流的磁场总要阻碍相对运动。 水平2(关联水平):知道感应电流的效果总会阻碍引起感应电流的原因。 水平3(概念水平):知道楞次定律的内容。 水平4(概念水平):会用楞次定律判断感应电流的方向。 水平5(整合水平):知道楞次定律(阻碍)的实质:阻碍是能量守恒定律的必然结果。 (二)科学思维 楞次定律的得出要经历充分的推理和论证,很好地培养了学生的科学推理和科学论证等科学思维能力。 (三)实验探究 通过实验探究过程学生可以充分地进行交流和反思,并对结果进行科学解释,提高了学生的实验探究素养。 (四)科学态度与责任 通过对演示实验和学生实验的观察、分析和解释,引导学生用科学的方法探究物理现象的本质和规律,培养学生尊重事实、探索真理的科学态度与责任感。 教学重难点分析: 高中物理课程标准对楞次定律的要求是:通过探究,理解楞次定律。要想理解楞次定律,学生首先要会准确地描述楞次定律,其次要会用楞次定律解决问题,在不同的具体情况下会判断感应电流的方向,知道楞次定律的机械效果,最后知道楞次定律是能量转化与守恒定律在电磁感应现象中的体现。可见,课程标准对楞次定律的要求属于较高层次。 依据课程标准和本节课的教学目标,遵循学生的认知基础和认知发展规律,确定本节课的重、难点有两个。 其一,感应电流对磁通量变化的“阻碍”作用。对“阻碍”的理解是楞次定律的重点,理解“阻碍”需要明确:谁阻碍(感应电流的磁场)? 阻碍谁(原磁通量的变化)? 如何阻碍(增反减同)? 阻碍的结果是什么(减缓变化)? 为什么要阻碍(遵循能量守恒定律)?“阻碍”二字抽象性和概括性很强,绝大多数高二年级的学生并不具备学习楞次定律所必需的形象思维能力和抽象思维能力,学生很难理解。所以,对阻碍的理解是本节课的重点和难点。

续表

课题名称:楞次定律
其二,感应电流对磁通量变化的阻碍作用是通过“磁场”实现的。楞次定律描述的是感应电流的磁场遵循的规律,但是对感应电流方向的判断是要通过它的磁场的作用得出的,感应电流的磁场是一个非常重要的中间量。磁场的作用比较隐蔽,学生在研究感应电流的方向时常常被忽视,学生的认知基础离不开具体事物的支持,仍旧关心物理世界的表面特征和非本质联系,也不足以支撑这样一个复杂规律的得出。

教学流程

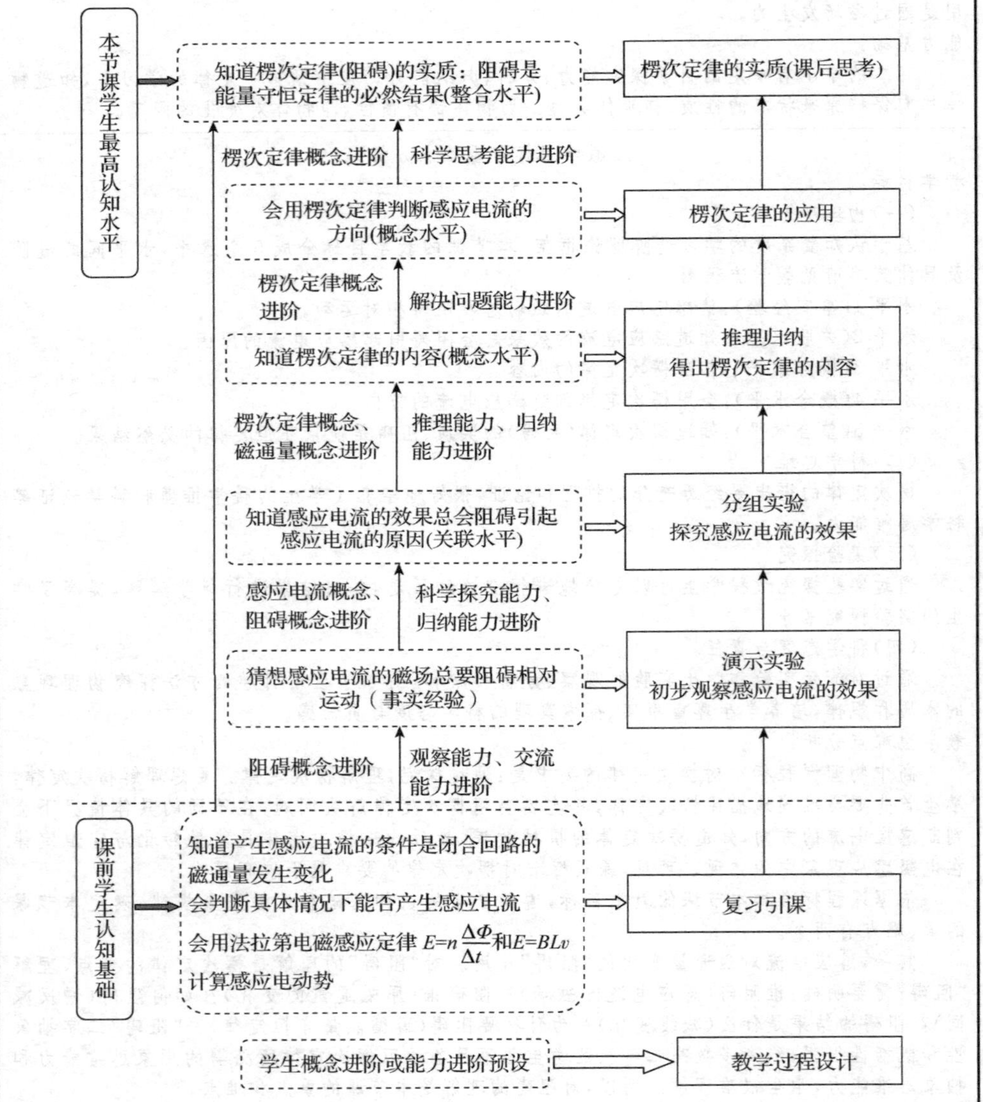

续表

教学过程			
教学环节	教师活动	学生活动	设计意图
复习引课	这是大家熟悉的实验器材，螺线管与电流表组成一个闭合回路、一根条形磁铁。我们曾用这套装置研究过什么？ 请大家观察（边讲解边将条形磁铁的N极和S极插入、拔出），关于感应电流，你还想进一步研究什么？ 本节课我们就来研究感应电流的方向。	和老师一起回忆产生感应电流的条件。 观察实验，注意到感应电流的方向。	明确本节课的任务。
演示实验：初步观察感应电流的效果	这是一根塑料管，这是长度粗细都相同的金属铝管。同时释放两支粉笔，请大家观察粉笔的下落时间。这里有两块相同的强磁铁，先检验一下磁铁是否吸引塑料管和铝管，再同时释放两块磁铁，请大家预测会发生什么现象？ 你看到什么？想到什么？ 通过本节课的学习，我们将对这个现象有更多的认识。	了解实验器材。 观察实验。	对比实验，增加关于感应电流的效果，增加事实经验。
分组实验：探究感应电流的效果	下面请大家根据准备的实验器材分组研究电磁感应现象，看看大家能有什么发现？注意以下问题：1. 记录你的操作和水平圆环的转动情况。 2. 调换磁极，观察实验现象。 3. 有什么共同的规律吗？ 同学汇报探究过程和小组的结论。 原因{靠近——斥力（阻碍靠近） 远离——引力（阻碍远离）}效果 感应电流为什么会产生这样的效果呢？（磁铁和线圈之间有阻力或者斥力） 你能够依据感应电流的效果判断感应电流的方向吗？	分组探究。观察、记录、讨论。 得到阻碍相对运动（与磁极无关）。 感应电流的效果总是阻碍引起感应电流的原因。 认识到通过感应电流的磁场与原磁场间的作用（这里有两个磁场，我们把产生感应电流的磁场，即条形磁铁的磁场，叫做原磁场）。 分组讨论，汇报四种情况下感应电流的方向。	体验感应电流的效果，体验“阻碍”。 楞次定律的第一种表述。 认识到磁场之间的作用。

续表

教学过程			
教学环节	教师活动	学生活动	设计意图
得出楞次定律的内容	我们知道,在一些情况下,没有相对运动,没有明显的作用效果,也会有感应电流。 这种情况下的感应电流的方向该如何判断呢(停顿一下)?我们要从产生感应电流的原因——磁通量的变化来考虑。 下面我们一起分析,当N极插入的时候,原磁场方向,磁通量在变大,感应电流的磁场与原磁场方向相反;当S极插入时,原磁场方向,磁通量变大,感应电流的磁场与原磁场方向相反。(用PPT演示) 你能总结一下当磁通量增加时,感应电流的磁场有什么规律吗? 请小组讨论N极插拔出和S极拔出的情况下,感应电流的磁场与原磁场变化的关系。 请你用简短的语言总结以上几种情况下感应电流的磁场方向遵循的规律? 1834年,楞次用这样的一句话巧妙地总结了感应电流的方向:感应电流具有这样的方向,即感应电流的磁场总是阻碍引起感应电流的磁通量的变化。	意识到用阻碍相对运动这种方法的局限性。 要从磁通量的变化来考虑。 根据实验现象分析当磁通量增加时,感应电流的磁场阻碍原磁通量的增加。 当磁通量增加时,感应电流的磁场与原磁场方向相反;阻碍原磁通量的增加。 小组讨论,当磁通量减少时,感应电流的磁场与原磁场相同,阻碍原磁通量的减少。 让学生表述:感应电流的磁场阻碍原磁通量的变化。 将自己得出的表述和楞次定律比较。	由判断相对运动的局限性引入判断感应电流方向的更一般的规律。 从实验现象入手,从磁通量变化的角度分析。 小组讨论,体会阻碍磁通量的变化。 培养学生的归纳能力。 得到楞次定律。
楞次定律应用	请同学讨论开关闭合及断开瞬间大螺线管中的感应电流方向,并用演示实验验证。	学生说思路。	概念应用的过程。
小结	本节课我们通过实验研究感应电流的方向,并得到感应电流方向所遵循的规律。请大家具体总结一下。	让学生尝试总结。	总结收获。
布置作业	重现落磁实验,思考磁铁的机械能到哪儿去了?感应电流的磁场为什么总是阻碍磁通量的变化?如果相反,又会是怎样的情形呢?	让学生从能量角度分析。	楞次定律的实质,将思考延伸到课下。

续表

教学过程			
教学环节	教师活动	学生活动	设计意图
板书设计	§1.4 楞次定律 闭合回路 磁通量发生变化 —产生→ 感应电流(磁场) ↑———阻碍———┘ 原因 { 靠近——斥力(阻碍靠近)；远离——引力(阻碍远离) } 效果 阻碍相对运动(与磁极无关) 楞次定律 { 效果阻碍原因。 感应电流的磁场阻碍原磁通量的变化。		

参考文献

1. AAAS. 1990. Science for all Americans[M]. Oxford: Oxford University Press.

2. Achieve Inc. 2010. Taking the Lead in Science Education: Forging Next-Generation Science Standards[R]. // Achieve Inc. International Science Benchmarking Report. Washington, D. C. : Achieve Inc.

3. ALONZO A C, STEEDLE J T. 2009. Developing and Assessing a Force and Motion Learning Progression[J]. Science Education, 93(3):389—421.

4. ALTSCHUL I. 2006. Establishing an evidence base for policy and program intervention: Testing a combined model of family, school and student factors underlying the academic outcomes of Mexican American youth[D]. Ann Arbor: University of Michigan.

5. AMES C. 1992. Classroom: Goals, structures and student motivation[J]. Journal of Educational Psychology, 84(3):261—271.

6. AUSUBEL D. 1968. Educational Psychology: A cognitive approach[M]. New York: Holt, Rinehardt & Winston.

7. BAO L, HOGG K, ZOLLMAN D. 2002. Model analysis of fine structures of student models: An example with Newton's third law[J]. American Journal of Physics, 70(7):766—778.

8. BASSANI C. 2006. A test of social capital theory outside of the American context: Family and school social capital and youths' math scores in Canada, Japan, and the United States[J]. International Journal of Educational Research,

45(6):380—403.

9. BELL R L, BLAIR L M, CRAWFORD B A, et al. 2003. Just do it? impact of a science apprenticeship program on high school students' understandings of the nature of science and scientific inquiry[J]. Journal of Research in Science Teaching, 40(5): 487—509.

10. BEREBY-MEYER Y, KAPLAN A. 2005. Motivational influences on transfer of problem-solving strategies[J]. Contemporary Educational Psychology, 30(1):1—22.

11. BIGGS J B, BIGGS J. 1987. The Study Process Questionnaire (SPQ): Manual[M]. Hawthorn, VIC: Australian Council for Educational Research.

12. BOND T G, FOX C M. 2012. Applying the Rasch model: Fundamental measurement in the human sciences[M]. 2nd ed. New York: Routledge.

13. CHEN R F, EISENKRAFT A, FORTUS D, et al. 2014. Teaching and learning of energy in K-12 education[M]. Heidelberg: Springer.

14. CHO M, SCHERMAN V, GAIGHER E. 2012. Development of a model of effectiveness in science education to explore differential science performance: A case of South Africa. African Journal of Research in Mathematics Science and Technology Education, 16(2):158—175.

15. CLARK D B, SAMPSON V. 2008. Assessing dialogic argumentation in online environments to relate structure, grounds, and conceptual quality[J]. Journal of Research in Science Teaching, 45(3):293—321.

16. CLEMENT J. 1982. Students' preconceptions in introductory mechanics[J]. American Journal of Physics, 50(1):66—71.

17. CONSTANTINOU C P, PAPADOURIS N. 2012. Teaching and learning about energy in middle school: An argument for an epistemic approach[J]. Studies in Science Education, 48(2): 161—186.

18. Dembo M, Gibson S. 1985. Teachers' Sense of Efficacy: An Important Factor in School Improvement[J]. The Elementary School Journal, 86(2): 173—184.

19. DRIVER R, LEACH J, MILLAR R, et al. 1996. Perspectives on the nature of science[M] // DRIVER R, LEACH J, MILLAR R, et al. Young people's images of science. Buckingham: Open University Press.

20. DUIT R, NEUMANN K. 2014. Ideas for a teaching sequence for the concept of energy[J]. School Science Review. 96(354): 63—66.

21. DUSCHL R A, OSBORNE J. 2002. Supporting and promoting argumentation discourse in science education[J]. Studies in Science Education, 38(1): 39—72.

22. EBERBACH C, CROWLEY K. 2009. From everyday to scientific observation: How children learn to observe the biologist's world[J]. Review of Educational Research, 79(1):39—68.

23. ELLIOT A J, CHURCH M A. 1996. A hierarchical model of approach and avoidance achievement motivation[J]. Journal of Personality and Social Psychology, 72(1): 218—232.

24. ELLIOT A J, MCCREGOR H A, GABLE S. 1999. Achievement goals, study strategies, and exam performance: A mediational analysis[J]. Journal of Educational Psychology, 91(3): 549—563.

25. ELLIOTT E S, DWECK C S. 1988. Goals: An approach to motivation and achievement[J]. Journal of personality and Social Psychology, 54(1):5—12.

26. FINEGOLD M, GORSKY P. 1991. Students' concepts of force as applied to related physical systems: A search for consistency[J]. International Journal of Science Education, 13(1):97—113.

27. FISCHER H E, LABUDDE P, NEUMANN K, et al. 2014. Quality of Instruction in Physics: comparing Finland, Germany and Switzerland[M]. New York: Waxmann.

28. FORD D J. 2005. The challenges of observing geologically: Third graders' descriptions of rock and mineral properties[J]. Science Education, 89(2): 276—295.

29. FORD D J. 2006. Representations of science within children's trade books[J].

Journal of Research in Science Teaching, 43(2): 214—235.

30. FORTUS D, WEIZMAN A, NORDINE J, et al. 2012. Physical Science 2: Why do some things stop while others keep going? [M]. Norwalk: Sangari Active Science.

31. FULMER G W, LIANG L L, LIU X. 2014. Applying a force and motion learning progression over an extended time span using the Force Concept Inventory[J]. International Journal of Science Education, 36(17):2918—2936.

32. GILBERT J K, BOULTER C J, ELMER R. 2000. Positioning models in science education and in design and technology Education[M]. [S. l.]: Springer Netherlands.

33. GRAHAM S, GOLAN S. 1991. Motivational influences on cognition: Task involvement, ego involvement, and depth of information processing[J]. Journal of Educational Psychology, 83(2):187—194.

34. GREENWALD R, HEDGES L V, LAINE R D. 1996. The effect of school resources on student achievement[J]. Review of Educational Research, 66(3): 361—396.

35. HALLOUN I. 1996. Schematic modeling for meaningful learning of physics [J]. Journal of Research in Science Teaching, 33(9): 1019—1041.

36. HESTENES D. 1992. Modeling games in the Newtonian World[J]. American Journal of Physics, 60(8): 732—748.

37. JENCKS C. 1972. Inequality: A Reassessment of the Effect of Family and Schooling in America[J]. Journal of Marriage & Family, 35(4):121—123.

38. KANARI Z, MILLAR R. 2004. Reasoning from data: How students collect and interpret data in science investigations[J]. Journal of Research in Science Teaching, 41(7):748—769.

39. KAPLAN A, MAEHR M L. 2007. The contributions and prospects of goal orientation theory [J]. Educational Psychological Review, 19(2):141—184.

40. KENNEDY C A. WILSON M. 2007. Using progress variables to interpret student achievement and progress[R]. BEAR Technical Report No. 2006-12-

01，0119790(2006).

41. KESIDOU S，ROSEMAN J E. 2002. How well do middle school science programs measure up? Findings from Project 2061's curriculum review[J]. Journal of Research in Science Teaching，39(6)：522—549.

42. KLAHR D. 2000. Exploring science：The cognition and development of discovery processes[M]. Cambridge，MA：MIT Press.

43. KLAHR D，FAY A L，DUNBAR K. 1993. Heuristics for scientific experimentation：A developmental study[J]. Cognitive Psychology，25(1)：111—146.

44. KRAJCIK J，BLUMENFELD P C，MARX R W，et al. 1998. Inquiry in project-based science classrooms：Initial attempts by middle school students[J]. Journal of the Learning Sciences，7(3—4)：313—350.

45. KUHN D. 1993. Science as argument：Implications for teaching and learning scientific thinking[J]. Science Education，77(3)：319—337.

46. KULTUSMINISTERKONFERENZ. 2004. Bildungsstandards im Fach Physik für den mittleren Schulabschluss[M]. Berlin：Luchterhand.

47. LARKIN J，MCDERMOTT J，SIMON D P，et al. 1980. Expert and novice performance in solving physics problems[J]. Science，208(4450)：1335—1342.

48. LAU S，LIEM A D，NIE Y. 2008. Task- and self-related pathways to deep learning：The mediating role of achievement goals，classroom attentiveness，and group participation[J]. British Journal of Educational Psychology，78(4)：639—662.

49. LAWSON A E. 1978. The development and validation of a classroom test of formal reasoning[J]. Journal of Research in Science Teaching，15(1)：11—24.

50. LEDERMAN N G. 2007. Nature of science：Past，present，and future[M]//S. K. ABELL，N. G. LEDERMAN，Handbook of research on science education. Mahwah，NJ：Erlbaum.

51. LEWIS D M, MITZEL H C, GREEN D R. 1996. Standard Setting: A Bookmark Approach[C] // GREEN DR (Chair). IRT-based standard-setting procedures utilizing behavioral anchoring. Phoenix, AZ: Council of Chief State School Officers National Conference on Large-scale Assessment.
52. Liu X. 2010. Using and Developing Measurement Instruments in Science Education: A Rasch Modeling Approach [M]. Charlotte NC: Information Age Publishing.
53. LIU X, MCKEOUGH A. 2005. Developmental growth in students' concept of energy: Analysis of selected items from the TIMSS database[J]. Journal of Research in Science Teaching, 42(5): 493—517.
54. LIU X, RUIZ M E. 2008. Using data mining to predict K-12 students' performance on large-scale assessment items related to energy[J]. Journal of Research in Science Teaching, 45(5): 554—573.
55. MCCOMAS W F. 1998. The Nature of Science in Science Education: Rationales and Strategies[M]. [S. l.]: Kluwer Academic Publishers.
56. MCNEILL K L. 2011. Elementary students' views of explanation, argumentation, and evidence, and their abilities to construct arguments over the school year[J]. Journal of Research in Science Teaching, 48(7):793—823.
57. MCNEILL K L, KRAJCIK J. 2009. Synergy between teacher practices and curricular scaffolds to support students in using domain-specific and domain-general knowledge in writing arguments to explain phenomena[J]. Journal of the Learning Sciences, 18(3): 416—460.
58. MELTZER D E. 2002. The relationship between mathematics preparation and conceptual learning gains in physics: A possible "hidden variable" in diagnostic pretest scores [J]. American Journal of Physics, 70 (12): 1259—1268.
59. MIDGLEY C, KAPLAN A, MIDDLETON M, et al. 1998. The development and validation of scales assessing students' achievement goal orientations[J]. Contemporary Educational Psychology, 23(2):113—131.

60. MILLAR R. 2014. Towards a research-informed teaching sequence for energy [M]// CHEN R F, EISENKRAFT A, FORTUS D, et al. Teaching and Learning of Energy in K-12 Education. Heidelberg: Springer:187—206.

61. MISTRY R S, WHITE E S, BENNER A D, et al. 2009. A longitudinal study of the simultaneous influence of mothers' and teachers' educational expectations on low-income youth's academic achievement[J]. Journal of Youth and Adolescence, 38(6):826—838.

62. NEUMANN K, VIERING T, BOONE W J, et al. 2013. Towards a learning progression of energy[J]. Journal of Research in Science Teaching, 50(2): 162—188.

63. NGUYEN N L, MELTZER D E. 2003. Initial understanding of vector concepts among students in introductory physics courses[J]. American Journal of Physics, 71(6):630—638.

64. NGSS Leading States. 2013. The next generation science standards[M]. Washington D. C. : National Academies Press.

65. NICHOLLS J G. 1984. Achievement motivation: Conceptions of ability, subjective experience, task choice, and performance[J]. Psychological Review. 91(3):328—346.

66. NORDINE J, KRAJCIK J, FORTUS D. 2011. Transforming energy instruction in middle school to support integrated understanding and future learning [J]. Science Education, 95(4): 670—699.

67. NORRIS S P. 1984. Defining observational competence[J]. Science Education, 68(2):129—142.

68. NORRIS S P. 1985. The philosophical basis of observation in science and science education [J]. Journal of Research in Science Teaching, 22(9): 817—833.

69. NRC. 1996. National science education standards[M]. Washington, D.C. : National Academy Press.

70. NRC. 2001. Knowing what students know: The science and design of educa-

tional assessment[M]. Washington, D. C. : National Academy Press.

71. NRC. 2007. Taking Science to School: Learning and teaching science in grades K-8 [M]. Washington, D. C. : National Academies Press.

72. OECD. 2013. Assessing scientific, reading and mathematical literacy: A framework for PISA 2015[M]. Paris: OECD.

73. OSBORNE J, SIMON S, CHRISTODOULOU A, et al. 2013. Learning to argue: A study of four schools and their attempt to develop the use of argumentation as a common instructional practice and its impact on students[J]. Journal of Research in Science Teaching, 50(3):315—347.

74. OSBORNE J, SIMON S, COLLINS S. 2003. Attitudes towards science: A review of the literature and its implications[J]. International Journal of Science Education, 25(9), 1049—1079.

75. PARCEL T L, DUFUR M J. 2001. Capital at home and at school: Effects on student achievement[J]. Social Forces, 79(3):881—911.

76. PENNER D E, KLAHR D. 1996. The interaction of domain-specific knowledge and domain-general discovery strategies: A study with sinking objects [J]. Child Development, 67(6):2709—2727.

77. REDISH E F, SAUL J M, STEINBERG R N. 1998. Student expectations in introductory physics[J]. American Association of Physics Teachers, 66(3): 212—224.

78. ROSCIGNO V, AINSWORTH-DARNELL J. 1999. Race, cultural Capital, and educational resources: Persistent inequalities and achievement returns [J]. Sociology of Education, 72(3):158—178.

79. SCHAUBLE L. 1996. The development of scientific reasoning in knowledge-rich contexts[J]. Developmental Psychology, 32(1):102—119.

80. SCHUNK D H, PINTRICH P R, MEECE J L. 2008. Motivation in education: Theory, research and applications[M]. Upper Saddle River, NJ: Pearson.

81. SCHWARZ C V, REISER B J, DAVIS E A, et al. 2009. Developing a learn-

ing progression for scientific modeling: Making scientific modeling accessible and meaningful for learners[J]. Journal of Research in Science Teaching, 46 (6): 632—654.

82. SENKO C, HULLEMAN C S, HARACKIEWICZ J M. 2011. Achievement goal theory at the crossroads: Old controversies, current challenges, and new directions[J]. Educational Psychologist, 46(1):26—47.

83. TATSUOKA K K. 2009. Cognitive assessment: An introduction to the rule space method[M]. New York: Routledge.

84. THIELE R B, VENVILLE G J, TREAGUST D F. 1995. A comparative analysis of analogies in secondary biology and chemistry textbooks used in Australian schools[J]. Research in Science Education, 25(2): 221—230.

85. TOBIN K, PIKE G, LACY T. 1984. Strategy analysis procedures for improving the quality of activity-oriented science teaching[J]. European Journal of Science Education, 6 (1):79—89.

86. TONG Y, KOLEN M J. 2007. Comparisons of methodologies and results in vertical scaling for educational achievement tests[J]. Applied Measurement in Education, 20(2): 227—253.

87. VEDDER-WEISS D, FORTUS D. 2011. Adolescents' declining motivation to learn science: Inevitable or not? [J]. Journal of Research in Science Teaching, 48(2): 199—216.

88. VOSNIADOU S, BREWER W F. 1992. Mental models of the earth: A study of conceptual change in childhood [J]. Cognitive Psychology, 24 (4): 535—585.

89. WANG N. 2003. Use of the Rasch IRT model in standard setting: An item-mapping method[J]. Journal of Educational Measurement, 40(3): 231—253.

90. WEINER B. 1979. A theory of motivation for some classroom experiences [J]. Journal of Educational Psychology, 71(1):3—25.

91. WEINER B. 1985. An attributional theory of achievement motivation and emotion[J]. Psychological Review, 92(6):548—573.

92. WEINER B. 1990. History of motivational research in education[J]. Journal of Educational Psychology, 82(4):616—622.

93. WEINERT F E. 1999. Concepts of competence[M]. Neuchâtel: OECD.

94. WILLSON V L. 1987. Theory-building and theory-confirming observation in science and science education[J]. Journal of Research in Science Teaching, 24(3):279—284.

95. ZIMMERMAN C. 2007. The development of scientific thinking skills in elementary and middle school[J]. Developmental Review, 27(2):172—223.

96. 边玉芳. 2003. 学习自我效能感量表的编制与应用[D]. 上海:华东师范大学.

97. 陈丽. 2006. 课堂教学环境透视与改进策略研究[D]. 乌鲁木齐:新疆师范大学.

98. 陈梦竹,张敏强. 2009. Bookmark 法设置划界分数的研究述评[J]. 心理科学进展,17(5):1102—1108.

99. 陈佩莹. 2013. 中学物理课程中"力和运动"主题的核心概念进阶研究[D]. 北京:北京师范大学.

100. 陈娴. 2008. 多元智力观与物理教学策略[M]. 北京:高等教育出版社.

101. 陈旭辉,张荣胜. 2008. 项目教学的开发原则和教学流程设计[J]. 职业教育研究(12):75—76.

102. 陈颖. 2016. 高中物理书面测试中科学论证能力表现评价研究[D]. 北京:北京师范大学.

103. 董振邦. 1999. 20 世纪中小学课程标准·教学大纲汇编:物理卷[G]. 北京:人民教育出版社.

104. 段金梅,武建时. 1988. 物理教学心理学[M]. 北京:北京师范大学出版社.

105. 顾江鸿. 2003. 中学生物理学习态度的调查研究[D]. 桂林:广西师范大学.

106. 顾颉. 2014. 研究报告的标准、内容及撰写[J]. 教育科学论坛(9):47—48.

107. 郭本禹,姜飞月. 2008. 自我效能理论及其应用[M]. 上海:上海教育出版社.

108. 郭玉英. 2000. 建构主义与物理教育[J]. 物理教学探讨(中教版)(4):4—5.

109. 郭玉英．2002. 从相关性到统一性——综合科学课程的现代建构模式[J]. 课程·教材·教法(4):39—42.
110. 郭玉英．2005. 学生的科学探究能力:国外的研究及启示[J]. 课程·教材·教法(7):93—96.
111. 郭玉英．2008. 物理新课程教学案例研究[M]. 北京：高等教育出版社．
112. 郭玉英．2014. 中学理科课程标准国际比较与研究(物理卷)[M]. 北京：北京师范大学出版社．
113. 郭玉英，阎金铎．1988. 物理思维能力的因子分析模型及主因素研究[J]. 北京师范大学学报(自然科学版)(4):107—111.
114. 郭玉英，姚建欣，彭征．2013. 美国《新一代科学教育标准》述评[J]. 课程·教材·教法(8):118—127.
115. 郭玉英，魏昕，仲扣庄，等．2011. 高师物理专业本科生科学推理能力研究[J]. 物理教师，32(1):1—6.
116. 胡卫平，林崇德．2003. 青少年的科学思维能力研究[J]. 教育研究(12):19—23.
117. 姜言霞．2015. 中学生化学学业成就影响因素研究[M]. 北京：北京师范大学出版社．
118. 李春密．2002. 物理实验操作能力的结构模型初探[J]. 学科教育(6):39—42.
119. 李雯雅．2009. 台湾"国"二学生数学学习成就之相关因素研究：以 TIMSS 2007 问卷为例[D]. 台北：台湾大学．
120. 李小平．1999. 态度研究的动向[J]. 南京师大学报(社会科学版)(3):93—96.
121. 林崇德．1997. 论学科能力的建构[J]. 北京师范大学学报(社会科学版)(1):5—12.
122. 林俊莹．2007. 检视个人与家庭因素、学校因素对学生学业成就的影响：以 SEM 与 HLM 分析我国国中教育阶段机会均等及相关问题[D]. 高雄：高雄师范大学．
123. 刘艳芳．2013. 中学物理课程中电磁学核心概念进阶的初步研究[D]. 北京：

北京师范大学．
124. 吕国光．2004．教师信念及其影响因素研究[D]．兰州：西北师范大学．
125. 美国国家教育和经济中心，匹兹堡大学学习研究发展中心．2004．美国初中学科能力表现标准[M]．北京：人民教育出版社．
126. 孟昭兰．1994．普通心理学[M]．北京：北京大学出版社．
127. 莫金华．2012．高中电磁学物理图景教学研究[D]．成都：四川师范大学．
128. 乔际平．1991．物理学习心理学[M]．北京：高等教育出版社．
129. 邱美虹．2008．模型与建模能力之理论架构[J]．科学教育月刊(306)：2—9.
130. 孙爱玲，郑美红．2008．汉字的词素影响科学概念的学习[J]．教育学报(1)：25—31.
131. 谭晓．2010．中学生对物理学科中能量概念认识状况的调查研究——以北京市两所中学为样本[D]．北京：北京师范大学．
132. 陶德清．2001．学习态度的理论与研究[M]．广州：广东人民出版社．
133. 陶洪．1997．物理实验论[M]．南宁：广西教育出版社．
134. 田静，史赛云．2011．从《教育测量与评价》杂志看国内教育测评研究的进展[J]．教育测量与评价(理论版)(7)：9—13.
135. 王锎．2016．高中生电磁感应重要概念学习进阶的教学实证研究[D]．北京：北京师范大学．
136. 王薇．2016．学校评价结果解释研究——基于解释学视角的分析[J]．中国教育学刊(1)：54—58.
137. 王振宏．2009．学习动机的认知理论与应用[M]．北京：中国社会科学出版社．
138. 王振宏，刘萍．2000．动机因素、学习策略、智力水平对学生学业成就的影响[J]．心理学报，32(1)：65—69.
139. 魏昕，郭玉英，徐燕．2011．中小学生科学推理能力发展现状研究——以北京市中小学生为样本[J]．北京师范大学学报(自然科学版)，47(5)：461—464.
140. 温·哈伦．2011．科学教育的原则和大概念[M]．韦钰译．北京：科学普及出版社．

141. 谢丽璇．2015. 高中生机械运动与力主题的学习进阶研究[D]. 北京：北京师范大学．

142. 谢亚恒．2008. 影响国中阶段学生学业成就成长量的个人、家庭及学校因素之研究[D]. 高雄：高雄师范大学．

143. 辛涛，乐美玲，郭艳芳，等．2015. 学业质量标准的建立途径：基于认知诊断的学习进阶方法[J]. 教育学报(5)：72－79.

144. 续佩君．1999. 物理能力测量研究[M]. 南宁：广西教育出版社．

145. 阎金铎，段金梅，续佩君，等．1991. 物理教学论[M]. 南京：江苏教育出版社．

146. 阎金铎，郭玉英．2008. 中学物理新课程教学概论[M]. 北京：北京师范大学出版社．

147. 阎金铎，郭玉英．2009. 中学物理教学概论(第三版)[M]. 北京：高等教育出版社．

148. 晏子．2010. 心理科学领域内的客观测量——Rasch 模型之特点及发展趋势[J]. 心理科学进展，18(8)：1298－1305.

149. 姚建欣．2016. 中学物理课程中能量理解与科学解释的学习进阶及其教学应用[D]. 北京：北京师范大学．

150. 姚建欣，郭玉英．2014. 为学生认知发展建模：学习进阶十年研究回顾及展望[J]. 教育学报，10(5)：35－42.

151. 姚建欣，郭玉英，伊荷娜・诺曼．2016. 美、德科学教育标准的比较与启示[J]. 全球教育展望，45(1)：94－104.

152. 张静，郭玉英，姚建欣．2014. 论模型与建模在高中物理课程中的重要价值——基于国际物理(科学)课程文件的比较研究[J]. 物理教师，35(6)：4－5.

153. 张林，张向葵．2003. 中学生学习策略运用、学习效能感、学习坚持性与学业成就关系的研究[J]. 心理科学，26(4)：603－607.

154. 张玉峰．2016. 高中物理核心概念理解进阶及其教学应用研究：以静电场为例[D]. 北京：北京师范大学．

155. 赵欣．2006. 激发中学生物理学习成就动机途径的理论研究[D]. 北京：首都师范大学.

156. 中华人民共和国教育部.2001. 全日制义务教育科学(3～6年级)课程标准(实验稿)[S]. 北京:北京师范大学出版社.

157. 中华人民共和国教育部.2003. 普通高中物理课程标准(实验)[S]. 北京:人民教育出版社.

158. 中华人民共和国教育部.2012. 义务教育初中科学课程标准(2011年版)[S]. 北京:北京师范大学出版社.

159. 中华人民共和国教育部.2012. 义务教育物理课程标准(2011年版)[S]. 北京:北京师范大学出版社.

160. 中华人民共和国教育部.2017. 普通高中物理课程标准(征求意见稿)[S]. 北京:[出版者不详].

161. 周新富.2006. Coleman社会资本理论在台湾地区的验证——家庭、社会资本与学业成就之关系[J]. 当代教育研究,14(4):1—28.

162. 朱德全,宋乃庆.2008. 教育统计与测评技术[M]. 重庆:西南师范大学出版社.

163. 朱宁宁.2014. 物理学科能力在电场与磁场上的表现对比分析[J]. 新课程教学(3):12—14.

164. 朱宁宁.2015. 高中生静电场主题核心概念的学习进阶研究——以北京市高中生为研究样本[D]. 北京:北京师范大学.

165. 朱星,林木欣.1997. 考核物理实验能力的笔试与操作考试的比较[J]. 物理实验(1):26—28.